U0453172

本书系国家社会科学基金项目"青少年手机媒体依赖的形成机制及其干预策略研究"（项目批准号：15CSH016）最终研究成果

青少年
手机媒体依赖研究

Study on Adolescents'
Smartphone Media Dependence

杨彦军　著

中国社会科学出版社

图书在版编目（CIP）数据

青少年手机媒体依赖研究/杨彦军著．—北京：中国社会科学出版社，2022.9
ISBN 978-7-5227-0710-5

Ⅰ．①青⋯　Ⅱ．①杨⋯　Ⅲ．①移动电话机—传播媒介—影响—青少年—研究—中国　Ⅳ．①G206.2　②D669.5

中国版本图书馆 CIP 数据核字（2022）第 141219 号

出 版 人	赵剑英	
责任编辑	张玉霞　刘晓红	
责任校对	周晓东	
责任印制	戴　宽	
出　　版	中国社会科学出版社	
社　　址	北京鼓楼西大街甲 158 号	
邮　　编	100720	
网　　址	http://www.csspw.cn	
发 行 部	010-84083685	
门 市 部	010-84029450	
经　　销	新华书店及其他书店	
印　　刷	北京君升印刷有限公司	
装　　订	廊坊市广阳区广增装订厂	
版　　次	2022 年 9 月第 1 版	
印　　次	2022 年 9 月第 1 次印刷	
开　　本	710×1000　1/16	
印　　张	26	
插　　页	2	
字　　数	414 千字	
定　　价	138.00 元	

凡购买中国社会科学出版社图书，如有质量问题请与本社营销中心联系调换
电话：010-84083683
版权所有　侵权必究

摘　　要

随着手机功能的不断丰富，智能手机已经由个人通信工具发展为继报纸、杂志、广播、电视和互联网之后的"第五媒体"。手机媒体（Smartphone Media）是指以智能手机为媒介、各种手机应用程序（App）为平台的个性化信息传播终端，具有移动性、私密性、交互性、富媒性和易达性特征。手机媒体用户黏性的日益增强和普及应用，形成了生活中随处可见的"低头族"或"刷屏党"，手机媒体依赖遂成为亟待深入研究和解决的社会性热点问题，本书以"青少年手机媒体依赖的形成机制及干预策略是什么"为核心研究问题，旨在通过跟踪调查和理论探讨揭示青少年手机媒体依赖的形成机制，并尝试建构相应的预防干预策略。本书对丰富网络成瘾理论具有一定的学术价值，对指导青少年健康合理使用手机媒体、科学有效矫治手机媒体依赖行为具有重要实践参考价值。

本书整体上是一项纵向跟踪调查研究，在研究过程中综合运用问卷调查法、访谈法、案例分析法等多种数据收集方法和相关分析、交叉滞后分析、结构方程模型、扎根分析等多种分析方法。首先，笔者开发了2份手机媒体依赖测量工具，筛选了抑郁、孤独、无聊、焦虑、自尊等心理状态变量测量工具，编制完成手机媒体使用综合调查问卷；其次，利用综合问卷对595名青少年进行了两次跟踪调查；然后，对跟踪调查期间手机媒体依赖水平前后测得分明显降低的24名学生、明显增加的22名学生和前后测得分双高的18名学生进行了深度访谈；接着，基于实证调查数据深入分析讨论手机媒体依赖的形成机制，建立了相应的解释模型；最后，基于多案例分析和理论研究提出了手机媒体依赖干预策

略体系。本书的主要研究成果及结论如下:

1. 基本概念界定与手机媒体依赖测量工具开发

笔者研究认为手机媒体依赖（Smartphone Media Dependence）是一个表征手机不当使用行为的连续统，其发展的两极为"正常使用"行为和"手机媒体成瘾"病症，中间状态存在依赖程度上的差异。手机媒体成瘾（Smartphone Media Addiction）是手机媒体依赖发展为严重病理状态的结果。手机媒体依赖是网络依赖（或成瘾）在泛在移动环境下新的表现形态，属于行为障碍范畴。根据"媒介使用与满足"理论，笔者对手机媒体依赖行为的测量从反映其依赖程度的手机媒体依赖水平和反映其依赖动机的手机媒体使用偏好两个方面展开，自主开发了《青少年手机媒体依赖水平量表》（Smartphone Media Dependence Inventory，SMDI）和《青少年手机媒体使用偏好量表》（Smartphone Media Proneness Inventory，SMPI）两个测量工具。SMDI 量表由 16 个题目构成，经探索性和验证性因素分析得到拖延性、戒断性、冒险性、突显性四个因子，总量表信效度较高。SMPI 量表由 18 个题目构成，经探索性和验证性因素分析得到仪式惯习、休闲娱乐、手机游戏、网络色情、手机阅读、生活方式六个子量表，量表信效度较高。

2. 手机媒体依赖水平影响因素及关联特征分析

通过对 595 名大学生调查数据分析发现，在纳入笔者视野的抑郁、孤独、焦虑、无聊和自尊五个心理状态变量中，抑郁、焦虑和无聊三个变量可以作为手机媒体依赖水平的预测因子，但只可解释手机媒体依赖水平的 20.6%；在六类手机媒体使用偏好中，休闲娱乐和手机游戏两种可以作为手机媒体依赖水平的预测因子，可解释手机媒体依赖水平的 27.4%；五个心理状态变量和六种手机媒体使用偏好结合可解释手机媒体依赖水平变异的 48.9%。青少年手机媒体依赖水平影响因素和依赖特征的多指标多因素结构方程模型（MIMIC）分析发现：对"生活方式"型偏好的群体来说，抑郁是 SMDI 的主要影响因素（$\beta = 0.408$），他们手机媒体依赖的主要特征表现为拖延性、戒断性和冒险性；对"手机阅读"型偏好的群体来说，抑郁是 SMDI 的主要影响因素（$\beta = 0.356$），他们手机媒体依赖的主要特征表现为拖延性、冒险性；对"网络色情"型偏好的群体来说，抑郁、孤独是 SMDI 的主要影响因素

（β=0.554，β=-0.271）他们手机媒体依赖的主要特征表现为冒险性、拖延性、戒断性；对"手机游戏"型偏好的群体来说，自尊水平是 SMDI 的主要影响因素（β=-0.276），他们手机媒体依赖的主要特征表现为拖延性、戒断性、冒险性；对"休闲娱乐"型偏好的群体来说，无聊、焦虑是手机媒体依赖的主要影响因素（β=0.477，β=0.487），他们手机媒体依赖的主要特征表现为拖延性、戒断性、冒险性；对"仪式惯习"型偏好的群体来说，焦虑是 SMDI 的主要影响因素（β=0.500），他们手机媒体依赖的主要特征表现为拖延性、冒险性。

3. 手机媒体依赖的综合形成机制解释模型

通过实证调查发现，青少年手机媒体依赖形成机制可按照如下框架综合解释：在社会背景条件发展变化（C1）的情况下，个体存在依赖行为基础心理诱因（C2），当遇到手机滥用行为触发条件（C3）时，手机过度使用行为（C4）发生，遇到滥用行为强化条件（C5）后，手机媒体依赖结果（C6）逐渐产生。据此，笔者提出了青少年手机媒体依赖的综合形成机制解释模型，根据解释模型可将青少年手机媒体依赖的形成机制细分为两条基本路径：基于心理健康视角的个体依赖路径（基本路径 1）和基于技术社会学视角的群体依赖路径（基本路径 2）。基本路径 1 是在手机媒体普遍应用的情况下重点考虑个体心理状态方面的因素，从本质上来说是一个由自控力差等因素导致不良习惯养成的过程，是目前大部分网络成瘾和手机依赖研究的主要视角。笔者基于两次调查数据的交叉滞后分析发现五个心理状态变量和手机媒体依赖之间的关系在手机媒体依赖起步阶段和发展阶段是不同的，并据此建立了手机媒体依赖起步阶段和发展阶段形成机制解释模型。青少年手机媒体依赖起步阶段的形成机制模型以第一次调查的相关心理变量来预测第二次调查的手机媒体依赖，路径分析结果显示假设模型可以得到实证数据支持（$\chi^2=7.281$，$p=0.201$，CMIN/DF=1.456，RMSEA=0.029，FMIN=0.013）。手机媒体依赖起步阶段形成机制可解释为：抑郁和自尊作为远端心理状态变量，直接或通过孤独、无聊间接影响焦虑状态，进而通过焦虑直接影响手机媒体依赖水平。青少年手机媒体依赖发展阶段形成机制模型以第一次调查的焦虑和手机媒体依赖来预测第二次调查的各心理状态变量，路径分析结果显示假设模型没有得到实证数据支持（$\chi^2 = 299.806$，$p < 0.001$，CMIN/DF = 33.312，RMSEA = 0.244，FMIN = 0.551），通过模型搜索得到的最优参考模型可解释为：手机媒体依赖行为直接正向预测孤独、焦虑和无聊三种负面情绪，通过孤独和焦虑间接正向预测抑郁水平，通过焦虑和无聊间接负向预测自尊。基本路径2是因手机媒体等现代信息技术广泛应用引起的，从本质上讲是整个人类群体和媒体技术的关系问题。笔者在系统梳理心理学、传播学、社会学、神经科学、设计学和技术哲学等学科研究成果的基础上，基于技术人类学和生态学视角提出了技术演化生态圈模型，分别从历时、宏观、中观和微观四个视角对数字媒介技术依赖成因进行了整合性解释。从历时视角看，媒介技术依赖是现代化进程中人类需求阻断和再满足的过程；从宏观视角看，数字媒介技术已经构成现代人类生存的技术生态圈，现代人类就是存在于其中的"赛博格"；从中观视角看，每个人因多样化的需求而存在不同程度和形式的数字媒介技术依赖；从微观视角看，数字媒介技术依赖是基于人脑神经适应性改变形成的成瘾记忆神经通道的恶性循环。

4. 青少年手机媒体依赖的干预策略研究

手机媒体依赖干预的核心要素包括认知重建、自控力提升、情绪管理、技能训练、动机激发和人际关系改善等；主要干预策略包括认知干预、行为干预、认知行为干预、社会心理干预、药物干预、神经调节干预、技术辅助干预等类型；常见干预形式分为个体干预、团体干预、家庭干预和社区干预等不同形式。通过对两次调查中手机媒体依赖水平（SMDI）明显降低个案质性访谈资料分析发现，从本质上来说青少年手机媒体依赖的降低是一个理性的和有计划的行为改变过程。基本解释框架是：在"C1 客观条件""C2 内在认识（改变）"和"C3 个人变化"的交互影响下，出现"C4 行动意愿"和"C5 采取行动"，最终实现"C6 行为改变"。基于以上分析，笔者又对生物—心理—社会医学模式、个体发展生态系统层次模型、计划行为理论、行为转变阶段理论、心理健康干预策略谱模型等进行了理论分析，确定了坚持生态化、一体化和综合化干预的三项基本原则。基于多主体协同参与的生态化原则，将手机媒体依赖干预层次分为亚个体、个体、家庭/同伴、社区/学校、社会五个层次；基于预防矫治一体化原则，将干预过程分为促进、预防、矫治、介入治疗和康复五个阶段；基于心理干预和社会支持相结合的综合化原则，将干预内容分为认知重建、行为改变、关系改善和支持保障等部分。据此笔者提出青少年手机媒体依赖的生态化干预策略体系模型并对模型内涵进行了系统论述。促进策略就是参与各方通过对青少年能力培养和心理潜能开发以增强其综合素养与身心和谐健康发展而采取的前瞻性措施，面向的群体是所有青少年。预防策略就是参与各方在手机媒体依赖行为未出现之前为避免发展过程中可能出现相关问题所采取的防范性措施，面向的群体是所有青少年。矫治策略就是参与各方将手机媒体依赖问题正视为一种问题性行为并采取的以激发个人内在潜能为主要手段让个体解决自身问题的重塑性策略，面向的群体是出现手机媒体依赖的群体。介入治疗策略就是参与各方将严重手机媒体依赖（手机成瘾）视为一种难以通过自身调节功能恢复的行为障碍而建立的各种强干预救治性策略，面向的群体是手机成瘾患者。康复策略就是参与各方在专业治疗结束后以防止手机媒体依赖问题复发为核心目标所采取的延续性综合干预措施，面向的群体是接受过专业矫治或治疗的手机媒体依赖患者。

总之，作为一种社会历史现象，人类社会对以智能手机为代表的数字媒介技术的依赖是必然结果；作为一种个体心理现象，每个人对数字媒介技术依赖的方向和结果是可塑的。对以智能手机为代表的数字媒介技术依赖现象要辩证地分析，既要看到它出现的必然性，也要看到它结果的偶然性，关键的应对之道是要从人类人性和个体人格可塑的视角发展性地坚持人文主义价值取向。

关键词：青少年；手机依赖；手机成瘾；媒介依赖；形成机制；成瘾干预

目 录

第一章 研究方案 ··· 1
    第一节 研究问题 ··· 1
    第二节 研究设计 ··· 7

第二章 手机媒体依赖的基本理论研究 ································· 11
    第一节 手机媒体依赖的概念界定 ································· 11
    第二节 手机媒体依赖的性质确定 ································· 18
    第三节 其他媒介技术依赖相关研究 ······························ 21

第三章 青少年手机媒体依赖测量工具开发 ······················ 36
    第一节 青少年手机媒体依赖水平量表开发 ·················· 36
    第二节 青少年手机媒体使用偏好量表开发 ·················· 76
    第三节 其他相关影响因素调查工具选择 ······················ 116
    第四节 青少年手机媒体使用情况综合调查问卷编制 ··· 143

第四章 青少年手机媒体使用与依赖现状分析 ···················· 156
    第一节 调查对象抽样与特征描述 ································· 156
    第二节 青少年手机媒体使用情况首次调查结果 ··········· 161
    第三节 青少年手机媒体使用情况二次调查结果 ··········· 190

第五章　青少年手机媒体依赖的形成机制分析 ……………… 211

第一节　基于交叉滞后回归分析的手机媒体依赖形成机制研究 …………………………………………………… 211
第二节　基于个案访谈资料分析的手机媒体依赖变化机制研究 …………………………………………………… 232
第三节　青少年手机媒体依赖形成机制综合讨论 …………… 253

第六章　青少年手机媒体依赖的多学科整合性阐释 …………… 276

第一节　青少年手机媒体依赖的多学科析因 ………………… 276
第二节　青少年手机媒体依赖成因的多学科整合视角阐释 … 289

第七章　青少年手机媒体依赖的干预策略研究 ………………… 298

第一节　青少年数字媒体技术依赖干预策略研究 …………… 298
第二节　青少年手机媒体依赖干预策略的多案例研究 ……… 315
第三节　青少年手机媒体依赖干预策略体系建构 …………… 331

第八章　研究结论与反思 ………………………………………… 361

第一节　主要研究结论 ………………………………………… 361
第二节　研究反思与建议 ……………………………………… 374

附　录 …………………………………………………………… 378

参考文献 ………………………………………………………… 387

第一章

研究方案

第一节 研究问题

一 研究背景

(一) 手机媒体广泛应用

手机媒体 (Smartphone Media) 是指以智能手机为媒介、各种手机应用程序 (App) 为平台的个性化信息传播终端。因其具有传播媒介便携性、传播方式交互性、传播对象定向性等特点而在青少年群体中得到广泛应用。中国互联网络信息中心 (CNNIC) 发布的《第44次中国互联网络发展状况统计报告》显示,截至2019年6月,我国网民规模达8.54亿人,互联网普及率达61.2%;其中手机网民规模达8.47亿人,网民使用手机上网的比例达99.1%。平均每周上网时长27.9小时,平均日均时长近4小时,其中大部分时间用于即时通信App、网络视频等。[①] 其中 10—39 岁网民占 65.1%,20—29 岁网民占比最高,达24.6%。

(二) 手机媒体依赖问题凸显

手机媒体功能的不断扩展和用户体验的持续改善极大地增强了手机使用黏性,逐渐形成了生活中随处可见的"低头族""刷屏党"或"屏奴"。据韩国科学与信息通信技术部的数据显示,2018年有超过98%的

[①] 中国互联网络信息中心:《第44次中国互联网络发展状况统计报告》,2019年8月1日,http://www.cnnic.cn/hlwfzyj/hlwxzbg/hlwtjbg/201908/P020190830356787490958.pdf。

韩国青少年使用手机,10—19岁的青少年中,约有30%被归为过度依赖手机。2018年4月我国教育部发布《教育部办公厅关于做好预防中小学生沉迷网络教育引导工作的紧急通知》指出:"教育引导中小学生绿色上网、文明上网,是贯彻落实党的十九大精神,落实立德树人根本任务的重要举措,是办好人民满意教育、促进学生身心健康的必然要求。"[①] 团中央权益部与中国互联网络信息中心(CNNIC)发布的《2019年全国未成年人互联网使用情况研究报告》显示,2019年我国未成年网民规模为1.75亿人,未成年人互联网普及率达到93.1%;城镇未成年人互联网普及率达到93.9%,农村未成年人互联网普及率达到90.3%,32.9%的小学生网民在学龄前就开始使用互联网;93.9%的未成年人使用手机上网。[②] 根据中国社会科学院新闻与传播研究所、中国少年儿童发展服务中心、中国青少年宫协会、社会科学文献出版社联合在京发布的《青少年蓝皮书:中国未成年人互联网运用报告(2019)》显示,未成年人在享用互联网给生活学习带来便捷高效的同时,也面临着网络违法侵害、不良信息影响、个人隐私泄露、网络沉迷成瘾等网络风险和伤害;未成年人互联网运用保护和规制问题已经成为整个社会乃至全球性的问题,关系到网络强国建设和"强国一代"培养的未来发展大战略。[③] 韩国研究者发现由于作为数字土著的年青一代通常使用智能手机作为上网的主要工具,因此与成年人相比青少年使用智能手机可能面临更大的风险。[④]

二 研究现状

目前,关于手机媒体依赖或手机媒体成瘾相关的研究主要集中在测

[①] 教育部办公厅:《教育部办公厅关于做好预防中小学生沉迷网络教育引导工作的紧急通知》,2018年4月20日,http://www.moe.gov.cn/srcsite/A06/s3325/201804/t20180424_334106.html,2020年7月5日。

[②] 中国互联网络信息中心(CNNIC):《2019年全国未成年人互联网使用情况研究报告》,2020年5月15日,http://www.cnnic.net.cn/hlwfzyj/hlwxzbg/qsnbg/202005/P020200513370410784435.pdf,2020年11月20日。

[③] 季为民:《青少年蓝皮书:中国未成年人互联网运用报告(2019)》,社会科学文献出版社2019年版。

[④] Kim, D. I., et al., "New Patterns in Media Addiction: Is Smartphone a Substitute or a Complement to the Internet?", *The Korean Journal of Youth Counseling*, Vol. 20, No. 1, 2012, pp. 71 – 88.

量工具开发与结构维度分析、影响因素及其内在机制研究两大方面。

（一）手机媒体依赖的测量工具开发与结构维度分析

目前大部分研究参照现有技术成瘾标准，特别是金伯利·杨格（Young，K. M.）的"病理性网络使用"（PIU）诊断标准[1]，开发量表并据此分析手机媒体依赖的内在结构，如 Bianchi 等编制的《手机问题性使用量表（MPPUS）》[2]、Billieux 等编制的《问题性手机使用问卷（PMPUQ）》[3]、梁永炽编制的《手机成瘾指数量表（MPAI）》、Kwon 等开发的《智能手机成瘾量表（SAS）》及其减缩版 SAS - SV[4]，我国学者徐华等编制的《大学生手机依赖量表》[5]、熊婕等编制的《大学生手机成瘾倾向量表（MPATS）》等[6]。上述大部分研究对从耐受性、戒断性、突显性、低效性等维度衡量手机媒体依赖水平已形成共识，但不同研究者在其量表中因切入视角的不同而包含了其他内容。例如，Park 等量表中的无意识使用和时间消耗维度、Billieux（2008）量表中的危险使用和经济问题等维度、Kwon（2013）和 Dong‑II Kim（2012）等量表中的虚拟关系维度等，这导致了目前在手机媒体依赖方面未能形成被广泛接受的测量工具。究其原因有二：一是目前所有技术成瘾测量工具开发的原始依据是物质成瘾标准，而能作为成瘾物（如药物、毒品等）的功用普遍具有单一性，因而据此开发的工具对于测量基于简单媒体（如电视）的被动依赖较为有效，但当用来测量互联网和智能手机这样功能丰富、用户选择主动权较大的综合媒体依赖情况时显得力不从心。二是早期关于问题性手机使用的相关量表旨在综合了解研究对象存在的问题行为类型及其程度，将手机使用动机（或依赖倾向）和手

---

[1] Young, K. S., "Internet Addiction: The Emergence of a New Clinical Disorder", *Cyber Psychology and Behavior*, Vol. 1, No. 3, 1998, pp. 237-244.

[2] Bianchi, A., Phillips, J. G., "Psychological Predictors of Problem Mobile Phone Use", *Cyber Psychology and Behavior*, Vol. 8, No. 1, 2005, pp. 39-51.

[3] Billieux, J., et al., "The Role of Impulsivity in Actual and Problematic Use of the Mobile Phone", *Applied Cognitive Psychology*, Vol. 22, No. 9, 2008, pp. 1195-1210.

[4] Kwon, M., et al., "Development and Validation of a Smartphone Addiction Scale (SAS)", *PLoS ONE*, Vol. 8, No. 2, 2013, pp. e56936, https://doi.org/10.1371/journal.pone.0056936.

[5] 徐华等：《大学生手机依赖量表的编制》，《中国临床心理学杂志》2008年第1期。

[6] 熊婕等：《大学生手机成瘾倾向量表的编制》，《中国心理卫生杂志》2012年第3期。

机依赖水平综合评价,因而严重影响了量表的鉴别能力。传播学媒介使用与满足(U&G)理论认为,个体使用媒介的行为是基于个体需求和愿望的能动性行为,不同个体因其内在需求的差异而导致对手机媒体不同功能的偏好,进而导致不同的手机媒体依赖特征。① 近年来韩国研究者的系列研究开始尝试将手机媒体依赖倾向和依赖水平分开加以测量。②

（二）手机媒体依赖的影响因素及内在机制研究

此前在韩国对大学生进行的研究表明,手机媒体依赖与心理健康、校园生活、人际关系、自我控制和生活压力有关。③ 媒体依赖诉求和心理特质(自尊感、闲暇无聊感和刺激寻求感)与手机依赖呈显著正向相关。④ 当前大部分研究主要集中在人口学特征对手机媒体依赖的影响和个体内在心理因素与手机媒体依赖的关系两大方面。在人口学特征方面,大量研究表明年龄在16—25岁的青少年人群更容易出现问题性手机使用行为⑤；女性比男性手机媒体依赖的倾向更明显⑥。关于个体内在心理因素与手机媒体依赖关系的研究方面,已有研究表明外向性、神经质人格特质可以正向预测手机媒体依赖⑦,宜人性、尽责性特质对手机媒体依赖水平具有反向预测作用⑧。抑郁、焦虑、孤独、无聊等负面

---

① Wei, R, "Motivations for Using the Mobile Phone for Mass Communications and Entertainment", *Telematics and Informatics*, Vol. 25, No. 1, 2008, pp. 36 – 46.

② Park, N., Lee, H., "Social Implications of Smartphone Use: Korean College Students' Smartphone Use and Psychological Well – Being", *Cyberpsychology, Behavior, and Social Networking*, Vol. 15, No. 9, 2012, pp. 491 – 497.

③ 范方等：《青少年网络成瘾预测问卷初步编制及信效度检验》,《中国临床心理学杂志》2008年第1期。

④ 蒋俏蕾等：《媒介依赖理论视角下的智能手机使用心理与行为——中国与新加坡大学生手机使用比较研究》,《新闻大学》2019年第3期。

⑤ Bianchi, A., Phillips, J. G., "Psychological Predictors of Problem Mobile Phone Use", *Cyber Psychology and Behavior*, Vol. 8, No. 1, 2005, pp. 39 – 51.

⑥ 顾海根等：《大学生智能手机依赖及其与人格的关系》,《心理技术与应用》2014年第8期。

⑦ Hong, F. Y., et al., "A Model of the Relationship between psychological Characteristics, Mobile Phone Addiction and Use of Mobile Phones by Taiwanese University Female Students", *Computers in Human Behavior*, Vol. 28, No. 6, 2012, pp. 2152 – 2159.

⑧ Ehrenberg, A., et al., "Personality and Self – Esteem as Predictors of Young People's Technology Use", *Cyber Psychology and Behavior*, Vol. 11, No. 6, 2008, pp. 739 – 741.

情绪与手机媒体依赖显著相关。其中，抑郁水平、人际焦虑与手机媒体依赖之间存在显著正相关；但孤独感与手机依赖的关系目前尚未得到确认，刘红等的研究表明孤独感与手机成瘾显著相关①，但Takao等的研究发现孤独感并不是手机媒体依赖的预测因子②。另有研究表明自尊、自控和效能感对手机媒体依赖具有反向预测作用，其中低自尊对手机媒体依赖的正向预测和自控、效能感对手机依赖的反向调节作用得到确认。此外，还有研究者进一步将个体情绪（如抑郁、孤独、焦虑）、自我意识（自尊、自控、效能感）作为中介变量来探讨人格特质与手机媒体依赖之间的作用机制。③ Billieux 在对现有问题性手机使用形成机制研究成果进行系统梳理的基础上，提出了"问题性手机使用的路径整合模型"用于解释手机媒体依赖的形成机制。④ 整合模型提出了问题性手机使用形成的四种路径：冲动—反社会路径，主要因冲动控制力太差而导致的不受控的冲动、失控使用；过度追求安全的路径，主要因维持关系和从他人那里获得安全感的需要引发；外向性路径，由持续而很强的与他人交流或建立新关系的渴望引发；网络成瘾迁移路径，即基于计算机的网络成瘾行为向手机平台的迁移。⑤ 笔者在前期的探索研究中基于U&G理论建立起了"人格特质—媒体使用动机—手机媒体依赖"的分析逻辑，试图揭示手机媒体依赖的形成机制。虽然也发现一些规律（如高外向性、宜人性群体的娱乐消遣动机较高，高神经质群体的人际沟通动机较高），但在研究中逐渐发现这些以问卷调查为主要形式的横断研究虽能够得出自圆其说的研究结论，但不同研究的结论之间依然存

---

① 刘红、王洪礼：《大学生手机成瘾与孤独感、手机使用动机的关系》，《心理科学》2011年第6期。

② Takao, M., et al., "Addictive Personality and Problematic Mobile Phone Use", *Cyber Psychology and Behavior*, Vol.12, No.5, 2009, pp.501–507.

③ Chiu, S. I., "The Relationship between Life Stress and Smartphone Addiction on Taiwanese University Student: A Mediation Model of Learning Self-Efficacy and Social Self-Efficacy", *Computers in Human Behavior*, Vol.34, 2014, pp.49–57.

④ Billieux, J., "Problematic Use of the Mobile Phone: A Literature Review and a Pathways Model", *Current Psychiatry Reviews*, Vol.8, No.4, 2012, pp.299–307.

⑤ Billieux, J., et al., "Can Disordered Mobile Phone Use be Considered a Behavioral Addiction? An Update on Current Evidence and a Comprehensive Model for Future Research", *Current Addiction Reports*, Vol.2, 2015, pp.154–162.

在不小矛盾。例如，大量研究一方面指出低自我评价者更容易产生手机媒体依赖以寻求虚拟满足，另一方面却得出在实际生活中社交关系较好的外倾性个体也容易产生依赖；另有研究表明技术依赖对依赖者的心理健康有益，因为在线交互可以通过扩大个体的交际范围、增加社会资本而改善个体负面情绪。[①] 可见，现有研究从整体上无法解释是负面情绪和低自我评价引起了手机媒体依赖，还是因手机媒体依赖造成了负面情绪或低自我评价，更谈不上有效干预策略的提出。此外，由于人格特质具有相对稳定性，虽然可以分析它与手机媒体依赖的关系，但对于探索有效的干预策略和促进青少年身心健康发展意义不大。因此，本书不再深入探索这些因素的影响。

三　研究问题聚焦

综上分析，在手机媒体依赖测量研究方面，目前倾向于将依赖倾向和依赖水平两方面分别加以测量以综合分析不同个体的手机媒体依赖特征。在手机依赖的内在机制研究方面主要探索了人格特质（外向性、神经质等）、负面情绪（抑郁、焦虑、孤独）和其他因素（自尊、自控、自我效能感）与手机媒体依赖的关系，但由于大多采用的是横断研究设计，因此难以综合解释手机媒体依赖的形成机制，对依赖行为的干预策略更是无从谈起。笔者认为手机媒体依赖是一种多因多果的技术依赖现象，不同情绪状态的个体因具有不同的使用动机而呈现出不同特征的依赖症状，进而反作用于个体身心健康。据此，本书提出了一种多指标多原因（MIMIC）分析模型，以焦虑、抑郁、孤独、无聊和自卑等负面情绪为"手机媒体依赖倾向"的前因变量，以"信息获取""虚拟关系"等不同使用偏好为依赖倾向指标变量，采用纵向研究设计，通过交叉滞后分析和结构方程模型来综合考察手机媒体依赖的动态形成机制，并据此探索手机依赖的有效干预策略。

四　研究意义

（一）学术价值

本书基于媒介使用与满足理论对手机媒体依赖的测量从依赖倾向和

[①] 刘沛汝等：《手机互联网依赖与心理和谐的关系：网络社会支持的作用》，《中国临床心理学杂志》2014年第2期。

依赖水平两个方面分别加以考察，能够更为准确地分析个体手机依赖特征，对于探明以综合媒体为对象的主动技术依赖行为的内在形成机制，完善网络成瘾、游戏成瘾的形成机制，进而丰富技术成瘾理论具有重要学术价值。

（二）应用价值

本书聚焦于较为易变的个体情绪变量，并深入手机媒体依赖倾向层面动态分析负面情绪对依赖行为的作用机制，可以据此探明不同情绪状态个体的具体依赖行为偏好及其之间的动态变化与关联机制，进而对探索青少年手机媒体依赖的干预策略、指导青少年健康合理地使用手机（或 iPad 等其他数字化终端）具有重要实践价值。

第二节 研究设计

一 研究对象

本书的研究对象为青少年的手机媒体依赖形成机制及其干预策略。为全面分析负面情绪与手机媒体依赖倾向的交互作用机制并据此提出干预策略，本书拟以刚步入学校的高校新生手机网民为具体调查对象（刚步入高校的新生离开了父母监管，需要自己面对各种生活压力，在整个学校生活期间将经历相对完整的社会化过程）。另外，由于本书采用纵向研究设计，需要对研究对象在不同阶段做多次调查，因此将采取方便整群抽样的方式，选择大学新生为具体调查对象，对其在大学期间的手机使用及其他相关情况做连续跟踪调查。

二 研究目标

主要研究目标如下：通过跟踪调查分析不同心理状态个体的手机媒体依赖倾向以及不同负面情绪与手机媒体依赖相互作用关系，探索手机媒体依赖的形成机制；通过分析手机媒体依赖的典型关联模型及其形成路径，探讨适用不同手机媒体依赖倾向群体的有效干预策略。

三 研究内容

（一）研究框架

本书以"手机媒体依赖倾向"为结果变量，以抑郁、孤独、无聊、焦虑等负面情绪和自尊为原因变量，以信息获取、虚拟关系、娱乐消遣、仪式惯习、特殊意图等为结果变量的指标变量（在以耐受性、戒断性、突显性、低效性为依赖水平的基础上做区分），采取纵向研究设计，分别在 T1 和 T2 两个时间点上对调查对象展开连续调查，据此对比分析不同心理状态的个体手机媒体依赖的倾向以及不同负面情绪与手机媒体依赖是否存在因果关系。手机媒体依赖的多指标多原因（MIMIC）分析模型如图 1-1 所示。

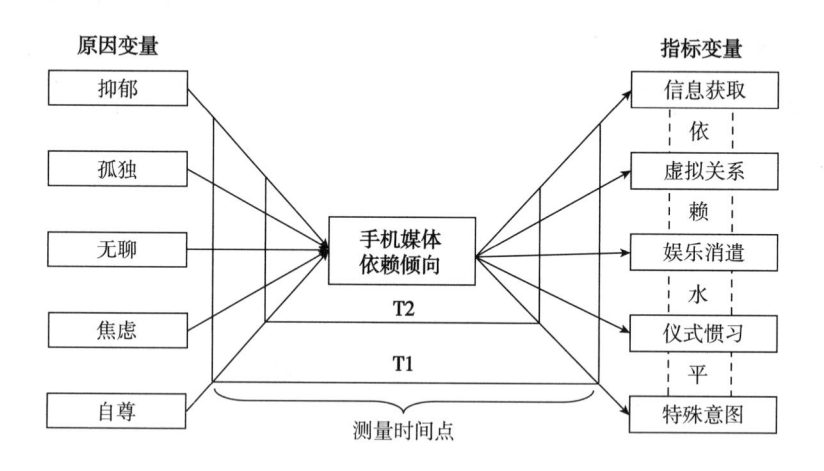

图 1-1　手机媒体依赖的多指标多原因（MIMIC）分析模型

（二）主要研究内容

（1）手机媒体依赖情况量表开发（包括依赖水平量表和使用偏好量表）。

（2）选择或修订恰当的相关心理状态测量工具（如抑郁、孤独、焦虑、自尊等），合成能够动态评价学生综合心理状态的调查工具。

（3）开展两次心理状态及手机依赖情况配对调查，并探索有效的数据分析方法。

（4）分析手机媒体依赖的动态形成机制及其典型关联模型。

（5）研究不同依赖倾向群体手机媒体依赖的干预策略。

（三）研究重点难点

本书的研究重点是通过分析各个影响因素的交互作用关系，揭示手机媒体依赖的动态形成机制及其典型关联模型，并据此探索有效的手机媒体依赖干预策略。

本书的难点有两个方面：首先，选择相对稳定的研究对象和有效的调查工具展开连续调查；其次，选用恰当的数据分析方法分析动态数据。笔者可以得到足够的研究对象样本，并且拥有丰富的心理测量工具和测量经验；对于手机媒体依赖情况的测量，笔者已在前期研究中结合MPAI、SPAI、SAPS、SAS 等量表开发了相关测量工具。

四　研究思路

本书研究基本思路如下：在选择或修订相关测量工具的基础上，选择笔者所在高校部分班级的入学新生为研究对象；在第一学期实施人口学特征、调查 A（个人基本信息、个人数字设备），在第二学期中期实施调查 B（抑郁、孤独、自尊、焦虑、无聊倾向量表）以及调查 C（依赖水平、使用偏好量表）；然后在第三学期中期再次实施调查 B、调查 C；及时分析两次调查结果并对比前后变化情况，对于手机媒体依赖水平在前后两次测量中有显著变化的个体，结合生活事件和负面情绪调查结果进行深度个别访谈，剖析手机媒体依赖水平变化的原因及其因果链，积累个案资料；在两次连续调查结束后分析各因素的相互关系及其动态变化趋势，探索相关因素间的典型关联模型，并结合个案研究资料总结不同依赖倾向群体依赖的形成机制及其干预策略。研究过程及思路如图 1-2 所示。

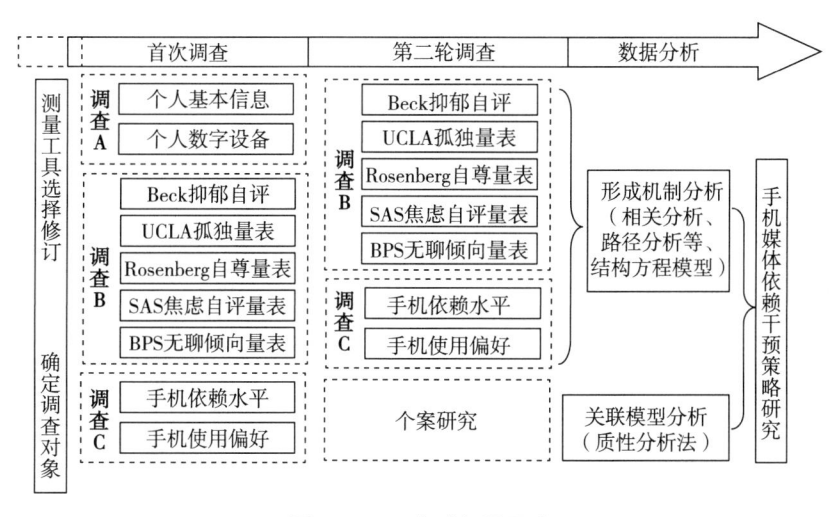

图 1-2　研究过程及思路

五 研究方法

（一）数据收集方法

本书整体上是一项纵向调查研究。研究过程用到的具体数据收集方法有：

（1）问卷调查法，选用自编的调查问卷或标准心理学量表对研究对象的个体特征、各种负面情绪和手机依赖等按照研究计划进行调查。

（2）访谈法，在第二次测量后对先后两次测量中手机依赖水平有明显变化的个体进行深度访谈，分析变化的成因。

（二）数据分析方法

课题研究过程中用到的数据分析方法有：

（1）统计分析法。采用因素分析、相关分析、交叉滞后分析、结构方程模型等不同方法探索相关因素间的作用与关联机制。本书将采用交叉滞后分析来探索不同负面情绪与手机依赖倾向的动态变化情况；根据 T1 和 T2 时间点测量的原因变量（X）和指标变量（Y）建立滞后变量结构模型以分析前后相关水平，进而找出典型关联模型，如图 1-3 所示。

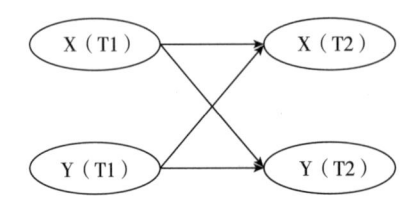

图 1-3 交叉滞后分析模型

（2）内容分析法。本部分借助 Nvivo11 软件运用扎根理论编码技术对访谈资料进行分析。扎根理论的研究方法是 1965 年由美国社会科学家格拉泽和施特劳斯（Glaser & Strauss）提出的，主要通过对围绕相关现象或问题所收集质性材料的分析逐步概括提升形成解释性的理论框架。扎根理论数据分析的核心工作是对访谈记录等质量材料的编码，编码就是对数据持续地进行拆解、重组，进而提出概念、发展范畴和形成理论的过程[①]。

[①] Glaser, B. G., Strauss, A. L., "Discovery of Substantive Theory: A Basic Strategy Underlying Qualitative Research", *American Behavioral Scientist*, Vol. 8, No. 6, 1965, pp. 5-12.

第二章
手机媒体依赖的基本理论研究

第一节 手机媒体依赖的概念界定

一 手机媒体及其特征

（一）媒体与媒介

媒体（Media）一词在1943年美国图书馆协会的《战后公共图书馆的准则》一书中首次使用，是指信息传播过程中从传播者到接受者之间携带和传递信息的一切形式的物质工具，包括书籍、期刊、报纸、地图、图片、唱片、磁带等。[1] 后面随着我国研究者引介过程中的概念建构，形成了"媒体""媒介""传媒"等多个概念。[2] 从传播学的视角来看，目前一般的理解如下：媒介（Medium）是传播过程中承载信息的物质实体，包括自然媒介和人工媒介两大类，自然媒体如光、空气、石头等，人工媒体如竹简、纸、无线电波、光盘、光纤、移动存储设备等。媒体（Media）是指载有信息的媒介（或信息产品），如书本、报纸、广播、电视、网络等。媒体由"硬媒体"和"软媒体"两部分构成，"硬媒体"是指媒介，"软媒体"是指附着在媒介之上表征信息的符号系统，例如文字、图片等。简言之，媒体＝媒介（硬媒体）＋信息符号（软媒体）。在新闻学领域，"媒体"也指生产信息的组织或

---

[1] 顾明远主编、教育大辞典编纂委员会编：《教育大辞典》，上海教育出版社1990年版，第6页。

[2] 陆佳怡：《媒体外交理论与实践》，中国传媒大学出版社2016年版，第86—87页。

机构,例如报社、广播台、电视台、出版社、杂志社或网站运营商等。为了区分,经常把传播学领域理解的媒体称为传播媒体(信息产品),把新闻学领域的媒体称为新闻媒体或大众传媒(组织结构)。新闻媒体就是利用特定的传播媒体来开展信息获取、加工与传播的社会机构。

(二)手机媒体的含义

自 1973 年 4 月美国摩托罗拉公司的工程技术人员马丁·库帕(Martin Lawrence Cooper)发明首个重达 1.13 公斤的移动电话以来,移动电话(俗称"手机")已经从 1G 发展到了 5G,从一个实现远距离无线通话的工具发展成为一个功能多样、内容丰富的媒体平台。1983 年摩托罗拉推出的 DynaTAC 8000X 开启了第一代移动通信时代(1st Generation Wireless Systems,1G),1G 的移动通信网络是基于频分多址技术的模拟语音网络,主要用于语音通话。随着 1987 年中国移动通信模拟网络运营和摩托罗拉 3200 手机(俗称"大哥大")在国内开始销售,我国进入 1G 通信时代。1994 年中国移动建成我国第一个 GSM 数字通信网络,我国进入了第二代移动通信(简称 2G),2G 通信网络是基于数字语音传输技术的数字语音网络,手机功能除了打电话外,还可以收发短信、彩信和图片等信息,到后期基于分组交换技术的 2.5G 或 2.75G 时代就可以访问互联网。例如,1998 年诺基亚变色龙 6110 手机内置了"贪吃蛇""记忆力""逻辑彩图"三款游戏;1999 年 2 月出现的摩托罗拉 CD928 + 手机完全支持中文短信收发功能;2000 年 1 月推出的诺基亚 7110 是第一款能够把手机和互联网连接在一起的 WAP 手机;2000 年 3 月摩托罗拉推出了智能手机的鼻祖摩托罗拉 A6188,支持 WAP1.1 无线上网、采用 PPSM(Personal Portable Systems Manager)操作系统,也是全球第一部具有触摸屏功能的手机,支持中文手写识别;2000 年 12 月推出的西门子 6688 手机具有 MP3 播放、移动存储、录音功能;2001 年 8 月出现第一款彩屏手机爱立信 T68。21 世纪初我国建成了无线通信和互联网等多媒体通信结合起来的第三代移动通信网络(简称 3G),手机的主要功能有通过浏览器上网、系统自带 QQ 等应用、拍照、视频、音频播放、GPS 导航等。2007 年诺基亚推出的 N95 集音乐、拍照、互联网、蓝牙和 GPS 导航于一体。2007 年苹果公司的 iOS 登上了历史的舞台,同年推出的 iPhone 实现手指触控,开启了智能手机的触控时代。2008 年 Google 推出了开放的 Android 操作系统,正式进入了智能手机的触控时代。2010 年左右我国第四代移动通信网络开始在一线城市试用,2013 年工信部正式向三大运营商发放 4G 牌照,标志着我国正式进入 4G 时代。2019 年 6 月随着 5G 牌照的发放,我国第五代移动通信技术开始进入商用阶段。①② 移动通信网络及手机功能发展简史见表 2-1。

表 2-1　　　　　移动通信网络及手机功能发展简史

时代	时间	移动网络	手机功能	手机外观
1G	1980s	模拟网络(语音)	打电话	外形巨大、机械键盘
2G	1990s	数字网络(语音)	发短信、打电话、彩信、图片、内置游戏	外形变小、天线内置、机械键盘+数字键盘
3G	2000s	数字网络(数据)	网页、QQ、音乐、图片、视频、打电话、发短信、内置游戏	操作系统、应用程序、相机、手写输入、彩屏
4G	2010s	互联网+电信网	App、网页、音乐、图片、视频、打电话、发短信、内置游戏	触摸交互、语音识别、手势交互
5G	2020s	移动+有线互联网	物联、VR、App、网页、音乐、图片、视频、打电话、发短信、内置游戏	触摸交互、语音识别、手势交互

注:以上信息来自网络信息整理。

通过以上对移动通信技术和手机发展历程的简单梳理可以发现,手机由最初模拟时代的语音通话媒介系统,经历了 2G、3G 时代的数字媒体技术后,目前已经发展为一种综合的媒介平台。正如我国研究者匡文波指出,发明手机的主要目的是用来进行语音通话,但手机与互联网的结合已使其成为一个重要的新媒体。③ 手机媒体被称为继纸质媒体、广播媒体、电视媒体、网络媒体之后的"第五媒体"。④ 关于手机媒体的

---

① 贾志淳等:《移动云计算技术专题研究》,东北大学出版社 2016 年版,第 20 页。
② 廖滨华:《网络基础与应用》,湖北科学技术出版社 2014 年版,第 212 页。
③ 匡文波:《论手机媒体》,《国际新闻界》2003 年第 3 期。
④ 胡余波等:《手机媒体的大学生思想政治教育模式探索》,《中国青年研究》2010 年第 8 期。

界定,有研究者认为它是借助手机进行信息传播的工具,是网络媒体的延伸[1];还有研究者认为手机媒体是以手机为视听终端、手机上网为平台的个性化信息传播媒介。其他如,手机媒体是指基于通信和计算机网络技术的负载、传播信息符号的个人移动信息终端[2];手机媒体是一种兼容了大众传播、人际传播、组织传播等多种传播模式的新媒介[3];手机媒体是借助于手机进行各类传播活动的工具,是一种利用移动通信网、无线互联网进行智能化信息生产、传播的终端媒介[4]。手机在不同的语境下有不同的称谓,早期常称为"移动手机"(Mobile Phone),强调它和固定电话相比的"移动性"特点;随着2G时代的到来,移动手机又被称为"蜂窝电话"(Cellular Phone)、"手机"(Cellphone)、"个人数字蜂窝电话"(Personal Digital Cellular),用来指基于数字蜂窝技术的移动手机;再后来随着手机内置芯片功能的强大、存储空间的提升和手机操作系统的成熟,出现了"智能手机"(Smartphone),强调在手机上可以随意装卸各类手机应用软件(Application,App)的特点。目前关于手机的这些称谓依然存在并存共用的现象,如无特殊说明本书研究过程中使用的文献资料对上述称谓不做详细区分。

综上所述,手机已经将硬媒体和软媒体结合,兼具纸质媒体、广播媒体、电视媒体、网络媒体等多种功能,加之智能手机系统上各种App的运行,已经成为一个个性化的信息传播平台。根据本书研究的聚焦点,笔者将手机媒体界定为:手机媒体(Smartphone Media)是指以智能手机为媒介、各种手机应用程序(App)为平台的个性化信息传播终端。

(三)手机媒体的特征

我国学者匡文波认为手机媒体的基本特征是数字化,具有交互性强、传播快、多媒体、便携性等特点。[5] 孙珉则从传播特征的角度认为

---

[1] 匡文波:《手机媒体的传播学思考》,《国际新闻界》2006年第7期。
[2] 彭健:《手机媒体大众传播功能探析》,硕士学位论文,华中科技大学,2005年。
[3] 力涛盈:《手机媒体的组织传播功能探究》,《新闻研究导刊》2018年第4期。
[4] 杨驰原等:《我国手机媒体发展现状与趋势第一部分:手机媒体的定义、特点和研究现状》,《传媒》2016年第23期。
[5] 匡文波:《手机媒体的传播学思考》,《国际新闻界》2006年第7期。

手机媒体具有大众与小众结合的传播特性，传播方式具有定向化和活动性等特点。①邓瑜等认为手机具有贴身移动性、私人性、自主性、交互性等特点。②林振辉则认为手机具有丰富性、互动性、时效性和准确性等特点。③爨宜李认为手机媒体在传播内容方面具有时效性、融合性、互动性的特点。④杨驰原等认为手机媒体具有移动性、即时性、互动性、普及性、多媒体化、私密性、兼容性等特点。⑤李天龙认为手机媒体在语音通信阶段具有移动性、便携性、私密性、强迫性等特点，在手机通信与短信阶段有廉价性、隐蔽性、不确定性、即时性、异步性等特点；在多媒体通信阶段具有多样性、统一性、分众性、融合性、广泛性的特点。⑥通过前面的分析发现，有些研究侧重于手机媒体作为一种媒介本身的特点，有些研究则侧重于手机媒体内容方面的特点，有些研究则侧重于手机传播学特征。基于以上分析，本书认为手机媒体作为个性化传播平台，具有移动性、私密性、交互性、富媒性、易达性等特点。

1. 移动性

移动性是手机媒体区别于固定电话、个人PC等媒体最重要的特点。有研究者指出这是手机区别于其他媒介的唯一特性。⑦移动性的本质压缩了通信的时空特性，将媒介和个体绑在了一起，让个体随时随地实现与外部世界的联通。特别是随着手机媒体便携性持续改善，造成个人与技术关系的根本性改变，移动性提升了手机和个体的黏性。

2. 私密性

手机媒体的移动便携特点，让它变成一种可由个人随身携带的私人物品，这是它和家庭中的固定电话、电视等的巨大差异。个人不但可以通过设置密码、设置个性化铃声等方式让它个性化和私密化，还可以在

---

① 孙珉：《论手机媒体的大众传播特征》，《新闻界》2007年第6期。
② 邓瑜等：《手机媒体：移动媒体的终极形态》，《中国记者》2006年第4期。
③ 林振辉：《手机媒体化对媒体影响力格局的影响》，《中国记者》2007年第6期。
④ 爨宜李：《手机媒体内容精品化趋势探析》，《新闻战线》2017年第16期。
⑤ 杨驰原等：《我国手机媒体发展现状与趋势第一部分：手机媒体的定义、特点和研究现状》，《传媒》2016年第23期。
⑥ 李天龙：《手机媒体传播特征探析》，《电化教育研究》2014年第1期。
⑦ 田静：《手机媒体移动性的时空解析》，《新闻大学》2015年第2期。

网络世界中以"匿名"的方式出现,并且可以在使用时间、地点和使用方式等方面更加隐蔽。这种私密性的特点也为个性化的使用行为模式奠定了坚实基础。

3. 交互性

随着媒介技术从报纸、广播、电视、计算机、互联网到手机媒体的发展,媒介的交互性越来越强。手机媒体不但在操作方式上交互性更强、交互方式更加人性化,而且在交互内容上更加丰富,可以通过打电话、发短信、微信聊天、远程语音、远程视频等方式实现实时人际交互,也可以通过浏览网页、手机游戏等各种 App 实现人与整个信息世界的交互。随着 5G 时代的到来,手机媒介还可以和周围的家具家电等物品交互,提升人和整个世界的交互水平。

4. 富媒性

手机媒体化发展之后,其功能越来越强大、支持的媒体形式越来越多样,富媒性就是富媒体特性,指传播内容能在声音、图像、动画、视频等媒体素材的基础上组合编制,内容支持丰富的页面展示和互动页面控制,实现媒体性和交互性的有机统一。[①] 手机报纸、手机音乐、手机视频、手机游戏、手机直播、增强现实等媒体形式不断涌现,极大提升了用户的视听体验。

5. 易达性

易达性就是获取和使用手机媒体的门槛越来越低,各种手机应用服务非常容易获得。主要表现在智能手机的廉价化、网络服务的泛在化、应用操作的傻瓜化等特点。随着现代信息技术的发展,智能手机变得越来越廉价、网络流量费用越来越低廉,每个人都可能轻易地获得一部手机;移动无线通信网络和无线互联网的逐渐普及,手机用户几乎可以随时随地接入网络;随着人机界面设计越来越人性化,手机应用操作越来越简单和傻瓜化。

手机媒体的移动性、私密性、交互性、富媒性和易达性使得其与个体生活结合得日益紧密,在给人们生活带来便利的同时,也为手机媒体

---

① 赵志明:《重新定义教科书——数字教科书的形态特点与发展》,《课程·教材·教法》2014 年第 3 期。

依赖埋下隐患。

二 手机媒体依赖的含义

（一）依赖与成瘾的关系

随着手机媒体在人类社会中的广泛应用，人类对其使用可能引发异化后果的恐慌从未中断。心理学界将这种不恰当或过度使用手机的行为用"滥用（Abuse Use）""问题性手机使用（Problematic Mobile Phone Use）""病理性使用（Pathological Use）""依赖（Dependency）""成瘾（Addiction）"等来称呼。国内外目前对问题性手机使用行为持三种不同观点：第一种观点以行为成瘾理论为基础，将其纳入与网络成瘾相似的技术成瘾范围，认为这是一种临床心理病症，常用"手机成瘾"（Mobile Phone Addiction）表征；第二种观点认为不应将这种短期症状视为病理行为，而是信息社会发展进程中出现的正常媒体使用习惯；第三种观点认为当前不应忽视这种现象，但也没必要将其视为一种病症，而是因对手机过分依赖而产生的不当行为，常用"手机依赖"（Mobile Phone Dependence）表征。其实，早在1964年WHO就开始使用中性的"依赖"（Dependence）取代带有负面感情色彩的"成瘾"（Addiction）和"习惯"（Habituation）。[①] 目前在计算机、互联网、电子游戏、智能手机等媒介技术依赖研究领域内存在共用的情况，但相关研究发现，依赖的比例较高而成瘾的比例相对较低。据此，可以认为"依赖"（Dependence）是一个媒介技术不当使用行为的连续统，其发展的两极为"正常使用"和"成瘾"病症，中间状态存在依赖程度上的差异。

（二）手机媒体依赖界定

相关研究表明，不同群体青少年手机媒体依赖的比例介于18.5%—48.9%，手机媒体成瘾的比例为11.4%。据此，笔者认为问题性手机使用行为应当受到重视，当前大部分青少年确实存在"手机媒体依赖"现象，其进一步发展之后便可能转变为"手机媒体成瘾"病症。即"手机媒体依赖"（Smartphone Media Dependence）是一个表

---

① World Health Organization, "Dependence Syndrome", 2018 – 3 – 23, http：//www. who. int/substance_ abuse/terminology/definition1/en/, 2020 – 4 – 10.

征手机不当使用行为的连续统，其发展的两极为"正常使用"和"手机媒体成瘾"病症，中间状态存在依赖程度上的差异。本书对手机媒体依赖水平的测量也即量化描述个体依赖程度差异。手机媒体依赖连续统见图 2-1。

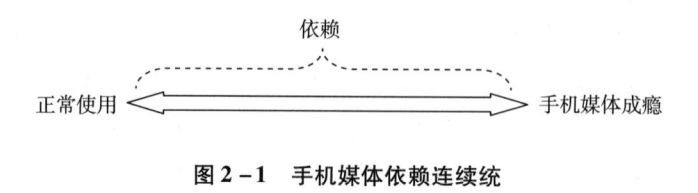

图 2-1　手机媒体依赖连续统

第二节　手机媒体依赖的性质确定

手机媒体依赖作为一种新的社会心理现象，从心理学视角看它是一种什么性质的依赖或成瘾现象？手机媒体依赖和毒品成瘾、药物成瘾、网络成瘾、游戏成瘾等有什么不同吗？因此，有必要对手机媒体依赖的性质进行深入的探讨。

一　依赖行为相关分类体系介绍

（一）世界卫生组织 ICD 分类体系

《国际疾病与相关健康问题统计分类》（*International Classification of Diseases*，ICD）是世界卫生组织（WHO）建立并不断修订的疾病及健康问题分类体系，它将各种疾病及健康问题根据其特征对其进行分门别类，并按照编码规则对每种疾病进行分类编码表示。2018 年第 72 届世界卫生大会审议通过的第十一版《国际疾病与相关健康问题统计分类》（ICD-11）正式发布。中国卫生健康委员会于 2018 年 12 月 21 日发布 ICD-11 中文版。ICD-11 在"因使用药物或成瘾行为引起的疾病（BlockL1-6C4）"下的"由于成瘾行为导致的疾病（BlockL2-6C5）"中列出了"赌博障碍"和"游戏障碍"两类成瘾行为。其中，对游戏障碍的界定是：游戏障碍的特征在于持续或经常性游戏行为（"数字游戏"或"视频游戏"）的模式，其可以在线或离线，表现为：①对游戏的控制受损（例如，频繁发作、持续使用）；②在游戏和其他生活兴趣和日常活动冲突的情况下,优先考虑游戏;③尽管发生了负面后果,但仍在继续或增加游戏行为。ICD-11 将"游戏障碍"定为疾病,成为继病理性赌博后的第二种行为成瘾障碍。① 电视成瘾、网络成瘾以及手机成瘾则一直未被列在 ICD 分类体系中。"手机媒体依赖"因和"游戏障碍"有密切关系,因此也可参考此来分类定性。按照 ICD 分类标准来看,"手机媒体依赖"和"游戏障碍"非常相似,它属于行为障碍。

(二) 美国精神病学会 DSM 分类体系

《美国精神疾病分类与诊断标准》(Diagnostic and Statistical Manual of Mental Disorders,DSM) 是自 1952 年起由美国精神病学会 (APA) 建立并修订维护的分类体系,该体系受到国际各领域的广泛关注,是国际公认并被很多国家接受的精神疾病分类和临床诊断标准。2013 年 5 月 APA 颁布了第五版《精神障碍诊断与统计手册》(Diagnostic and Statistical Manual of Mental Disorders,DSM-5)。DSM-5 在"物质相关及成瘾障碍分类"下将"网络游戏成瘾"(Internet Gaming Disorder,IGD) 作为需要进一步研究的疾病而被纳入,这标志着 IGD 首次正式被认为是一种潜在心理障碍,② 这也是 DSM-5 中继"赌博(成瘾)障碍 (gambling disorder)"被确认后唯一被正式提名的行为成瘾 (Behavioral Addiction)。《精神疾病诊断与统计手册》第 5 版 (DSM-5) 对网络游戏成瘾提出的诊断标准一共有 9 条:对玩游戏的渴求;停止玩游戏时出现戒断症状;耐受症状等。按照 DSM 分类标准来看,"手机媒体依赖"和"网络游戏障碍"非常相似,它属于行为障碍。

(三) 中国网络成瘾诊断标准

北京军区总医院发布的《网络成瘾临床诊断标准》如下:①对网络的使用有强烈的渴求或冲动感。②减少或停止上网时会出现周身不适、烦躁、易激惹、注意力不集中、睡眠障碍等戒断反应;上述戒断反应可通过使用其他类似的电子媒介,如电视、掌上游戏机等来缓解。

---

① 王春容、曾宇平:《ICD-11 中文版特点及医疗机构应对措施》,《医学信息学杂志》2019 年第 10 期。
② 崔莉莉等:《DSM-5 物质相关及成瘾障碍诊断标准的变化及影响》,《中国药物依赖性杂志》2015 年第 3 期。

③下述5条内至少符合1条：为达到满足感而不断增加使用网络的时间和投入的程度；使用网络的开始、结束及持续时间难以控制，经多次努力后均未成功；固执使用网络而不顾其明显的危害性后果，即使知道网络使用的危害仍难以停止；因使用网络而减少或放弃了其他的兴趣、娱乐或社交活动；将使用网络作为一种逃避问题或缓解不良情绪的途径。网络成瘾的病程标准为平均每日连续上网达到或超过6个小时，且符合症状标准已达到或超过3个月。① 根据国家卫生健康委员会2018年9月发布的《中国青少年健康教育核心信息及释义（2018版）》，网络成瘾是指在无成瘾物质作用下对互联网使用冲动的失控行为，表现为过度使用互联网后导致明显的学业、职业和社会功能损伤。其中，持续时间是诊断网络成瘾障碍的重要标准，一般情况下，相关行为需至少持续12个月才能确诊。②

二 手机媒体依赖的性质确定

根据目前的相关研究看，手机媒体依赖虽然未被明确列入相关分类体系，但因其表现特征与网络成瘾、游戏成瘾等具有较大相似性，可以说，手机媒体依赖是网络成瘾、游戏成瘾等在泛在移动环境下新的表现形态。目前的基本共识是：①手机媒体依赖和游戏依赖、赌博成瘾等类似，属于行为障碍；②行为依赖在表现特征方面与毒品依赖、药物依赖等物质依赖具有很大的相似性。因此，在研究中可以参考游戏成瘾、赌博成瘾等行为障碍研究成果，Brown（1993）、Griffiths（1996，2005）等提出的成瘾行为"成分"模型也可以适用，其6条判断标准：突显性、情绪改变、耐受性、戒断反应、冲突性、复发性。手机媒体依赖行为性质的"家族相似性"谱系如图2-2所示。③

---

① 陶然等：《网络成瘾临床诊断标准的制定》，《解放军医学杂志》2008年第10期。
② 中华人民共和国国家卫生健康委员会：《中国青少年健康教育核心信息及释义（2018版）》，2018年9月25日，http://www.nhc.gov.cn/wjw/zccl/201809/820dd3db393c43c1a230817e2e4b9fd5.shtml，2020年9月1日。
③ 美国精神病会：《精神疾病诊断与统计手册》（第5版目录），邓明昱译，美国精神病协会2013年版，https://www.psychspace.com/psych/action-printnews-itemid-12112.html，2020年4月13日。

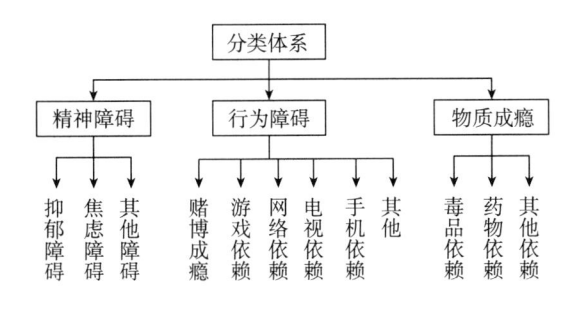

```
                    分类体系
         ┌───────────┼───────────┐
      精神障碍      行为障碍      物质成瘾
      ┌─┼─┐    ┌──┬─┼─┬──┐    ┌─┼─┐
      抑 焦 其   赌 游 网 电 手 其   毒 药 其
      郁 虑 他   博 戏 络 视 机 他   品 物 他
      障 障 障   成 依 依 依 依 依   依 依 依
      碍 碍 碍   瘾 赖 赖 赖 赖 赖   赖 赖 赖
```

图 2-2　手机媒体依赖行为的"家族相似性"谱系

第三节　其他媒介技术依赖相关研究

手机媒体依赖虽然作为一种新出现的心理现象才进入研究者视野不久，但它与电视依赖、网络依赖、游戏依赖等现象密切相关而经常被统称为"技术依赖""媒介依赖"或"媒介技术依赖"。因此，全面梳理媒体技术依赖已有相关研究成果，对于开展手机媒体依赖研究具有重要指导意义。因此，本节将对与手机媒体密切相关的其他媒介技术依赖的含义、形态及机制等展开系统梳理。

一　媒介技术依赖研究的发展简史

媒介技术（Media Technology）是信息传递的载体、渠道、中介物、工具或技术手段[①]，其含义与信息传播技术（ICT）有交叉，但媒介技术更加强调 ICT 中能够直接用于人际信息传播的部分。媒介技术与人类社会发展相伴而生，它经历了以口语、手势、表情和舞蹈等为主的身体媒介技术，以文字、绘画、符号等为主要形式的符号媒介技术和基于符号媒介技术发展起来的书本、报纸、电报、电话、广播、电视、互联网、智能手机等物化媒介技术。随着物化媒介技术在人类社会中的广泛应用，人类对其使用可能引发异化后果的恐慌从未中断。[②] 早在古希腊时期，苏格拉底就对书面文字表现出了巨大的担忧，他认为书面文字是

[①]　郭庆光：《传播学教程（第二版）》，中国人民大学出版社 2011 年版，第 115 页。
[②]　杨彦军等：《数字媒介技术依赖的多学科析因及整合性阐释》，《电化教育研究》2020 年第 8 期。

固化的、死气沉沉的，它会伤害人们的记忆力、让人变得更健忘，会使语言失控而被不求甚解或被邪恶的陌生人利用。① 后来人们将过度使用的现象用"滥用（Abuse）""病理性使用（Pathological Use）""依赖（Dependence）""成瘾（Addiction）"等词语来称呼。

随着媒介技术的发展变化，媒介技术依赖的表现形态及相关研究亦在不断发展变化。尼尔·M. 波兹曼（Neil M. Postman）认为媒介技术依赖贯穿于整个媒介的发展历程，从早期的语言、文字、印刷文本到后来的电报、广播、电视等。根据具体的依赖对象不同，媒介技术依赖的形态可分为口语依赖、文字依赖、印刷文本依赖、电视依赖、游戏依赖、计算机依赖、互联网依赖和智能手机依赖等。根据媒介技术信息表征方式的不同，可分为以语言、文字、印刷文字为对象的传统媒介依赖，以电报、广播和电视等为对象的电子媒介依赖和以计算机、互联网、智能手机等为对象的数字媒介依赖。古希腊时期苏格拉底对文字的担忧从侧面反映出古希腊时代人类对口语依赖的程度，可以认为是最早对口语媒介技术依赖现象的记录。随着纸张和印刷术的发明，印刷媒介登上历史舞台，在很长一段时间"印刷品几乎是人们生活中唯一的消遣"。② "书痴""书虫"等对读书人的称谓、"为书易庄""典衣购书"等读书典故、"映雪读书""悬梁刺股"等读书精神是传统媒介技术依赖现象的生动写照。电报、电影、无线电广播等电子媒介技术出现后，对其依赖的担忧及理论研究便越来越多。尼尔·波兹曼在《娱乐至死》《童年的消逝》《技术垄断》等著作中深刻分析了媒介依赖问题，认为人类传播技术从印刷媒介发展到电子媒介后，身处其中的个体对其使用的媒介具有深刻的依赖，而这种依赖会显著地改变个体的个性、思想和行动。③ 20 世纪 70 年代后，随着电视机的普及和对青少年长时间观看电视的担忧，人们认为对电视的依赖会导致主体意识被深度控制，电视成瘾（Television Addiction）逐渐进入研究者视野并被大众广泛接受。20 世纪 80 年代，随着街机视频游戏（Arcade Machines Videogames）的

---

① ［美］马丁·普契纳：《文字的力量》，中信出版社 2019 年版，第 2 页。
② ［美］尼尔·波兹曼：《娱乐至死》，章艳译，中信出版社 2015 年版，第 11 页。
③ 王洁群、蒋佳孜：《尼尔·波兹曼媒介依赖忧思及其当代境遇》，《传媒观察》2019 年第 11 期。

迅速普及，费舍尔、格里弗斯等基于病态赌博理论开发了街机视频游戏成瘾的测量工具。①②③ 随着80年代末个人计算机的普及，病理性电脑使用（Pathological Computer Use，PCU）或计算机依赖（Computer Addiction）研究进入人们视野，特别是对爱好计算编程的"黑客""红客"或"瘾君子（Addicts）"的研究。④ 随着90年代后Internet的普及，相关研究主要转向了网络依赖（Internet Addiction）、信息超载、计算机游戏和网络游戏等方面。伊万·戈登伯格（Ivan Goldberg）、金伯利·杨格等的开创性研究为网络成瘾研究奠定了坚实的基础。⑤⑥ 随着手机的普及，蜂窝手机依赖（Cell‑phone Addiction）、智能手机依赖（Smartphone Dependency）日渐成为人们研究的重点。

综上分析，媒介技术依赖研究经历了传统媒介技术依赖、电子媒介技术依赖和数字媒介技术依赖三大阶段。电视依赖、游戏依赖、计算机依赖、网络游戏依赖等是被研究者重点关注的媒介技术依赖形态，产生了较为丰富的研究成果。

二 电视依赖及其形成机制研究

20世纪50年代后，随着电视机技术的实用化和广播电视技术的快速发展，电视机逐渐进入普通大众家庭。20世纪70年代后，随着对青少年长时间观看电视的担忧，人们认为对电视的依赖会导致主体意识被深度控制，电视成瘾（Television Addiction 或 TV Addiction）逐渐进入

---

① Soper, W. B., Miller, M. J., "Junk Time Junkies: An Emerging Addiction among Students", *School Counsellor*, Vol. 31, No. 1, 1983, pp. 40–43.

② Fisher, S., "Identifying Video Game Addiction in Children and Adolescents", *Addictive Behaviors*, Vol. 19, No. 5, 1994, pp. 545–553.

③ ［法］卢西亚·罗莫：《青少年电子游戏与网络成瘾》，上海社会科学院出版社2016年版，第158页。

④ Nykodym, N., et al., "Computer Addiction and Cyber Crime", *Journal of Leadership, Accountability and Ethics*, Vol. 30, No. 4, 2008, pp. 78–85.

⑤ Goldberg, I., "Internet Addiction Disorder", 1995, http://www.cog.brown.edu/brochure/people/duchon/humor/internet.addiction.html, 2020‑3‑6.

⑥ Young, K. S., "Internet Addiction: The Emergence of a New Clinical Disorder", *Cyber Psychology and Behavior*, Vol. 1, No. 3, 1998, pp. 237–244.

研究者视野。电视成瘾是指与电视媒介使用有关的失控行为[①][②],麦克卢汉指出"电视媒介具有清晰度很低、使人深度接入的特性"[③]。有关电视成瘾的内涵是根据诊断物质成瘾标准进行界定的,主要表现为:看电视花费人们大量的时间;看电视的时间比原计划长或频率比原计划高;反复尝试减少看电视但均不成功;为了看电视而放弃重要的社交、家庭和工作活动;当不看电视时感到不适等。[④][⑤] 1997年12月16日晚间数百名日本儿童在收看《口袋妖怪》的过程中出现癫痫发作症状而被送往医院救治,后来研究发现这些症状起因于当时出现的电视画面制作技术,因观众视神经受到强烈刺激而产生痉挛和昏厥(医学上称为急性光过敏症)。[⑥] 此后,电视成瘾问题受到更为广泛的关注。

20世纪90年代后期,随着我国电视机的普及,国内学者开始对电视成瘾展开研究。吴鹏泽等调查发现对电视产生依赖的原因有:对电视感到兴致勃勃、电视利于查找、看电视时有自己成为主人公的感觉、看电视变得更加认真、看电视可以带来消遣和看电视可以忘掉烦心事。[⑦]张洪忠、李楷调查显示年龄越大、学历越低的人更容易依赖传统媒体(例如报纸、电视)来查找和观看新闻。[⑧]王章峰等认为电视成瘾的现象是由丰富多彩的电视节目和学生业余活动匮乏以及个性缺陷(如:内向、孤僻、不善交往、意志薄弱等)三者共同造成的,而他们通过

[①] Mcilwraith, R., et al., "Television Addition: Theories and Data behind the Ubiquitous Metaphor", *American Behavioral Scientist*, Vol. 35, No. 2, 1991, pp. 104 – 121.

[②] Sussman, S., Moran, M. B., "Hidden Addiction: Television", *Journal of Behavioral Addictions*, Vol. 2, No. 3, 2013, pp. 125 – 132.

[③] [加] 马歇尔·麦克卢汉:《理解媒介——论人的延伸》,何道宽译,商务印书馆2000年版,第380页。

[④] Grant, J. E., et al., "Introduction to Behavioral Addictions", *The American Journal of Drug and Alcohol Abuse*, Vol. 36, No. 5, 2010, pp. 233 – 241.

[⑤] Horvath, C. W., "Measuring Television Addiction", *Journal of Broadcasting & Electronic Media*, Vol. 48, 2004, pp. 378 – 398.

[⑥] Ackerman, S., "The Pokémon Plot: How One Cartoon Inspired the Army to Dream Up a Seizure Gun", *Wired Magazine*, 2012 – 09 – 26, https://www.wired.com/2012/09/seizure – fever – dazzler/, 2020 – 4 – 22.

[⑦] 吴鹏泽等:《学生对媒体的依赖性与态度》,《电化教育研究》2006年第8期。

[⑧] 张洪忠、李楷:《受众对新媒体与传统媒体不同内容的依赖比较——以成都地区居民调查为例》,《当代传播》2009年第1期。

看电视则可以找到自己想要的快乐。① Sussman 等通过研究指出看电视的人（包括用电子设备看电视和传统的电视机看电视）的目的是避免刺激，他们经常表现为敌对、孤僻或难以和其他人进行社会交往，但是目前并没有明确的证据显示性格和电视成瘾之间存在因果联系。② Flayelle 等的研究发现认为自己有"电视成瘾"的人比其他看电视的人表现得更加不开心、焦虑和孤独；患有"电视成瘾"的人看电视的目的是让他们远离负面情绪、担忧和无趣。③

截至目前，电视成瘾是否真的存在其实依然存在较大争议，有关它的界定标准也未确定。研究者之所以对它如此关注是因为电视机出现早期人们担心会对未成年人造成身心伤害，如视力下降、暴力视频以及对成人世界的暴露。研究认为逃避生活压力、缓解负面情绪、控制感满足和休闲放松是电视依赖的主要原因。④⑤⑥ 早期有关电视成瘾机制的研究更多地出现在传播学领域。在魔弹论（Magic Bullet Theory）占据主流很长一段时间后，20世纪40年代，保罗·拉扎斯菲尔德（Paul F. Lazarsfeld）在对美国大选中既有政治倾向指数的研究中发现，受众在接触大众媒介传播的信息时并非不加选择，而是根据既有立场和态度选择冲突性较小的内容加以接触，并提出了"选择性接触假说"。他的学生伊莱休·卡茨（Elihu Katz）进一步提出传播学不应只关注"媒体对人们做了什么"，还应该研究"人们对媒体做了什么"。⑦ 在与 J. G. 布

---

① 王章峰、安桂玲：《透视青少年"电视成瘾"现象》，《电影评介》2007年第19期。
② Sussman, S., Moran, M. B., "Hidden Addiction: Television", *Journal of Behavioral Addictions*, Vol. 2, No. 3, 2013, pp. 125–132.
③ Flayelle, M., et al., "Toward a Qualitative Understanding of Binge-Watching Behaviors: A Focus Group Approach", *Journal of Behavioral Addictions*, Vol. 6, No. 4, 2017, pp. 457–471.
④ Mcilwraith, R. D., Schallow, J. R., "Adult Fantasy Life and Patterns of Media Use", *Journal of Communication*, Vol. 33, No. 1, 2006, pp. 78–91.
⑤ Csikszentmihalyi, M., Kubey, R., "Television and the Rest of Life: A Systematic Comparison of Subjective Experience", *Public Opinion Quarterly*, Vol. 45, No. 3, 1981, pp. 317–328.
⑥ Anderson, D. R., et al., "Stressful Life Events and Television Viewing", *Communication Research*, Vol. 23, No. 3, 1996, pp. 243–260.
⑦ Katz, E., "Mass Communications Research and the Study of Popular Culture: An Editorial Note on a Possible Future for This Journal", *Studies in Public Communication*, Vol. 2, No. 1, 1959, pp. 1–6.

鲁姆勒（Blumler, J. G.）①、斯旺森（Swanson, D. L.）等的共同努力下形成了媒介使用与满足理论（Uses and Gratifications Theory，U&G）。主要观点是：社会和心理起源引起需求，需求激发人们对大众媒介的期望，期望造成不同类型的媒介接触，最终导致需求的满足和其他非期望性结果。② U&G 是在批判魔弹论缺点、吸收传播流等有限效果论的基础上聚焦于个体微观层面，强调个体在传播过程中的主动性，认为个体使用媒介的行为是基于个体需求和愿望的能动性行为，不同个体因其内在需求的差异而导致对手机媒体不同功能的偏好。③ 正如 Ruggiero 所说："在新的媒体，如报纸、广播、电视以及现在的互联网出现的早期，U&G 总是提供最前沿的理论论据。"④ 美国学者桑德拉·鲍尔 - 洛基奇（Sandra Ball - Rokeach）和德弗勒（Melvin DeFleur）在发展 U&G 理论基础上，结合心理分析、社会系统论等相关理论提出媒介系统依赖（Media System Dependency，MSD）理论。⑤ MSD 理论从宏大的视角研究媒介对整个社会的影响，并从个人影响向社会影响转换的视角将微观分析和宏观分析结合。在微观层面，个人越依赖于使用媒介满足需求，媒介对个人的影响也就越大。当越来越多的人依赖媒介的时候，媒介对整个社会的影响力就随之增强，整个社会系统运行也越来越依赖媒介系统。媒介化了的社会系统又反过来影响媒介对个人的影响，社会层面的媒介依赖和个人层面的媒介依赖相互转化滚动前行。⑥

三 电子游戏依赖及其形成机制研究

20 世纪 80 年代，随着街机视频游戏的迅速普及，电子游戏依赖

---

① Blumler, J. G., "The Role of Theory in Uses and Gratifications Studies", *Communication Research*, Vol. 6, No. 1, 1979, pp. 9 – 36.

② Katz, E., et al., "Utilization of Mass Communication by the Individual", in Blumler, J. G., Katz, E., eds., *The Uses of Mass Communications: Current Perspectives on Gratifications Research*, Beverly Hills: Sage Publications, 1974, pp. 19 – 31.

③ Katz, E., et al., "Uses and Gratifications Research", *The Public Opinion Quarterly*, Vol. 37, No. 4, 1973, pp. 509 – 523.

④ Ruggiero, T. E., "Uses and Gratifications Theory in the 21st Century", *Mass Communication and Society*, Vol. 3, No. 1, 2000, pp. 3 – 37.

⑤ 龚新琼：《关系·冲突·整合——理解媒介依赖理论的三个维度》，《当代传播》2011 年第 6 期。

⑥ Ball - Rokeach, S. J., Defleur, M. L., "A Dependency Model of Mass Media Effects", *Communication Research*, Vol. 3, No. 1, 1976, pp. 3 – 21.

(Gaming Addiction 或 Gaming Disorder）的概念逐渐进入研究者视野。①电子游戏依赖包括视频游戏依赖和网络游戏依赖两个阶段，前者主要依赖对象是在街机游戏机、个人游戏机等设备上运行的视频游戏，后者主要依赖对象是基于计算机、互联网和智能手机等数字化终端运行的游戏。② 费舍尔、格里弗斯等基于病态赌博理论开发了最早的街机视频游戏成瘾的测量工具。③④ 早期有关视频游戏形成机制的研究主要集中在奖赏机制和一般学习模式等方面。

随着计算机和互联网的普及，20 世纪 90 年代后基于传统视频游戏发展起来的电脑游戏、网络游戏等数字游戏逐渐成为游戏的主要形式。⑤ 英国心理学家马克·格里菲斯（Mark D. Griffiths）在 1998 年首次提出关于网络游戏成瘾（Internet Gaming Disorder，IGD）的相关理论，他的理论主要分为四个方面：游戏成瘾会给人带来身体上的不适，记忆力与想象力会衰退；人们玩游戏主要是为了缓解心理上的焦虑，使心情得到平复；游戏成瘾者在游戏时会与外界产生矛盾；在游戏中，一部分使用者是为了打发时间，另一部分使用者则是为了从游戏中得到精神上的刺激。⑥ 世界卫生组织发布的国际疾病分类第 11 次修订本（ICD – 11）已经将"Gaming Disorder"列入"物质使用和成瘾行为"子类下面的行为障碍类型。⑦ 国内学者张宏如认为游戏成瘾是通过重复地使用网络游戏所形成的一种慢性或周期性的迷恋状态，并产生难以抗拒

---

① Ross, D. R., et al., "Space Invaders Obsession", *Journal of the American Medical Association*, Vol. 248, No. 10, 1982, p. 1117.
② Griffiths, M. D., et al., "Video Game Addiction: Past, Present and Future", *Current Psychiatry Reviews*, Vol. 8, No. 4, 2012, pp. 308 – 318.
③ Fisher, S., "Identifying Video Game Addiction in Children and Adolescents", *Addictive Behaviors*, Vol. 19, No. 5, 1994, pp. 545 – 553.
④ ［法］卢西亚·罗莫：《青少年电子游戏与网络成瘾》，上海社会科学院出版社 2016 年版，第 158 页。
⑤ Griffiths, M. D., Dancaster, I., "The Effect of Type a Personality on Physiological Arousal While Playing Computer Games", *Addictive Behaviours*, Vol. 20, No. 4, 1995, pp. 543 – 548.
⑥ Griffiths, M. D., *Psychology and the Internet: Intrapersonal, Interpersonal, and Transpersonal Implications*, San Diego: Academic Press, 1998, pp. 45 – 46.
⑦ World Health Organisation, "Addictive behaviours: Gaming disorder", 2018 – 9 – 14, https://www.who.int/news – room/questions – and – answers/item/addictive – behaviours – gaming – disorder, 2020 – 7 – 10.

的再度使用的愿望，同时产生增加使用时间的张力与耐受性现象，对网络游戏所带来的快感会一直有生理与心理上的依赖。[①] 邓鹏等认为游戏成瘾是一种以持续性的、大量的，对身心健康和社会事务产生破坏性后果的游戏使用行为为特征的冲动控制失调，游戏成瘾者通常会从游戏中获得快感而在心理上进入着迷的状态，伴随着游戏时长的增加以及忍耐、戒断等现象的出现，最终对游戏产生依赖心理。[②] 还有研究者认为游戏成瘾是人们因过度使用（在时间上表现得尤为明显）网络游戏而诱发产生对网络游戏的生理和心理的病态依赖，追求虚拟快乐的一种冲动与控制失序行为，会伴随产生和网络游戏使用相关的耐受性、戒断性、强迫性行为，并导致个体明显的心理、社会功能受损。[③]

关于游戏成瘾的影响因素，在人口学特征方面，有研究发现男生比女生更容易游戏成瘾、理工类专业背景学生更容易游戏成瘾、大学四年级学生更容易游戏成瘾。[④][⑤] 在个体心理方面，黄思旅等通过研究发现具有低自我效能感的学生，在生活中缺乏自信，常常逃避现实生活从而在游戏中获得依赖感。[⑥] 何灿等发现越缺乏自尊的人越容易不能自我控制，也就会更易导致游戏成瘾。[⑦] 王滨等人发现在学习中出现学习倦怠心理的学生会通过游戏证明自己的价值以及存在感，因此学习倦怠的学生在游戏中成瘾的概率更大。[⑧] 基于此，可以分析出，理工科的男生更易游戏成瘾；自我效能感、行为重复、沉浸体验、孤独感、自尊、学习倦怠等都是造成大学生游戏成瘾的重要因素。

[①] 张宏如：《大学生网络游戏成瘾的心理学分析》，《中国青年研究》2007年第12期。
[②] 邓鹏、王欢：《网络游戏成瘾：概念、过程、机制与成因》，《远程教育杂志》2010年第6期。
[③] 闫宏微：《大学生网络游戏成瘾问题研究》，博士学位论文，南京理工大学，2013年。
[④] 张璇等：《大学生电脑游戏成瘾及其影响因素初探》，《中国临床心理学杂志》2006年第2期。
[⑤] 王滨等：《大学生网络游戏成瘾与学习倦怠的关系》，《中国心理卫生杂志》2007年第12期。
[⑥] 黄思旅、甘怡群：《青少年网络游戏成瘾量表的修订和应用》，《中国临床心理学杂志》2006年第1期。
[⑦] 何灿等：《自尊与网络游戏成瘾——自我控制的中介作用》，《中国临床心理学杂志》2012年第1期。
[⑧] 王滨等：《大学生网络游戏成瘾与学习倦怠的关系》，《中国心理卫生杂志》2007年第12期。

电子游戏成瘾的形成机制共有三种解释模型①②：①生物医学模型，该模型认为游戏成瘾是一种医学上的疾病，当有成瘾物质刺激大脑时，会给大脑激活一种共同的奖赏机制，这种内部的奖赏机制比任何环境刺激更有力地影响和控制着成瘾行为。②心理学模型，该模型用缺陷人格、自我效能感、认知过程等心理学观点来解释成瘾，认为游戏成瘾是缺陷人格群体应对外界刺激时的一种防御机制，他们以这种消极的方式控制他们在生活中的情绪起伏。③社会系统模型，该模型认为成瘾行为产生影响的环境因素有很多种，包括外部社会环境变化，例如政府的决策、社会舆论的压力、学校教育的影响以及同学老师的态度变化；同时家庭内部的环境也有重要影响，父母的教育方式、家庭氛围以及父母的性格都是他们游戏成瘾的诱因。

四　网络依赖及其形成机制研究

1995年美国精神病理学家伊万·戈登伯格（Ivan Goldberg）最早将对于网络的不合理使用行为定义为"网络成瘾障碍"（Internet Addiction Disorder，IAD），指由于过度使用互联网而导致明显的社会心理损害的一种现象。③ 美国匹兹堡大学金伯利·杨格接着对网络成瘾的内涵、诊断标准等进行了深入的研究④，并于1998年在他原来诊断标准的基础上开发了影响深远的《网络成瘾测验》（*Young's Internet Addiction Test*，IAT）⑤。马克·格里菲斯（Mark D. Griffiths）对网络成瘾的界定及诊断进行了研究。⑥ 查德·戴维斯（Richard A. Davis）等基于认知行为模式

---

① 闫宏微：《大学生网络游戏成瘾问题研究》，博士学位论文，南京理工大学，2013年。
② Wise, R. A., "Neurobiology of Addiction", *Current Opinion in Neurobiology*, Vol. 6, No. 2, 1996, pp. 243–251.
③ Goldberg, I., "Internet Addiction Disorder (IAD) – Diagnostic Criteria", 1996 – 7 – 1, http://users.rider.edu/~suler/psycyber/supportgp.html, 2019 – 8 – 10.
④ Young, K. S., "Internet Addiction: The Emergence of a New Clinical Disorder", *Cyber Psychology and Behavior*, Vol. 1, No. 3, 1998, pp. 237–244.
⑤ Young, K. S., "Internet Addiction: The Emergence of a New Clinical Disorder", *Cyber Psychology and Behavior*, Vol. 1, No. 3, 1998, pp. 237–244.
⑥ Griffiths, M. D., "Does Internet and Computer 'Addiction' Exist? Some Case Study Evidence", *Cyber Psychology and Behavio*, Vol. 3, No. 2, 2000, pp. 211–218.

理论编制了《戴维斯在线认知量表》（Davis Online Cognition Scale，DOCS）。① 网络成瘾的概念提出后，由于计算机和互联网功能的多样和资源的丰富，研究者发现网络成瘾行为还存在亚类。为此，金伯利·杨格将网络成瘾分为五种亚类型：互联网性成瘾、互联网社交成瘾、网络强迫行为、过度查询与下载信息和计算机成瘾。② 也有其他研究者将网络成瘾分为5个亚类：网络性成瘾、网络关系成瘾、社交网络成瘾、网络游戏成瘾、信息过载、计算机成瘾。③ 近年来，有学者建议以"网络依赖"代替"网络成瘾"。国内部分学者则将"网络成瘾"等同于"网络依赖"，但也有部分研究者将两者区分开来，认为根据网络沉溺程度可将网络使用者分为正常群体、网络依赖群体和网络成瘾群体。④

研究表明网络成瘾的青少年容易出现紧张、焦虑、自卑、抑郁等负面情绪，并且他们的身心健康、人际交往、工作学习和家庭生活等各方面已经受到严重的影响。⑤ 目前较有影响的网络成瘾形成机制解释模型主要有 ACE 模型、认知—行为模型、易感人格素质模式、成瘾阶段模型和"社会—心理—生理"模型。金伯利·杨格在研究网络成瘾的成因时指出：互联网的匿名性（Anonymous）、便捷性（Convenience）和逃避性（Escape）三个特点，为用户提供了一个可以在隐匿真实身份的情况下随心所欲行动的空间，并且几乎不用承担行为后果。⑥ 阿尔文·库珀（Alvin L. Cooper）提出的易达性（Access）、可购性（Affordabili-

---

① Davis, R. A., et al., "Validation of a New Scale for Measuring Problematic Internet Use: Implications for Pre - Employment Screening", *Cyber Psychology and Behavior*, Vol. 5, No. 4, 2002, pp. 331 – 345.

② Young, K. S., Suler, D. J., "Intervention for Pathological and Deviant Behavior within an On - Line Community", 2004 - 7 - 20, http : // www. netaddiction. com/ articles/ interventions. htm, 2019 – 11 – 3.

③ Saliceti, F., "Internet Addiction Disorder (IAD)", *Procedia - Social and Behavioral Sciences*, No. 191, 2015, pp. 1372 – 1376.

④ 白羽、樊富珉：《大学生网络依赖及其团体干预方法》，《青年研究》2005 年第 5 期。

⑤ 李楠楠：《青少年网络成瘾的危害及教育策略》，《社会心理科学》2014 年第 8 期。

⑥ Young, K. S., et al., "Online Infidelity: A New Dimension in Couple Relationships with Implications for Evaluation and Treatment", *Sexual Addiction & Compulsivity*, Vol. 7, No. 1 - 2, 2000, pp. 59 – 74.

ty）和匿名性（Anonymity）3A 模型也给出类似的观点。① 约翰·M. 格罗霍尔（John M. Grohol）的成瘾阶段模型将用户网络使用发展过程分为着迷/困扰（Enchantment/Obsession）、觉醒/回避（Disillusionment/Avoidance）和平衡/正常（Balance/Normal），他认为大部分人都会经历这三个阶段，只是网络依赖者在第一阶段就被困住难以向前发展，所以长期处于着迷状态。② 查德·戴维斯提出的病理性网络使用的"认知—行为模行"（Cognitive – Behavioral Model）认为，互联网使用经历、个体心理特征（抑郁、社交焦虑、物质依赖）和生活事件等远端因素导致个体适应不良认知（Maladaptive – cognition），这与社交孤独等近端因素共同影响导致个体的不良使用行为。③ 戴维斯的认知—行为模型见图 2 – 3。

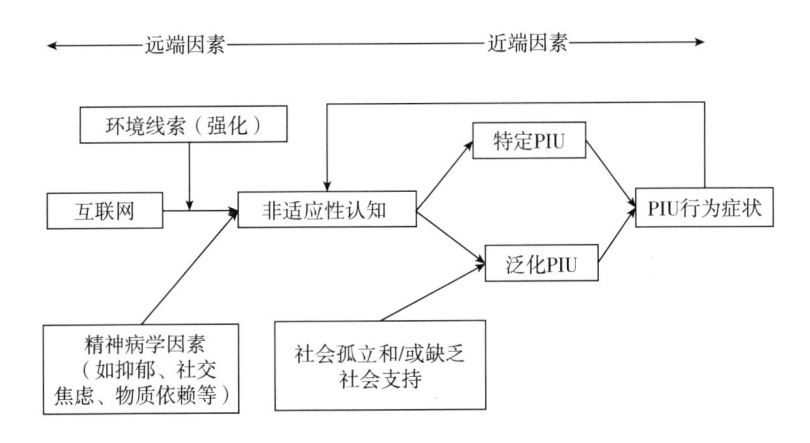

图 2 – 3　戴维斯的认知—行为模型

资料来源：Davis, R. A.（2001）。

我国学者提出的"失补偿假说"较有影响力，该理论认为青少年个体发展常态需求受到因素阻碍后，常常通过改善阻碍因素而完成

---

① Cooper, A. L., "Sexuality and the Internet: Surfing into the New Millennium", *Cyber Psychology and Behavior*, Vol. 1, No. 2, 1998, pp. 187 – 193.

② Grohol, J., "Internet Addiction Guide, Psych Central", https://psychcentral.com/netaddict, 2019 – 3 – 3.

③ Davis, R. A., "A Cognitive – Behavior Modal of Pathological Internet Use", *Computers in Human Behavior*, Vol. 17, No. 2, 2001, pp. 187 – 195.

"建设性补偿"实现健康发展;部分青少年因自我觉察功能受损而无法修复阻碍因素,只能通过网络游戏等不适当的"心理补偿"求得继续发展,但常常由于得不到实际满足从而发生"病理性补偿"过程,进而导致个体发展受损或停滞。[1] 近年来,德国学者马提亚斯·布兰德(Matthias Brand)和美国学者金伯利·杨格等在综合分析游戏成瘾和网络成瘾研究成果的基础提出了特定网络应用成瘾的"个体—情感—认知—执行"交互模型(Interaction of Person – Affect – Cognition – Execution,I – PACE),用于综合性解释特定网络应用(网络游戏、网络赌博、网购、网络色情和网络交流)成瘾。[2][3] I – PACE 是描述网络成瘾形成的过程模型,包括网络成瘾的预测因素、中介因素和调节因素。该模型认为个人核心特征(人格、精神学特征)和情感因素(渴望、享乐动机或缓解负面情绪)、认知因素(应对方式、内隐正关联)、执行功能、决策等交互影响产生或维持对特定网络应用的成瘾过程。[4] 布兰德提出的特定网络应用成瘾的"个体—情感—认知—执行"交互模型如图 2 – 4 所示。

五 社交媒体依赖及其形成机制研究

社交媒体(Social Media)的概念最早由美国学者安东尼·梅菲德(Antony Mayfield)2007 年在《什么是社交媒体》中提出,是指互联网上基于用户关系的内容生产与交互平台的总称,是以人际交互为主要目

---

[1] 高文斌等:《网络成瘾的心理机制——"发展性失补偿假说"》,《中国心理学会第十届全国心理学学术大会论文摘要集》,中国心理学会 2005 年版,第 277—278 页。

[2] Brand, M., et al., "Integrating Psychological and Neurobiological Considerations Regarding the Development and Maintenance of Specific Internet – Use Disorders: An Interaction of Person – Affect – Cognition – Execution (I – PACE) Model", *Neuroscience & Biobehavioral Reviews*, Vol. 71, No. 2, 2016, pp. 252 – 266.

[3] Brand, M., et al., "Prefrontal Control and Internet Addiction: A Theoretical Model and Review of Neuropsychological and Neuroimaging Findings", *Frontiers in Human Neuroscience*, Vol. 8, 2014, p. 375.

[4] Young, K. S., Brand, M., "Merging Theoretical Models and Therapy Approaches in the Context of Internet Gaming Disorder: A Personal Perspectiv", *Frontiers in Psychology*, 2017 – 10 – 20, https://doi.org/10.3389/fpsyg.2017.01853, 2019 – 11 – 13.

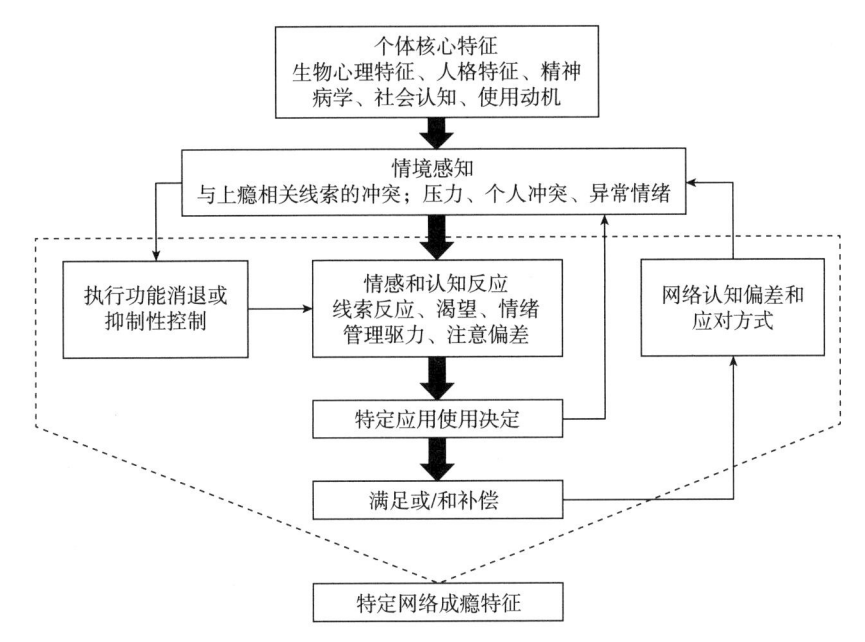

```
                    ┌─────────────────────────┐
                    │   个体核心特征          │
                    │ 生物心理特征、人格特征、精神│
                    │ 病学、社会认知、使用动机 │
                    └───────────┬─────────────┘
                                ↓
                    ┌─────────────────────────┐
                    │      情境感知           │
                    │ 与上瘾相关线索的冲突；压力、个人冲突、异常情绪 │
                    └─────────────────────────┘
```

图 2-4 特定网络应用成瘾的"个体—情感—认知—执行"交互模型

资料来源：Brand 等（2016）。

的的社会化媒体。① 这些媒体具有公开参与、交流对话、个性化传播等特征。②③ 早期的社交媒体包括论坛（BBS）、聊天室（Chatroom）、博客（Weblog）、维客（Wiki）、播客（Podcasts）、社交网络（SNS）及各种即时通信软件（Instant Message，IM），当前为大家所熟悉的包括微博、微信、QQ、抖音、快手、B 站等。随着智能手机和移动社交媒体的出现，人们对社交媒体的使用越来越普遍频繁。移动社交媒体（Mobile Social Media）是指允许用户创建和交换生成内容的一组移动应用程序。④⑤

---

① Mayfield, A., "What is Social Media?", 2008-08-01, https://www.icrossing.com/uk/sites/default/files_uk/insight_pdf_files/What%20is%20Social%20Media_iCrossing_ebook.pdf, 2020-4-11.

② 谭天、张子俊：《我国社交媒体的现状、发展与趋势》，《编辑之友》2017 年第 1 期。

③ 盛洁：《社交媒体环境中人们对媒介的依赖研究——以微信朋友圈为例》，《今传媒》2019 年第 9 期。

④ Kaplan, A. M., "If You Love Something, Let It Go Mobile: Mobile Marketing and Mobile Social Media 4×4", *Business Horizons*, Vol. 55, No. 2, 2012, pp. 129-139.

⑤ Kaplan, A. M., "Social Media, the Digital Revolution, and the Business of Media", *International Journal on Media Management*, Vol. 17, No. 4, 2015, pp. 197-199.

2009年，开心网"开心农场"引发的偷菜狂潮风靡全国，大众媒体上首次出现了"虚拟社交依赖症"。① 迪姆菲·塔达尼（Dimple R. Thadani）等认为社交媒体依赖是指个体进行社交网络行为之前具有的紧张压迫状态与进行过社交网络行为之后的愉悦状态的差异，使个体产生使用社交媒体的冲动控制障碍。② 金伯利·杨格认为社交网络依赖即网络关系依赖，是网络依赖的五种亚型之一。③ 钱铭怡认为网络关系依赖是指过度使用聊天室、网络论坛等网络交际功能，沉迷于在网上建立、发展和维持亲密关系，而忽略了现实中的人际关系的发展和维持，导致个体心理、社会功能的损害。④ 基于以上分析，社交媒体依赖（Social Media Addiction）是社交媒体用户因沉迷网络人际关系、社交媒体内容而出现的依赖症状。

目前，国内外学界有关社交媒体依赖的大量实证研究主要集中在具体社交软件依赖方面，如社会网络依赖、微博依赖、微信依赖等。目前常用来解释社交媒体依赖的理论主要有使用与满足理论、媒介系统依赖理论等。传播社会学家卡茨、布鲁姆勒在1974年所著《个人对大众传播的使用》中，将受众对媒介的接触行为概括为"社会条件+心理倾向→接触需求→接触行为→满足结果"的因果连锁反应过程，提出了"使用与满足"过程的基本模式。⑤ 1976年美国传播学家鲍尔·洛基奇（Ball - Rokeach）和德弗勒（M. L. DeFleur）提出的媒介系统依赖论（Media Dependency）认为个人越依赖于使用媒体满足需求，媒介对个人的影响也就越大；当越来越多的人依赖媒介的时候，媒介对整个社会的影响力就随之增强，整个社会系统运行也越来越依赖媒介系统。媒介化了的社会系统又反过来影响媒介对个人的作用，社会层面的媒介依赖

---

① 中国新闻网：《白领"虚拟社交依赖症"正在都市中泛滥》，《解放日报》2009年5月14日。

② Thadani, D. R., Cheung, C. M., *Online Social Network Dependency: Theoretical Development and Testing of Competing Models*, Proceedings of the 44th Hawaii International Conference on System Sciences, 2011, pp. 1530 – 1605.

③ Young, K. S., "Internet Addiction: The Emergence of a New Clinical Disorder", *Cyber Psychology and Behavior*, Vol. 1, No. 3, 1998, pp. 237 – 244.

④ 钱铭怡：《大学生网络关系依赖倾向表（IRDI）的初步编制》，《北京大学学报》（自然科学版）2006年第6期。

⑤ 李苓：《传播学理论与实务》，四川人民出版社2002年版，第252页。

和个人层面的媒介依赖相互转化滚动发展。①

研究认为社交媒体依赖的主要影响因素包括错失焦虑、积极自我呈现、再交往动机等。错失焦虑（Fear of Missing Out，FOMO）是指个体因担心错过或遗漏他人的新奇经历或正性事件而产生的一种弥散性焦虑。②③ 积极自我呈现是个体为使他人按其愿望看待自己而有选择地展示有助于塑造自己积极正面形象信息的自觉印象控制过程。④⑤⑥ 美国芝加哥大学神经科学家约翰·卡乔波（John Cacioppo）的"再交往动机"（Reaffiliation Motive，RAM）理论认为作为社会性动物的人类具有人际交往需要，交往需要无法得到满足会使人感到孤独和缺乏安全感，由此产生的痛苦体验驱使人们想办法修复或重新建立新的社会关系。⑦⑧ 此外，还有研究认为心理需要补偿、情绪释放、从众心理、现实社会支持缺乏、社会管理不协调等因素是造成社交媒体依赖的社会心理学因素。⑨

---

① Ball-Rokeach, S. J., "A Theory of Media Power and a Theory of Media Use: Different Stories, Questions, and Ways of Thinking", *Mass Communication & Society*, Vol. 1, No. 1-2, 1998, pp. 5-40.

② Casale, S., et al., "Exploring the Role of Positive Metacognitions in Explaining the Association between the Fear of Missing Out and Social Media Addiction", *Addictive Behaviors*, Vol. 85, 2018, pp. 83-87.

③ 柴唤友等：《错失恐惧：我又错过了什么？》，《心理科学进展》2018年第3期。

④ 丁倩等：《大学生社交网站使用与依赖：积极自我呈现的中介效应与关系型自我构念的调节效应》，《心理发展与教育》2016年第6期。

⑤ 陈浩等：《社交网络（SNS）中的自我呈现及其影响因素》，《心理学探新》2013年第6期。

⑥ 谢笑春等：《网络自我表露的类型、功能及其影响因素》，《心理科学进展》2013年第2期。

⑦ Qualter, P., et al., "Loneliness Across the Life Span", *Perspectives on Psychological Science*, Vol. 10, No. 2, 2015, pp. 250-264.

⑧ Cacioppo, S., et al., "Loneliness: Clinical Import and Interventions", *Perspectives on Psychological Science*, Vol. 10, No. 1, 2015, pp. 238-249.

⑨ 黄嘉鑫、卢潇灵：《大学生社交沟通型手机依赖的社会心理学思考》，《社会心理科学》2016年第10期。

第三章
青少年手机媒体依赖测量工具开发

早期关于手机媒体依赖的相关量表旨在综合了解研究对象存在的问题行为类型及其依赖程度,将手机媒体使用动机和手机媒体依赖水平综合评价,因而严重影响了量表的鉴别能力。媒介使用与满足理论认为,个体使用媒介的行为是基于个体需求和愿望的能动性行为,不同个体因其内在需求的差异而导致对手机媒体不同功能的偏好,进而导致不同的手机依赖特征。近年来,韩国研究者的系列研究开始尝试将手机媒体依赖倾向和依赖水平分别加以测量。[①] 笔者将手机媒体依赖程度和手机媒体使用偏好类型分别进行测量,手机媒体依赖水平量表解决的是手机媒体依赖严重程度的问题,即"有多严重"的问题;手机媒体使用偏好类型解决的是手机媒体依赖重点(或者内容)的问题,即"用来干什么"的问题。

第一节 青少年手机媒体依赖水平量表开发

一 手机媒体依赖相关测量工具研究
(一)手机媒体依赖相关测量工具研究现状

目前,大部分研究参照现有技术成瘾标准,特别是金伯利·杨格的"病理性网络使用"(PIU)诊断标准,开发量表并据此分析手机媒体依

[①] Park, N., Lee, H., "Social Implications of Smartphone Use: Korean College Students' Smartphone Use and Psychological Well-Being", *Cyberpsychology, Behavior, and Social Networking*, Vol. 15, No. 9, 2012, pp. 491–497.

赖的内在结构。Toda 等编制的《移动手机依赖问卷》(Mobile Phone Dependence Questionnaire,MPDQ)是以 DSM-IV-TR 物质成瘾标准为基础的多维量表,包含20个题项,采用 Likert 4 计分方式。[1] Bianchi 等编制的《手机问题性使用量表》(Mobile Phone Problem Use Scale,MPPUS)是以物质成瘾相关理论为依据的多维量表,包含28个题项,采用 Likert 10 计分方式。[2] Rutland 等编制的《短信服务问题使用诊断问卷》(SMS Problem Use Diagnostic Questionnaire,SMS-PUDQ)以金伯利·杨格的网络成瘾标准为参考,包含8个二值计分题项,分为病理性使用和过度使用两个子量表。[3] Billieux 等编制的《问题性手机使用问卷》(Problematic Mobile Phone Use Questionnaire,PMPUQ)包含30个题项,采用 Likert 4 计分方式;量表分为禁止使用、危险使用、依赖和经济问题四个子量表。[4] Igarashi 等编制的《文字短信依赖量表》(Text-Message Dependency Scale,TMDS)包含15个题项,采用 Likert 5 计分方式,包含情绪反应、过度使用和关系维持三个子量表。[5] 梁永炽编制的《手机成瘾指数量表》(Mobile Phone Addiction Index,MPAI)基于网络成瘾标准编制,包含17个题项,采用 Likert 5 计分方式;量表包含戒断性、失控性、低效性和逃避性四个维度。[6] Yen 等的《数字手机使用问题调查问卷》(Problem Cellular Phone Use Questionnaire,PCPUQ)以物质成瘾为依据,包含12个题项,采用二值计分方式,包括问题性使用征

---

[1] Toda, M., et al., "Cellular Phone Dependence Tendency of Female University Students", *Japanese Journal of Hygiene*, Vol. 59, No. 4, 2004, pp. 383–386.

[2] Bianchi, A., Phillips, J. G., "Psychological Predictors of Problem Mobile Phone Use", *Cyber Psychology and Behavior*, Vol. 8, No. 1, 2005, pp. 39–51.

[3] Rutland, J. B., et al., "Development of a Scale to Measure Problem Use of Short Message Service: The SMS Problem Use Diagnostic Questionnaire", *Cyber Psychology and Behavior*, Vol. 10, No. 6, 2007, pp. 841–844.

[4] Billieux, J., et al., "The Role of Impulsivity in Actual and Problematic Use of the Mobile Phone", *Applied Cognitive Psychology*, No. 22, No. 9, 2008, pp. 1195–1210.

[5] Igarashi, T., et al., "No Mobile, No Life: Self-Perception and Text-Message Dependency among Japanese High School Students", *Computers in Human Behavior*, Vol. 24, No. 5, 2008, pp. 2311–2324.

[6] Leung, L., "Linking Psychological Attributes to Addiction and Improper Use of the Mobile Phone among Adolescents in Hong Kong", *Journal of Children and Media*, Vol. 2, No. 2, 2008, pp. 93–113.

兆和功能障碍两个子量表。① Walsh 等编制的《移动电话卷入问卷》（Mobile Phone Involvement Questionnaire，MPIQ）是基于物质成瘾理论的单维量表，包含 8 个题项，采用 Likert 7 计分方式。② Hong 等编制的《智能手机依赖量表》（Smartphone Addiction Scale，MPAS）包含 11 个题项，采取 Likert6 计分方式；量表包含时间管理相关问题、学术问题及影响和替代满足三个分量表。③ Chóliz 开发的《移动手机依赖调查问卷》（The Test of Mobile Phone Dependence，TMD）包含 22 个题项，采用 Likert 5 计分方式，包含节制、失控和耐受性三个维度，总量表内部一致性信度系数 α = 0.94。④ Kwon 等开发的《智能手机依赖量表》（The Smartphone Addiction Scale，SAS）包含 33 个题项，采取 Likert 6 计分方式，量表内部一致性信度系数 α = 0.967；量表包含日常生活紊乱、积极期待、戒断性、虚拟关系、过度使用和耐受性六个维度。⑤ 2013 年，Kwon 等开发的《智能手机依赖量表简版》（The Smartphone Addiction Scale - Short Version，SAS - SV）由 10 个题项构成，量表内部一致性信度系数 α = 0.911；采用 Likert 6 计分方式，分值范围 10—60，31 分为划分成瘾的临界值；量表包括强迫行为、耐受性、戒断性和功能障碍四个维度。⑥ Lin 等开发的《标准智能手机依赖量表》（The Standard Smartphone Addiction Inventory，SPAI）包含 26 个题项，采用 Likert 4 计分方

---

① Yen, C. F., et al., "Symptoms of Problematic Cellular Phone Use, Functional Impairment and Its Association with Depression among Adolescents in Southern Taiwan", *Journal of Adolescence*, Vol. 32, No. 4, 2009, pp. 863 – 873.

② Walsh, S. P., et al., "Needing to Connect: The Effect of Self and Others on Young People's Involvement with Their Mobile Phones", *Australian Journal of Psychology*, Vol. 62, No. 4, 2010, pp. 194 – 203.

③ Hong, F. Y., et al., "A Model of the Relationship between Psychological Characteristics, Mobile Phone Addiction and Use of Mobile Phones by Taiwanese Female University Students", *Computer in Human Behavior*, Vol. 28, No. 5, 2012, pp. 2152 – 2159.

④ Chóliz, M., "Mobile Phone Addiction in Adolescence: The Test of Mobile Phone Dependence (TMD)", *Progress in Health Sciences*, Vol. 2, No. 1, 2012, pp. 33 – 44.

⑤ Kwon, M., et al., "Development and Validation of a Smartphone Addiction Scale (SAS)", *PLoS ONE*, Vol. 8, No. 2, 2012, pp. e56936, https://doi.org/10.1371/journal.pone.0056936.

⑥ Kwon, M., et al., "The Smartphone Addiction Scale: Development and Validation of a Short Version for Adolescents", *PLoS ONE*, Vol. 8, No. 12, 2013, pp. e83558, https://doi.org/10.1371/journal.pone.0083558.

式，分值范围为 26—104；内部一致性信度系数 α=0.94，间隔两周的分量表重测信度为 0.80—0.91；量表包含强迫性、功能失调、耐受性、戒断性四个维度①。2017 年该研究团队开发的《简版智能手机依赖量表》(*The Short – Form Smartphone Addiction Inventory*，SPAI – SF) 包含 10 个题项，分值范围为 10—40，同样包含 4 个分量表。② Kim 等开发的《智能手机依赖倾向量表》(*Smartphone Addiction Proneness Scale*，SAPS) 以《互联网成瘾倾向量表》(*Internet Addiction Proneness Scale*，IAPS) 为基础，量表由 15 个题项构成，采用 Likert 4 计分方式，总量表内部一致性信度系数 α=0.880；量表包含适应功能紊乱、虚拟生活导向、戒断性、耐受性四个维度。③ Andreassen 等开发的《Bergen 社交媒体成瘾量表》(*The Bergen Social Media Addiction Scale*，BSMAS) 包括 6 个题项，采用 Likert 5 计分方式，分值范围为 1—30，成瘾标准临界值 19 分，量表包括突显、心境改变、修改、耐受性、戒断冲突和复发。④ Csibi 等编制的《智能手机 App 依赖量表》(*The Smartphone Application – Based Addiction Scale*，SABAS) 包含 6 个题项，采用 Likert 6 计分方式，分值范围为 6—36，成瘾标准临界值 19 分。⑤ Zoe 等开发的《日本版智能手机依赖量表》(*Japanese version of the Smartphone Dependence Scale*，J – SDS) 包括 29 个题项，采用 Likert 4 计分方式（0—3），得分越高，依赖水平越高；量表包括渴望和退缩、过度使用和耐受性、虚拟生活取

---

① Lin, Y. H., et al., "Development and Validation of the Smartphone Addiction Inventory (SPAI)", *PloS One*, Vol. 9, No. 6, 2014, pp. e98312, https：//doi.org/10.1371/journal.pone.0098312.

② Lin, Y. H., et al., "Development of the Short – Form and Screening Cut – off Point of the Smartphone Addiction Inventory", *International Journal of Methods in Psychiatric Research*, Vol. 26, No. 2, 2017, pp. e1525, https：//doi.org/10.1002/mpr.1525.

③ Kim, D. I., et al., "Development of Korean Smartphone Addiction Proneness Scale for Youth", *PLoS ONE*, Vol. 9, No. 5, 2014, pp. e97920, https：//doi.org/10.1371/journal.pone.0097920.

④ Andreassen, S., et al., "The Relationship between Addictive Use of Social Media and Video Games and Symptoms of Psychiatric Disorder: A Large – Scale Cross – Sectional Study", *Psychology of Addictive Behaviors*, Vol. 30, No. 2, 2016, pp. 252 – 262.

⑤ Csibi, S., et al., "The Psychometric Properties of the Smartphone Application – Based Addiction Scale (SABAS)", *International Journal of Mental Health and Addiction*, Vol. 16, No. 2, 2018, pp. 393 – 403.

向、课堂注意力障碍和身体症状5个子量表。5个子量表和总量表的内部一致性信度系数分别为0.87、0.87、0.76、0.77、0.69和0.92。①

我国学者黄海等经原作者梁永炽教授授权,将《手机成瘾指数量表(MPAI)》翻译成简体中文版并在大陆地区做了信效度验证,总量表及失控性、戒断性、逃避性和低效性的α系数依次为0.91、0.84、0.83、0.87和0.81,五周后重测信度依次为0.69、0.61、0.70、0.69和0.60。② 项明强等检验了Kim等编制的SAS和SAS-SV中文版在我国青少年群体中的信效度,研究发现SAS和SAS-SV的α值分别为0.928和0.855;重测信度分别为0.731和0.737。③ 此外,徐华等编制的《大学生手机依赖量表》(Mobile Phone Dependence Inventory,MPDI)包含13个题项,采用Likert 5计分方式;根据调查对象对自己的手机依赖程度的自评分数与量表总分计算的相关系数r=0.578;量表包含耐受性、戒断性、社会功能和生理反应四个维度,各分量表内部一致性信度系数α分别是0.5251、0.5907、0.4950和0.5272。④ 熊婕等编制的《大学生手机成瘾倾向量表》(Mobile Phone Addiction Tendency Scale,MPATS)包含16个题项,总量表的内部一致性信度系数α为0.83,一周后的重测信度为0.91;量表包含戒断症状、突显行为、社交抚慰和心境改变四个因子。⑤ 苏双等编制的《大学生智能手机成瘾量表》(Smartphone Addiction Scale for College Students,SAS-C)包含22个题项,采用Likert 5计分方式,量表的α系数为0.88,一周后的重测信度为0.93,包括戒断行为、突显行为、社交安抚、消极影响、App使用、App更新6个因子。⑥ 陈欢等编制的《成年人智能手机成瘾量表》(Smartphone Addiction Scale for Chinese Adults,SAS-CA)包含26个题项,

---

① Zoe, S., et al., "Development of Japanese Version of Smartphone Dependence Scale", *Open Journal of Preventive Medicine*, Vol. 6, 2016, pp. 179–185.
② 黄海等:《手机依赖指数中文版在大学生中的信效度检验》,《中国临床心理学杂志》2014年第5期。
③ 项明强等:《智能手机依赖量表中文版在青少年中的信效度检验》,《中国临床心理学杂志》2019年第5期。
④ 徐华等:《大学生手机依赖量表的编制》,《中国临床心理学杂志》2008年第1期。
⑤ 熊婕等:《大学生手机成瘾倾向量表的编制》,《中国心理卫生杂志》2012年第3期。
⑥ 苏双等:《大学生智能手机成瘾量表的初步编制》,《中国心理卫生杂志》2014年第5期。

总量表的 α 系数为 0.909，四周后的重测信度为 0.931；量表包括 App 使用、App 更新、戒断反应、突显性、社会功能受损、生理不适 6 个维度。① 目前国内外较有影响的手机媒体依赖水平相关测量工具如表 3–1 所示。

表 3–1　　　　　　　手机媒体依赖水平相关测量工具

测量工具	作者	理论基础	对象	项目	因子	验证技术
移动手机依赖问卷（MPDQ）	Toda 等（2004）	开放调查	大学生	20 个 Likert4 $\alpha=0.860$	问题性使用等六个因子	信度、内外效度、探索性因素分析
手机问题性使用量表（MPPUS）	Bianchi 等（2005）	物质成瘾理论	大学生	28 个 Likert10 $\alpha=0.93$	耐受性、逃避问题、戒断性、渴求等	信度、内外效度
短信服务问题使用诊断问卷（SMS–PUDQ）	Rutland 等（2007）	Young 的网络成瘾标准	大学生	8 个二值项目	病理性使用、过度使用	信度、内外效度、探索性因素分析
问题性手机使用问卷（PM-PUQ）	Billieux 等（2008）	已有问题手机使用研究	社区居民	30 个 Likert4 $\alpha=0.65—0.85$	禁止使用、危险性使用、依赖、经济问题	信度、内外效度、探索性和验证性因素分析
文字短信依赖量表（TMDS）	Igarashi 等（2008）	Young 的网络成瘾标准	大学生	15 个 Likert5 $\alpha=0.81—0.85$	情绪反应、过度使用、关系维持	信度、内外效度、探索性和验证性因素分析
手机成瘾指数量表（MPAI）	Leung（2008）	DSM–IV 和 Young 网络成瘾标准	大学生	17 个 Likert 5 $\alpha=0.90$	戒断性、失控性、低效性、逃避性	信度、内外效度、探索性和验证性因素分析
数字手机使用问题调查问卷（PCPUQ）	Yen 等（2009）	物质成瘾	青少年	12 个二值项目 $\alpha=0.854$	问题性使用征兆、功能障碍	内外效度检验

---

① 陈欢等：《成年人智能手机成瘾量表的初步编制》，《中国临床心理学杂志》2017 年第 4 期。

续表

测量工具	作者	理论基础	对象	项目	因子	验证技术
移动电话卷入问卷（MPIQ）	Walsh 等（2010）	物质成瘾	社区居民	8 个 Likert7 α=0.78	单维量表	信度、内外效度
智能手机依赖量表（MPAS）	Hong 等（2012）	已有研究综述	女大学生	11 个 Likert6 α=0.83—0.94	时间管理问题、学术问题影响和替代满足	信度、内外效度、探索性因素分析
移动手机依赖调查问卷（TMD）	Chóliz（2012）	DSM-IV 标准	青少年	22 个 Likert5 α=0.94	节制、失控、耐受性	信度、内外效度检验、探索性因素分析
智能手机依赖量表（SAS）	Kwon 等（2012）	现有量表、网络成瘾标准等	社区人员	33 个 Likert6 a=0.967	日常生活紊乱、积极期待、戒断性、虚拟关系、过度使用、耐受性	信度、内外效度检验、探索性因素分析
智能手机依赖量表简版（SAS-SV）	Kwon 等（2013）	现有量表、网络成瘾标准等	青少年	10 个 Likert6 α=0.911	强迫行为、耐受性、戒断性、功能障碍	信度、内外效度检验、探索性因素分析
标准智能手机依赖量表（SPAI）	Lin 等（2014）	中文互联网成瘾量表	青少年	26 个 Likert4 α=0.940	强迫性、功能失调、耐受性、戒断性	内部和重测信度、内外效度检验、探索性因素分析
简版智能手机依赖量表（SPAI-SF）	Lin 等（2017）	中文互联网成瘾量表	成人	10 个 Likert4 α=0.940	强迫性、功能失调、耐受性、戒断性	内部和重测信度、内外效度检验、探索性因素分析
智能手机依赖倾向量表（SAPS）	Kim 等（2014）	现有互联网和手机成瘾理论	学生	15 个 Likert4 α=0.880	适应功能紊乱、虚拟生活导向、戒断性、耐受性	内部和重测信度、内外效度检验、探索性和验证性因素分析
Bergen 社交媒体成瘾量表（BSMAS）①	Andreassen 等（2016）	Griffith 社交网络成瘾研究	成人	6 个 Likert5	单维量表	内部信度、内外效度检验、探索性因素分析

---

① Andreassen, S., et al., "The Relationship between Addictive Use of Social Media and Video Games and Symptoms of Psychiatric Disorder: A Large-Scale Cross-Sectional Study", *Psychology of Addictive Behaviors*, Vol. 32, No. 2, 2016, pp. 252–262.

续表

测量工具	作者	理论基础	对象	项目	因子	验证技术
智能手机App依赖量表（SABAS）	Csibi等（2018）	网络成瘾标准	成人	6个Likert6 α=0.81	单维量表	内部和重测信度、内外效度检验、探索性因素分析
手机成瘾指数量表（中文版）（MPAI）	黄海等人（2014）	梁永炽的MPAI	大学生	17个Likert5 α=0.91	失控性、戒断性、逃避性和低效性	内部和重测信度、内外效度检验、探索性因素分析
大学生手机依赖问卷（MP-DI）	徐华等人（2008）	DSM-IV、物质依赖、行为成瘾理论	大学生	13个Likert5 r=0.578	耐受性、戒断性、社会功能、生理反应	效标效度检验
大学生手机成瘾倾向量表（MPATS）	熊婕等人（2012）	开放性访谈	大学生	16个Likert5 α=0.83	戒断症状、突显行为、社交抚慰、心境改变	内部和重测信度、内外效度检验、探索性和验证性因素分析
大学生智能手机成瘾量表（SAS-C）	苏双等人（2014）	Young网络成瘾标准	大学生	22个Likert5 α=0.88	戒断行为、突显行为、社交安抚、消极影响、App使用、App更新	内部和重测信度、内外效度检验、探索性和验证性因素分析
成年人智能手机成瘾量表（SAS-CA）	陈欢等人（2017）	DSM-5物质成瘾标准、Young网络成瘾标准	成人	26个Likert5 α=0.909	App使用、App更新、戒断反应、突显性、社会功能受损、生理不适	内部和重测信度、内外效度检验、探索性和验证性因素分析

注：测量工具分析维度参考Billieux（2012）相关研究。①

手机媒体依赖作为网络依赖在移动互联网环境下的新表现形态，其

---

① Billieux, J., "Problematic Use of the Mobile Phone: A Literature Review and a Pathways Model", *Current Psychiatry Reviews*, Vol. 8, No. 4, 2012, pp. 299–307.

本身和网络依赖有着密切关系，且现有大部分测量工具都是基于网络依赖相关理论或在网络成瘾测量工具基础上修订而来，因此有必要对网络依赖水平测量工具做简单分析介绍。

（二）网络依赖水平测量工具研究现状

伊万·戈登伯格（1996）等提出了"网络成瘾障碍"（Internet Addiction Disorder，IAD）的概念，后由网络成瘾支持小组在他的标准上给出了较为正式的诊断标准，包括耐受性、戒断性等7个方面[①]。金伯利·杨格在1996年的一篇质性研究报告中开发了一个包含8个题项的诊断问卷，被试者只要在其中的五个题目回答了"是"则被诊断为网络成瘾[②]。1998年她在原来诊断标准的基础上开发了《网络成瘾测验》（Young's Internet Addiction Test，IAT），包含20个题项，采用 Likert 5 计分方式，分值20—100。量表没有作因素分析，项目包括失去控制、忽视日常生活、行为和认知冲突、消极后果、情绪改变和欺骗等内容。[③] 近年有人对该量表信效度作了分析，重测信度 r≥0.75、内部一致性信度 α=0.9。[④][⑤][⑥] 伊万·戈登伯格和金伯利·杨格二人各自的研究为后期的网络依赖、游戏依赖、手机依赖等奠定了重要基础。查德·戴维斯（2002）等编制的《戴维斯在线认知量表》（Davis Online Cognition Scale，DOCS）基于认知行为模式理论，量表包含36个题项，采用 Likert 7 计分方式，重测信度 r=0.9，包含社交安慰、孤独抑郁、冲动

---

① Goldberg, I., "Internet Addiction Disorder (IAD) – Diagnostic Criteria", 1996-7-1, http://users.rider.edu/~suler/psycyber/supportgp.html, 2019-8-10.

② Young, K. S., "Psychology of Computer Use: XL. Addictive Use of the Internet: A Case That Breaks the Stereotype", *Psychological Reports*, Vol. 79, No. 3Pt 1, 1996, pp. 899-902.

③ Young, K. S., "Internet Addiction: The Emergence of a New Clinical Disorder", *Cyber Psychology and Behavior*, Vol. 1, No. 3, 1998, pp. 237-244.

④ Barke, A., et al., "The German Version of the Internet Addiction Test: A Validation Study", *Cyberpsychology, Behavior, and Social Networking*, Vol. 15, No. 10, 2012, pp. 534-542.

⑤ Lee, K., et al., "Reliability and Validity of the Korean Version of the Internet Addiction Test among College Students", *Journal of Korean Medical Science*, Vol. 28, No. 5, 2013, pp. 763-768.

⑥ Osada, H., "Internet Addiction in Japanese College Students. Is Japanese Version of Internet Addiction Test (JIAT) Useful as a Screening Tool?", *Bull Senshu Univ Sch Hum Sci*, Vol. 3, No. 1, 2013, pp. 71-80.

控制减弱、转移注意力四个因子。① Caplan 的《一般性病理性网络使用量表》(Generalized Problematic Internet Use Scale, GPIUS) 基于查德·戴维斯的一般病理性网络使用理论编制，量表包含 19 个题目，采用 Likert 8 计分方式，重测信度为 0.73，包括心境转换、过度使用、负面后果、社交收益、冲动性、退缩和社交控制 7 个因子。② 我国学者李欢欢等对 GPIUS 做了修订形成包含 27 个题项的量表，采用 Likert 5 计分方式，包含过度使用、网络渴求、社交认知、功能损害、心境转换和网络社交 6 个因子，重测信度 $r = 0.73$。③ 2003 年我国台湾学者陈淑惠教授开发的《中文网络依赖量表》(Chinese Internet Addiction Scale, CIAS) 包含 26 个题项，采用 Likert 4 计分方式，包括强迫性上网行为、戒断反应、耐受性、时间管理问题和人际与健康问题五个维度。④ 大陆学者白羽等对 CIAS 进行了修订，筛选出 19 个项目构成简版量表，总量表的内部一致性信度系数 $\alpha = 0.90$，包括四个维度。⑤ 陈伟伟等修订了陈淑惠等的《中文网络成瘾量表修订版 (CIAS - R)》，包含 26 个题项，采用 Likert 4 计分方法，量表内部一致性信度系数 $\alpha = 0.93$，包括五个维度。⑥

范方等编制的《青少年网络成瘾预测问卷》(Internet Addiction Predict Test, IAPT) 包含 56 个题项，包括神经精神质、焦虑、时间管理、自尊、行为问题五个子量表，总问卷内部一致性信度系数 $\alpha = 0.72$，间

---

① Davis, R. A., et al., "Validation of a New Scale for Measuring Problematic Internet Use: Implications for Pre - employment Screening", *Cyber Psychology and Behavior*, Vol. 5, No. 4, 2002, pp. 331 - 345.

② Caplan, S., "Problematic Internet Use and Psychosocial Wellbeing: Development of a Theory - Based Cognitive Behavioural Measurement Instrument", *Computers in Human Behavior*, Vol. 18, No. 5, 2002, pp. 553 - 575.

③ 李欢欢等：《一般性病理性网络使用量表的初步修订及信效度检验》，《中国临床心理学杂志》2008 年第 3 期。

④ Chen, S. - H., et al., "Development of Chinese Internet Addiction Scale and Its Psychometric Study", *Chinese Journal of Psychology*, Vol. 45, No. 3, 2003, pp. 279 - 294.

⑤ 白羽、樊富珉：《大学生网络依赖测量工具的修订与应用》，《心理发展与教育》2005 年第 4 期。

⑥ 陈伟伟等：《中文网络成瘾量表在浙江省 933 名大学生中的信效度研究》，《中国学校卫生》2009 年第 7 期。

隔六个月的重测信度为 0.61。① 昝玲玲等开发的《中学生网络成瘾诊断量表的初步编制》（Internet Addiction Disorder Diagnostic Scale，IADDS）包含 13 个二值计分题项，量表与 Goldberg 标准的效标关联效度 k = 0.857，包括上网渴求和耐受、不良后果、戒断反应三个因素。② 王希华等编制的《中学生网络成瘾量表》（Internet Addiction Scale for Middle School Students，IDS-MSS）包含 34 个题项，采用 Likert 5 计分方式，总量表内部一致性信度系数 α = 0.963，包括强迫性上网及戒断症状、对生活的影响、对身体的消极后果、突显性、社交抚慰、耐受性五个维度。③ Meerkerk 等编制的《强迫性网络使用量表》（The Compulsive Internet Use Scale，CIUS）以赌博成瘾标准为参考，包含 14 个题项，采用 Likert 5 计分方式，包括失去控制、行为专注、戒断反应、自我冲突等内容。④ 我国学者马林等将其翻译为中文版并做了信效度检验，翻译修订后量表的内部一致性信度系数 α = 0.90，分半信度为 0.77，重测信度为 0.73。⑤ 网络依赖水平测量相关工具基本情况分析见表 3-2。

表 3-2　　　　　网络依赖水平相关测量工具基本情况分析

测量工具	作者	理论基础	对象	项目	因素	验证技术
网络成瘾障碍（IAD）	Goldberg（1996）	物质成瘾	成年人	诊断程序及标准	耐受性、戒断性等 7 个方面	无
网络成瘾诊断问卷（YDQ）	Young（1996）	DSM-IV 赌博成瘾标准	成年人	8 个二值计分题项	单维量表	其中 5 条选"是"即诊断为成瘾

---

① 范方等：《青少年网络成瘾预测问卷初步编制及信效度检验》，《中国临床心理学杂志》2008 年第 1 期。

② 昝玲玲等：《中学生网络成瘾诊断量表的编制》，《中国临床心理学杂志》2008 年第 2 期。

③ 王希华、黄慧芬：《中学生网络成瘾量表》，《漳州师范学院学报》（自然科学版）2012 年第 1 期。

④ Meerkerk, G., et al., "The Compulsive Internet Use Scale (CIUS): Some Psychometric Properties", Cyber Psychology and Behavior, Vol. 12, No. 1, 2009, pp. 1-6.

⑤ 马林、李巾英：《强迫性网络使用量表在我国大学生群体中的信效度检验》，《心理技术与应用》2019 年第 6 期。

续表

测量工具	作者	理论基础	对象	项目	因素	验证技术
网络成瘾测验（IAT）	Young（1998）	DSM-IV赌博成瘾和酗酒标准	成年人	20个Likert5 α=0.9	单维量表	信度、内外效度检验
戴维斯在线认知量表（DOCS）	Davis等（2002）	认知行为理论	大学生	36个Likert7 r=0.9	社会性满足、孤独/消沉、减少冲动的控制、逃避与退缩	内部和重测信度、内外部效度、探索性和验证性因素分析
一般性病理性网络使用量表（GPIUS）	Caplan（2002）	Davis的一般病理性网络使用PIU	大学生	19个Likert8 r=0.73	心境转换、过度使用、负面后果、社交收益、冲动性、退缩、社交控制	内部和重测信度、内外部效度、探索性因素分析
中文网络依赖量表（CIAS）	Chen等（2003）	DSM-IV瘾症的诊断标准	成年人	26个Likert4 α=0.93	强迫性上网行为、戒断反应、耐受性、时间管理问题、人际与健康问题	内部和重测信度、内外部效度、探索性因素分析和验证性因素分析
一般病理性网络使用量表中文版（GPIUS-C）	李欢欢等（2008）	DSM-IV瘾症的诊断标准	大学生	27个Likert5 r=0.73	过度使用、网络渴求、社交认知、功能损害、心境转换、网络社交	内部和重测信度、内外部效度、探索性和验证性因素分析
青少年网络成瘾预测问卷（IAPT）	范方等（2008）	IAT	中学生	56个Likert5 α=0.72	神经精神质、焦虑、时间管理、自尊、行为问题	内部和重测信度、内外部效度、探索性因素分析和验证性因素分析

续表

测量工具	作者	理论基础	对象	项目	因素	验证技术
中学生网络成瘾诊断量表（IADDS）	昝玲玲等（2008）	Young 的网络成瘾标准	中学生	13 个二值计分题项 k = 0.857	上网渴求和耐受、不良后果、戒断反应	内部和重测信度、内外部效度、探索性因素分析和验证性因素分析
强迫性网络使用量表（CIUS）	Meerkerk 等（2009）	DSM-IV 赌博成瘾标准	成年人	14 个 Likert5 α = 0.89	单维量表	内部信度、内外部效度、探索性因素分析和验证性因素分析
中学生网络成瘾量表（IDS-MSS）	王希华等（2012）	Young 的网络成瘾标准，CIAS	中学生	34 个 Likert5 α = 0.963	强迫性上网及戒断症状、对生活的影响、对身体的消极后果、突显性、社交抚慰、耐受性	内部信度、内外部效度、探索性因素分析和验证性因素分析

（三）手机媒体依赖水平测量工具述评

通过系统分析上述手机媒体依赖和网络依赖水平测量工具发现，大部分研究对从耐受性、戒断性、突显性、低效性等维度衡量手机依赖水平已基本形成共识，但不同研究者在其量表中因研究视角的不同而包含了其他内容。例如，Park（2005）量表中的无意识使用和时间消耗维度、Billieux（2008）量表中的危险使用和经济问题等维度、Kwon（2014）量表中的虚拟关系维度等，这导致了目前在手机依赖方面未能形成被广泛接受的测量工具。究其原因有二：一是目前所有技术成瘾测量工具开发的初始依据是物质成瘾标准，而成瘾物（如药物、毒品等）的功用普遍具有单一性，因而据此开发的工具对于测量基于简单媒体（如电视）的被动依赖较为有效，但当用来测量互联网和智能手机这样功能丰富、用户选择主动权较大的综合媒体依赖情况时显得力不从心；

二是早期关于问题性手机使用的相关量表旨在综合了解研究对象存在的问题行为类型及其程度,将手机使用动机(或依赖倾向)和手机依赖水平综合评价,因而严重影响了量表的鉴别能力。近年来,韩国研究者的系列研究开始尝试将手机依赖倾向和依赖水平分开加以测量。① 通过上面分析发现,重要界定标准和测量工具都包括突显性、耐受性、戒断性、冒险性、逃避性、失控性、欺骗性和负面后果等维度。

二 手机媒体依赖水平量表项目池建立

(一)手机媒体依赖水平量表项目池框架

量表编制一般源于对所测特质包括哪几个维度的理论构想,然后依据对每一维度的操作定义,分别编拟某一维度的题项,再经项目分析和因素分析等过程删除项目确认量表结构。② 通过前面分析发现,目前大部分手机依赖测量工具的开发是依据 DSM–IV 病理性赌博成瘾标准以及 Young 根据她开发的网络成瘾诊断标准开发的。因此,Young 诊断标准有重要参考价值。她的诊断标准就是其 IDQ 中的八个问题:①突显性——你是否觉得上网成为你生活的中心(如想着以前的上网活动或者期望下一次上网时间);②耐受性——你是否感觉需要增加上网时间才能得到满足;③失控性——你是否多次试图控制、减少或停止上网而均以失败告终;④戒断反应——当减少或停止上网时,你是否会有坐立不安、喜怒无常、沮丧或易怒等感觉;⑤耐受性——你实际上网的时间是否经常比原计划上网的时间长;⑥冒险性——你是否因为上网而冒如失去重要关系、工作、教育或职业发展机会等风险;⑦欺骗性——你是否向他人隐瞒了你的真实上网情况;⑧逃避性——你是否将上网作为你逃避现实生活压力或不良情绪的方式。她认为以上 8 个问题如果被试有 5 个回答"是"则诊断为网络成瘾。此外,近年来,DSM–IV 和 ICD–11 都根据赌博成瘾及其他物质成瘾标准制定了网络游戏成瘾(Internet Gaming Disorder, IGD)标准,这些也极具参考价值。DSM–IV 提出的

---

① Park, N., Lee, H., "Social Implications of Smartphone Use: Korean College Students' Smartphone Use and Psychological Well–Being", *Cyberpsychology, Behavior, and Social Networking*, Vol. 15, No. 9, 2012, pp. 491–497.

② 赵必华、顾海根:《心理量表编制中的若干问题及题解》,《心理科学》2010 年第 6 期。

网络游戏成瘾9条诊断标准（12个月符合下面5条）：①突显性——专注于网络游戏（回想之前玩游戏的情境、期待下一次和玩游戏支配了个体的日常生活）；②戒断性——停止或减少玩游戏时出现易怒、焦虑、悲伤等戒断症状；③耐受性——需要花更长的时间玩游戏；④失控性——无法控制要玩游戏的意图；⑤负面后果——为了玩游戏失去了其他爱好和兴趣；⑥冒险性——即使知道玩游戏的潜在危害仍难以停止；⑦欺骗性——因玩游戏而向家人朋友撒谎；⑧逃避性——用游戏逃避问题或缓解负面情绪；⑨负面后果——玩游戏危害到工作、学习和人际关系。[①] ICD-11提出了3条诊断标准：表现为：①失控性——对游戏的控制受损；②突显性——游戏优先于其他生活兴趣和日常活动；③冒险性——尽管发生了负面后果，但仍在继续或升级游戏。2019年9月我国卫生健康委员会发布的《中国青少年健康教育核心信息释义（2018版）》将网络成瘾界定为："网络成瘾是指在无成瘾物质作用下对互联网使用冲动的失控行为，表现为过度使用互联网后导致明显的学业、职业和社会功能的损伤。诊断网络成瘾障碍，持续时间是一个重要标准，一般情况下相关行为至少持续12个月才能确诊。"上述标准虽然都是针对网络依赖的严重情况——"成瘾"行为的，但可以作为开发本书所用工具的参考。

此外，在前面对现有手机依赖测量工具和网络成瘾测量工具的梳理中发现，现有量表内容存在将依赖强度（水平）、依赖内容及依赖产生的不良后果混在一起的嫌疑。因此，这里根据如下方面对现有量表维度作梳理：①突显性（Salience）：积极期待手机使用；②耐受性（Tolerance）：需要通过增加手机使用时长、频度来满足需要；③戒断性（Withdraw）：当停止使用手机后会感到焦虑；④冒险性（Adventure）：包括禁止使用（Prohibited Use）、危险使用（Dangerous Use）、过度使用（Excessive Use）；⑤逃避性（Escape）：利用手机逃避工作压力或负面情绪；⑥失控性（Lack Control）：强迫行为（Compulsive Behaviors）；⑦低效性（Inefficiency）：影响日常生活或工作效率；⑧欺骗性：经常

---

① American Psychiatric Association, *Diagnostic and Statistical Manual of Mental Disorders—Text Revision*. 5th ed, D. C.: American Psychiatric Association, 2013.

向他人隐瞒手机的真实使用情况；⑨内容相关：量表中包括具体依赖内容，如 TMDS 的关系维持、SAS 虚拟关系；⑩负面后果：因手机使用行为引发的负面后果，如 PMPUQ 量表的经济问题、TMDS 的情绪反应、SAS 量表的日常生活紊乱、SAS – SV 量表的功能障碍、SAPS 量表的适应功能紊乱、虚拟生活导向。现有主要手机媒体依赖水平量表涉及维度分析见表 3 – 3。

表 3 – 3　　　青少年手机媒体依赖水平量表子维度分析

	耐受性	戒断性	突显性	失控性	冒险性	逃避性	欺骗性	低效性	其他后果	内容相关
MPPUS	√	√		√		√				
SMS – PUDQ			√	√						
PMPUQ			√		√				经济问题	
TMDS			√						情绪反应	关系维持
MPAI		√		√	√					
MPAS			√						学术问题	替代满足
TMD	√	√		√						
SAS	√	√							生活紊乱	虚拟关系
SAS – SV	√	√						√	功能障碍	
SPAI	√	√						√	功能失调	
SAPS	√	√							适应紊乱	虚拟生活导向
BSMAS	√	√	√	√	√				心境改变	
MPDI		√		√					社会功能、生理反应	√
MPATS	√	√							心境改变	社交抚慰
SAS – C			√	√					消极影响	社交安抚、App 使用、App 更新
SAS – CA	√	√							社交受损、生理不适	App 使用、App 更新

续表

	耐受性	戒断性	突显性	失控性	冒险性	逃避性	欺骗性	低效性	其他后果	内容相关
IAD	√	√	√	√	√	√	√			
DOCS				√		√				社会性满足、孤独/消沉
GPIUS				√	√		√		心境转换、负面后果	社交收益、社交控制
CIAS	√	√	√					√	时间管理问题、人际与健康问题	
IADDS	√	√							不良后果	
IDS-MSS	√		√					√	消极后果	社交抚慰

经过以上分析可以初步确定青少年手机媒体依赖水平量表常见的五个维度：突显性、耐受性、戒断性、低效性、冒险性。突显性是指个体的手机媒体使用已成为其主要的想法与行为；耐受性是指个体在手机媒体使用过程中，只有不断延长使用手机媒体的时间，才能获取与之前同等的使用满足感；戒断性是指个体在不能使用手机媒体时易体验到负面情绪；低效性是指手机媒体的使用导致个体生活、学习、工作效率的降低；冒险性是指个体为使用手机媒体而做出危及自身的行为。

（二）手机媒体依赖水平量表项目池建立

根据前面的梳理结果，笔者围绕突显性、耐受性、冒险性、戒断性、低效性等维度，尽可能遍历现有的相关量表的项目，对于涉及具体使用内容、原因或后果等方面的题项尽量避免使用。在梳理中发现，大部分题项会在多个量表中出现，此时研究团队会选择表述最为简洁清晰的题项纳入其中，对于表述不清晰或不符合中文习惯的，笔者综合各量表中的表述形成新的表述。经过筛选、合并等工作，笔者共筛选出40个项目作为量表项目池，供下一步工作使用。青少年手机媒体依赖水平量表项目池见表3-4。

表 3–4　青少年手机媒体依赖水平量表项目池

序号	题项内容	维度	项目来源
1	你的朋友和家人抱怨你使用手机太多	突显性	MPAI、SPAI、SAPS、MPATS、IAT
2	你试图向别人隐瞒你使用手机的时长或频率	突显性	MPAI、IAT
3	不用智能手机的时候我也时刻惦记着它	突显性	SAS、IAT
4	在与家人或朋友聚会时,你依然控制不住玩手机	突显性	SAS–CA
5	你常常没有打算用手机时,仍会拿起手机来用一下	突显性	SPAI、SAS
6	你曾被告知使用手机过度	突显性	MPAI、SAS、SPAI、PMPUQ、SAPS
7	你经常一起床就看手机	突显性	SAS、SPA、SAS–CA、TMD
8	听见有手机响铃或震动,你会以为是自己的	突显性	SAS、MPATS
9	你全神贯注地想着错了一个电话或消息	突显性	MPAI、MPATS
10	没有什么事比玩手机更有趣	突显性	SAS、IAT
11	你觉得使用手机的时间总是不够	耐受性	MPAI、SAPS、SAS–CA
12	你发现你使用手机的时间总比你预计的长	耐受性	MPAI、SAS、SPAI、IAT、TMD
13	你尝试减少使用手机的时间,但未能成功	耐受性	MPAI、SAS、SPAI、SAPS、IAT
14	你发现自己最近使用手机的时间越来越长	耐受性	SPAI、PMPUQ、TMD
15	当规定了手机使用时间（如睡前玩 10 分钟）,你会说服自己延长使用时间	耐受性	SAPS、IAT、TMD
16	别人因你玩手机而提示你注意安全或身体健康	冒险性	MPAI、SAS–CA
17	因为使用手机而引起了你身体的不适或疼痛	冒险性	SPAI、SAS、SAS–CA

续表

序号	题项内容	维度	项目来源
18	在明令禁止的场合你会偷偷使用手机	冒险性	PMPUQ、SAS-CA
19	你在开车、过马路等危险情境下也难以控制用手机	冒险性	SPAI、PMPUQ、SAS-CA、TMD
20	因为花时间在手机上而导致你失眠或睡眠不足	冒险性	MPAI、SPAI、SAS、IAT、TMD
21	你知道过度使用手机会耽误自己但还是改不了	冒险性	SPAI
22	玩手机引起你身体不适时也难以减少使用	冒险性	SAS
23	当手机不在身边时，你总是担心会错过电话或其他信息	戒断性	SPAI、MPATS、TMD
24	无法使用手机你会感到焦虑	戒断性	MPAI、SPAI、MPATS、IAT、TMD
25	你发现关闭手机是件痛苦的事情	戒断性	MPAI、SPAI、PMPUQ、SAPS
26	手机不在身边时你会感到不自在	戒断性	SAS、PMPUQ、SAPS、MPATS、IAT
27	一天不用手机对你来说很容易	戒断性	SAS、PMPUQ、SAPS、TMD
28	没有智能手机你的生活会变得很乏味	戒断性	SAS-CA、TMD
29	在使用手机时被打扰你会很烦躁	戒断性	SAS
30	没有手机你会不知所措	戒断性	MPAI、IAT
31	手机时刻在身边你才安心	戒断性	MPAI、SAS、SAS-CA
32	因为使用手机而导致你开始干正事的时间延迟	低效性	SAS、IAT、SAS-CA
33	因为使用手机而导致你无法集中注意力干正事	低效性	SAS、IAT、SAS-CA
34	因为使用手机而直接导致你的工作出现失误	低效性	IAT、SAS-CA
35	你过一会儿总会不自觉地拿起手机查看	低效性	SPAI、MPATS
36	由于过度使用手机，你的工作、学习效率下降	低效性	IAT

续表

序号	题项内容	维度	项目来源
37	曾经有几次你宁愿玩手机也不愿意去处理更加紧急的事情	低效性	MPAI
38	你发现当自己需要做其他事情的时候常常还忙于玩手机,而这会引发问题	低效性	MPAI
39	因使用手机而导致你休闲或运动的时间减少	低效性	SPAI
40	你发现在看演出、上课期间不看手机太难	低效性	SPAI、SAPS、MPATS、SAS

(三) 手机媒体依赖水平初始量表项目初步筛选

量表备选项目建立之后,首先邀请10名调查对象分别进行出声试答,根据试答反馈意见对项目表述进行了反复修改。接着,聘请对课题研究内容熟悉的三名心理学专家对每个项目的表面效度做了鉴定,要求每位专家对每个项目与相应内容维度的关联性(或代表性)做出评价(1=不相关,2=弱相关,3=较强相关,4=非常相关),并据此计算了每个条目的内容效度指数(Item – Level Content Validity Index,I – CVI),即每个条目评分为3分或4分的专家人数除以参评的专家总数即为相应条目的I – CVI。Lynn给出了I – CVI的判断标准:当专家人数少于或等于5人时,I – CVI应为1.00,即全部专家均认为该条目与所要测量的概念内容有较好的关联性,才认为这个条目的内容效度较好[1];此外,根据史静琤等的方法计算了对随机一致性校正后的Kappa值(记为K*)作为参考[2][3]。手机媒体依赖水平量表各项目内容效度指数如表3 – 5所示。

---

[1] Lynn, M. R., "Determination and Quantification of Content Validity", Vol. 35, No. 6, 1986, pp. 382 – 385.

[2] 史静琤等:《量表编制中内容效度指数的应用》,《中南大学学报》(医学版) 2012年第2期。

[3] Polit, D. F., et al., "Is the CVI an Acceptable Indicator of Content Validity? Appraisal and Recommendations", Research in Nursing & Health, Vol. 30, No. 4, 2007, pp. 459 – 467.

表3-5 青少年手机媒体依赖水平量表备选项目内容效度指数

序号	维度	评分4分或3分的专家人数	I-CVI	Pc	K*	项目综合评价
Q1	突显性	3	1.00	0.00000	1.00	优秀
Q2	突显性	3	1.00	0.00000	1.00	优秀
Q3	突显性	1	0.33	0.12500	0.24	一般
Q4	突显性	2	0.67	0.00052	0.67	良好
Q5	突显性	3	1.00	0.00000	1.00	优秀
Q6	突显性	3	1.00	0.00000	1.00	优秀
Q7	突显性	3	1.00	0.00000	1.00	优秀
Q8	突显性	3	1.00	0.00000	1.00	优秀
Q9	突显性	1	0.33	0.12500	0.24	一般
Q10	突显性	1	0.33	0.12500	0.24	一般
Q11	耐受性	3	1.00	0.00000	1.00	优秀
Q12	耐受性	3	1.00	0.00000	1.00	优秀
Q13	耐受性	3	1.00	0.00000	1.00	优秀
Q14	耐受性	3	1.00	0.00000	1.00	优秀
Q15	耐受性	3	1.00	0.00000	1.00	优秀
Q16	冒险性	3	1.00	0.00000	1.00	优秀
Q17	冒险性	2	0.67	0.00052	0.67	良好
Q18	冒险性	3	1.00	0.00000	1.00	优秀
Q19	冒险性	3	1.00	0.00000	1.00	优秀
Q20	冒险性	2	0.67	0.00052	0.67	良好
Q21	冒险性	1	0.33	0.12500	0.24	一般
Q22	冒险性	2	0.67	0.00052	0.67	良好
Q23	戒断性	3	1.00	0.00000	1.00	优秀
Q24	戒断性	3	1.00	0.00000	1.00	优秀
Q25	戒断性	1	0.33	0.12500	0.24	一般
Q26	戒断性	3	1.00	0.00000	1.00	优秀
Q27	戒断性	3	1.00	0.00000	1.00	优秀
Q28	戒断性	1	0.33	0.12500	0.24	一般
Q29	戒断性	1	0.33	0.12500	0.24	一般
Q30	戒断性	3	1.00	0.00000	1.00	优秀

续表

序号	维度	评分4分或3分的专家人数	I–CVI	Pc	K*	项目综合评价
q31	戒断性	2	0.67	0.00052	0.67	良好
q32	低效性	3	1.00	0.00000	1.00	优秀
q33	低效性	3	1.00	0.00000	1.00	优秀
q34	低效性	3	1.00	0.00000	1.00	优秀
q35	低效性	3	1.00	0.00000	1.00	优秀
q36	低效性	3	1.00	0.00000	1.00	优秀
q37	低效性	2	0.67	0.00052	0.67	良好
q38	低效性	2	0.67	0.00052	0.67	良好
q39	低效性	2	0.67	0.00052	0.67	良好
q40	低效性	3	1.00	0.00000	1.00	优秀

基于以上步骤筛选出问卷初始项目，最终形成由 25 个题项构成的量表初稿。分别为：突显性（5题）、耐受性（5题）、戒断性（5题）、低效性（5题）、冒险性（5题）。青少年手机媒体依赖水平初始量表项目见表 3–6。

表 3–6　青少年手机媒体依赖水平初始量表项目

编号	题项	维度
Q1	你的朋友或家人抱怨你使用手机过长。	突显性
Q2	如果无法使用手机（如欠费停机或没电），你会感到焦虑。	戒断性
Q3	你试图向别人隐瞒你使用手机的实际时间。	突显性
Q4	在驾驶、过马路、下楼梯等可能存在危险的情况下你也会使用手机。	冒险性
Q5	你使用手机的实际时间总比你预计的时间长。	耐受性
Q6	你试图减少手机使用时间但未获成功。	耐受性
Q7	你的手机使用时间总是不够。	耐受性
Q8	当手机不在身边时，你总是担心会错过电话或其他信息。	戒断性
Q9	*在上课、听报告或开会等需要静音、关机的场合，你不会偷偷使用手机。	冒险性
Q10	过段时间不查看手机你会感到焦虑。	戒断性

续表

编号	题项	维度
Q11	由于过多使用手机，你的工作、学习效率下降。	低效性
Q12	你曾被告知使用手机过度。	突显性
Q13	你过一会儿总会不自觉地拿起手机查看。	低效性
Q14	因为使用手机而导致你开始干正事的时间推迟。	低效性
Q15	手机不在身边时你会感到不自在。	戒断性
Q16	由于使用手机，你无法集中精力干正事。	低效性
Q17	别人因你玩手机而提示你注意安全或身体健康。	冒险性
Q18	因为使用手机而直接导致你的工作出现失误。	低效性
Q19	听见有手机响铃或震动，你会以为是自己的。	突显性
Q20	*一天不用手机对你来说很容易。	戒断性
Q21	当规定了手机使用时间（如玩10分钟），你会说服自己延长使用时间。	耐受性
Q22	在明令禁止的场合你会偷偷使用手机。	冒险性
Q23	你发现自己最近使用手机的时间持续增加。	耐受性
Q24	你发现在看演出、上课期间不看手机太难。	冒险性
Q25	你经常一起床就看手机。	突显性

三 手机媒体依赖水平初始量表（V1 版）编制

（一）手机媒体依赖水平初始量表（V1 版）编制

量表项目筛选结束后，将选定项目编制成初始量表。量表采用李克特 5 点计分方式，1—5 分别表示每条项目描述的行为过去一个月在被调查对象身上发生的情况，1 = 完全不符合、2 = 比较不符合、3 = 有点符合、4 = 比较符合、5 = 非常符合。量表前面加入了如下填答说明：下面是一些描述人们手机使用习惯的陈述，请根据每条描述与您最近 1 个月实际情况相符程度在后面相应的数字上打"√"。例如："你晚上睡觉前总会看会儿手机"非常恰当地描述了您的实际情况，那么请您在"非常符合"对应的数字"5"上打"√"，其他以此类推。

（二）手机媒体依赖水平初始量表（V1 版）施测

青少年手机媒体依赖初始量表编制完成后，使用统一指导语，以班级为单位进行团体施测，量表完成后由施测者当场回收，之后研究者对所有量表回答的完整性与真实性进行检查，剔除废卷。采用班级整群抽样的方式在研究团队所在学校发放纸质问卷183份，回收问卷170份，其中有效问卷155份，回收率为91%。被调查对象基本信息如表3-7所示。

表3-7 手机媒体依赖水平初始量表（V1版）调查对象基本信息

项目	类别	频率	百分比（%）
性别	男	86	55.5
	女	69	44.5
年级	高中	41	26.5
	大学	114	73.5
学科	文科	61	39.4
	理科	94	60.6
生源	城市	87	56.1
	乡村	68	43.9

（三）手机媒体依赖水平初始量表（V1版）项目分析

本阶段采取缺省值检验、平均数、标准差、偏度、峰度、极端分组分析、项目总分相关、一致性系数变化等进行初步筛检。①项目描述分析。对所有项目做描述性统计分析，主要考察项目的平均数、标准差、偏度、峰度等值。其中，平均数用于反映调查对象在该项目上的整体水平，平均数过大或过小则表明该行为的出现频率普遍很高或很低，对于区分对象类型特征不具有标志性；一般以理论中值3为基础，按照正负1.5倍标准差浮动为标准给出删除提示。偏度（Skewness）用以度量数据分布的对称性，值越接近0表明数据分布越趋于正态，右偏态为正值，左偏态为负值。峰度（Kurtosis）用以衡量数据分布的平坦度，SPSS统计软件得出的数值越接近0表示数据趋于正态峰，小于0表示分数过于分散，大于0时则表示分数过于集中。②高低组差异比较。首先，根据每个分量表所有题项加总得分，分别筛选出得分前27%和后27%的样本作为高分组和低分组；其次，采用独立样本t检验进行量表题项高低组差异比较，得到结果如表3-8第6列和第7列所示，如果项目得分高低分组t检验p>0.05则表示该项目鉴别力太差。③量表题项与子量表总分相关分析。量表题项与其所在子量表总分的相关度越高，则表明项目与总体量表的同质性越高。得分与量表总分未达到显著的题项，或者两者相关度较低的题项（相关系数小于0.3）表示同质性不高，最好删除。④量表题项同质性检验，也是反映子量表内部题项之间的一致性情况，根据"删除项后的Alpha"来决定题目删除或保留情况。手机媒体依赖水平初始量表（V1版）项目分析摘要如表3-8所示。

表3-8 青少年手机媒体依赖水平初始量表（V1版）项目分析摘要

	平均数	标准差	偏度	峰度	极端组t检验		题目总分相关		删除项后的Alpha
					t	Sig.（双尾）	皮尔逊相关性	Sig.（双尾）	
Q1	3.61	1.016	-0.501	-0.615	-1.267	0.209	0.118	0.145	0.731
Q2	3.53	0.962	-0.703	-0.477	-7.591	0.000	0.547***	0.000	0.718
Q3	2.35	0.771	0.757	0.167	-0.18	0.858	0.034	0.679	0.732
Q4	2.9	1.112	-0.368	-1.344	-7.484	0.000	0.491***	0.000	0.718
Q5	3.9	0.799	-1.204	2.224	-5.848	0.000	0.539***	0.000	0.720
Q6	3.38	1.002	-0.196	-1.202	-9.432	0.000	0.609***	0.000	0.715
Q7	2.97	0.882	-0.007	-1.061	-3.365	0.001	0.226**	0.005	0.727
Q8	3.46	1.094	-0.328	-1.018	-7.277	0.000	0.506***	0.000	0.718
Q9	2.37	0.967	0.25	-0.877	-7.196	0.198	0.207**	0.010	0.728
Q10	2.85	0.906	-0.007	-0.737	-1.163	0.248	0.193*	0.016	0.729
Q11	3.64	1.006	-0.581	-0.172	-9.622	0.000	0.678***	0.000	0.713
Q12	2.95	1.059	-0.109	-1.001	-5.168	0.000	0.422***	0.000	0.720
Q13	3.76	0.853	-1.043	1.064	-6.108	0.000	0.534***	0.000	0.719
Q14	3.55	1.094	-0.803	-0.144	-7.874	0.000	0.633***	0.000	0.713
Q15	3.42	0.979	-0.548	-0.494	-9.581	0.000	0.613***	0.000	0.715
Q16	3.46	1.027	-0.522	-0.476	-5.741	0.000	0.551***	0.000	0.716
Q17	3.08	1.038	-0.452	-1.001	-5.343	0.000	0.464***	0.000	0.719
Q18	2.55	0.948	0.211	-0.956	-3.607	0.001	0.368***	0.000	0.723
Q19	3.27	0.969	-0.091	-1.06	-2.775	0.007	0.237**	0.003	0.727
Q20	3.37	0.981	-0.102	-0.582	-3.431	0.001	0.393***	0.000	0.722
Q21	3.52	0.935	-0.887	0.077	-6.3	0.000	0.518***	0.000	0.719

续表

	平均数	标准差	偏度	峰度	极端组 t 检验		题目总分相关		删除项后的 Alpha
					t	Sig.（双尾）	皮尔逊相关性	Sig.（双尾）	
Q22	2.78	1.027	0.307	-1.174	-3.975	0.000	0.381***	0.000	0.721
Q23	3.09	1.125	-0.013	-0.95	-2.509	0.014	0.347***	0.000	0.723
Q24	3.39	1.041	-0.167	-0.728	-6.943	0.000	0.531***	0.000	0.717
Q25	3.73	1.021	-0.657	-0.396	-4.996	0.000	0.325***	0.000	0.724

注：* 表示在 0.05 级别（双尾）相关性显著；** 表示在 0.01 级别（双尾）相关性显著；*** 表示在 0.001 级别（双尾）相关性显著。

（四）手机媒体依赖水平初始量表（V1 版）项目筛选

根据上面分析结果，重点参考高低分组差异比较、项目总分相关结果等指标，决定删除 Q1、Q3、Q7、Q9、Q10、Q19、Q23 7 个题项，最后将 18 个鉴别度较好的题项作为新版本量表的条目。手机媒体依赖水平初始量表项目筛选建议如表 3-9 所示。

表 3-9　手机媒体依赖水平初始量表（V1 版）项目筛选建议

题号	平均数	标准差	偏度	峰度	t	题总相关	删除项后的 Alpha	删除建议
Q3			×		×	×	×	是
Q1					×	×	×	是
Q7				×	×	×		是
Q9					×	×		是
Q10					×	×		是
Q23					×			是
Q19				×		×		是
Q5		×		×				否
Q13			×	×				否
Q4				×				否
Q6				×				否
Q8				×				否
Q12				×				否
Q17				×				否

续表

题号	平均数	标准差	偏度	峰度	t	题总相关	删除项后的 Alpha	删除建议
Q22				×				否
Q2								否
Q11								否
Q14								否
Q15								否
Q16								否
Q18								否
Q20								否
Q21								否
Q24								否
Q25								否

注：×表示此项不符合建议标准，考虑删除。

四 手机媒体依赖水平修订量表（V2版）编制

（一）手机媒体依赖水平修订量表（V2版）编制

通过前面的分析，筛选出鉴别度较好的18个项目作为新量表的构成项目。同时为了更科学地筛选有效问卷，研究团队在新版本量表中加入2道测谎题。其中一道为明显错误的题目"你没有认真填写这份问卷"，另外一道是重复性题目"别人因你玩手机而提示你注意安全或身体健康"。在将18个题目利用计算机随机排序后，将两道测谎题加入中后部形成修订版量表，如表3-10所示。量表依然采用李克特5点计分方式。

表3-10　手机媒体依赖水平修订量表（V2版）

编号	题项	维度
Q1	1. 手机不在身边时你会感到不自在。	戒断性
Q2	2. 你曾被告知使用手机过度。	低效性
Q3	3. 因为使用手机而导致你开始干正事的时间推迟。	低效性
Q4	4. 当规定了手机使用时间（如睡前玩10分钟），你会说服自己延长使用时间。	耐受性

续表

编号	题项	维度
Q5	5. 你发现在看演出、上课期间不看手机太难。	突显性
Q6	6. 当手机不在身边时,你总是担心会错过电话或其他信息。	戒断性
Q7	7. 你使用手机的实际时间总比你预计的时间长。	耐受性
Q8	*8. 一天不用手机对你来说很容易。	戒断性
Q9	9. 在驾驶、过马路、下楼梯等可能存在危险的情况下你也会使用手机。	冒险性
Q10	10. 你经常一起床就看手机。	突显性
Q11	11. 别人因你玩手机而提示你注意安全或身体健康。	冒险性
Q12	12.【测谎】你没有认真填写这份问卷。	测谎性
Q13	13. 因为使用手机而直接导致你的工作出现失误。	冒险性
Q14	14. 由于过多使用手机,你的工作、学习效率下降。	低效性
Q15	15. 你试图减少手机使用时间但未获成功。	耐受性
Q16	16. 由于使用手机,你无法集中精力干正事。	低效性
Q17	17. 你过一会儿总会不自觉地拿起手机查看。	突显性
Q18	18. 如果无法使用手机(如欠费停机或没电),你会感到焦虑。	戒断性
Q19	19. 在明令禁止的场合你也会偷偷使用手机。	冒险性
Q20	20.【测谎】别人因你玩手机而提示你注意安全或身体健康。	测谎性

(二)手机媒体依赖水平修订量表(V2 版)施测

采用方便取样在高校抽取被试,发放量表 256 份,研究者依据数据完整性、真实性对量表进行检查,实际回收有效数据 214 份,回收率 83.6%。有效数据中的性别、年级、学科背景分布基本持平。量表由研究团队成员按班级集中组织的方式进行个人施测,测试时间为 15 分钟左右,量表作答完成后当场回收。

(三)手机媒体依赖水平修订量表(V2 版)项目分析

进行高分组与低分组之间差异比较时,所有条目均在 0.001 水平上存在显著性差异,如表 3-11 所示。

表 3-11 青少年手机媒体依赖水平修订量表(V2 版)的项目分析

题项	低分组 (x±s) N=60	高分组 (x±s) N=59	p
Q1	2.73±0.954	4.22±0.721	0.000

续表

题项	低分组（x±s）N=60	高分组（x±s）N=59	p
Q2	1.87±0.929	3.90±0.995	0.000
Q3	2.60±1.045	4.41±0.912	0.000
Q4	2.45±0.982	4.20±0.924	0.000
Q5	2.07±0.861	3.98±1.122	0.000
Q6	2.63±1.221	4.12±1.176	0.000
Q7	2.77±0.909	4.64±0.580	0.000
Q8	3.53±1.186	4.32±0.797	0.000
Q9	1.83±0.905	3.07±1.172	0.000
Q10	3.00±1.207	4.14±1.166	0.000
Q11	1.60±0.741	3.31±1.277	0.000
Q13	1.55±0.565	2.56±0.896	0.000
Q14	2.30±0.869	4.10±0.885	0.000
Q15	2.25±0.876	3.75±0.958	0.000
Q16	2.08±0.743	4.03±0.876	0.000
Q17	2.68±0.833	4.54±0.625	0.000
Q18	2.37±1.089	4.10±0.923	0.000
Q19	1.57±0.722	2.73±1.271	0.000

通过相关分析法，计算各项目与量表总分的相关，得出各项目得分与总分的相关系数在0.297—0.663，在0.001水平上显著相关。分析的结果说明各项目区分度良好。量表各项目得分与总分的相关系数见表3-12。

表3-12　青少年手机媒体依赖水平修订量表（V2版）
项目总分相关系数

题号	Pearson相关系数	P	题号	Pearson相关系数	P
Q1	0.547***	0.000	Q5	0.607***	0.000
Q2	0.613***	0.000	Q6	0.434***	0.000
Q3	0.633***	0.000	Q7	0.663***	0.000
Q4	0.656***	0.000	Q8	0.297***	0.000

续表

题号	Pearson 相关系数	P	题号	Pearson 相关系数	P
Q9	0.458***	0.000	Q15	0.552***	0.000
Q10	0.376***	0.000	Q16	0.636***	0.000
Q11	0.580***	0.000	Q17	0.660***	0.000
Q13	0.517***	0.000	Q18	0.596***	0.000
Q14	0.655***	0.000	Q19	0.469***	0.000

注：*表示在0.05级别（双尾）相关性显著；**表示在0.01级别（双尾）相关性显著；***表示在0.001级别（双尾）相关性显著。

（四）手机媒体依赖水平修订量表（V2版）探索性因素分析

首先，利用Bartlett球形检验评估变量间的相关特点，得出卡方值为1217.305，显著性水平小于0.000，说明变量间内部有共享因素的可能性。KMO检验值为0.868，表明该量表适合进行因素分析，见表3-13。

表3-13　青少年手机媒体依赖水平修订量表（V2版）因素分析KMO和巴特利特检验

KMO取样适切性量数		0.868
巴特利特球形检验	近似卡方	1217.305
	自由度	153
	显著性	0.000

其次，提取方法采用"主成分"分析法，旋转方法采用"最大方差法"进行探索性因素分析。通过反映像相关矩阵发现，每个变量的取样适当性量数（Measures of Sampling Adequacy，MSA）都在0.5以上，表明所有题项变量都适合进行因素分析。通过多次探索分析发现，题项Q4和Q13两道题目存在多个因素中贡献系数都较高的情况，删去两道题目后最后分析得出4个因子，见表3-14。

表3-14　青少年手机媒体依赖水平修订量表（V2版）因素分析结果

题项	因子1	因子2	因子3	因子4
Q14	0.775			

续表

题项	因子1	因子2	因子3	因子4
Q16	0.767			
Q7	0.709			
Q15	0.687			
Q3	0.672			
Q1		0.730		
Q6		0.692		
Q18		0.664		
Q5		0.521		
Q9			0.727	
Q19			0.675	
Q2			0.540	
Q11			0.522	
Q10				0.615
*Q8				0.592
Q17				0.482

注：提取方法：主成分分析法；旋转方法：凯撒正态化最大方差法；a. 旋转在6次迭代后已收敛。

通过总体方差解释表可以看出，4个因素可以累计解释55.985%的总体方差。手机媒体依赖水平修订量表因素分析总方差解释见表3–15。

表3–15　青少年手机媒体依赖水平修订量表（V2版）因素分析总方差解释

成分	初始特征值			提取载荷平方和			旋转载荷平方和[a]
	总计	方差百分比（%）	累计百分比（%）	总计	方差百分比（%）	累计百分比（%）	总计
1	5.085	31.784	31.784	5.085	31.784	31.784	3.174
2	1.614	10.088	41.871	1.614	10.088	41.871	2.321
3	1.182	7.389	49.261	1.182	7.389	49.261	1.994
4	1.076	6.724	55.985	1.076	6.724	55.985	1.469

续表

成分	初始特征值			提取载荷平方和			旋转载荷平方和[a]
	总计	方差百分比（%）	累计百分比（%）	总计	方差百分比（%）	累计百分比（%）	总计
5	0.970	6.065	62.050				
6	0.918	5.739	67.789				
7	0.711	4.446	72.235				
8	0.683	4.267	76.502				
9	0.623	3.891	80.393				
10	0.580	3.625	84.018				
11	0.541	3.382	87.400				
12	0.502	3.140	90.540				
13	0.466	2.910	93.449				
14	0.415	2.591	96.041				
15	0.341	2.131	98.172				
16	0.293	1.828	100.000				

注：提取方法为主成分分析法；a. 如果各成分相关时，则无法添加载荷平方和以获取总方差。

通过以上分析，对抽取出的4个因素作如下描述和命名：

第1个因素包含5个题项，特征值为5.085，方差解释率为31.784%。5个题项分别为"Q14——由于过多使用手机，你的工作、学习效率下降""Q16——由于使用手机，你无法集中精力干正事""Q7——你使用手机的实际时间总比你预计的时间长""Q15——你试图减少手机使用时间但未获成功""Q3——因为使用手机而导致你开始干正事的时间推迟"，可见各题项内容均反映了个体在手机媒体使用过程中通过不断延长使用手机的时间来获取与之前同等的使用满足感，并且导致学习、生活、工作效率下降，即"耐受性"和"低效性"的共同表现，因此命名为"拖延性"（Procrastination）。

第2个因素有4个题项，特征值为1.614，方差解释率为10.088%。4个题项分别为"Q1——手机不在身边时你会感到不自在""Q6——当手机不在身边时，你总是担心会错过电话或其他信息"

"Q5——你发现在看演出、上课期间不看手机太难""Q18——如果无法使用手机（如欠费停机或没电），你会感到焦虑"，可见各题项内容均反映了个体在不能使用手机媒体时易体验到不良情绪，命名为"戒断性"（Withdrawal）。

第 3 个因素有 4 个题项，特征值为 1.182，方差解释率为 7.389%。4 个题项分别是"Q9——在驾驶、过马路、下楼梯等可能存在危险的情况下你也会使用手机""Q19——在明令禁止的场合你也会偷偷使用手机""Q2——你曾被告知使用手机过度""Q11——别人因你玩手机而提示你注意安全或身体健康"，可见各题项内容均为青少年对手机媒体的冒险性使用，命名为"冒险性"（Adventure）。

第 4 个因素有 3 个题项，特征值为 1.076，方差解释率为 6.724%，3 个题项分别是"Q10——你经常一起床就看手机""*Q8——一天不用手机对你来说很容易""Q17——你过一会儿总会不自觉地拿起手机查看"，可见各题项内容均为手机媒体的使用已成为个体主要的想法和行为，命名为"突显性"（Salience）。

五 手机媒体依赖水平正式量表（SMDI）信效度检验

（一）手机媒体依赖水平正式量表（SMDI）生成

通过前面的分析，筛选出鉴别度较好的 16 个条目作为最终量表的构成题项。同时为了更准确地筛选有效问卷，研究团队在新版本量表中加入 2 道测谎题。其中一道为明显错误的题目"你没有认真填写这份问卷"，另外一道是重复性题目"别人因你玩手机而提示你注意安全或身体健康"。在将 16 个题目利用计算机随机排序后，将两道测谎题加入中后部形成正式量表。青少年手机媒体依赖水平正式量表如表 3-16 所示。量表依然采用李克特 5 点计分方式。1—5 分别表示每条项目描述的行为过去一个月在被调查对象身上发生的情况，1 = 完全不符合、2 = 比较不符合、3 = 有点符合、4 = 比较符合、5 = 非常符合。量表前面加入了如下填答说明：下面是一些描述人们手机使用习惯的陈述，请根据每条描述与您最近 1 个月实际情况相符程度在后面相应的数字上打"√"。例如："你晚上睡觉前总会看会儿手机"非常恰当地描述了您的实际情况，那么请您在"非常符合"对应的数字"5"上打"√"，其他以此类推。

表 3-16　青少年手机媒体依赖水平正式量表（SMDI）

正式编号	原始编号	题项	维度
Q1	Q1	手机不在身边时你会感到不自在。	戒断性
Q2	Q2	你曾被告知使用手机过度。	冒险性
Q3	Q3	因为使用手机而导致你开始干正事的时间推迟。	拖延性
Q4	Q5	你发现在看演出、上课期间不看手机太难。	戒断性
Q5	Q6	当手机不在身边时，你总是担心会错过电话或其他信息。	戒断性
Q6	Q7	你使用手机的实际时间总比你预计的时间长。	拖延性
*Q7	Q8	一天不用手机对你来说很容易。	突显性
Q8	Q9	在驾驶、过马路、下楼梯等可能存在危险的情况下也会使用手机。	冒险性
Q9	Q10	你经常一起床就看手机。	突显性
Q10	Q11	别人因你玩手机而提示你注意安全或身体健康。	冒险性
Q11	Q12	【测谎】你没有认真填写这份问卷。	测谎题
Q12	Q14	由于过多使用手机，你的工作、学习效率下降。	拖延性
Q13	Q15	你试图减少手机使用时间但未获成功。	拖延性
Q14	Q16	由于使用手机，你无法集中精力干正事。	拖延性
Q15	Q17	你过一会儿总会不自觉地拿起手机查看。	突显性
Q16	Q18	如果无法使用手机（如欠费停机或没电），你会感到焦虑。	戒断性
Q17	Q19	在明令禁止的场合你也会偷偷使用手机。	冒险性
Q18	Q20	【测谎】别人因你玩手机而提示你注意安全或身体健康。	测谎题

（二）手机媒体依赖水平正式量表（SMDI）施测

正式问卷编制完成后，采用方便取样法在研究团队所在高校抽取被试，量表由研究团队成员按班级集中组织的方式进行施测，测试时间为 15 分钟左右，作答完成后当场回收。本次测试共发放量表 378 份，研究者依据数据完整性、真实性对量表进行检查，实际回收有效数据 326 份，回收率 86.3%。样本平均年龄为 18.57 岁，性别、年级、学科背景分布基本持平。青少年手机媒体依赖水平正式量表信效度检验阶段调查对象基本信息见表 3-17。

表 3-17　　青少年手机媒体依赖水平正式量表（SMDI）调查对象基本信息

项目	类别	频率	百分比（%）
性别	男	177	54.3
	女	148	45.7
学科	自然科学（含心理学）	80	24.5
	人文社科	51	15.6
	工程与技术	89	27.3
	农业科学	59	18.1
	医药科学	47	14.4
生源	城市	173	53.1
	乡村	165	46.9
年龄	18.57±0.961		

（三）手机媒体依赖水平正式量表（SMDI）信度分析

信度检验的方法多种多样，在本书中，由于在前期项目池建立及项目分析阶段进行了较严格处理，因此研究者在此采用了内部一致性系数来检验量表的信度。Cronbach's Alpha 系数为常用的评估内部一致性信度的方法。通过分析发现各子量表及总量表的克朗巴哈 α 系数如表3-18 所示。

表 3-18　　内部一致性信度 Cronbach's Alpha

量表	项目数	题项目编号	Cronbach's Alpha
拖延性	5	Q3、Q6、Q12、Q13、Q14	0.828
戒断性	4	Q1、Q4、Q5、Q16	0.707
冒险性	4	Q2、Q8、Q10、Q17	0.832
突显性	3	*Q7、Q9、Q15	0.788
测谎题	2	Q11、Q18	
总量表	18	Q1—Q10、Q12—Q17	0.880

从表 3-18 我们可看出，青少年手机媒体依赖水平量表的内部一致性系数（Cronbach's Alpha 系数）为 0.880，由此说明青少年手机媒体

依赖水平量表具有良好的信度。拖延性、戒断性、冒险性、突显性各子量表的内部一致性系数分别为 0.828、0.707、0.832 和 0.788，都在可接受的范围内。

（四）手机媒体依赖水平正式量表（SMDI）结构效度分析

1. 手机媒体依赖水平量表（SMDI）二阶模型统计量检验

量表的结构效度经常采用验证性因子分析法（Confirmatory Factor Analysis，CFA），用以分析新收集的数据是否也具有探索性因子分析得出的四因子模型。本阶段利用 AMOS22.0 软件建立结构模型进行验证性因素分析。在前面有关手机媒体依赖水平量表的分析中发现，大部分量表都经过探索性因素分析和验证性因素分析提取出了多个因子，并且本书建立的理论依据也是"手机媒体依赖"包括戒断性、冒险性等多个构面。因此可以建立二阶模型进行分析。青少年手机媒体依赖水平二阶模型运算结果如表 3-19 所示。每个潜在变量对对应的观察变量都具有显著影响，模型中误差方差的测量误差为 0.033—0.111，并无负的误差方差存在，模型未出现违反估计的现象。

表 3-19　手机媒体依赖水平量表（SMDI）二阶模型未标准化方差（Variances）

手机依赖	Estimate	S. E.	C. R.	P
	0.360	0.075	4.778	***
e17	0.202	0.049	4.161	***
e18	0.213	0.056	3.790	***
e19	0.599	0.089	6.736	***
e20	0.143	0.033	4.320	***
e1	0.834	0.075	11.172	***
e2	0.765	0.068	11.296	***
e3	0.416	0.048	8.699	***
e4	0.632	0.069	9.224	***
e5	0.944	0.093	10.179	***
e6	1.272	0.111	11.437	***
e7	0.626	0.073	8.634	***

续表

手机依赖	Estimate	S. E.	C. R.	P
	0.360	0.075	4.778	***
e8	0.500	0.066	7.519	***
e9	0.895	0.081	11.114	***
e10	0.774	0.066	11.783	***
e11	0.668	0.068	9.752	***
e12	0.140	0.054	2.588	0.010
e13	0.655	0.061	10.807	***
e14	0.438	0.045	9.692	***
e15	0.846	0.087	9.746	***
e16	0.740	0.072	10.262	***

此外，如表3-20所示非标准化分析结果显示，手机依赖水平和四个测量模型之间的路径系数达到显著，说明假设关系成立；各测量模型潜变量中每个观察值的因素负荷量均达到显著，说明每个题项均有效。标准化回归系数在0.504—0.937，都大于0.5且未超过0.95，可以认为潜在变量对每个观察变量具有较大的影响和解释力。模型未发生违反估计的情况，因此可以进行整体模型拟合度检验。

表3-20　手机媒体依赖水平量表（SMDI）二阶模型回归系数（Regression Weights）

因子	观察变量	参数显著性估计（非标准化）				标准化回归系数
		Unstd.	S. E.	t-value	P	Std.
手机依赖	拖延性	1.000				0.800
	戒断性	0.978	0.141	6.937	***	0.786
	冒险性	1.116	0.151	7.402	***	0.654
	突显性	0.729	0.115	6.337	***	0.757
拖延性	Q3	1.000				0.634
	Q6	0.951	0.101	9.446	***	0.632
	Q12	1.168	0.100	11.678	***	0.805
	Q13	1.011	0.104	9.700	***	0.684
	Q14	1.061	0.099	10.681	***	0.768

续表

因子	观察变量	参数显著性估计（非标准化）				标准化回归系数
		Unstd.	S. E.	t-value	P	Std.
突显性	Q7	1.000				0.549
	Q9	1.537	0.160	9.637	***	0.736
	Q15	1.739	0.182	9.555	***	0.937
冒险性	Q2	1.000				0.791
	Q8	1.034	0.074	14.031	***	0.832
	Q10	0.787	0.068	11.639	***	0.648
	Q17	0.862	0.071	12.097	***	0.716
戒断性	Q1	1.000				0.684
	Q4	1.033	0.122	8.466	***	0.621
	Q5	0.882	0.116	7.606	***	0.504
	Q16	1.084	0.114	9.514	***	0.660

2. 手机媒体依赖水平量表（SMDI）测量模型的信效度检验与评估

在进行模型适配度分析之前，需要对每个测量模型（因素）的信度、收敛效度和测量模型（因素）之间的区别效度进行分析。每个测量模型（因素）的信度及收敛效度分析结果如表3-21所示。可见每个题项的标准化因素负荷量在0.532—0.865，均大于0.5；大部分题项信度（SMC）都在0.36以上，说明题项具有较好的信度；每个测量模型（因素）的组成信度（CR）在0.714—0.835，均大于0.7，说明每个测量模型（因素）具有较高的内部一致性；除"戒断性"测量模型（因素）外，其他每个测量模型（因素）的收敛效度（AVE）均大于0.5，说明每个测量模型（因素）具有很好的收敛效度。[1]

收敛效度反映的是各测量模型（因素）内部一致性和收敛性问题，区别效度则反映的是各测量模型（因素）之间的区别度问题。四个测量模型（因素）的区别效度分析结果如表3-22所示，表中AVE是每个测量模型（因素）的收敛效度，它是每个测量模型中每个题项因素

---

[1] Hair, J. F., et al., "PLS-SEM: Indeed, a Silver Bullet", *Journal of Marketing Theory & Practice*, Vol. 19, No. 2, 2011, pp. 139-152.

表 3-21　手机媒体依赖水平量表测量模型（因素）
的信度及收敛效度分析

因素	题目	参数显著性估计				因素负荷量	题项信度	组成信度	收敛效度
		Unstd.	S.E.	t-value	P	Std.	SMC	CR	AVE
拖延性	Q3	1.000				0.644	0.415	0.832	0.501
	Q6	0.912	0.100	9.163	***	0.615	0.378		
	Q12	1.181	0.099	11.902	***	0.826	0.682		
	Q13	0.978	0.104	9.400	***	0.672	0.452		
	Q14	1.032	0.099	10.427	***	0.759	0.576		
戒断性	Q1	1.000				0.715	0.511	0.714	0.388
	Q4	0.894	0.121	7.378	***	0.562	0.316		
	Q5	0.891	0.121	7.353	***	0.532	0.283		
	Q16	1.045	0.124	8.413	***	0.665	0.442		
冒险性	Q2	1.000				0.758	0.575	0.835	0.562
	Q8	1.124	0.083	13.490	***	0.865	0.748		
	Q10	0.800	0.072	11.055	***	0.631	0.398		
	Q17	0.913	0.075	12.092	***	0.726	0.527		
突显性	Q7	1.000				0.586	0.343	0.798	0.574
	Q9	1.564	0.159	9.862	***	0.799	0.638		
	Q15	1.498	0.156	9.581	***	0.861	0.741		

负荷量的平方和，对角线上的数据是 AVE 开方所得值，用以表示每个测量模型（因素）各题项之间的内部一致性。"突显性"所在列的 0.758 均大于下方的 0.400、0.669、0.608，说明突显性测量模型（因素）各题项内部具有较高的一致性，和其他测量模型（因素）具有较好的区分度，其他以此类推。"拖延性"对角线上的数值 0.708 大于其左边的四个数值，说明拖延性测量模型（因素）与其他测量模型（因素）具有较高的区分效度。综上分析，每个因素之间具有较高的区别效度。各潜变量所对应的平均变异数抽取量的平方根均大于该变量与其他变量的相关系数，表明各变量间具有较高的区分效度。

表 3-22　手机媒体依赖水平量表四个测量模型区别效度分析

	AVE	突显性	冒险性	戒断性	拖延性
突显性	0.574	0.758			
冒险性	0.562	0.400	0.750		
戒断性	0.388	0.669	0.527	0.623	
拖延性	0.501	0.608	0.610	0.553	0.708

3. 手机媒体依赖水平量表（SMDI）结构模型分析

常用目标系数（Target Coeddicient）用来衡量二阶模型的可用性，其值 T 为一阶模型因子相关卡方值/二阶模型卡方值，目标系数越接近 1 表示二阶模型越具有代表性。本书中 T=0.903，表明二阶模型能够较好地代表一阶模型，因此根据二阶模型适配结果进行汇报。模型整体拟合情况见表 3-23 和图 3-1。

表 3-23　手机媒体依赖水平量表两个模型主要拟合指数（n=326）

模型	卡方值（χ^2）	自由度（df）	χ^2/df	GFI	AGFI	CFI	RMSEA	SRMR
一阶模型	216.738	98	2.212	0.925	0.896	0.942	0.061	0.0483
二阶模型	240.043	100	2.400	0.918	0.888	0.931	0.066	0.0572

通过分析发现，虽然 $p<0.05$，拒绝虚无假设，表明样本数据和模型期望值存在差异，但 Kenny 等研究者认为当样本量在 200 以上时，p 值往往会存在显著情况。① 因此，很多专家选择用卡方值和自由度的比值（CMIN/DF）作为模型质量是否能够接受的标准，一般 CMIN/DF 小于 3 表明模型拟合质量是良好可以接受的。其中 RMSEA 参数不容易受样本量影响，Hu 和 Bentler 认为 RMSEA 值小于 0.08 就可以认为模型适配可接受。②③ 本书中 CMIN/DF = 2.40，综合 GFI = 0.918、AGFI =

---

① Kenny, D. A., "Measuring Model Fit", 2019-11-06, http://davidakenny.net/cm/fit.htm.
② Hu, L., Bentler, P. M., "Cutoff Criteria for Fit Indexes in Covariance Structure Analysis: Conventional Criteria Versus New Alternatives", Structural Equation Modeling: A Multidisciplinary Journal, Vol.6, No.1, 1999, pp.1-55.
③ 吴明隆：《SPSS 统计应用实务：问卷分析与应用统计》，科学出版社 2003 年版。

0.888、CFI＝0.931、RMSEA＝0.066 等值可以认为模型对数据拟合良好。综合以上几方面的分析可以得出：由 16 个题项构成的青少年手机媒体依赖水平正式量表具有良好的结构效度。

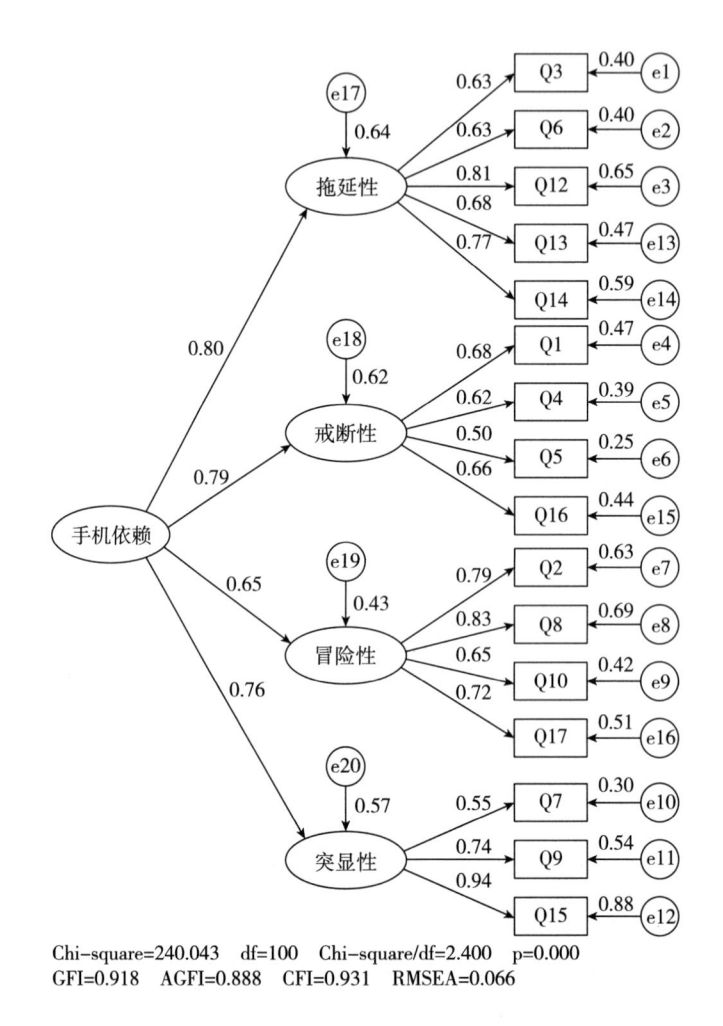

图 3-1　手机媒体依赖水平量表（SMDI）二阶结构模型适配分析

第二节　青少年手机媒体使用偏好量表开发

开发手机媒体使用偏好量表的主要目的是为了便于了解被调查对象

手机使用动机及功能方面的偏好,即解决青少年"用手机干什么?"的问题,包括常用的手机功能或 App 有哪些、使用手机的动机是什么等问题。手机媒体使用偏好量表的开发不像前一个量表那样已经有大量成熟的工具可供借鉴使用,这方面目前只有少量初步的研究,且现有的调查工具均不是很成熟。因此,本量表在项目池的建设过程中采取了"自上而下"和"自下而上"相结合的思路,"自上而下"即通过对已有研究的梳理整理出有关使用偏好的分类以便笔者在编写项目时视野更加全面,同时筛选可参考的量表及其项目并将其纳入项目池;由于手机媒体的功能及不同时代主流手机 App 的特点不同,因此有必要采取"自下而上"的方式通过对青少年的开放性访谈,了解他们当前常用的手机功能、手机使用动机方面的特征,并据此设计量表项目。最后基于两种方式得出的项目池开展后面的项目分析,探索性因素、验证性因素分析及信效度检验。

一 手机媒体使用偏好测量工具研究现状

(一)手机媒体使用偏好研究现状

目前直接研究手机媒体使用偏好的相关研究比较少,主要在手机使用现状、手机应用(App)分类、手机依赖因素分析、手机使用动机、手机依赖机制等相关研究中有零散介绍。Oulasvirta 等认为手机媒体因具有易接入、可移动、易操作、连通性、界面友好、功能多样等特点,因而更容易触发用户使用动机,形成不同类型依赖。[①] Lee 等对青少年手机使用模式从手机常用功能、使用目的、存在的问题以及管控态度几个方面进行了调查,发现手机常用功能包括打电话、社交软件、在线聊天、在线游戏、上网冲浪等;使用目的包括习惯性使用、休闲、人际交流、玩游戏、多任务处理、缓解压力、学习等;存在的问题包括手机使用的突显性、耐受性、失控性、戒断反应、心境改变、撒谎、过度使用、失去兴趣等;手机使用管控态度包括监视、限制、处罚、说明、许可。[②] 美国研究者在一项有关青少年手机依赖与学业成绩关系的研究中

[①] Oulasvirta, A., et al., "Habits Make Smartphone Use More Pervasive", *Personal and Ubiquitous Computing*, Vol. 61, No. 1, 2012, pp. 105–114.

[②] Lee, H., et al., "Risk Factors for Smartphone Addiction in Korean Adolescents: Smartphone Use Patterns", *Psychiatry & Psychology*, Vol. 32, No. 10, 2017, pp. 1674–1679.

开发了《手机成瘾使用模式调查工具》（Addictive Phone of Use Scale，APU Scale）用于调查过去一年青少年的手机使用情况（本工具是一个计算机调查工具），调查工具包括一个子量表和相关选择题。子量表包含9个条目，采用李克特5点计分方式，主要用于调查成瘾水平；选择题主要调查学生常用手机功能及App。[①] 还有研究者在开发手机App依赖量表的过程中对App作了如下分类：传统移动通信、基于互联网的通信、社交媒体、信息获取、休闲娱乐、玩游戏、导航和时间管理、生活方式、健康相关应用等。[②]

在前面的手机媒体依赖水平量表梳理研究中已经发现，现有手机依赖水平量表研究对从耐受性、戒断性、突显性、低效性等维度衡量手机依赖水平已基本形成共识，但不同研究者在其量表中因视角的不同而包含了具体内容相关的维度。例如，Park量表中的无意识使用和时间消耗维度[③]、Billieux量表中的危险使用和经济问题等维度[④]、Kim量表中的虚拟关系、网络性成瘾等维度[⑤]。有研究对SAS量表的结构维度进行了梳理，其中包括虚拟人际关系、社会网络依赖。[⑥]

Song等基于流程和内容满足将手机使用类型作了二分类：过程性满足和社交使用。[⑦] Cui等研究发现智能手机的主要使用类型包括搜索

[①] Domoff, S. E., et al., "Addictive Phone Use and Academic Performance in Adolescents", *Human Behavior and Emerging Technologies*, Vol. 2, No. 2, 2020, pp. 33–38.

[②] Csibi, S., et al., "The Psychometric Properties of the Smartphone Application – Based Addiction Scale (SABAS)", *International Journal of Mental Health and Addiction*, Vol. 16, No. 2, 2018, pp. 393–403.

[③] Park, W. K., "Mobile Phone Addiction, Computer Science, Mobile Communications", *Computer Supported Cooperative Work*, Vol. 31, No. 3, 2005, pp. 253–272.

[④] Billieux, J., et al., "The Role of Impulsivity in Actual and Problematic Use of the Mobile Phone", *Applied Cognitive Psychology*, No. 22, No. 9, 2008, pp. 1195–1210.

[⑤] Kim, D. I., et al., "Development of Korean Smartphone Addiction Proneness Scale for Youth", *PLoS ONE*, Vol. 9, No. 5, 2014, pp. e97920, https://doi.org/10.1371/journal.pone.0097920.

[⑥] Vintilă, M., et al., "Determining the Structure of Smartphone Addiction Scale: A Bifactor Model Analysis", *Current Psychology*, 2008, https://doi.org/10.1007/s12144-018-0035-0.

[⑦] Song, I., et al., "Internet Gratifications and Internet Addiction: On the Uses and Abuses of New Media", *Cyber Psychology and Behavior*, Vol. 7, No. 4, 2004, pp. 384–394.

信息、交流、在线交易和管理个人信息等。① 还有研究者认为手机媒体使用偏好类型包括如下方面：虚拟关系，如社交网络、约会App、聊天等；信息过载，如无节制网络冲浪、看视频、玩游戏、查看新闻；网络性成瘾，如浏览色情图片、色情视频、色情小说、发送色情信息、裸聊等；上网强迫症，如玩游戏、股票交易、在线购物等。②

我国研究者屠斌斌等的研究将大学生手机成瘾倾向分为手机关系成瘾、手机娱乐成瘾和手机信息收集成瘾。③ 手机关系成瘾是指沉迷于使用手机进行的人际交流沟通，包括手机通话、短信、QQ等；手机娱乐成瘾是指沉溺于手机娱乐功能，包括手机游戏、看小说、听音乐等；手机信息收集成瘾是指因害怕信息不足而不停地使用手机上网搜集信息，包括下载软件、浏览新闻等。梅松丽等的《自编手机使用情况问卷》将手机使用方式分为以下三个维度：人际使用（打电话和发短信、QQ和微信、浏览新闻、浏览空间和微博4个项目）、手机娱乐使用（包括听音乐、看网络视频、手机网络游戏、网络文学4个项目）、手机购物使用（网络购物、网购支付2个项目）。④ 肖祥编制的《手机使用动机问卷》将手机使用动机分为自我表达、娱乐休闲、信息获取和人际沟通4个维度。⑤ 刘红等通过因子分析抽取两类手机使用动机：人际动机（经常使用手机通话、短信、聊QQ等满足人际交流需要）、网娱动机（包括使用手机玩游戏、读小说、下载铃声等满足娱乐的需要）。⑥

---

① Cui, Y., Roto, V., *How People Use the Web on Mobile Devices*：*Proceedings of the 17th International Conference on World Wide Web*, 2008, pp.905 - 914, http://www.www2008.org/papers/pdf/p905 - cui.pdf.

② Robinson, L., et al., et al., "Smartphone Addiction", 2019 - 10 - 1, https://www.helpguide.org/articles/addictions/smartphone - addiction.htm？pdf = 12397, 2019 - 11 - 5.

③ 屠斌斌等：《大学生手机成瘾倾向问卷的初步编制》，《和田师范专科学校学报》2010年第4期。

④ 梅松丽等：《冲动性、自我调节与手机依赖的关系研究：手机使用的中介作用》，《心理与行为研究》2017年第1期。

⑤ 肖祥：《大学生人格特质、手机使用动机与手机依赖的关系》，硕士学位论文，湖南师范大学，2014年。

⑥ 刘红、王洪礼：《大学生手机成瘾与孤独感、手机使用动机的关系》，《心理科学》2011年第6期。

Van Deursen 等研究认为社交使用是增加手机依赖的高风险因素。[1] Salehan 等的研究指出社交网络应用是手机依赖的预测因素。[2] Park 等研究也表明手机媒体依赖者更倾向于使用 SNSs。[3] 另有多项研究均表明社交网络应用、手机游戏等会增加手机媒体依赖的风险。[4][5] 有关手机使用内容与手机媒体依赖影响的相关研究表明,在常见的学习内容、娱乐内容、SNS 和游戏等手机使用内容中,除了学习相关内容外,其他三项内容都是手机媒体依赖的显著预测因素,其中 SNS 有最高的预测力,其次分别是娱乐和游戏。[6]

Park 将手机使用动机分为两大类:习惯性使用动机(如消磨时间、逃避)和工具性使用动机(如获取信息、娱乐、唤醒)。[7] 这种二分法与查德·戴维斯(2001)等将网络成瘾分为特定性网络成瘾和泛化网络成瘾有类似之处。Wei 在延续 Park 将手机使用动机分为工具性使用和习惯性使用分类的基础上,进一步根据使用动机将手机使用类型分为消磨时间、社交联系、获得安慰、工具性、辅助交流等。[8] Oulasvirta 等的研究认为长期使用手机会形成手机查看习惯,包括简单快速的内容消费(查看 E-mail、Facebook、动态等)。[9] Van Deursen 等的研究将

---

[1] Van Deursen, A. J. A. M., et al., "Modelling Habitual and Addictive Smartphone Behaviour: The Role of Smartphone Usage Types, Emotional Intelligence, Social Stress, Self-Regulation, Age, and Gender", *Computers in Human Behavior*, Vol. 45, 2015, pp. 411-420.

[2] Salehan, M., Negahban, A., "Social Networking on Smartphones: When Mobile Phones Become Addictive", *Computers in Human Behavior*, Vol. 29, No. 6, 2013, pp. 2632-2639.

[3] Park, N., Lee, H., "Social Implications of Smartphone Use: Korean College Students' Smartphone Use and Psychological Well-Being", *Cyberpsychology, Behavior, and Social Networking*, Vol. 15, No. 9, 2012, pp. 491-497.

[4] Li, S., Chung, T., "Internet Function and Internet Addictive Behavior", *Computers in Human Behavior*, Vol. 22, No. 6, 2006, pp. 1067-1071.

[5] Liu, C. H., et al., "Smartphone Gaming and Frequent Use Pattern Associated with Smartphone Addiction", *Medicine*, Vol. 95, No. 28, 2016, pp. e4068.

[6] Salehan, M., Negahban, A., "Social Networking on Smartphones: When Mobile Phones Become Addictive", *Computers in Human Behavior*, Vol. 29, No. 6, 2013, pp. 2632-2639.

[7] Park, W. K., "The Mobile Phone Addiction among Korean College Students", *Korean Society for Journalism & Communication Studies*, Vol. 47, 2003, pp. 250-281.

[8] Wei, R., "Motivations for Using the Mobile Phone for Mass Communications and Entertainment", *Telematics and Informatics*, Vol. 25, No. 1, 2008, pp. 36-46.

[9] Oulasvirta, A., et al., "Habits Make Smartphone Use More Pervasive", *Personal and Ubiquitous Computing*, Vol. 61, No. 1, 2012, pp. 105-114.

手机使用分为习惯性使用和事务性使用，并发现习惯性使用是手机依赖的重要贡献变量，事务性使用是习惯性使用和手机依赖的决定性因素。①

（二）网络依赖类型研究现状

手机依赖是网络依赖在移动互联网和智能手机新环境下的延伸，手机媒体依赖虽然有其新特点，但网络依赖类型相关研究可以作为重要参考。为此，有必要对网络依赖相关研究作系统梳理。在这方面最早的研究当数金伯利·杨格，她认为互联网条件下网络聊天室等网络应用的出现为人们创造了一种寻求社会支持、性满足、获得承认与权力等需要的新环境。②她在后期的研究中将网络使用类型分为信息获取（如WWW、E-mail）和人际交流（如MUDS、Chat room、Newsgroups等），发现网络依赖者更倾向使用人际交流功能。③金伯利·杨格根据调查结果将网络成瘾分为五类：网络性成瘾、网络关系成瘾、上网冲动、信息超载和计算机成瘾。④Pratarelli等的研究对计算机/互联网依赖进行了分类：网络使用引起行为失调、网络使用方式、寻求性满足和社交收获、网络或技术无兴趣⑤，该分类模型试图评价用户的计算机/网络依赖的四种水平，每个用户都可以被归为其中一种类型。查德·戴维斯等依据使用内容的差异将网络成瘾区分为特定性网络成瘾（Specific Pathological Internet Use）和泛化网络成瘾（Generalized Pathological Internet Use），前者是指个体为了特殊目的病理性地使用特定网络功能的情况，例如滥用网络色情信息、网络销售服务、网络购物、网络赌博等；后者

---

① Van Deursen, A. J. A. M., et al., "Modelling Habitual and Addictive Smartphone Behaviour: The Role of Smartphone Usage Types, Emotional Intelligence, Social Stress, Self-Regulation, Age, and Gender", *Computers in Human Behavior*, Vol. 45, 2015, pp. 411–420.

② Young, K. S., "What Makes the Internet Addictive: Potential Explanations for Pathological Internet Use", Paper Presented at the 105th Annual Conference of the American Psychological Association, August 15, 1997, Chicago, IL.

③ Young, K. S., "Internet Addiction: The Emergence of a New Clinical Disorder", *Cyber Psychology and Behavior*, Vol. 1, No. 3, 1998, pp. 237–244.

④ Young, K. S., "Internet Addiction: Symptoms, Evaluation, and Treatment", *Innovations in Clinical Practice*, Vol. 17, 1999, pp. 19–31.

⑤ Pratarelli, M., et al., "The Bits And Bytes of Computer/Internet Addiction: A Factor Analytic Approach", *Behavior Research Methods, Instruments, and Computers*, Vol. 31, No. 2, 1999, pp. 305–314.

是指更为一般性的且在多方面过度使用网络的行为，包括没有明确目标的上网浪费时间等。① Song 等将网络依赖分为虚拟关系、信息获取、审美体验、货币补偿、注意转移、个人地位和关系维持七种类型。虚拟关系包括发展浪漫关系、寻找更有趣的人、自我炫酷、网友见面、寻找新朋友、寻求支持等；信息获取包括获取本地新闻、生活信息及搜索问题答案等；审美体验包括寻找好看的新网页、浏览网络美图、寻找新网络互动功能等；货币补偿包括寻找折扣商品、寻找挣钱的机会、获取免费产品、获取有用商业信息或利用网络服务省钱等；注意转移包括寻找乐子、感受刺激、感受休闲、感觉放松等；个人地位包括改善未来生活前景、学习新技术、寻找符合自身文化的信息等；关系维持包括和熟人保持联系、和难以见面的人取得联系等。② 国内研究者王冲将网络成瘾的类型划分为色情成瘾（指迷恋网上的色情信息或服务）、网络交际成瘾（建立虚拟人际关系）、信息超载成瘾（强迫性地从网上收集大量信息）、游戏成瘾（玩网络游戏）、视听成瘾（包括在线音乐或电影）。③ 昝玉林认为网络成瘾包括网络色情成瘾（迷恋网上色情音乐、图片、视频、笑话、文学作品及虚拟性爱等）、网络交际成瘾（虚拟人际交流）、网络信息成瘾、计算机成瘾。④ 赵鑫认为网络成瘾包括网络性成瘾、网络关系成瘾、网络游戏成瘾、信息过载、计算机成瘾。⑤

美国成瘾中心（American Addiction Center）将网络成瘾分为如下五个亚类：网络性成瘾、网络虚拟关系成瘾、上网强迫症、强迫性信息搜索、计算机和游戏成瘾。⑥ 我国卫生健康委员会发布的《中国青少年健康教育核心信息释义（2018版）》，将网络成瘾分为网络游戏成瘾、网络色情成瘾、信息收集成瘾、网络关系成瘾、网络赌博成瘾、网络购物

---

① Davis, R. A., "A Cognitive – Behavior Modal of Pathological Internet Use", *Computers in Human Behavior*, Vol. 17, No. 2, 2001, pp. 187 – 195.

② Song, I., et al., "Internet Gratifications and Internet Addiction: On the Uses and Abuses of New Media", *Cyber Psychology and Behavior*, Vol. 7, No. 4, 2004, pp. 384 – 394.

③ 王冲：《网瘾症的基本问题探析》，《教育科学》2004年第2期。

④ 昝玉林：《青少年网络成瘾研究综述》，《中国青年研究》2005年第7期。

⑤ 赵鑫：《青少年网络成瘾的标准设定及网络成瘾对青少年社会性发展的影响》，硕士学位论文，华东师范大学，2004年。

⑥ American Addiction Center, "What is an Internet Addiction", https://www.addictioncenter.com/drugs/internet – addiction.

成瘾等。① 媒介依赖理论（Media Dependency Theory）是理解个体受众与特定媒体之间依赖关系的经典理论，将个体的媒介行为按照不同的行为动机分为理解型、趋向型和娱乐型三类，每种类型又依据侧重点分为自我和社交两种。因而将依赖诉求分为自我理解、社交理解、行动趋向、互动趋向、自我娱乐和社交娱乐六种。②③

二　手机媒体使用偏好开放性访谈

前面对手机媒体使用偏好和网络成瘾类型进行了文献梳理，但手机媒体和网络媒体确实有不同特点，且手机媒体的功能及不同时代主流手机 App 的特点不同，因此有必要采取"自下而上"的方式通过对青少年的开放性访谈，了解他们当前常用的手机功能、手机使用偏好方面的特征。

（一）手机媒体使用偏好访谈提纲确定

手机媒体使用偏好是指青少年使用手机过程中因动机不同而产生的功能偏好，包括手机功能（例如手机自带的照相机、计算器、闹钟等功能和基于特殊 App 如微信、网盘等实现的功能）、手机使用动机（例如，人际交往、信息搜索、休闲娱乐还是网络就业等）。为了深入了解青少年在手机功能和使用动机方面的偏好，根据前面有关互联网和手机媒体使用偏好的相关研究，笔者围绕"常用手机功能"和"主要使用动机"两个主要问题设计编制了访谈提纲，访谈提纲内容如表 3 - 24 所示。

访谈提纲中第一个问题"请问您最常用的手机功能有哪些（常用手机功能或 App）"主要了解被调查对象本人常用情况；第二题"您平时使用手机的主要目的（动机）有哪些？"主要了解被调查对象本人的使用目的或动机；第三题和第四题分别用来询问被调查对象身边人常用

---

① 中华人民共和国国家卫生健康委员会：《中国青少年健康教育核心信息及释义（2018版）》2018 年 9 月 25 日，http：//www.nhc.gov.cn/wjw/zccl/201809/820dd3db393c43c1a230817e2e4b9fd5.shtml，2020 年 9 月 1 日。

② Ball - Rokeach, S. J., "The Origins of Individual Media System Dependency: A Sociological Framework", *Communication Research*, Vol. 12, No. 4, 1985, pp. 485 - 510.

③ Ball - Rokeach, S. J., "A Theory of Media Power and a Theory of Media Use: Different Stories, Questions, and Ways of Thinking", *Mass Communication & Society*, Vol. 1, No. 1 - 2, 1998, pp. 5 - 40.

手机功能及手机使用目的，一方面为了扩大信息收集量，另一方面便于让被访问者通过这个渠道把之前两个问题中比较敏感而未能说出的内容说出来；第五题则是想了解被调查对象自身了解的其他手机使用功能及使用目的，这样会搜集更多的敏感信息或多样化用法。访谈提纲初稿编制成功后，经过随机抽取 5 名陌生对象做深度访谈后修改完善形成终稿。

表 3-24　　　青少年（大学生）手机媒体使用特征访谈提纲

（1）请问您最常用的手机功能有哪些？（常用手机功能或 App）
（2）您平时使用手机的主要目的（动机）有哪些？（列举 3 项以上）
（3）根据您的了解，您身边的其他人还会用到手机的哪些功能？
（4）根据您的了解，您身边的其他人使用手机还有其他目的（动机）吗？
（5）您身边的每个朋友在手机使用内容（或方式）方面有什么特别之处吗？
○无差别
○有差别（请举例说明）：＿＿＿＿＿＿＿＿＿＿＿＿＿＿＿＿＿＿＿＿＿
＿＿＿＿＿＿＿＿＿＿＿＿＿＿＿＿＿＿＿＿＿＿＿＿＿＿＿＿＿＿＿＿＿

（6）您还听说过（通过同学传闻、网络新闻等途径）别人用手机做哪些其他您没做过的事情吗？

（二）手机媒体使用偏好开放性访谈及初步分析

1. 访谈者培训与访谈实施

访谈提纲编制完成后，笔者首先对拟参与正式访谈工作的成员（其中教师访谈者 2 名、学生访谈者 3 名）进行了访谈提纲使用及访谈技巧培训、教师示范性访谈、成员试访谈、访谈技巧交流等工作，确保每位访谈者全面了解访谈目的和系统掌握必要访谈技能，在此基础上随机对普通高校在读大学生进行了较大范围访谈。5 名访谈者先后分工对 50 名对象进行了开放性访谈，访谈过程中在征得被访谈对象同意的情况下对部分访谈过程进行了录音，并对访谈结果进行了转录。访谈记录文档格式如表 3-25 所示。

表 3-25　　手机媒体使用特征开放性访谈转录记录

资料编号	NCU-GBFT-01	对象性别	○男　☑女
访谈情境	在主教楼上自习	年级	大三
访谈录音	○无录音　○有录音（录音编号：NCU-JTFT-01）		
Q1——常用功能	通信（电话、QQ、微信聊天） 阅读（电子书） 娱乐（视频、音乐、资讯） 记录（账本、日记）		
Q2——使用目的	联系亲人、朋友及必要人员，社交 查找信息，获取信息来源解决问题 管理自己，如写计划、定闹钟、写账本、写日记，反思自己 娱乐放松自己（实际上使用多了并不能放松）		
Q3——他人使用功能	学习、继续学习，通过如腾讯课堂或 B 站学习自己想学的东西、销售产品；推销自己；恋爱		
Q4——他人使用目的	学习知识；获取直接经济利益		
Q5——特殊使用目的	查询个人信息（类似人肉）；浏览色情信息；传播谣言；建立个人公众号		

2. 常见手机媒体功能频度分析

访谈结束后，对转录的访谈文档进行了统一处理。为了分析被访谈对象经常使用的手机功能，将访谈问题"Q1 常用功能"和"Q3 他人使用功能"两个问题的答案合并后进行了内容分析，利用 ROST CM6 软件对中文/英文词频进行了统计分析，50 份访谈记录中出现 2 次以上的手机自带功能或 App 功能统计情况见表 3-26。

表 3-26　　青少年手机常用功能（App）使用频次统计

功能	频次	功能	频次	功能	频次	功能	频次
微信	45	学习通	9	番茄 todo	3	优酷	2
QQ	40	浏览器	7	收发短信息	3	看天气	2
微博	27	备忘录	7	计算器	3	手机淘宝	2
支付宝	27	王者荣耀	7	全民 K 歌	3	哈啰出行	2
淘宝	22	网易有道词典	6	WPS	4	便签	2

续表

功能	频次	功能	频次	功能	频次	功能	频次
相机	21	日历	6	订票助手	2	爱奇艺	2
闹钟	16	饿了么	6	快手	2	学习强国	2
B站	15	酷我音乐	6	哈啰单车	2	滴滴出行	2
抖音	12	音乐播放器	6	有道翻译官	2	西瓜视频	2
百度	11	腾讯视频	6	开心消消乐	2	公众号	2
打电话	11	QQ音乐	5	豆瓣	2	今日头条	2
百度网盘	11	天气预报	5	京东	2		
手机地图	10	美团	5	剪映	2		
知乎	10	南大家园	5	拼多多	2		
网易云音乐	9	百词斩	3	手机银行	2		

通过上表可以发现，青少年（大学生）最常使用的手机功能还是微信、QQ、微博等社交软件，其次是支付宝、淘宝/京东等网络购物功能及相机、闹钟等手机自带功能。另外，B站（哔哩哔哩）、抖音等短视频也是经常使用的功能。

3. 常见手机使用动机频度分析

为了分析被访谈对象的手机使用动机，将访谈转录文档中的"Q2 常用目的""Q4 他人使用目的""Q5 特殊使用目的"三个问题的答案合并后利用 ROST CM6 进行了词频分析。由于被访谈对象在表述手机使用动机时语言比较随意，并且部分词组出现的频率比较低。为此，本部分内容在进行词频分析时采用了滚动式词群归并策略，分析程序如下：①确定词频数 5（即 50 人中平均有 1/10 的人提到该词）为阈值，即出现频次小于 5 的词组合并入高频词组中；②利用原始分词表和初始归并词群表（该表由笔者团队成员共同协商确定，将意义明显相似的词组归并）进行词频分析；③查看词频分析结果，从后往前将词频为 1（如确实无法归入则暂时搁置）的词组归并到其他词组中，形成修订归并词频表；④用原始分词表和修订的归并词频表继续做词频统计；⑤重复第③—④步工作，直至所有词组的频次都不小于 5；⑥如果确实无法归入现有词频组，则在最后设立"其他目的"词频类。经过多轮滚动式词群归并之后的词群表如表 3 - 27 所示。

表 3-27　手机媒体使用动机开放性访谈分析词频归并策略

序号	词群名	词群归并策略	频数
1	日常学习	日常学习　学习　学习知识　完成学习任务　专业性知识的学习　特长学习　找作业答案　看网课　看学习视频　浏览学习资源等	49
2	娱乐休闲	娱乐休闲　娱乐　娱乐放松　看娱乐新闻　看体育　看综艺　看娱乐八卦　休闲　放松　娱乐消费　追星　追星娱乐　娱乐消遣　娱乐自己　看动漫　手机K歌　学歌　练歌　唱歌　K歌等	45
3	打游戏	打游戏　游戏　玩游戏　手机游戏　手游　网络游戏	31
4	获取信息	获取信息　查找信息　查询别人信息　人肉搜索　查询资料　搜索　查找攻略　搜索信息　搜索信息资料　浏览学习资料　浏览文字　查资料　了解外部世界　增加见识　上网查资料　上网　获取资料　查找资料　搜寻信息资料　看信息　解决疑问　解决疑惑　解惑　了解问题　找答案　解决疑问　解疑　寻求帮助	30
5	新闻资讯	新闻资讯　看新闻　资讯　新闻　了解时事　了解资讯　浏览新闻　浏览网站　时事新闻　看资讯　了解热点　了解社会热点动态　了解八卦　特点新闻　娱乐八卦　新闻了解　看时事　了解及时信息　看短视频　时事新闻　热点新闻	28
6	兼职赚钱	兼职赚钱　兼职　网络兼职　赚钱　获取直接经济利益　刷单　传销　微商代理　刷视频赚钱　销售产品　卖东西　码字　走路赚钱　网上兼职　键盘侠　做公益	27
7	社交	社交　联系人　与他人交流　联系别人　通话　通信　交流沟通　通信交流　交流　联系　沟通交流　交际　与人保持联系　恋爱	27
8	联系亲友	联系亲友　与同学联系　亲人联系　朋友联系　朋友联系　家校联系　与亲人联系　与同学朋友联系　与朋友联系　与家人联系　与同学朋友保持联系　联系亲人　亲人　与家长联系	23
9	网络购物	网络购物　买东西　购物　网购　购物消费	20
10	记录备忘	记录备忘　写计划　写账本　记账　写日记　反思自己　手机记账　方便记录　为生活提供便利　记录　备忘　备忘录　记录信息　信息记录　存档　便签　管理自己　使用便签　账本　日记	19

续表

序号	词群名	词群归并策略	频数
11	网络聊天	网络聊天 聊天 网聊 和亲人聊天 和朋友聊天 与人交流 与人交往 网上聊天 聊天交友 网友见面 论坛	19
12	生活实用	生活实用 生活日用 看天气 天气 看时间 时间 录音 闹钟 定闹钟 坐公交 看课程表 买门票 遥控 遥控器 交通出行 掌握时间 听广播 开自习室 画画 看日期	18
13	手机理财	手机理财 网络理财 借贷 掌握金钱 校园贷 理财 炒黄金 借网贷 买基金 投资 炒股	17
14	工作办公	工作办公 文档处理 写计划 编辑文稿 办公 处理文件 写作 工作 工作需要 做剪辑 专业学习 合作交流 写文章 英语写作	16
15	特殊目的	传销 交友 找寻 附近的人摇一摇 作弊 骗财 网恋 交友软件 用手机诈骗 发布虚假信息 传播谣言 发布谣言	16
16	观看影视	观看影视 追剧 看剧 观看电影 看电影 观影 看电视剧 用手机看剧 视频网站 看电视	15
17	手机支付	手机支付 支付日常费用 付款 消费付款 支付 消费 交易支付	15
18	严肃阅读	严肃阅读 阅读电子书 看书 看论文 阅读 每日阅读	12
19	听音乐	听音乐 听歌 音乐 手机听歌 用手机做音乐	12
20	无目的	无目的 习惯 有无目的拿起手机的习惯 有无目的的习惯 无目的的使用	11
21	看视频	看视频 看直播 追求直播 看网红 看短视频	10
22	拍照	拍照 拍视频 自拍 拍摄视频 手机拍照等	10
23	看小说	看小说 阅读小说 小说	10
24	网络直播	网络直播 直播 手机直播 做直播挣钱 做直播 直播挣钱	9
25	求职就业	微商 兼职赚钱 兼职 网络兼职 赚钱 获取直接经济利益 刷单 传销 微商代理 刷视频赚钱 销售产品 卖东西 码字 走路赚钱 网上兼职 键盘侠 做公益	8
26	色情信息	浏览不良网站等	7
27	个人传播	个人传播 建公众号 分享生活 建立自己公众号 发布动态 分享动态 分享视频	7
28	打发时间	打发时间 消磨时间 消耗时间	6

续表

序号	词群名	词群归并策略	频数
29	刷动态	刷动态 刷朋友圈 刷微博 刷抖音 刷快手 刷机 刷视频	6
30	运动健身	运动健身 运动记录 跑步 记录卡路里	6
31	导航定位	导航定位 导航 定位 手机定位 定位导航	6
32	网络博彩	网络博彩 博彩 网络赌博 赌博 网上打牌 网上赌博 网上赌球 赌球	5
33	其他目的	其他目的 追踪目标人物 炫耀品牌 拿手机当"装饰" 打卡 用手机考试作弊 手机作弊 考试作弊	5

通过上面的分析可以发现，青少年手机使用动机较为多样化，其中出现频度最高的第一梯队的目的有"日常学习"和"娱乐休闲"，第二梯队的目的有"打游戏""获取信息""新闻资讯""兼职赚钱""社交"，第三梯队的目的有"联系亲友""网络购物""网络聊天""记录备忘""生活实用""手机理财""工作办公""特殊目的""手机支付""观看影视"等。此外，其中做微商、网络直播、无目的使用等频次也较高，且相对比较特殊。其中，根据前期研究文献和研究团队观察，如下手机使用动机的青少年更有可能出现手机媒体依赖：休闲娱乐、新闻资讯、兼职赚钱、社交、网络购物、网络聊天、手机理财、特殊目的、看视频、看小说、网络直播、求职就业、打发时间、刷动态、网络博彩、看直播、无目的使用等。值得指出的是，和现有关于青少年手机媒体或网络使用动机分类研究结构相比较，我国当代青少年在利用手机兼职赚钱、手机理财、网络直播以及手机支付、点外卖、记录备忘等数字生活方面有其特殊性；此外，网络色情等方面在访谈中并未得到大量证据，但也出现了利用手机进行网恋等特殊动机的新现象。

三 手机媒体使用偏好量表项目池建立

（一）手机媒体使用偏好项目池建立的依据

量表编制一般起于对所测特质包括哪几个维度的理论构想，然后依据对每一维度之操作定义，分别编拟某一维度之题项，再经项目分析和因素分析等过程删除项目确认量表结构。① 通过前面对网络依赖类型或手机使用动机方面的分析可以发现，整体来看手机使用可以分为两大类：习惯性使用（Habitual Use）和工具性使用（Instrumental Use）。习惯性使用是指没有目的而不自觉地使用、消磨时间、逃避不良情绪或社交尴尬等，本书中将其界定为仪式惯习。工具性使用是指使用某些特定的功能或软件实现特定的目的，包括虚拟关系（或人际沟通）、信息获取、休闲娱乐、游戏、网络色情（或虚拟性满足）、在线交易、生活便利、学习工作、个人管理等。仪式惯习是指没有目的而不自觉地使用、消磨时间、逃避不良情绪或社交尴尬等。人际沟通是指维持现实社会中现有的人际关系。虚拟关系是指以拓展现有实际人际关系为目的的行为，如网友、网恋等。信息获取是指获取生活信息、新闻资讯等。休闲娱乐是指通过看电影、追剧、听音乐等方式获得个人娱乐体验。网络游戏是指玩单机或网络游戏。网络色情是指通过网络获取色情性或虚拟性关系。在线交易是指通过网络购物或销售东西。生活便利是指将手机作为钟表、便笺等工具来获得生活中的方便。学习工作是指将手机用于专业学习、严肃阅读或个人工作业务处理。兼职赚钱是指通过手机赚钱、兼职或做微商等。个人传播是指利用手机来提升个人虚拟形象或社会地位，也包括建立个人空间、公众号、开展直播等。以上各维度在已有相关量表中出现的情况如表3-28所示。

（二）手机使用偏好项目池建立

基于以上12个维度，研究团队首先在现有量表中筛选相关条目，能够使用的条目经严格翻译修订后使用；无法直接使用的做了必要修订；没有相关题目的研究团队自己编制。确保每个维度有3—5个条目。共形成包含50个条目的手机媒体使用偏好项目池。量表备选项目建立之后，邀请对课题熟悉的三名心理学专家对每个项目的表面效度做了鉴定，对"做网络直播赚钱"等9个条目做了删除处理，修订5条项目。与此同时，邀请10名调查对象分别进行出声试答，根据试答反馈意见对项目表述进行了反复修改，最终确定了包含41个项目的初始问卷。

---

① 赵必华、顾海根：《心理量表编制中的若干问题及题解》，《心理科学》2010年第6期。

表3-28 手机媒体使用偏好常见分类统计

维度	Park (2003)	Song, 等 (2004)	Wei, R. (2008)	Cui, 等 (2008)	屠斌斌等 (2010)	Hyuk Lee (2017)	Csibi, 等 (2018)	王冲 (2004)	赵鑫 (2004)	昝玉林 (2005)	刘红 (2011)	梅松丽等 (2017)	开放访谈
仪式惯习	✓	✓	✓							✓			✓
人际沟通	✓	✓	✓	✓	✓	✓	✓	✓	✓		✓	✓	✓
虚拟关系					✓	✓		✓		✓			✓
信息获取	✓	✓		✓	✓	✓	✓		✓	✓			✓
休闲娱乐	✓	✓	✓		✓	✓	✓	✓	✓		✓		✓
网络游戏						✓	✓	✓	✓	✓	✓		✓
网络色情				✓				✓					
兼职赚钱		✓		✓			✓					✓	✓
个人传播		✓		✓									✓
学习工作		✓				✓							
生活便利			✓				✓						✓

四　手机媒体使用偏好初始量表（V1版）编制

（一）手机媒体使用偏好初始量表（V1版）编制

项目筛选结束后，将选定项目编制成初始量表。为了鉴别有效问卷，增加两道测谎题项，其中一道题目为能够明显鉴别被调查对象是否认知阅读问卷题项的问题"我没有认真填答本问卷前面的题目"；另外一道为和前面题项重复且个人情况能够明确界定的题目"做网络直播赚钱"。量表采用李克特5点计分方式，1—5分别表示每条项目描述的行为过去三个月在被调查对象身上发生的频率，其中1=从未、2=偶尔、3=有时、4=经常、5=频繁。量表前面加入了如下填答说明：下面是一些关于您日常手机使用行为方面的具体描述，请根据每个项目描述的行为在您身上发生的频率，在相应的数字上打钩。例如："我使用手机看新闻"这件事最近在您身上经常发生，那么请您在"经常"对应的数字"5"上打钩，以此类推。见表3-29。

表3-29　　手机媒体依赖使用偏好初始量表（V1版）

编号	项目	维度
Q1	不自觉地拿出手机来看一看	仪式惯习
Q2	观看网络视频课程（微课、短视频、公开课等）	信息获取
Q3	查看微信群、QQ群中的群聊信息	人际关系
Q4	通过"摇一摇"结识新朋友	特殊意图
Q5	玩棋牌类游戏（打麻将、斗地主等）	休闲娱乐
Q6	查看朋友圈动态（微博、QQ空间等）	人际关系
Q7	做网络直播赚钱	生活方式
Q8	玩人机对抗游戏（如"消消乐""贪吃蛇"等）	休闲娱乐
Q9	阅读网络小说	信息获取
Q10	利用手机打发时间（消磨时间）	仪式惯习
Q11	做网络兼职（手机兼职、刷单、求职）	生活方式
Q12	观看网红直播	休闲娱乐
Q13	浏览新闻资讯（今日头条等）	信息获取
Q14	观看电影或电视剧（腾讯视频、优酷等）	休闲娱乐
Q15	查阅专业学习资料	信息获取

续表

编号	项目	维度
Q16	使用手机网购（淘宝、京东等）	生活方式
Q17	和生活中不熟的网友聊天（视频、电话）	人际关系
Q18	阅读电子书	信息获取
Q19	参与网络博彩（各类赌博或彩票）	休闲娱乐
Q20	使用手机发布朋友圈动态	人际关系
Q21	炒股或做微商	生活方式
Q22	浏览网络色情信息（图片、小说、段子）	特殊意图
Q23	自娱自乐（自拍、涂鸦、表情包等）	休闲娱乐
Q24	玩网络角色扮演游戏（"王者荣耀""吃鸡"等）	休闲娱乐
Q25	管理个人文件资料（百度网盘等）	信息获取
Q26	使用手机App辅助生活管理（记账、日程、备忘录、定闹钟）	生活方式
Q27	搜索解答日常疑问（知乎、百度、百科）	信息获取
Q28	使用手机App辅助日常学习（背单词、网络学习）	生活方式
Q29	【测谎】我没有认真填答本问卷前面的题目	测谎题目
Q30	不用手机但拿在手里摆弄它	仪式惯习
Q31	管理个人账户资金（手机银行）	生活方式
Q32	使用手机App获得生活便利（叫外卖、导航、看时间、看天气等）	生活方式
Q33	完成网络借贷	生活方式
Q34	浏览手机短视频（快手、抖音、bilibili等）	休闲娱乐
Q35	我使用手机辅助健身保健（跑步、健康管理等）	生活方式
Q36	观看网络色情视频（电影）	特殊意图
Q37	使用手机完成线下支付（微信支付、支付宝等）	生活方式
Q38	翻墙查看外网信息	信息获取
Q39	和生活中相熟的亲友联系（聊天、视频、电话）	人际关系
Q40	结识陌生异性朋友（陌陌、Soul）	特殊意图
Q41	【测谎】做网络直播赚钱	测谎题目
Q42	没什么事时也会摸一摸手机	仪式惯习
Q43	听音乐（网易云音乐、音乐播放器）	休闲娱乐

（二）手机媒体使用偏好初始量表（V1版）施测

初始量表编制完成后，通过网络和实地调查两种方式共回收调查问卷435份。在数据录入后，对问卷进行严格筛选，筛选程序及标准如下：①删除"您是否拥有自己的手机"题目中选择了"没有"选项的问卷；②删除测谎题"我没有认真填答本问卷前面的题目"题项得分为2及以上的选项；③删除掉"做网络直播赚钱"重复题目中前后两次分值之差大于2的所有个案。最后保留有效问卷303份，问卷有效率70%。

（三）手机媒体使用偏好初始量表（V1版）项目分析

1. 量表项目分析方法确定

由于本量表旨在区分青少年手机媒体使用偏好，量表编制过程中假定各分量表（或因素）相互独立，因而依据量表总分进行的项目分析没有意义。因此，采用赵必华等提出的"两阶段删除项目法"进行项目分析，即第一阶段以各分量表为单位进行项目分析，第二阶段以整个量表为单位采用探索性因素分析法（EFA）进行项目分析。①

2. 基于子量表题项分析的项目筛检

（1）子量表项目分析。

本阶段以理论假设的各分量表为单元，采取缺省值检验、平均数、标准差、偏度、峰度、极端分组分析、项目总分相关、一致性系数变化等进行初步筛检。①项目描述分析。对所有项目做描述性统计分析，主要考察项目的平均数、标准差、偏度、峰度等值。其中平均数用于反映调查对象在该项目上的整体水平，平均数过大或过小则表明该行为的出现频率普遍很高或很低，对于区分对象类型特征不具有标志性；一般以理论中值3为基础，按照正负1.5倍标准差浮动为标准给出删除提示。偏度（Skewness）度量数据分布的对称性，值越接近0表明数据分布越趋于正态，右偏态为正值，左偏态为负值。峰度（Kurtosis）用以衡量数据分布的平坦度，SPSS统计软件得出的数值越接近0表示数据趋于正态峰，小于0表示数据过于分散，大于0时则表示数据过于集中。②高低组差异比较。首先，根据每个分量表所有题项加总得分，分别筛选出得分前27%和后27%的样本作为高分组和低分组。其次，采用独立样本t检验进行量表题项高低组差异比较，得到结果如表3-30第7列

---

① 赵必华、顾海根：《心理量表编制中的若干问题及题解》，《心理科学》2010年第6期。

表 3-30 手机媒体使用偏好初始量表项目分析

维度	项目	平均数	标准差	偏度	峰度	极端组t检验 t	极端组t检验 Sig.(双尾)	题目总分相关 皮尔逊相关性	题目总分相关 Sig.(双尾)	删除项后的克朗巴哈Alpha	Alpha
仪式惯习	Q1	3.88	0.968	-0.662	-0.198	-9.669	0.000	0.756***	0.000	0.617	0.714
	Q10	3.68	1.051	-0.284	-0.926	-10.304	0.000	0.704***	0.000	0.670	
	Q30	2.63	1.119	0.525	-0.455	-7.285	0.000	0.689***	0.000	0.696	
	Q42	3.17	1.229	-0.174	-1.011	1.354	0.000	0.792***	0.000	0.616	
信息获取	Q2	3.11	0.938	0.337	-0.615	-5.263	0.000	0.545***	0.000	0.583	0.618
	Q13	2.88	1.194	0.183	-0.873	-6.574	0.000	0.547***	0.000	0.619	
	Q15	3.52	0.914	-0.162	-0.469	-9.171	0.000	0.686***	0.000	0.516	
	Q25	3.02	1.099	-0.203	-0.604	-7.879	0.000	0.695***	0.000	0.517	
	Q27	3.77	1.006	-0.716	0.075	-7.733	0.000	0.612***	0.000	0.557	
	Q38	1.75	1.059	1.412	1.356	-4.586	0.000	0.457***	0.000	0.638	
手机阅读	Q9	2.55	1.335	0.417	-1.073	-20.110	0.000	0.923***	0.000	—	0.804
	Q18	2.69	1.217	0.327	-0.850	-17.187	0.000	0.907***	0.000	—	
休闲娱乐	Q12	1.48	0.754	1.911	4.474	-3.129	0.003	0.364***	0.000	0.446	0.424
	Q14	3.55	0.957	-0.479	-0.082	-5.851	0.000	0.510***	0.000	0.402	
	Q23	2.37	1.034	0.488	-0.396	-6.282	0.000	0.582***	0.000	0.358	
	Q34	2.95	1.224	0.096	-1.055	-10.578	0.000	0.709***	0.000	0.259	
	Q43	4.05	0.825	-0.636	-0.031	-5.337	0.000	0.538***	0.000	0.344	

续表

维度	项目	平均数	标准差	偏度	峰度	极端组 t 检验		题目总分相关		删除项后的克朗巴哈 Alpha	Alpha
						t	Sig.（双尾）	皮尔逊相关性	Sig.（双尾）		
网络游戏	Q5	1.70	0.771	0.792	-0.144	-8.569	0.000	0.659***	0.000	0.334	0.488
	Q8	1.82	0.949	1.207	1.195	-9.510	0.000	0.740***	0.000	0.261	
	Q19	1.05	0.312	7.859	68.982	-1.528	0.001	0.114	0.211	0.565	
	Q24	2.31	1.296	0.554	-0.892	-12.068	0.000	0.791***	0.000	0.405	
人际关系	Q4	4.17	0.850	-0.822	0.063	-7.588	0.000	0.599***	0.000	0.478	0.549
	Q6	3.79	0.930	-0.585	-0.125	-7.139	0.000	0.705***	0.000	0.399	
	Q17	2.03	0.966	1.063	1.040	-3.773	0.000	0.482***	0.000	0.588	
	Q20	3.04	1.003	0.067	-0.496	-8.777	0.000	0.698***	0.000	0.418	
	Q39	4.01	0.880	-0.761	0.410	-5.861	0.000	0.499***	0.000	0.552	
特殊意图	Q4	1.10	0.327	3.418	12.031	-3.634	0.001	0.448***	0.000	0.508	0.501
	Q22	1.22	0.639	3.668	15.191	2.046	0.043	0.821***	0.000	0.266	
	Q36	1.12	0.331	2.311	3.396	-4.743	0.000	0.590***	0.000	0.405	
	Q40	1.24	0.500	2.010	3.314	-6.863	0.000	0.635***	0.000	0.458	

续表

维度	项目	平均数	标准差	偏度	峰度	极端组 t 检验		题目总分相关		删除项后的克朗巴哈 Alpha	Alpha
						t	Sig.（双尾）	皮尔逊相关性	Sig.（双尾）		
生活方式	Q11	1.36	0.681	2.468	7.807	-2.737	0.009	0.331***	0.000	0.798	0.764
	Q16	3.63	0.858	-0.649	0.512	-7.280	0.000	0.705***	0.000	0.717	
	Q26	3.56	1.072	-0.494	-0.338	-11.324	0.000	0.776***	0.000	0.699	
	Q28	3.49	1.073	-0.379	-0.629	-11.380	0.000	0.762***	0.000	0.706	
	Q32	3.65	1.006	-0.654	0.085	-9.445	0.000	0.788***	0.000	0.689	
	Q37	4.50	0.660	-1.343	2.067	-7.687	0.000	0.631***	0.000	0.736	

注：*表示在0.05级别（双尾）相关性显著；**表示在0.01级别（双尾）相关性显著；***表示在0.001级别（双尾）相关性显著。

和第 8 列所示。如果项目得分高低分组 t 检验 p>0.05 则表示该项目鉴别力太差。③量表题项与子量表总分相关分析。量表题项与题项所在子量表总分的相关度越高，则表明项目与总体量表的同质性越高。题项得分与量表总分相关未达到显著的题项，或者两者相关度较低的题项（相关系数小于 0.3）表示同质性不高，最好删除。④量表题项同质性检验，也是反映子量表内部题项之间的一致性情况，根据"删除项后的克朗巴哈 Alpha"来决定题目删除或保留情况。

（2）子量表项目删除建议。

参考相关研究者提出的筛选标准，本书确定筛选项目检验标准如下：①项目平均数明显偏离，即项目平均数超出量表平均数的正负 1.5 个标准差；②鉴别度低，即标准差小于 0.75；③偏度明显，偏度系数接近正负 1，本书定为偏度系数绝对值大于 0.9；④数据过于集中或分散，即峰度系数绝对值应不超过 1。以极端组 t 检验、项目分量表总分相关和项目删除后分量表内部一致性系数递增顺序为关键指标，其他指标为重要参考，确定项目保留情况如表 3-31 所示。

表 3-31　　手机媒体使用偏好初始量表项目分析删除建议

维度	项目	内部删除顺序	平均数	标准差	偏度	峰度	极端组t检验	题目总分相关	删除项后的α	建议删除星级	是否保留
仪式惯习	Q1										是
	Q10	2									是
	Q30	1									否
	Q42						×			×	是
信息获取	Q2	3									否
	Q13	2									否
	Q15	4									是
	Q25										是
	Q27										是
	Q38	1			×	×				× ×	否
手机阅读	Q9										是
	Q18										是

续表

维度	项目	内部删除顺序	平均数	标准差	偏度	峰度	极端组t检验	题目总分相关	删除项后的α	建议删除星级	是否保留
休闲娱乐	Q12	1	×		×	×				×××	否
	Q14										是
	Q23	3									是
	Q34					×				×	是
	Q43	2									否
网络游戏	Q5		×							×	是
	Q8				×	×				××	是
	Q19	1	×	×	×	×	×××	×		×××××××	否
	Q24	2									是
人际关系	Q4										是
	Q6	3									是
	Q17	1		×		×				×××	否
	Q20										是
	Q39	2									否
特殊意图	Q4	1	×	×	×	×				××××	否
	Q22						×			××××	否
	Q36		×	×	×					××××	否
	Q40	2								××××	否
生活方式	Q11	1	×	×	×	×		×		×××××	否
	Q16	3								×	是
	Q26		×							×	是
	Q28	4									是
	Q32		×								是
	Q37	2	×	×	×	×				××××	否

注：×表示此项不符合建议标准，考虑删除。

3. 基于总量表探索性因素分析的项目筛检

本阶段以第一次筛检后的项目形成新的调查问卷，并用新工具再次收集 182 份有效样本数据，以整个量表作为分析单元采用探索性因素分析法，以因素负荷为指标进一步筛检项目，并考察量表的整体结构及项目归属，从而确定量表题项。分析程序如下：①将所有题项纳入探索性因素分析。本书旨在抽取一系列互相独立的因素，即假设抽取的各因素没有相关，因此采用"主成分分析法"提取，转轴方法为直交转轴的"最大方差法"；②根据子量表内部一致性递增的删除顺序、KMO值及反映像相关矩阵（Anti‑image Correlation）中各变量取样适切性数量（MSA）确定优先删除的项目；③删除子维度归属明显不合理的项目；④最后得到如表3‑32所示因素分析结果。

表3‑32 手机媒体使用偏好初始量表因素分析旋转后的成分矩阵[a]

	成分1	成分2	成分3	成分4	成分5	成分6
Q42	0.805					
Q1	0.786					
Q10	0.717					
Q27		0.891				
Q26		0.771				
Q28		0.565				
Q14			0.744			
Q6			0.701			
Q20			0.621			
Q18				0.882		
Q9				0.876		
Q22					0.886	
Q36					0.884	
Q24						0.819
Q8						0.728

注：提取方法为主成分分析法；旋转方法为凯撒正态化最大方差法；a. 旋转在6次迭代后已收敛。

转轴后6个因素可解释的总变异量约为69.36%。如表3‑33所示。

表 3-33　手机媒体使用偏好初始量表因素分析总方差解释

成分	初始特征值			提取载荷平方和			旋转载荷平方和		
	总计	方差百分比（%）	累计百分比（%）	总计	方差百分比（%）	累计百分比（%）	总计	方差百分比（%）	累计百分比（%）
1	3.422	22.815	22.815	3.422	22.815	22.815	1.977	13.181	13.181
2	2.012	13.412	36.227	2.012	13.412	36.227	1.892	12.613	25.795
3	1.565	10.432	46.659	1.565	10.432	46.659	1.780	11.869	37.664
4	1.301	8.675	55.335	1.301	8.675	55.335	1.769	11.794	49.457
5	1.087	7.244	62.579	1.087	7.244	62.579	1.609	10.727	60.184
6	1.018	6.784	69.363	1.018	6.784	69.363	1.377	9.179	69.363
7	0.753	5.023	74.386						
8	0.700	4.668	79.054						
9	0.659	4.393	83.447						
10	0.630	4.201	87.648						
11	0.463	3.085	90.733						
12	0.410	2.734	93.467						
13	0.390	2.599	96.066						
14	0.335	2.236	98.302						
15	0.255	1.698	100.000						

注：提取方法为主成分分析法。

五　手机媒体使用偏好修订量表（V2 版）编制

（一）手机媒体使用偏好修订量表（V2 版）题项编制

经过前面"两阶段删除项目法"后，第一版量表剩余题项 15 项，个别维度只有 2 条项目。为了使得各维度题项平衡，又通过专家咨询、学生访谈等步骤对项目做了补充或修正。修订后的量表共有题项 26 个，增加两个测谎题目后，最终形成包含 28 个题目的手机媒体使用偏好修订量表（V2 版），见表 3-34。

表 3-34　手机媒体使用偏好修订量表（V2 版）题项

编号	项目	来源	维度
Qb1	阅读网络小说（网络文学）	原来	手机阅读

续表

编号	项目	来源	维度
Qb2	观看电影或电视	原来	休闲娱乐
Qb3	查看朋友圈动态（微博、QQ空间等）	原来	虚拟关系
Qb4	浏览网络色情图片	原来	网络色情
Qb5	玩网络角色扮演游戏（"王者荣耀""吃鸡"等）	原来	网络游戏
Qb6	使用App辅助日常学习（背单词、网络学习）	原来	生活方式
Qb7	没什么事时也会摸一摸手机	原来	仪式惯习
Qb8	阅读电子书（经典名著）	修改	手机阅读
Qb9	刷短视频（B站、抖音等）	新增	休闲娱乐
Qb10	使用手机发布朋友圈动态	原来	虚拟关系
Qb11	观看网络色情视频	原来	网络色情
Qb12	自己玩人机对抗游戏（如消消乐、贪吃蛇等）	原来	网络游戏
Qb13	我没有认真阅读这份问卷	新增	测谎题目
Qb14	搜索解答日常疑问（知乎、百度、百科）	原来	生活方式
Qb15	不自觉地拿出手机来看一看	原来	仪式惯习
Qb16	阅读资料（文章、文献等）	新增	手机阅读
Qb17	看直播（斗鱼、虎牙等）	新增	休闲娱乐
Qb18	进行实时交流（微信、QQ聊天）	新增	虚拟关系
Qb19	观看网络色情直播	修改	网络色情
Qb20	玩积分排行榜小游戏（棋类、2048、猜成语）	新增	网络游戏
Qb21	使用App辅助生活管理（记账、日程、备忘录、定闹钟）	原来	生活方式
Qb22	频繁地拿出手机查看	修改	仪式惯习
Qb23	看直播（斗鱼、虎牙等）	新增	测谎题目
Qb24	阅读热点推送内容	新增	手机阅读
Qb25	记录生活（拍照、小红书等）	新增	休闲娱乐
Qb26	进行异步交流（E-mail、贴吧等）	新增	虚拟关系
Qb27	浏览涉及色情的新闻	新增	网络色情
Qb28	看八卦娱乐新闻	新增	休闲娱乐

量表修订完成后通过网络问卷和纸质问卷方式回收调查问卷362份，其中有效问卷293份，问卷有效率80.9%。

表 3-35　手机媒体使用偏好修订量表项目分析

维度	项目	平均数	标准差	偏度	峰度	极端组 t 检验		题目总分相关		删除项后的克朗巴哈 Alpha	删除建议
						t	Sig.（双尾）	皮尔逊相关性	Sig.（双尾）		
生活方式	Qb6	3.02	1.069	0.027	-0.666	-11.706	0.000	0.689**	0.000	0.526	保留
	Qb14	3.79	0.952	-0.882	0.874	-13.300	0.000	0.749***	0.000	0.324	保留
	Qb21	3.31	1.248	-0.276	-0.900	-17.970	0.000	0.756***	0.000	0.520	保留
手机阅读	Qb1	2.62	1.359	0.365	-1.150	-9.522	0.000	0.547***	0.000	0.417	删除
	Qb8	2.15	1.011	0.662	-0.125	-12.490	0.000	0.605***	0.000	0.116	保留
	Qb16	3.23	1.060	-0.215	-0.558	-10.588	0.000	0.593***	0.000	0.153	保留
	Qb24	2.66	1.129	0.148	-0.873	-9.498	0.000	0.545***	0.000	0.261	保留
网络色情	Qb4	1.26	0.632	2.995	10.618	-8.724	0.000	0.901***	0.000	0.546	保留
	Qb11	1.27	0.606	2.771	9.061	-9.513	0.000	0.858***	0.000	0.603	保留
	Qb19	1.07	0.364	7.308	63.877	-3.318	0.000	0.642***	0.000	0.738	删除
	Qb27	1.25	0.511	2.153	4.714	-11.102	0.000	0.598***	0.000	0.797	保留
网络游戏	Qb5	2.33	1.278	0.631	-0.708	-17.325	0.000	0.691***	0.000	0.672	保留
	Qb12	1.92	1.022	1.146	0.922	-12.873	0.000	0.716***	0.000	0.341	保留
	Qb20	1.77	0.962	1.409	1.800	-13.084	0.000	0.750***	0.000	0.221	保留

续表

维度	项目	平均数	标准差	偏度	峰度	极端组 t 检验		题目总分相关		删除项后的克朗巴哈 Alpha	删除建议
						t	Sig.（双尾）	皮尔逊相关性	Sig.（双尾）		
休闲娱乐	Qb2	3.37	1.057	-0.168	-0.814	-10.002	0.000	0.575***	0.000	0.406	保留
	Qb9	3.23	1.244	-0.259	-0.874	-11.637	0.000	0.650***	0.000	0.373	删除
	Qb17	1.679	1.0367	1.584	1.834	-6.504	0.000	0.456***	0.000	0.491	删除
	Qb25	2.58	1.152	0.231	-0.849	-10.622	0.000	0.534***	0.000	0.462	保留
	Qb28	2.67	1.120	0.232	-0.701	-11.087	0.000	0.624***	0.000	0.373	保留
虚拟关系	Qb3	4.17	0.971	-1.229	1.079	-13.049	0.000	0.732***	0.000	0.453	保留
	Qb10	3.01	1.053	0.093	-0.614	-15.782	0.000	0.756***	0.000	0.440	保留
	Qb18	4.27	0.874	-1.443	2.433	-10.644	0.000	0.668***	0.000	0.506	保留
	Qb26	1.96	1.039	0.948	0.249	-9.374	0.000	0.546***	0.000	0.676	删除
仪式习惯	Qb7	3.37	1.161	-0.284	-0.909	-25.235	0.000	0.900***	0.000	0.897	保留
	Qb15	3.32	1.153	-0.348	-0.706	-29.068	0.000	0.938***	0.000	0.834	保留
	Qb22	3.20	1.284	-0.163	-1.137	-34.603	0.000	0.924***	0.000	0.875	保留
测谎	Qb12										保留
	Qb23										保留

注：* 表示在 0.05 级别（双尾）相关性显著；** 表示在 0.01 级别（双尾）相关性显著；*** 表示在 0.001 级别（双尾）相关性显著。

(二) 手机媒体使用偏好修订量表（V2 版）项目分析

量表项目分析继续根据"两阶段删除项目法"进行，子量表分析采取缺省值检验、平均数、标准差、偏度、峰度、极端分组分析、项目总分相关、一致性系数变化等进行初步筛检。分析结果如表3-35所示。

(三) 基于探索性因素分析的手机媒体使用偏好修订量表（V2 版）项目筛检

本阶段继续以整个量表作为分析单元采用探索性因素分析，以因素负荷为指标进一步筛检项目，并考察量表的整体结构及项目归属，从而确定量表题项。转轴后得到 6 个因素，可解释的总变异量约为 66.38%，如表3-36所示。

表3-36　　修订量表（V2 版）因素分析总方差解释

成分	初始特征值			提取载荷平方和			旋转载荷平方和		
	总计	方差百分比（%）	累计百分比（%）	总计	方差百分比（%）	累计百分比（%）	总计	方差百分比（%）	累计百分比（%）
1	3.442	19.120	19.120	3.442	19.120	19.120	2.670	14.832	14.832
2	2.334	12.967	32.086	2.334	12.967	32.086	2.226	12.366	27.198
3	2.102	11.677	43.763	2.102	11.677	43.763	1.888	10.489	37.687
4	1.692	9.401	53.164	1.692	9.401	53.164	1.790	9.944	47.631
5	1.291	7.174	60.339	1.291	7.174	60.339	1.698	9.432	57.064
6	1.087	6.040	66.379	1.087	6.040	66.379	1.677	9.315	66.379
7	0.913	5.070	71.449						
8	0.874	4.858	76.307						
9	0.669	3.717	80.024						
10	0.654	3.636	83.660						
11	0.589	3.272	86.931						
12	0.534	2.965	89.897						
13	0.455	2.530	92.427						
14	0.446	2.476	94.903						
15	0.340	1.886	96.789						
16	0.234	1.301	98.091						
17	0.201	1.116	99.207						
18	0.143	0.793	100.000						

注：提取方法为主成分分析法。

通过探索性因素分析发现，在预设的"休闲娱乐"和"虚拟关系"维度上没有太大区分。见表3-37。

表3-37　修订量表（V2版）因素分析旋转后的成分矩阵[a]

项目	成分1	成分2	成分3	成分4	成分5	成分6
Qb15	0.915					
Qb22	0.914					
Qb7	0.875					
Qb4		0.900				
Qb11		0.851				
Qb19		0.753				
Qb1			0.844			
Qb16			0.712			
Qb8			0.652			
Qb14				0.751		
Qb21				0.691		
Qb6				0.659		
Qb20					0.807	
Qb12					0.741	
Qb5					0.538	
Qb2						0.745
Qb3						0.738
Qb10						0.634

注：提取方法为主成分分析法；旋转方法为凯撒正态化最大方差法；a. 旋转在6次迭代后已收敛。

通过以上分析，对抽取出的6个因素作如下描述和命名：

第1个因素包含3个题项，特征值为3.442，方差解释率为19.12%。3个题项分别为Qb15、Qb22、Qb7，可见各题项涉及的内容均反映了个体无目的手机使用行为，仅仅是一种习惯性的动作，因此命名为"仪式惯习"。

第2个因素有3个题项，特征值为2.334，方差解释率为12.967%。3个题项分别为Qb4、Qb11、Qb9，可见各题项涉及的内容均反映了个体通过手机获取网络色情信息,命名为"网络色情"。

第 3 个因素有 3 个题项,特征值为 2.102,方差解释率为 11.677%。3 个题项分别为 Qb1、Qb16、Qb8,可见各题项涉及的内容均反映了个体利用手机获取文献资料或完成数字阅读,命名为"手机阅读"。

第 4 个因素有 3 个题项,特征值为 1.692,方差解释率为 9.401%。3 个题项分别为 Qb14、Qb21、Qb6,可见各题项涉及的内容均反映了个体利用手机方便自己的生活或学习,说明手机已经重塑当代青少年生活方式,因此命名为"生活方式"。

第 5 个因素有 3 个题项,特征值为 1.291,方差解释率为 7.174%。3 个题项分别为 Qb20、Qb12、Qb5,可见各题项涉及的内容均反映了个体利用手机玩各种类型的游戏,因此命名为"手机游戏"。

第 6 个因素有 3 个题项,特征值为 1.087,方差解释率为 6.040%。3 个题项分别为 Qb2、Qb3、Qb10,可见各题项涉及的内容均反映了个体利用手机进行娱乐、发布或查看朋友圈,因此命名为"休闲娱乐"。

(四)手机媒体使用偏好量表修订与定稿

通过前面的项目分析和探索性因素分析发现,Qb1、Qb27、Qb9、Qb17 等 8 个题项在项目分析中不合格或探索性因素分析发现与理论预设维度不符合,因此予以删除;此外,"休闲娱乐"和"虚拟关系"两个预设维度无法形成独立的因素,在因素分析中合并为一个维度。至此,经过两轮的"两阶段删除项目法"分析,最终选择 18 个题项作为正式量表的题目。

六 手机媒体使用偏好正式量表(SMPI)的信效度分析

(一)手机媒体使用偏好正式量表(SMPI)及计分规则

1. 手机媒体使用偏好正式量表(SMPI)构成

经过修改后最终的手机媒体使用偏好量表包括 6 个维度 18 个题项,每个维度 3 个项目。同时,为了更准确地筛选有效问卷,研究团队在新版本量表中加入 2 道测谎题。其中一道为明显错误的题目"我没有认真阅读这份问卷",另外一道是重复性题目"观看电影或电视"。量表采用李克特 5 点计分方式,1—5 分别表示每条项目描述的行为过去三个月在被调查对象身上发生的频率,其中 1 = 从未、2 = 偶尔、3 = 有时、4＝经常、5＝频繁。量表前面加入了如下填答说明：下面是一些关于您日常手机使用行为方面的具体描述，请根据每个项目描述的行为在您身上发生的频率，在相应的数字上打钩。例如："我使用手机看新闻"这件事最近在您身上经常发生，那么请您在"经常"对应的数字"5"上打钩，以此类推。正式量表见表 3－38。

表 3－38　　手机媒体使用偏好正式量表（SMPI）题项

编号	项目	维度	录入编码
Q1	阅读网络小说（网络文学）	手机阅读	YD1
Q2	观看电影或电视	休闲娱乐	XX1
Q3	查看朋友圈动态（微博、QQ 空间等）	休闲娱乐	XX2
Q4	浏览网络色情图片	网络色情	SQ1
Q5	玩网络角色扮演游戏（"王者荣耀""吃鸡"等）	手机游戏	YX1
Q6	使用 App 辅助日常学习（背单词、网络学习）	生活方式	SH1
Q7	我没有认真阅读这份问卷	测谎题目	CH1
Q8	阅读电子书（经典名著）	手机阅读	YD2
Q9	使用手机发布朋友圈动态	休闲娱乐	XX3
Q10	观看网络色情视频	网络色情	SQ2
Q11	没什么事时也会摸一摸手机	仪式惯习	YS1
Q12	自己玩人机对抗游戏（如"消消乐""贪吃蛇"等）	手机游戏	YX2
Q13	搜索解答日常疑问（知乎、百度、百科）	生活方式	SH2
Q14	不自觉地拿出手机来看一看	仪式惯习	YS2
Q15	观看网络色情直播	网络色情	SQ3
Q16	玩积分排行榜小游戏（棋类、2048、猜成语）	手机游戏	YX3
Q17	使用 App 辅助生活管理（记账、日程、备忘录、定闹钟）	生活方式	SH3
Q18	频繁地拿出手机查看	仪式惯习	YS3
Q19	观看电影或电视【重复 Q2】	测谎题目	CH2
Q20	阅读资料（文章、文件等）	手机阅读	YD3

2. 手机媒体使用偏好量表（SMPI）类型确定方法

为了确定每个调查对象所属的手机媒体使用偏好类型需要完成如下步骤：(1) 将生活方式（A）、手机阅读（B）、网络色情（C）、手机游戏

(D)、休闲娱乐(E)、仪式惯习(F)六个子量表标准分转化为标准分数 Z；(2)根据生活方式(A)、手机阅读(B)、网络色情(C)、手机游戏(D)、休闲娱乐(E)、仪式惯习(F)六个维度标准分数 Z 的最大值确定个案的类型。例如，图 3-2 中个案 1 六个维度中"仪式惯习"维度的 Z 值最大，据此将其归为"仪式惯习型"手机使用偏好。也可将每个个案确定为两种类型结合的复合类型，例如该个案是 FD(仪式惯习+手机游戏)型，其他以此类推。

	ZS_SMPla_生活方式	ZS_SMPla_手机阅读	ZS_SMPla_网络色情	ZS_SMPla_手机游戏	ZS_SMPla_休闲娱乐	ZS_SMPla_仪式惯习	依赖类型	复合类型
1	-0.48791	-0.08912	-0.43807	1.06584	0.28009	1.77442	仪式惯习型	FD
2	-0.48791	0.33127	-0.43807	1.06584	-1.71485	1.77442	仪式惯习型	FD
3	-1.32053	-0.50951	1.18844	-1.53740	-0.51789	0.89542	网络色情型	CF
4	2.00993	-0.08912	-0.43807	1.06584	1.07806	1.77442	生活方式型	AF
5	1.59362	-0.92991	-0.43807	-1.53740	2.27503	1.77442	休闲娱乐型	EF
6	0.76101	-0.92991	-0.43807	0.69395	0.28009	1.77442	仪式惯习型	FA
7	2.00993	3.27401	-0.43807	0.32206	0.28009	1.77442	手机阅读型	BA
8	0.76101	-0.50951	2.27278	-0.42172	-1.31586	1.77442	网络色情型	CF
9	-0.48791	0.75166	-0.43807	0.32206	0.67908	0.01641	手机阅读型	BE
10	-0.48791	0.75166	-0.43807	-0.42172	0.67908	0.60241	手机阅读型	BE

图 3-2　手机媒体使用偏好类型确定方法

（二）手机媒体使用偏好正式量表（SMPI）各子维度信度检验

表 3-39　　　　手机媒体使用偏好量表内部一致性信度

维度	题项序号	内部一致性
仪式惯习	Q11、Q14、Q18	0.909
休闲娱乐	Q2、Q3、Q9	0.606
手机游戏	Q5、Q12、Q16	0.510
网络色情	Q4、Q10、Q15	0.786
手机阅读	Q1、Q8、Q20	0.716
生活方式	Q6、Q13、Q17	0.555
总量表	Q1—Q6, Q8—Q18, Q20	0.694

综合以上分析可以得出：手机媒体使用偏好量表具有较好的内部一

致性信度。

（三）手机媒体使用偏好正式量表（SMPI）结构效度

1. 手机媒体使用偏好量表（SMPI）模型统计量检验

本阶段利用 AMOS22.0 软件根据结构模型进行验证性因素分析。在前面有关手机媒体使用偏好量表的理论分析中发现，量表各维度测量的是不同的构面，且各构面均不涉及依赖程度相关题项，共同因素较低。因此，可以建立一阶模型进行分析。青少年手机媒体使用偏好量表一阶模型未标准化方差分析结果如表 3-40 所示，每个潜在变量对对应的观察变量都具有显著影响，模型中误差方差的测量误差为 0.021—0.118，并无负的误差方差存在，模型未出现违反估计的现象。

表 3-40　青少年手机媒体使用偏好量表（SMPI）模型未标准化方差（Variances）

	Estimate	S. E.	C. R.	P
生活方式	0.301	0.093	3.225	0.001
手机阅读	0.607	0.110	5.49	***
网络色情	0.277	0.035	7.827	***
手机游戏	0.398	0.110	3.607	***
休闲娱乐	0.308	0.076	4.053	***
仪式惯习	0.915	0.110	8.327	***
e3	1.201	0.118	10.173	***
e2	0.455	0.097	4.677	***
e1	0.838	0.097	8.616	***
e6	0.507	0.059	8.585	***
e5	0.216	0.085	2.561	0.010
e4	0.930	0.089	10.473	***
e9	0.078	0.008	9.998	***
e8	0.182	0.021	8.55	***
e7	0.062	0.023	2.704	0.007
e12	0.506	0.101	5.017	***
e11	0.690	0.088	7.802	***
e10	1.106	0.116	9.541	***

续表

	Estimate	S. E.	C. R.	P
e15	0.817	0.085	9.557	***
e14	0.352	0.089	3.971	***
e13	0.819	0.079	10.343	***
e18	0.431	0.054	7.954	***
e17	0.214	0.039	5.552	***
e16	0.429	0.047	9.089	***

此外，如表3-41所示，模型回归系数分析结果显示，各测量模型潜变量中每个观察值的因素负荷量均达到显著，说明每个题项均有效。标准化回归系数在0.476—0.910，大部分都大于0.5且未超过0.95，可以认为潜在变量对每个观察变量具有较大的影响和解释力。模型未发生违反估计的情况，因此可以进行整体模型拟合度检验。

表3-41　　手机媒体使用偏好量表（SMPI）模型回归系数
（Regression Weights）

		Unstd	S. E.	C. R.	P	Std.
生活方式	Q6	1				0.514
	Q13	1.221	0.275	4.441	***	0.705
	Q17	1.08	0.232	4.648	***	0.476
手机阅读	Q1	1				0.628
	Q8	1.315	0.134	9.799	***	0.910
	Q20	0.908	0.094	9.646	***	0.705
网络色情	Q4	1				0.904
	Q10	0.827	0.081	10.168	***	0.714
	Q15	0.442	0.046	9.525	***	0.641
手机游戏	Q5	1				0.514
	Q12	0.94	0.175	5.363	***	0.581
	Q16	1.115	0.206	5.402	***	0.703
休闲娱乐	Q2	1				0.523
	Q3	1.47	0.222	6.638	***	0.809
	Q9	1.133	0.176	6.427	***	0.571

续表

		Unstd	S. E.	C. R.	P	Std.
仪式惯习	Q11	1				0.825
	Q14	1.057	0.059	17.784	***	0.909
	Q18	1.151	0.067	17.287	***	0.859

2. 手机媒体使用偏好量表（SMPI）测量模型的信效度检验与评估

在进行模型适配度分析之前，需要对每个测量模型（因素）的信度、收敛效度和测量模型（因素）之间的区别效度进行分析。每个测量模型（因素）的信度及收敛效度分析结果如表3-42所示。每个题项的标准化因素负荷量在0.433—0.933，大部分题项大于0.6以上；大部分题目信度（SMC）都在0.36以上，说明题目具有较好的信度；每个测量模型（因素）的组成信度（CR）在0.599—0.900，均大于0.5，说明每个测量模型（因素）具有较高的内部一致性；"生活方式""手机游戏""休闲娱乐"三个测量模型（因素）各变量的平均变异数抽取量（AVE）均不足0.5，其主要原因是每个维度下的每个题项的内容一般不会在同一调查对象身上同时出现，这也是符合实际情况的。根据福内尔（Fornell）和拉克尔（Larcker）提出的信效度标准，标准化因子负荷大于0.6、Cronbach's α 系数和 CR 值大于0.7、AVE 大于0.5，认为量表具有良好的信效度。[①]

表3-42　手机媒体使用偏好测量模型（因素）的信度及收敛效度分析

因素	题目	参数显著性估计				因素负荷量	题目信度	组成信度	收敛效度
		Unstd	S. E.	t-value	P	Std.	SMC	CR	AVE
生活方式	Q6	1.000				0.433	0.187	0.599	0.354
	Q13	1.685	0.480	3.509	***	0.818	0.669		
	Q17	1.218	0.250	4.869	***	0.452	0.204		

---

① Fornell, C, Larcker, D. F., "Evaluating Structural Equation Models with Unobservable Variables and Measurement Error", *Journal of Marketing Research*, Vol. 18, No. 1, 1981, pp. 39-50.

续表

因素	题目	参数显著性估计				因素负荷量	题目信度	组成信度	收敛效度
		Unstd.	S. E.	t-value	P	Std.	SMC	CR	AVE
手机阅读	Q1	1.000				0.622	0.387	0.798	0.576
	Q8	1.361	0.153	8.886	***	0.933	0.870		
	Q20	0.891	0.092	9.670	***	0.685	0.469		
网络色情	Q4	1.000				0.910	0.828	0.802	0.580
	Q10	0.818	0.082	9.994	***	0.710	0.504		
	Q15	0.437	0.046	9.403	***	0.638	0.407		
手机游戏	Q5	1.000				0.515	0.265	0.631	0.369
	Q12	0.883	0.159	5.571	***	0.547	0.299		
	Q16	1.167	0.237	4.919	***	0.737	0.543		
休闲娱乐	Q2	1.000				0.501	0.251	0.678	0.429
	Q3	1.645	0.329	5.004	***	0.867	0.752		
	Q9	1.103	0.175	6.318	***	0.533	0.284		
仪式惯习	Q11	1.000				0.830	0.689	0.900	0.750
	Q14	1.040	0.058	17.840	***	0.900	0.810		
	Q18	1.155	0.067	17.347	***	0.866	0.750		

收敛效度反映的是各测量模型（因素）内部一致性和收敛性问题，区别效度则反映的是各测量模型（因素）之间的区别度问题。区别效度通常的检验方法是将一个构面与其他构面的相关关系与该构面 AVE 的平方根进行比较。[①] 六个测量模型（因素）的区别效度分析结果如表 3-43 所示。"仪式惯习"所在列的 0.866 均大于下方的 0.441、0.131、0.142、-0.036、0.269，说明该测量模型（因素）各题项内部具有较高的一致性，和其他测量模型（因素）具有很好的区分度，其他以此类推。可见，六个测量模型（因素）之间具有很好的区别效度，这和手机媒体依赖量表的设计初衷是完全符合的，这是因为"手机媒体依

---

① Fornell, C., Larcker, D. F., "Evaluating Structural Equation Models with Unobservable Variables and Measurement Error", *Journal of Marketing Research*, Vol. 18, No. 1, 1981, pp. 39-50.

赖偏好量表"是一个类别变量，需要对被调查对象做"非此即彼"的类型判断，而非程度判断。

表3-43　　手机媒体使用偏好六个测量模型区别效度分析

	AVE	仪式惯习	休闲娱乐	手机游戏	网络色情	手机阅读	生活方式
仪式惯习	0.750	0.866					
休闲娱乐	0.429	0.441	0.655				
手机游戏	0.369	0.131	0.240	0.608			
网络色情	0.580	0.142	-0.022	-0.024	0.761		
手机阅读	0.576	-0.036	0.085	0.121	0.021	0.759	
生活方式	0.354	0.269	0.404	0.070	-0.023	0.383	0.595

为了进一步分析量表的区别效度，对六个因素之间的相关系数进行了分析，分析结果如表3-44所示。可见，除了"生活方式←→休闲娱乐""休闲娱乐←→仪式惯习"之间有较高的相关度以外，其他因素之间相关度均较低，这进一步证实了六个测量模型之间具有区别效度，符合类型判断性量表的特点。

表3-44　　手机媒体使用偏好六个因素之间的相关系数

			Unstd.	S. E.	t-value	P	Std.
生活方式	←→	手机阅读	0.164	0.054	3.038	0.002	0.383
	←→	网络色情	-0.007	0.025	-0.260	0.794	-0.023
	←→	手机游戏	0.024	0.033	0.740	0.459	0.070
	←→	休闲娱乐	0.123	0.036	3.42	***	0.404
	←→	仪式惯习	0.141	0.044	3.22	0.001	0.269
手机阅读	←→	网络色情	0.009	0.028	0.310	0.757	0.021
	←→	手机游戏	0.060	0.040	1.506	0.132	0.121
	←→	休闲娱乐	0.037	0.033	1.112	0.266	0.085
	←→	仪式惯习	-0.027	0.050	-0.537	0.591	-0.036

续表

			Unstd.	S.E.	t-value	p	Std.
网络色情	←→	手机游戏	-0.008	0.026	-0.305	0.760	-0.024
	←→	休闲娱乐	-0.006	0.022	-0.292	0.770	-0.022
	←→	仪式惯习	0.072	0.034	2.12	0.034	0.142
手机游戏	←→	休闲娱乐	0.084	0.037	2.244	0.025	0.240
	←→	仪式惯习	0.079	0.050	1.585	0.113	0.131
休闲娱乐	←→	仪式惯习	0.234	0.050	4.714	***	0.441

3. 手机媒体使用偏好量表（SMPI）一阶模型适配度分析与评估

由于类型量表的六个测量模型之间相关度很低，因此只适合建立一阶模型。通过结构方程模型验证构建的理论模型与样本数据的适配情况，见图 3-3。通过分析发现，虽然 p < 0.05，拒绝虚无假设，表明样本数据和模型期望值存在差异，但 Kenny 认为当样本量在 200 以上时，p 值往往会存在显著情况。[①] 因此，很多专家选择用卡方值和自由度的比值（CMIN/DF）作为模型质量是否能够接受的标准，一般 CMIN/DF 小于 3 表明模型拟合质量良好是可以接受的。此外，RMSEA 参数不容易受样本量影响，Hu 等认为 RMSEA 值小于 0.08 就可以认为模型适配可接受。[②][③] 本书中模型的各拟合指数均达到标准 χ^2 = 263.717；χ^2/df = 2.198；RMSEA = 0.064；GFI = 0.910；AGFI = 0.872；CFI = 0.912，说明该模型拟合度较高。

综合以上几方面的分析可以得出：手机媒体使用偏好量表具有较好的结构效度。

[①] Kenny, D. A., "Measuring Model Fit", 2019-11-06, http://davidakenny.net/cm/fit.htm.

[②] Hu, L., Bentler, P. M., "Cutoff Criteria for Fit Indexes in Covariance Structure Analysis: Conventional Criteria Versus New Alternatives", *Structural Equation Modeling: A Multidisciplinary Journal*, Vol.6, No.1, 1999, pp.1-55.

[③] 吴明隆：《SPSS 统计应用实务：问卷分析与应用统计》，科学出版社 2003 年版。

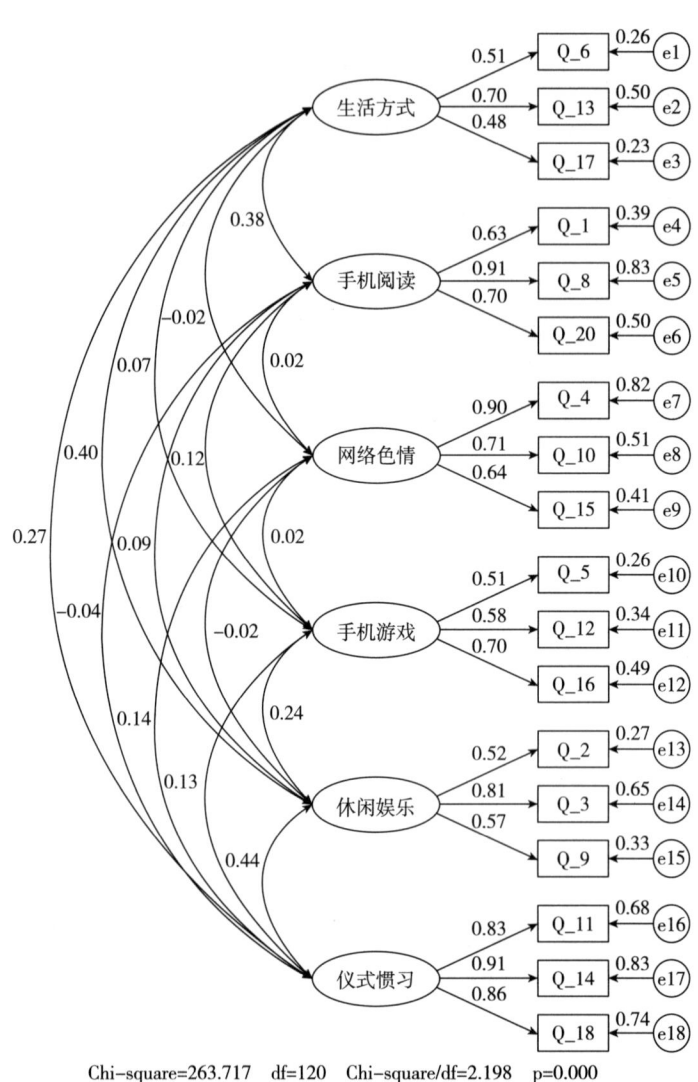

图 3-3 青少年手机媒体使用偏好量表（SMPI）一阶模型适配分析

第三节 其他相关影响因素调查工具选择

一 抑郁测量工具的选择与修订

（一）抑郁的内涵

抑郁（Depression）一词起源于拉丁文"Depimere"，意指"下压"。17世纪后这个词常常用来描述人们的情绪状态。抑郁在医学、精神病学和心理学等不同的学科视野中有不同的界定。美国心理学家阿德里安·安哥德（Adrian Angold）对抑郁给出如下描述性定义：抑郁为正常心境向情绪低落方面的波动，即每天出现情绪恶劣的一面；抑郁为不愉快、悲伤或精神痛苦，是对一些不良情绪或事件的一种反应；抑郁作为一种特征，是指个体持久的、相对稳定的愉快感的缺乏；抑郁作为一种症状，是指心境处于病理性的低下和恶劣。[①] 抑郁情绪可以根据症状严重程度分为一般抑郁状态、抑郁神经症和抑郁症，抑郁状态是指短暂的消极情绪状态，抑郁神经症是指以持久的心境低落状态为主的中轻度抑郁，抑郁症是指以情感持续性低落为基本特质的内源性精神病。[②] 抑郁测量工具开发研究中常将其分为状态抑郁（State Depression）和特质抑郁（Trait Depression）两种持续时间与性质不同的抑郁症状。[③]

（二）抑郁的成因

抑郁按成因不同可分为精神性抑郁症、神经性抑郁症和抑郁状态等不同类型。精神性抑郁是由生物遗传等内源性致病因素引发，神经性抑郁主要由环境—认知的外源性因素引发。[④⑤] 抑郁的病因学研究主要从两大视角展开：从生物学视角探索抑郁患者大脑形态结构、生理功能、神经递质等的改变；从社会心理学视角来研究环境及个人心理因素与抑郁症的关系。[⑥] 弗洛伊德（Freud）的精神分析理论认为，地位的失落、希望的破灭等情感丧失会造成个体内部各种各样的变化，导致不合理的自我批评和自我惩罚，从而导致抑郁的形成。[⑦] 行为主义理论认为抑郁

[①] Angold, A., Rutter, M., "Effects of Age and Pubertal Status on Depression in a Large Clinical Sample", *Developmental and Psychopathology*, Vol. 4, No. 1, 1992, pp. 5–18.

[②] 马志国、小徐：《抑郁状态、抑郁性神经症、抑郁症的区别》，《中老年保健》2011年第5期。

[③] 雷智慧等：《状态特质抑郁问卷中文版在大学生中的信效度》，《中国心理卫生杂志》2011年第2期。

[④] 钱铭怡：《心理咨询与心理治疗》，北京大学出版社1994年版，第1页。

[⑤] 蔡焯基：《抑郁症——基础与临床》（第2版），科学出版社2001年版，第73—77页。

[⑥] 魏义梅：《大学生抑郁的心理社会机制及认知应对干预》，博士学位论文，吉林大学，2007年。

[⑦] Freud, S., Freud, S., "Mourning and Melancholia", *The Journal of Nervous and Mental Piseas*, Vol. 56, No. 5, 1992, pp. 543–545.

产生于个体在与他人的社会交往中没有获得肯定性的强化。认知主义认为认知因素在抑郁障碍中占有非常重要的地位，抑郁症以认知过程的歪曲为突出表现，产生了对自我、未来和世界的消极看法。据此，贝克提出的抑郁病理心理学模型包含：抑郁认知三联征、自动性思维、认知歪曲和潜在的抑郁性认知图式。① 阿布拉姆森（Abramson）和贝克（Beck）在后期发展了认知理论，提出了社会—认知理论模型，他们认为抑郁是由认知因素和社会应激因素（重大灾难、生活烦恼等消极生活事件）交互作用的结果。②③ 2016年贝克和同事提出了抑郁的统一模型（A Unified Model of Depression）用于综合解释抑郁的形成机制。④

（三）抑郁与手机媒体依赖的关系

韩国研究者Kim等发现，抑郁的人更倾向于依赖手机来进行虚拟社交活动以缓解自己的消极情绪，这反过来又加重手机依赖而使情况变得更糟，但与他人的面对面交流活动在抑郁和手机依赖之间起中介作用，且有可能打破这种恶性循环。⑤ Smetaniuk发现抑郁水平和手机依赖之间存在显著线性相关，抑郁是手机依赖的重要预测因子，该研究使用了《Zung抑郁自评量表》（Zung Self-Rating Depression Scale，SDS）调查抑郁水平。⑥ 马来西亚研究者Ithnain等发现手机依赖是抑郁的预测因子，该研究使用了《贝克抑郁量表》（Beck Anxiety Inventory，BAI）。⑦

---

① Beck, A. T., et al., *Cognitive Therapy of Depression*, New York: Guilford Press, 1979.

② Abramson, L. Y., et al., "Hopelessness Depression: A Theory-Based Subtype of Depression", *Psychological Review*, Vol. 96, No. 2, 1989, pp. 358–372.

③ Robins, C., Block, P., "Cognitive Theories of Depression Viewed from a Diathesis-Stress Perspective: Evaluations of the Models of Beck and of Abramson, Seligman, and Teasdale", *Cognitive Therapy and Research*, Vol. 13, No. 4, 1989, pp. 297–313.

④ Beck, A. T., Bredemeier, K., "A Unified Model of Depression: Integrating Clinical, Cognitive, Biological, and Evolutionary Perspectives", *Clinical Psychological Science*, Vol. 4, No. 3, 2016, pp. 596–619.

⑤ Kim, J.-H., et al., "Alleviating Depression Only to Become Problematic Mobile Phone Users: Can Face-to-Face Communication Be the Antidote?", *Computers in Human Behavior*, Vol. 51, No. A, 2015, pp. 440–447.

⑥ Smetaniuk, P., "A Preliminary Investigation into the Prevalence and Prediction of Problematic Cell Phone Use", *Journal of Behavioral Addictions*, Vol. 3. No. 1, 2014, pp. 41–53.

⑦ Ithnain, N., et al., "Relationship between Smartphone Addiction with Anxiety and Depression among Undergraduate Students in Malaysia", *International Journal of Health Sciences and Research*, Vol. 8, No. 1, 2018, pp. 163–171.

Selvaganapathy 等的调查发现手机正常使用组的抑郁水平显著低于手机依赖组的抑郁水平,智能手机成瘾可能对一个人的抑郁状态产生负面影响,该研究使用了《贝克抑郁量表》。① 周芳蕊研究了手机使用类型在大学生抑郁、孤独与手机依赖之间的中介作用,研究中使用了《流调中心用抑郁量表》(The Center for Epidemiological Studies Depression Scale,CES-D)。② 此外,在网络成瘾的相关研究中发现网络依赖和抑郁密切相关,过度网络依赖会加强抑郁症状。③④

(四)常用抑郁测量介绍

自抑郁进入研究者视野后,对抑郁测量工具的开发成为相关研究中重要的内容。1960 年汉密顿编制了《汉密顿抑郁量表》(Hamilton Depression Rating Scale,HDRS 或 HAMD),它是临床上评定抑郁状态使用最普遍的量表,后又经过多次修订形成 17 项、21 项和 24 项三种不同版本。⑤⑥ 1961 年阿朗·贝克编制了由 21 个条目构成的《贝克抑郁量表》(Beck Depression Inventory,BDI-I),用于衡量被试过去一周的抑郁状态。⑦ 1996 年他在 BDI-I 的基础上根据 DSM-IV 诊断标准修订了其中的 18 个条目文字表述,重新编制了贝克抑郁量表第二版(BDI-II),用于评定过去两周内抑郁症状的严重程度。中文版贝克量表第二

---

① Selvaganapathy, K., et al., "The Effect of Smartphone Addiction on Craniovertebral Angle and Depression Status among University Students", *International Journal of Integrative Medical Sciences*, Vol. 4, No. 12, 2017, pp. 537-542.

② 周芳蕊:《大学生抑郁、孤独与手机依赖:手机使用类型的中介作用》,硕士学位论文,吉林大学,2018 年。

③ Bessiere, K., et al., "Effects of Internet Use on Health and Depression: A Longitudinal Study", *Journal of Medical Internet Research*, Vol. 12, No. 1, 2010, pp. e6, http://doi: 10.2196/jmir.1149.

④ Morrison, C., Gore, H., "The Relationship between Excessive Internet Use and Depression: A Questionnaire-Based Study of 1319 Young People and Adults", *Psychopathology*, Vol. 43, No. 2, 2010, pp. 121-126.

⑤ Hamilton, M., "A Rating Scale for Depression", *Journal of Neurology, Neurosurgery and Psychiatry*, Vol. 23, No. 1, 1960, pp. 56-62.

⑥ 汤毓华、张明园:《汉密顿抑郁量表(HAMD)》,《上海精神医学》1984 年第 2 期。

⑦ Beck, A. T., et al., "An Inventory for Measuring Depression", *Archives of General Psychiatry*, Vol. 4, No. 6, 1961, pp. 561-571.

版（BDI-Ⅱ-C）在我国青少年人群中具有良好的信度和效度。①②1965 年威廉姆·庄编制了《Zung 自评抑郁量表》（Zung Self-Rating Depression Scale，SDS）用于衡量抑郁状态的轻重程度及其在治疗中的变化。③ 1972 年威廉姆·庄增编了 SDS 量表相应的检查者用本，改自评为他评，称为《抑郁状态问卷》（Depression Status Inventory，DSI）。④1977 年美国国立精神卫生研究所拉德罗夫（Radloff）编制了《流调中心用抑郁量表》，主要用于评估在过去一周时间内抑郁症状或感觉出现的频度⑤，后又因优化被试使用体验而开发了包含 10 个条目的简版流调中心抑郁量表（CES-D10）⑥⑦，该量表在我国青少年中有较高的信效度⑧⑨。此外，比较常用的还有《患者健康问卷抑郁自评量表》（Patient Health Questionnaire 9-item Depression Screen，PHQ-9）、《儿童抑郁自评量表》（Depression Self Rating Scale，DSRS）、《凯恩德尔抑郁量表》（Kandel Depression Scale，KDS）、《雷诺兹青少年抑郁量表》（Reynolds Adolescent Depression Scale，RADS）、《艾肯巴哈的青年自我报告》（Youth Self Report，YSR）和《明尼苏达多项人格测验》（Minnesota Multiphasic Personality Inventory，MMPI）等，在此不再详细介绍。常用

---

① 王振等：《贝克抑郁量表第 2 版中文版在抑郁症患者中的信效度》，《中国心理卫生杂志》2011 年第 6 期。

② 李莉：《常用抑郁量表筛查青少年抑郁障碍效度比较》，硕士学位论文，湖南师范大学，2015 年。

③ Zung, W. W., "A Self-Rating Depression Scale", Archives of General Psychiatry, Vol. 12, No. 1, 1965, pp. 63-70.

④ Zung, W. W., "The Depression Status Inventory: An Adjunct to the Self-Rating Depression Scale", Journal of Clinical Psychology, Vol. 28, No. 4, 1972, pp. 539-543.

⑤ Radloff, L. S., "The CES-D Scale: A Self Report Depression Scale for Research in the General", Applied Psychological Measurement, Vol. 1, No. 3, 1977, pp. 385-401.

⑥ Andresen, E. M., "Screening for Depression in Well Older Adults: Evaluation of a Short Form of the CES-D", American Journal of Preventive Medicine, Vol. 10, No. 2, 1994, pp. 77-84.

⑦ Bradley, K. L., et al., "Factorial Validity of the Center for Epidemiological Studies Depression 10 in Adolescents", Issues in Mental Health Nursing, Vol. 31, No. 6, 2010, pp. 408-412.

⑧ 何津等：《流调中心抑郁量表中文简版的编制》，《中华行为医学与脑科学杂志》2013 年第 12 期。

⑨ 熊戈：《简版流调中心用抑郁量表在我国青少年中的效度》，硕士学位论文，湖南师范大学，2015 年。

抑郁量表基本情况汇总如表3-45所示。

表3-45　　　　　　　常用抑郁量表介绍

序号	量表名称	编制者	量表简介	理论依据	备注
1	贝克抑郁量表（BDI）	Beck等（1996）	21个条目，筛查量表	DSM-IV	有中文版
2	汉密顿抑郁量表（HAMD）	Hamilton（1960）	有17个、21个或24个条目三个版本，他评量表	DSM-IV	有中文版
3	自评抑郁量表（SDS）	Zung（1965）	20个条目，4个维度，自评量表	DSM-IV	有中文版
4	抑郁状态问卷（DSI）	Zung（1972）	20个条目，4个维度，他评量表	DSM-IV	有中文版
5	流调中心用抑郁量表（CES-D）	Radloff（1977）	20个条目，4个维度，自评量表	DSM-IV	有中文版
6	简版流调中心抑郁量表（CES-D10）	Andresen（1994）	10个条目，自评量表	DSM-IV	有中文版
7	患者健康问卷抑郁自评量表（PHQ-9）	Kroenke等（2001）	9个条目，自评量表	DSM-IV	有中文版

（五）本书中抑郁量表选择

通过前面对现有常用抑郁量表的综合分析，本书研究决定选用《简版流调中心抑郁量表》（CES-D10）用于调查青少年抑郁水平现状。原因如下：①量表条目较少，适合和其他量表整合在一起使用；②量表内容符合正常青少年情况；③量表在中国得到检验应用，信效度高；④自评量表，适合大规模群体性调查；⑤国内使用普遍，适合调查结果的跨研究比较。《流调中心用抑郁量表》（CES-D）是1977年由美国国立精神卫生研究所拉德罗夫编制的自评量表，主要用于评估在过去一周时间内抑郁症状或感觉出现的频度，该量表主要用于初步筛查有抑郁症状的个体。① 量表包含20个题目，采用0—3级评分方式，总分0—60分。量表分为四个维度：抑郁情绪、积极情绪、躯体症状、人际维度。② 研究发现利用CES－D筛查某些群体（如青少年、老年人及临床病人）抑郁水平时，由于被试作答时间过长、情绪负荷较高，以及项目内容敏感等问题，导致较高的拒答率。因此，又开发了包含10个条目的《简版流调中心抑郁量表》（CES－D10）。③④ 该量表在我国青少年中有较高的信效度。⑤⑥ CES－D10评分为0—3级。其中积极情绪题项编号为5、8，采用反向计分；抑郁情绪题项编号为1、2、3、4、6、7、9、10，采用正向计分。所有条目得分之和为量表总分，取值范围为0—30分，分数越高表示抑郁水平越高，总分≥15分为筛查抑郁症的青少年。

二 孤独感测量工具的选择与修订

（一）孤独的内涵

孤独（Loneliness）是20世纪40年代左右源自医学领域的一个概念，用来表述个体在社交技能、认知或交流能力等方面存在广泛性迟缓的现象。⑦ 保罗·田立克（Paul Tillich）认为孤立（Solitude）是用以表示独处状态的词汇，孤独感（Loneliness）则用来表示由独处状态引发的不适感受。⑧ 美国心理学家罗伯特·韦斯（Robert S. Weiss）在1973

---

① Radloff, L. S., "The CES－D Scale: A Self Report Depression Scale for Research in the General", *Applied Psychological Measurement*, Vol. 1, No. 3, 1977, pp. 385－401.

② 熊戈：《简版流调中心用抑郁量表在我国青少年中的效度》，硕士学位论文，湖南师范大学，2015年。

③ Andresen, E. M., "Screening for Depression in Well Older Adults: Evaluation of a Short Form of the CES－D", *American Journal of Preventive Medicine*, Vol. 10, No. 2, 1994, pp. 77－84.

④ Bradley, K. L., et al., "Factorial Validity of the Center for Epidemiological Studies Depression 10 in Adolescents", *Issues in Mental Health Nursing*, Vol. 31, No. 6, 2010, pp. 408－412.

⑤ 何津等：《流调中心抑郁量表中文简版的编制》，《中华行为医学与脑科学杂志》2013年第12期。

⑥ 熊戈：《简版流调中心用抑郁量表在我国青少年中的效度》，硕士学位论文，湖南师范大学，2015年。

⑦ De Jong Gierveld, J., "A Review of Loneliness: Concept and Definitions, Determinants and Consequences", *Reviews in Clinical Gerontology*, Vol. 8, 1998, pp. 73－80.

⑧ Tillich, P., "The Eternal Now", Feifel, H. (ed.), *The Meaning of Death*, New York: NY: McGraw－Hill, 1959, pp. 30－38.

年将孤独引入心理学领域,他受约翰·鲍比(John Bowlby)关于依恋学说的影响,在题为《孤独:一种情绪及社会性孤立体验》的论文中指出:孤独感是当个体感到缺乏令人满意的人际关系,自己对交往的渴望与实际的交往水平产生差距时的一种主观的心理感受或体验。他认为孤独是个体在特定情境下的自然反应,而不是一种弱点。它将孤独感分为情感孤独和社交孤独两类。情感孤独是指人们因缺乏或失去亲密依恋关系而产生的孤独感,如儿童失去父母、成人失去配偶或寻觅不到伴侣等,这种孤独只能通过重建令人满意的依恋关系而得到缓解。社交孤独是人们社会整合的需要得不到满足,或者缺乏社交关系网时产生的孤独感,如与周围的同事、朋友或邻居搞不好关系等,这类孤独只能通过建立令人满意的社交关系而修复。[1][2] 珍妮·德容·吉尔维尔德(Jenny de Jong Gierveld)认为孤独是个体因在特定社会关系出现不可接受的缺失或不满意的情况下的一种体验。[3][4] 还有研究者认为孤独是当个体现实的社会关系和社会联系与在这方面的期望之间存在差距时出现的一种令人痛苦的主观感受[5];孤独感是一种动态变化的体验,它可以是短时间内出现进而消失的状态,也可以是长期持续的一种状态。短期出现的暂时性的孤独被称为状态性孤独(State Loneliness);相对持久稳定存在的长期性孤独被称为特质性孤独(Trait Loneliness)[6]。综上所述,目前

---

[1] Weiss, R. S., *Loneliness: The Experience of Emotional and Social Isolation*, Cambridge, MA: MIT Press, 1973.

[2] Ditommaso, E., Spinner, B., "Social and Emotional Loneliness: A Re-Examination of Weiss' Typology of Loneliness", *Personality and Individual Differences*, Vol. 22, No. 3, 1997, pp. 417-427.

[3] De Jong Gierveld, J., et al., "Loneliness and Social Isolation", in Vangelisti, A., Perlman, D., eds., *The Cambridge Handbook of Personal Relationships* (2nd), Cambridge, UK: Cambridge University Press, 2016, pp. 485-500.

[4] De Jong Gierveld, J., "A Review of Loneliness: Concept and Definitions, Determinants and Consequences", *Reviews in Clinical Gerontology*, Vol. 8, 1998, pp. 73-80.

[5] Perlman, D., Peplau, L. A., "Toward A Social Psychology of Loneliness", in Vangelisti, A., Perlman, D., eds., *Personal Relationships 3: Personal Relationships in Disorder*, London: Academic Press, 1981, pp. 31-56.

[6] De Jong Gierveld, J., Van Tilburg, T., "The De Jong Gierveld Short Scales for Emotional and Social Loneliness: Tested on Data from 7 Countries in the UN Generations and Gender Surveys", *European Journal of Ageing*, Vol. 7, No. 2, 2010, pp. 121-130.

对孤独的解释虽未达成一致意见，但存在如下共识：孤独（Loneliness）和社会孤立（Social Isolation）是不同的，社会孤立是用来表示社会联系数量或频率的客观情况[①]；孤独是用来描述一种因个体现实社会关系和预期社会关系存在差距而产生的一种不受欢迎、不愉悦甚至痛苦的主观感受[②]。据此，本书对孤独做如下界定：孤独是个体自身实际与期望的社会关系质量与数量存在差距时的一种主观体验，包括对客观孤立状态的主观感受（客观原因引起）和对现有关系没能达到自己渴望的亲密程度而产生的不良主观体验（主观要求太高）。社会孤立状态是客观的，孤独是主观体验。孤独既可能由客观的人际关系水平原因导致，也可能因个体对亲密人际关系的过度渴望而导致。

（二）孤独的成因

社会认知理论认为，孤独的个体其实并不愿意处于这种状态。他们自认为他们因处于社会关系网的边缘而感到孤立无援。这种认为自己处于社会关系网边缘或孤立于他人的认知会增强他们的自我保护动机，进而增强了他们与他人建立联系的动机，同时也会增强他们对社会威胁的潜在警惕性，继而会导致他们注意力、信任心和记忆力的偏差；在这种偏见和预期社会互动期望的双重影响下，行为确认过程机制会让自认为处于孤立状态的个体把负面社会互动的影响放大，如果这种状态无法及时察觉就会形成恶性循环，逐渐增强孤独感。美国芝加哥大学神经科学家约翰·卡乔波（John T. Cacioppo）认为孤独是一种演化出的能力。当人们认为自己被排挤出社交群体时，他们会因为来自团体之外的威胁（比如一些敌视的人）而缺乏安全感，人们对社会威胁非常警觉，因而有动机与他人建立联系。这项理论包含所谓的"再交往动机"（Reaffiliation Motive，RAM），也就是说，孤独带来的痛苦会促使人们修复社会关系。卡乔波认为，这种机制不仅存在于人类中，而且相当于一种寻求

[①] Victor, C., et al., "Being Alone in Later Life: Loneliness, Social Isolation and Living Alone", *Clinical Gerontology*, Vol. 10, No. 4, 2001, pp. 407–417.

[②] Hauge, S., Kirkevold, M., "Older Norwegians' Understanding of Loneliness", *International Journal of Qualitative Studies on Health and Well-being*, Vol. 5, No. 1, 2010, pp. 46–54.

生存的机制。①②

综上所述，状态性孤独一般出现在个体搬迁到新城市后因缺少熟人而出现的主观体验；特质性孤独一般是由遗传特征引发，环境因素影响相对较少，这种类型即便个体在熟悉的环境中也会出现。③ 在现代城市化进程中，状态性孤独普遍蔓延，如果个体迁入新的环境后无法及时建立和他人的亲密关系，会逐渐转变成为长期持续的非典型特质性孤独，状态性孤独与特质性孤独相遇后成为非典型性孤独。

(三) 常用孤独感测量工具介绍

自孤独感引起医学和心理学领域的重视之后，对于孤独感的测量研究便成为该领域最重要的工作。Eddy (1961) 在其博士论文中开发了一个量表，分半信度为 0.67；后来 Sisenwein (1964) 又开发了一个含有 75 个条目的量表，他的量表条目来自 Eddy 的量表或由 20 名心理学家列出的题项；Schmidt (1976) 开发过含有 60 个条目的量表、含有 100 个条目的量表。美国加利福尼亚州大学洛杉矶分校的心理学家丹尼尔·维尼·罗素 (Daniel Wayne Russell) 1978 年在前人的研究基础上开发了最有影响力的《UCLA 孤独量表》(University of California Los Angeles Loneliness Scale, UCLA)。④ 此后，各种各样的孤独量表被逐渐开发出来，如《状态—特质性孤独量表》(State versus Trait Loneliness Scales, S－TLS)、《Rasch 型孤独量表》(A Rasch－Type Loneliness Scale, Rasch)、《孤独分类量表》(Differential Loneliness Scale, DLS)、《成人社会与情感孤独量表》(Social and Emotional Loneliness Scale for Adults, SELSA)、《情绪—社交孤独量表》(Emotional and Loneliness Scales, ES－LS)、《伊利诺斯孤独问卷》(The Illinois Loneliness Questionnaire, ILQ)、

---

① Cacioppo, S., et al., "Loneliness: Clinical Import and Interventions", *Perspectives on Psychological Science*, Vol. 10, No. 2, 2015, pp. 238–249.

② Qualter, P., et al., "Loneliness Across the Life Span", *Perspectives on Psychological Science*, Vol. 10, No. 2, 2015, pp. 250–264.

③ Roekel, E. V., et al., "Trait and State Levels of Loneliness in Early and Late Adolescents: Examining the Differential Reactivity Hypothesis", *Journal of Clinical Child & Adolescent Psychology*, Vol. 47, No. 6, 2018, pp. 888–899.

④ Russell, D. W., et al., "Developing a Measure of Loneliness", *Journal of Personality Assessment*, Vol. 42, No. 2, 1978, pp. 290–294.

《Louvain 儿童青少年孤独量表》（The Louvain Loneliness Scale for Children and Adolescents，LLCA）和《自我和谐量表》（Self - Consistency and Congruence Scale，SCCS）等。目前测量孤独感的方法可分为三种方式：单维单条目量表，即基于孤独的单维定义采用单个自我报告的条目直接询问孤独水平，例如"您是否孤独"；单维多条目量表，即基于孤独的单维定义采用多个条目进行测量，包括 UCLA 孤独量表；多维多条目量表，即基于孤独的多维定义采用多个条目进行孤独水平的测量或孤独的分类，如情绪—社交孤独量表、Rasch 孤独量表等。[①] 常用孤独感测量工具如表 3-46 所示。

表 3-46　　　　　　　　常用孤独感测量工具介绍

序号	量表名称	编制者	量表简介	理论依据
1	UCLA 孤独量表（UCLA）	Russell, D. 等（1978）	量表包括 20 个条目，alpha = 0.96	单维量表
2	状态—特质孤独量表（S - TLS）	Gerson 等（1982）	两个分自量表各含 11 个条目，采用李克特五点计分方式	UCLA 量表
3	Rasch 型孤独量表（Rasch）	De Jong - Gierveld 等（1985）	34 个条目，其中 11 个条目用于测量孤独的强度，9 个条目测量强度，其余条目测量情绪特征	孤独的三维概念
4	成人社会与情感孤独量表（SELSA）	Di Tommaso 等（1997）	37 个条目，7 点计分方式	性爱、家庭关系和社会孤独
5	孤独感分类量表（DLS）	Schmidt 等（1983）	60 个条目非学生人群版和 20 个条目的学生群体版。条目评分按符合（T）和不符合（F）两种情况	伴侣关系、朋友关系、家庭关系、社交关系四维
6	情绪—社交孤独量表（ES - LS）	Wittenberg, M.T 等（1986）	10 个条目，5 点计分方式（1—5）	Weiss 的二维结构理论：社会孤独与感情孤独

---

① 黎芝：《UCLA 孤独感量表中文简化版（ULS - 8）的考评及应用研究》，硕士学位论文，中南大学，2012 年。

续表

序号	量表名称	编制者	量表简介	理论依据
7	成人社交与情感孤独量表简版（SELSA）①	Cramer, K. M. 等（2000）	15个条目，5点计分方式；包括家庭、爱情、社交3个分量表	
8	终结孤独运动测量工具（CELMT）	Independent Age（2014）	3个条目，6点计分方式	基于孤独的认知障碍理论编制的单维量表

（四）本书中孤独感量表选择

根据本书的实际需要，本书的孤独感测量工具确定如下原则：①单维量表；②条目较少；③有成熟中文翻译版；④采用等级计分方式。基于前面对现有量表的总结梳理和以上的遴选原则，本书研究最终确认选择 UCLA 孤独量表中文简化版 ULS–8 作为该变量的测量工具。ULS–8 包含8个项目，采用 Likert 4 计分方式，包括"1=从不""2=很少""3=有时""4=一直"四个评价等级。评分标准如下：第3题和第6题是反向计分题，需要进行反序计分。然后将每个条目分数相加得量表总分，高分表示孤独程度高。

三 无聊测量工具的选择与修订

（一）无聊的内涵

无聊（Boredom）作为一种人类常见的情绪体验，因其低水平生理唤醒状态而长期被忽视。目前心理学界仍未形成被大家广泛接受的定义。周浩等将无聊定义为由于知觉到生活无意义而产生的负面情绪体验。② Vodanovich 等将无聊视为一种不愉快、缺乏刺激和低度生理唤醒的情绪状态。③④ 柯小敏认为无聊是由情绪成分、认知成分、表达成分、

---

① Cramer, K. M. 等"An Abbreviated Form of the Social and Emotional Loneliness Scale for Adults（SELSA）", *Personality and Individual Differences*, Vol. 28, No. 6, 2000, pp. 1125–1131.

② 周浩等：《无聊：一个久远而又新兴的研究主题》，《心理科学进展》2012年第1期。

③ Vodanovich, S. J., "Psychometric Measures of Boredom: A Review of the Literature", *The Journal of Psychology*, Vol. 137, No. 6, 2003, pp. 569–595.

④ Musharbash, Y., "Boredom, Time, and Modernity: An Example from Aboriginal Australia", *American Anthropologist*, Vol. 109, No. 2, 2007, pp. 307–317.

生理成分以及动机成分组成，其中情绪成分是指厌恶的与不愉快的；认知成分是对时间的觉知发生改变；表达成分则包括脸部、行为和声音表达等；生理成分是低唤醒水平等；动机成分是指改变行为或离开情境的动机。① 杨波等认为无聊是以意欲消退、淡漠等为主要表现形态的"多种症状的复合体"。② 黄时华等认为无聊是个人面对贫乏的外部刺激和内部刺激时，无法体验充分的需求满足，从而产生的冷漠、孤独、抑郁等不愉快的复合情绪状态。③ 本书结合学者们的研究，将无聊界定为当个体缺乏期待中的内外部刺激与低度生理唤醒时，感到生活无意义而产生的一种不愉快的负面情绪体验。

（二）无聊的成因

无聊和其他情绪体验一样可分为状态无聊（State Boredom）和特质无聊（Trait Boredom）。状态无聊是指个体在特定的情境下因单调的外部刺激而产生的暂时、被动的无聊状态，例如当个体从事单调的工作或从事自认为一些无意义的工作时产生的无聊，状态无聊也被称为"响应性无聊"或"激动性无聊"；特质无聊是一种内化于人格特征的持久性无聊心境，是具有相对稳定性的个体差异，也称"慢性无聊"或"冷漠性无聊"。④⑤⑥ Fisher 认为无聊是因个体对当前活动缺乏兴趣且无法集中注意力而产生的一种不愉快的情绪体验。⑦ Bargdill 认为无聊感

---

① 柯小敏：《大学生手机依赖与无聊倾向性的关系：消极应对方式的中介作用》，硕士学位论文，陕西师范大学，2015 年。
② 杨波等：《青少年"无聊症候群"问题探讨》，《心理与行为研究》2005 年第 1 期。
③ 黄时华等：《"无聊"的心理学研究述评》，《华南师范大学学报》（社会科学版）2011 年第 4 期。
④ Watt, J. D., Hargis, M. B., "Boredom Proneness: Its Relationship with Subjective Underemployment, Perceived Organizational Support, and Job Performance", *Journal of Business and Psychology*, Vol. 25, No. 1, 2010, pp. 163 – 174.
⑤ Musharbash, Y., "Boredom, Time, and Modernity: An Example from Aboriginal Australia", *American Anthropologist*, Vol. 109, No. 2, 2007, pp. 307 – 317.
⑥ 黄时华等：《"无聊"的心理学研究述评》，《华南师范大学学报》（社会科学版）2011 年第 4 期。
⑦ Fisher, C. D., "Boredom at Work: A Neglected Concept", *Human Relations*, Vol. 46, No. 3, 1993, pp. 395 – 412.

是人们因为失去生活目标和意义而产生的负面情绪体验。① Eastwood 等基于"心理动力学"理论将无聊解释为个体不能有效地认知和监控自己情绪的一种状态。② 黄时华等认为无聊是个体面对贫乏的外部刺激和内部刺激时，因无法得到充分的需求满足，进而产生的孤独、无助等不愉快的复合情绪状态。③ 周浩等认为无聊是由于知觉到生活无意义而产生。④ 综上分析，状态无聊的主要成因是个体无所事事或做一些无意义的工作时因刺激贫乏而产生的；特质无聊的主要成因是失去生活目标或感到生活无意义。

(三) 无聊与手机媒体依赖的关系

姚梦萍等的研究结果显示，无聊倾向的内部刺激因子对手机依赖行为中的失控性、戒断性和低效性有着明显的负向预测作用；而外部刺激因子有着明显的正向预测作用，无聊倾向总分对手机依赖行为有着明显的正向预测作用。⑤ 随着手机功能的逐渐增多，加上手机的携带方便性，使得大学生处于无聊状态时倾向于用手机来打发时间，且无聊感越强，对手机就越依赖。⑥ 苑俊杰的研究结果表明无聊倾向总分与戒断症状、突显行为、心境改变和社交抚慰均存在着显著的正相关；手机依赖也与外部刺激具有显著的正相关，无聊情绪总分对手机依赖有着显著的预测作用。⑦ 胡琴的研究结果表明休闲无聊水平较高的大学生产生网络依赖的可能性更高，知觉到的休闲活动越单调乏味、个体休闲技能越低、对参加休闲活动的动机越弱以及无聊、急躁、焦虑的负面情绪越

---

① Bargdill, R. W., "A Phenomenological Investigation of Being Bored with Life", *Psychological Reports*, Vol. 86, No. 2, 2000, pp. 493-494.
② Eastwood, J. D., et al., "A Desire for Desires: Boredom and Its Relation to Alexithymia", *Personality and Individual Differences*, Vol. 42, No. 6, 2007, pp. 1035-1045.
③ 黄时华等：《"无聊"的心理学研究述评》，《华南师范大学学报》（社会科学版）2011 年第 4 期。
④ 周浩等：《无聊：一个久远而又新兴的研究主题》，《心理科学进展》2012 年第 1 期。
⑤ 姚梦萍等：《大学生无聊倾向与手机依赖行为关系》，《中国公共卫生》2015 年第 2 期。
⑥ 姚梦萍等：《大学生生命意义感在无聊感与手机依赖行为间中介作用》，《中国学校卫生》2016 年第 3 期。
⑦ 苑俊杰：《大学生时间管理倾向、无聊情绪与手机依赖的关系研究》，硕士学位论文，哈尔滨工程大学，2016 年。

强，越有可能产生网络依赖。①朱耀秀的研究表明高职生休闲无聊感对网络依赖有显著的正向预测作用。②曾岩的研究表明大学生群体中无聊感对手机依赖有着显著的预测作用，特别是无聊感中孤独感、紧张感这两个维度对手机依赖行为有较强的预测作用。③综上所述，无聊倾向性与手机媒体依赖水平有着显著的正相关；无聊倾向性总分与其中的外部刺激因子对手机媒体依赖水平有显著的正向预测作用，而内部刺激因子对手机媒体依赖水平有着显著的负向预测作用；无聊倾向性越高，则手机媒体依赖水平越高。

（四）常用无聊测量工具介绍

无聊的测量方式可分为三种主要类型：自我报告法、观察法、生理测量法。自我报告法因其经济实用性，成为研究无聊中应用最广泛，也是最成熟的方法。④无聊倾向常用测量工具有瑞克曼（Zuckerman, M.）等开发的《无聊易感性分量表》（Sensation Seeking Scale—Boredom Scale, SSS-BS）⑤、法摩尔（Farmer, R.）等开发的《无聊倾向性量表》（Boredom Proneness Scale, BPS）⑥、谢丽·法尔曼（Fahlman S. A.）等开发的《多维状态无聊量表》（Multidimensional State Boredom Scale, MSBS）⑦，此外还有测量休闲体验的《休闲无聊量表》（Leisure Boredom

---

① 胡琴：《大学生休闲无聊与感觉寻求、网络依赖的关系研究》，硕士学位论文，福建师范大学，2015年。

② 朱耀秀：《高职生休闲阻碍、休闲无聊感与网络依赖的关系》，硕士学位论文，山东师范大学，2013年。

③ 曾岩：《大学生手机依赖与无聊感的关系研究》，《科教文汇（中旬刊）》2016年第9期。

④ Vodanovich, S. J., Watt, J. D., "Self-Report Measures of Boredom: An Updated Review of the Literature", *The Journal of Psychology*, Vol. 150, No. 2, 2016, pp. 196-288.

⑤ Zuckerman, M., et al., "Sensation Seeking in England and America: Cross-cultural, Age, and Sex Comparisons", *Journal of Consulting and Clinical Psychology*, Vol. 46, No. 1, 1978, pp. 139-149.

⑥ Farmer, R. D., Sundberg, N., "Boredom Proneness: The Development and Correlates of a New Scale", *Journal of Personality Assessment*, Vol. 50, No. 1, 1986, pp. 4-17.

⑦ Fahlman, S. A., et al., "Development and Validation of the Multidimensional State Boredom Scale", *Assessment*, Vol. 20, No. 1, 2013, pp. 68-85.

Scale，LBS)① 和《休闲时间无聊量表》(*Free Time Boredom Scale*，FT-BS)，测量工作无聊体验的《工作无聊量表》(*Job Boredom Scale*，JBS)② 和《Lee 工作无聊量表》(*Lee's Job Boredom Scale*，LJBS)③，测量人际关系体验的《关系无聊量表》(*Relational Boredom Scale*，RBS)④，测量学业无聊体验的《学习相关无聊量表》(*Learning-related Boredom Scale*，LRBS) 等⑤。常用无聊测量工具如表3-47所示。

表3-47　　　　　　常用无聊测量工具介绍

序号	量表名称	编制者	量表简介	维度	备注
1	Crubb 工作无聊感量表（CJBS）	Crubb, E. A. (1975)	由11个题目组成，采取5点计分方式	两个维度	无中文版
2	无聊易感性分量表（SSS-BS）	Zuckerman, M. 等（1978）	由10组题目组成，采取2点计分方式	两个维度	中文简版
3	无聊倾向性量表（BPS）	Farmer, 等（1986）	28个条目，7点计分方式；α=0.79；重测信度为 r=0.83	五个维度	中文简版
4	Lee 工作无聊量表（LJBS）	Lee（1986）	由17个题目组成，采取5点计分方式；α=0.95	单维	无中文版
5	休闲无聊量表（LBS）	Iso-Ahola, 等（1990）	由36个题目组成，采取5点计分方式；α=0.95	四个维度	中文版
6	休闲时间无聊量表（FT-BS）	Ki（1995）	由33个题目组成，采取5点计分方式	四个维度	无中文版

---

① Iso-Ahola, S. E., Weissinger, E., "Perceptions of Boredom in Leisure: Conceptualization, Reliability and Validity of the Leisure Boredom Scale", *Journal of Leisure Research*, Vol. 22, No. 1, 1990, pp. 1-17.

② Crubb, E. A., "Assembly Line Boredom and Individual Differences in Recreational Participation", *Journal of Leisure Research*, No. 7, No. 4, 1975, pp. 256-269.

③ Lee, T. W., "Toward the Development and Validation of a Measure of Job Boredom", *Manhattan College Journal of Business*, Vol. 15, No. 1, 1986, pp. 22-28.

④ Harasymchuk, C., Fehr, B., "Development of a Prototype-Based Measure of Relational Boredom", *Personal Relationships*, Vol. 19, No. 1, 2012, pp. 162-181.

⑤ Vodanovich, S. J., Watt, J. D., "Self-Report Measures of Boredom: An Updated Review of the Literature", *The Journal of Psychology*, Vol. 150, No. 2, 2016, pp. 196-288.

续表

序号	量表名称	编制者	量表简介	维度	备注
7	简版无聊倾向性量表（BPS-SF）	Vodanovich，等（2016）	12个条目，7点计分方式	两个维度	中文简版
8	大学生无聊倾向问卷（BPQ）	黄时华等（2010）	由30个题目组成，采取7点计分方式	两维六因子	中文版
9	关系无聊量表（RBS）	Harasymchuk，等（2012）	由33个题目组成，采取7点计分方式	单维	无中文版
10	多维状态无聊量表（MSBS）	Falhman，等（2013）	由29个题目组成，采取7点计分方式；中文版有24个题目	五个维度	中文版

（五）本书中无聊量表的选择

《无聊倾向性量表》（Boredom Proneness Scale，BPS）由法摩尔（Farmer）等于1986年编制完成。[①] BPS原始量表是由28个项目组成的自陈量表，采用正确（T）和错误（F）两级评分方式。沃丹洛维奇（Vodanovich）等于1990年将BPS改为7点计分方式，得分越高则个体无聊倾向性越高；并通过因素分析得出外部刺激、内部刺激、情感反应、时间知觉和约束性五个因子，α系数在0.79—0.83，重测信度为0.79。[②] 2005年，沃丹洛维奇（Vodanovich）等又开发了包含12个项目的《简版无聊倾向性量表》（Boredom Proneness Scale Short Form，BPS-SF）。[③] 我国学者李晓敏等翻译了BPS-SF并在大学生群体中进行了试用，发现中文简版BPS具有良好的效度和信度，可用于评估大

[①] Farmer, R. D., Sundberg, N., "Boredom Proneness: The Development and Correlates of a New Scale", *Journal of Personality Assessment*, Vol. 50, No. 1, 1986, pp. 4–17.

[②] Vodanovich, S. J., Kass, S. J., "A Factor Analytic Study of the Boredom Proneness Scale", *Journal of Personality Assessment*, Vol. 55, No. 1–2, 1990, pp. 115–123.

[③] Vodanovich, S. J., et al., "A Confirmatory Approach to the Factor Structure of the Boredom Proneness Scale: Evidence for a Two-Factor Short Form", *Journal of Personality Assessment*, Vol. 85, No. 3, 2005, pp. 295–303.

学生的无聊倾向。① 通过前面对现有常用抑郁量表的综合分析,本书选择的 BPS-SF 包含 12 个项目,采用 7 点计分方式,包含内部刺激和外部刺激两个因素。② 总量表及分量表的内部一致性信度为 0.89、0.80、0.83,分半信度分别为 0.82、0.74、0.71,重测信度分别为 0.85、0.73、0.76。③ 其中 1、2、4、7、8、12 条目为反向计分,量表总分越高,代表无聊倾向水平越高。

四 焦虑测量工具的选择与修订

(一) 焦虑的内涵

有关焦虑(Anxiety)的研究最早可追溯到古希腊哲学中的描述,但精神分析学派的西格蒙德·弗洛伊德(Sigmund Freud)是最早对焦虑展开理论研究的心理学家。弗洛伊德(Freud)早期认为焦虑是由压抑的性冲动转化而来的,是力比多的另一种释放形式,后期他提出的"焦虑的信号理论"认为焦虑是个人将冲突视为危险或不愉快的信号的一种情绪体验。④⑤ 伊迪丝·雅各布森(Edith Jacobson)认为焦虑是自我不能选用他喜爱的行为方式来释放本能,包含刺激、自我、本能和认知评价四个因素。⑥ 人本主义心理学家马斯洛认为当人的基本需要不能得到满足时就会产生心理上的威胁感,焦虑是其中的一种形式。我国研究者在分析心理学各学派对焦虑界定的基础上认为:焦虑是个体对即将来临的、可能会造成危险或威胁的情境所产生的紧张、不安、忧虑、烦恼等不愉快的复杂情绪状态。⑦ 存在主义心理学家罗洛·梅(Rollo May)把焦虑分为正常焦虑和神经病焦虑,前者是人面对威胁时自然产

---

① 李晓敏等:《简版无聊倾向量表在大学生群体中的试用》,《中国临床心理学杂志》2016 年第 6 期。
② Vodanovich, S. J., et al., "A Confirmatory Approach to the Factor Structure of the Boredom Proneness Scale: Evidence for a Two-Factor Short Form", *Journal of Personality Assessment*, Vol. 85, No. 3, 2005, pp. 295–303.
③ 李晓敏等:《简版无聊倾向量表在大学生群体中的试用》,《中国临床心理学杂志》2016 年第 6 期。
④ [奥] 弗洛伊德:《精神分析引论》,高觉敷译,商务印书馆 1984 年版,第 321—324 页。
⑤ 赵云龙、赵建新:《论弗洛伊德的焦虑理论》,《社会心理科学》2010 年第 7 期。
⑥ 蔡飞:《精神分析焦虑论批判》,《南京师大学报》(社会科学版)1995 年第 3 期。
⑦ 唐海波、邝春霞:《焦虑理论研究综述》,《中国临床心理学杂志》2009 年第 2 期。

生的，后者是对威胁的放大和过度反应。① 美国心理学家查尔斯·唐纳德·斯皮尔伯格（Charles Donald Spielberger）根据稳定性程度将焦虑分为状态焦虑和特质焦虑，状态焦虑（State Anxiety）是指由于环境压力引起的一种短暂的情感状态，如紧张、忧虑；特质焦虑（Trait Anxiety）是指比较持续的对压力或威胁做出过度反应的倾向。② 可根据主要内容将焦虑分为社交焦虑、学业焦虑、考试焦虑等。Spokas 等的研究表明，社交焦虑者普遍存在注意偏差、记忆偏差、消极自我意象和解释偏差等认知偏差。③ 解释偏差是指个体以消极或者威胁性的方式对社交刺激做出错误解释的现象。④

（二）焦虑的成因

存在主义哲学家索伦·阿拜·克尔凯郭尔（Sren Aaby Kierkeggard）在《恐惧与战栗》中认为焦虑的产生与人的自我意识的形成与发展密切相关，是人们面临自由选择时所必然存在的心理体验。⑤ 罗洛·梅（Rollo May）认为产生焦虑的原因是现代社会种种价值观的破裂，使人们不能依照自己的意愿生存，从而体验到空虚、孤独和绝望。西格蒙德·弗洛伊德（Sigmund Freud）早期焦虑理论认为，焦虑是由被压抑的力比多转化而来的，本我是焦虑的根源；后来，他认为焦虑的根源不在本我，而在自我，焦虑是自我将冲突引起的结果当作危险信号去反应，从而产生减弱焦虑，保持稳定的防御机制。精神分析社会文化学派的代表人物卡伦·霍妮（Karen Danielsen Horney）认为人是社会文化的动物，人们的心理行为受到社会文化的决定性影响；焦虑的产生与个体能力有关，无能为力是基本焦虑的特征之一。1995 年戴维·克拉克

---

① May, R., "Understanding and Coping with Anxiety", 2018 - 7 - 23, https://www.existentialanalysis.org.uk/assets/articles/Understanding_ and_ Coping_ with_ Anxiety_ Rollo_ May_ transcription_ Martin_ Adams.pdf.

② Spielberger, C. D., *Manual for the State - Trait Anxiety Inventory (STAI)*, Palo Alto, CA: Consulting Psychologists Press, 1983.

③ Spokas, M. E., et al., "Cognitive Biases in Social Phobia", *Psychiatry*, Vol. 6, No. 5, 2007, pp. 204 - 210.

④ Kanai, Y., et al., "Interpretation Bias for Ambiguous Social Behavior among Individuals with High and Low Levels of Social Anxiety", *Cognitive Therapy and Research*, Vol. 34, No. 3, 2010, pp. 229 - 240.

⑤ [丹麦] 索伦·克尔凯郭尔：《恐惧与战栗》，中国对外翻译出版有限公司2014年版。

（David Clark）和阿德里安·韦尔斯（Adrian Wells）提出的社交焦虑的认知行为模型可用于解释社交焦虑产生的机制①，罗尔德·拉比（Ronld M. Rapee）等在此基础上提出的认知—行为模型较好地解释了社交恐惧环境下社交焦虑的产生机制②。韦尔斯（Wells）提出了泛化焦虑症的认知行为模型，对泛化焦虑的产生机制作了深入的分析。③

（三）焦虑与手机媒体依赖的关系

Boumosleh 等的研究发现焦虑是手机依赖的正向预测因子。④ 王欢等研究了社交焦虑在大学生人格特质与手机依赖之间的关系，发现社交焦虑分别在神经质、严谨性与手机依赖的关系之间起部分中介的作用，该文中使用了《社交焦虑量表》（Interaction Anxiousness Scale，IAS）。⑤ 李宗波等的研究发现社交焦虑在手机依赖与主观幸福感之间起中介作用，该文中使用了《社交焦虑量表》。⑥ 史滋福等的研究发现社交焦虑在人格特质的内外倾向和神经质与手机依赖的关系中存在中介效应。⑦ 张玥等的研究发现手机成瘾不仅能够直接正向预测大学生焦虑，而且能够通过友谊质量的中介作用预测大学生焦虑。⑧ 申曦等人研究表明动机在社交焦虑及智能手机过度使用间起中介作用，并且社交焦虑还可通过孤独感和娱乐、逃避动机的链式中介作用影响智

---

① Clark, D. M., Wells, A., "A cognitive model of social phobia", in Heimberg, R. G., et al., eds., *Social Phobia: Diagnosis, Assessment, and Treatment*, New York: Guilford, 1995, pp. 69 – 93.

② Rapee, R. M., Heimberg, R. G., "A Cognitive - Behavioral Model of Anxiety in Social Phobia", *Behaviour Research and Therapy*, Vol. 35, 1997, pp. 741 – 756.

③ Wells, A., "A Cognitive Model of Generalized Anxiety Disorde", *Behavior Modification*, Vol. 23, No. 4, 1999, pp. 526 – 555.

④ Matar Boumosleh, J., Jaalouk, D., "Depression, Anxiety, and Smartphone Addiction in University Students—A Cross Sectional Study", *PLoS ONE*, Vol. 12, No. 8, 2017, e0182239, https://doi.org/10.1371/journal.pone.0182239.

⑤ 王欢等：《大学生人格特征与手机依赖的关系：社交焦虑的中介作用》，《中国临床心理学杂志》2014 年第 3 期。

⑥ 李宗波等：《大学生手机依赖与主观幸福感：社交焦虑的中介作用》，《心理与行为研究》2017 年第 4 期。

⑦ 史滋福等：《大学生人格特质、社交焦虑与手机依赖的关系》，《心理研究》2017 年第 1 期。

⑧ 张玥等：《手机成瘾与大学生抑郁、焦虑的关系：中介与调节效应分析》，《中国临床心理学杂志》2018 年第 6 期。

能手机过度使用。① 张斌等的一项元分析发现手机使用与焦虑、抑郁存在中等程度的正相关。② 于增艳等的元分析发现智能手机使用可能会增加个体焦虑的风险。③

（四）常用焦虑测量工具介绍

由汉密顿（Hamilton）于1959年编制完成的《汉密顿焦虑量表》（Hamilton Anxiety Rating Scale，HAM-A），是第一个用来评估焦虑症状严重程度的诊断量表，该量表主要用于神经症及其他病人的焦虑程度评估，目前仍在临床和研究领域广泛使用。④ 1971年威廉姆·庄（William W. Zung）开发了焦虑评估工具，分为供患者使用的《焦虑自评量表》（Self-Rating Anxiety Scale，SAS）和供医生临床诊断使用的《焦虑状态量表》（Anxiety Status Inventory，ASI），两个版本的主要区别在于使用者应答方式上。⑤ 1970年美国心理学家查尔斯·唐纳德·斯皮尔伯格（Charles Donald Spielberger）等编制了《状态—特质焦虑量表》（State-Trait Anxiety Inventory，STAI Form X），1979年修订第二版（STAI Form Y），1980年我国学者将第二版翻译为中文。⑥⑦ STAT用来区别评定状态焦虑和特质焦虑及其水平，用自我评定的方式完成。状态焦虑（State Anxiety）是指由于环境压力引起的一种短暂的情感状态；特质焦虑（Trait Anxiety）是指比较持续的对压力或威胁做出过度反应

---

① 申曦、冉光明：《社交焦虑对智能手机过度使用的影响：孤独感和动机的中介作用》，《心理研究》2018年第6期。

② 张斌等：《手机使用与焦虑、抑郁的关系：一项元分析》，《中国临床心理学杂志》2019年第6期。

③ 于增艳、刘文：《智能手机使用与焦虑、抑郁和睡眠质量关系的meta分析》，《中国心理卫生杂志》2019年第12期。

④ Hamilton, M., "The Assessment of Anxiety States by Rating", *British Journal of Medical Psychology*, Vol. 32, No. 1, 1959, pp. 50-55.

⑤ Zung, W. W., "A Rating Instrument for Anxiety Disorders", *Psychosomatics*, Vol. 12, No. 6, 1971, pp. 371-379.

⑥ Spielberger, C. D., et al., *Manual for the State-Trait Anxiety Inventory*, Palo Alto, CA: Consulting Psychologists Press, 1970.

⑦ Spielberger, C. D., et al., *Assessment of Emotional States and Personality Traits: Measuring Psychological Vital Signs*, Butcher JN, Clinical Personality Assessment: Practical Approaches, New York: Oxford University Press, 1995.

的倾向。① 量表包括状态焦虑分量表（S‑AI）和特质焦虑分量表（T‑AI），各包含20个项目，采用李克特4点计分量表（1—4）。S‑AI 和 T‑AI 重测信度分别为0.54、0.86。分别计算两个分量表的总分，S‑AI 反映受试者当前的焦虑程度，T‑AI 反映受试者平时的焦虑，并可据此把患者区分为状态焦虑或特质焦虑。每个分量表可以单独使用，均具有较好的信效度。《广泛性焦虑量表》（*Generalized Anxiety Disorder Assessment*，GAD‑7）是由 Spitzer 等2006年根据 GAD 的诊断标准编制而成的筛查量表，用于广泛性焦虑症状及程度的临床筛查。② 《贝克焦虑量表》（*Beck Anxiety Inventory*，BAI）是美国阿隆·贝克（Aaron T. Beck）在1988年编制完成的自评量表，主要评定受试者被多种焦虑症状烦扰的程度。③④ 常用的焦虑测量工具如表3‑48所示。

表3‑48　　　　　　　　常用焦虑测量工具介绍

序号	量表名称	编制者	量表简介	维度	备注
1	焦虑自评量表（SAS）	Zung, W. W.（1971）	20个条目，4点计分	单维度	中文简版
2	汉密顿焦虑量表（HAM‑A）	Hamilton（1959）	14个条目，5点计分	两个维度、七个因子	中文简版
3	状态—特质焦虑量表（STAI）	Spielberger（1983）	40个题目，4点计分	两个维度、两个因子	中文简版
4	状态焦虑量表（S‑AI）	Spielberger（1983）	20个题目，4点计分	两个因子	中文简版
5	特质焦虑量表（T‑AI）	Spielberger（1983）	20个题目，4点计分	两个因子	中文简版

---

① Spielberger, C. D., *Manual for the State‑Trait Anxiety Inventory (STAI)*, Palo Alto, CA: Consulting Psychologists Press, 1983.

② Spitzer, R. L., et al.,《GAD‑7量表精确诊断广泛性焦虑障碍》,《英国医学杂志：中文版（BMJ）》2007年第2期。

③ Beck, A. T., et al., "Psychometric Properties of the Beck Depression Inventory: Twenty-Five Years of Evaluation", *Clinical Psychology Review*, Vol. 8, No. 1, 1988, pp. 77‑100.

④ Beck, A. T., et al., "An Inventory for Measuring Clinical Anxiety: Psychometric Properties", *Journal of Consulting and Clinical Psychology*, Vol. 56, No. 6, 1988, pp. 893‑897.

续表

序号	量表名称	编制者	量表简介	维度	备注
6	贝克焦虑量表（BAI）	Beck (1988)	21个题目，4点计分	单维	中文简版
7	广泛性焦虑量表（GAD-7）	Spitzer 等 (2006)	7个题目，4点计分	单维	中文简版

（五）本书中焦虑量表的选择

通过上面分析发现，在现有的手机媒体依赖与焦虑的相关研究中，常用的测量量表是《社交焦虑量表》（IAS），但社交依赖量表只可以解释网络虚拟关系使用偏好类型的依赖情况，对于由焦虑引起的其他使用偏好类型可能缺乏解释力。因此，笔者在前期试验研究中选用了《焦虑自评量表》（SAS）和《状态焦虑量表》（S-AI），在前期试测和预分析研究中发现，由于状态焦虑描述的都是相对比较强烈的负面情绪，如"我觉得我可能将要发疯""我手脚发抖打战""我容易心里烦乱或觉得惊恐"等题项，对于大部分正常的被调查对象来说没有达到如此严重的程度，因而大部分人在整个量表的大部分题项中都选择了"1（没有或偶尔）"，这样对学生焦虑水平区别度不大。因此，在后期选用了《特质焦虑量表》（T-AI）用于调查学生的焦虑水平。T-AI含有20个项目，10项为描述负面情绪条目，10项为描述正面情绪条目，用于评定人们经常的情绪体验。量表采用李克特4点评分方式，"1=几乎没有""2=有些""3=经常""4=几乎总是如此"。量表的主要统计指标为总分，10个正面情绪项目（1、3、4、6、7、10、13、14、16、19，在计分单上标*号）均为反向计分，由自评者评定结束后，将20个项目的各个得分相加即得，再乘以1.25以后取得整数部分，就得到标准分。

五　自尊测量工具的选择与修订

（一）自尊的内涵

自尊（self-esteem）是心理学中研究最广泛的心理结构之一，有许多研究者对其内涵进行了自己的界定。理查德·贝德纳（Richard L. Bednar）等认为自尊作为一个主观和现实的自我肯定，反映了个体在心理体验的最基本层面上如何看待和评价自己。①② 查尔斯·库利（Charles Horton Cooley）基于镜映自我理论认为自尊是指个体在社会交往中设想别人对自己的评价并且从这些评价中摄取他们自己的形象，据此形成与自我感觉相联系的带有情感与评价性质的观念。③ 斯坦利·库珀史密斯（Stanley Coopersmith）认为自尊是指个体对自己持有的稳定的评价，它表达了一种肯定或否定的态度，表明个体在多大程度上相信自己是有能力的、重要的、成功的和有价值的。④ 罗森伯格（Rosenberg）认为自尊是反映知觉到的个体的现实自我状态和理想或期望的自我状态之间差异的指标。⑤⑥ 个体对其自我价值的评价一般包括三个方面：个体独立的个人价值、个体在与重要他人关系中的价值、个体在社会群体中的价值。⑦ 据此，自尊可以区分为个体自尊、关系自尊与集体自尊。⑧⑨ 关于自尊的结构有一维结构、二维结构、三维结构、四维结构和有层次的多维结构等。⑩

---

① Bednar, R. L., Peterson, S. R., "Self-esteem: Paradoxes and Contradictions", in Bednar, R. L. ed. *Self-Esteem: Paradoxes and Innovations in Clinical Theory and Practice*, American Psychological Association, 1995, pp. 1–17.

② Foddis, W. F., "Branden's Self-Esteem Theory within the Context of Academic Psychology", *The Journal of Ayn Rand Studies*, Vol. 16, No. 1–2, 2016, pp. 187–206.

③ Cooley, C. H., *Human Nature and the Social Order*, New York: Scribner, 1909.

④ Coopersmith, S., *The Antecedents of Self-Esteem*, San Francisco: W. H. Freeman & Co., 1967.

⑤ Rosenberg, M., "Rosenberg Self-Esteem Scale (RSE), Acceptance and Commitment Therapy", *Measures Package*, Vol. 61, No. 1, 1965, p. 52.

⑥ Gray-Little, B., et al., "An Item Response Theory Analysis of the Rosenberg Self-Esteem Scale", *Personality and Social Psychology Bulletin*, Vol. 23, No. 1, 1997, pp. 443–451.

⑦ Gaertner, G., et al., "A Motivational Hierarchy within: Primacy of the Individual Self, Relational Self, or Collective Self?", *Journal of Experimental Social Psychology*, Vol. 48, No. 5, 2012, pp. 997–1013.

⑧ 刘芳、杜洪飞：《关系自尊：概念、测量和功能》，《心理技术与应用》2020年第2期。

⑨ 刘芳、杜洪飞：《关系自尊：概念、测量和功能》，《心理技术与应用》2020年第2期。

⑩ 张静：《自尊问题研究综述》，《南京航空航天大学学报》（社会科学版）2002年第2期。

（二）自尊与手机媒体依赖的关系

叶娜等发现自尊对手机社交成瘾有负向预测力[①]；吕帅等发现自尊既可以直接预测手机成瘾，也可以通过同伴关系间接预测手机成瘾[②]；崔玉玲等发现学生自尊和孤独感能显著预测手机依赖，预测量为13%和14%[③]。詹启生等发现反向自尊在大学生自我隐瞒和手机成瘾之间起中介作用[④]；刘艳等发现高职大学新生的自尊和手机依赖显著负相关，社会性问题解决和孤独感在自尊与手机依赖之间起了中介作用[⑤]。祖静等发现自尊和手机依赖呈负相关，自尊通过幻想和退避两种应对方式预测手机依赖[⑥]。陈艳等认为自主支持与自尊在主观幸福感与大学生手机依赖行为之间起链式中介作用[⑦]。张亚利等发现大学生自我控制和人际适应性在自尊与手机成瘾倾向的关系中起链式中介作用[⑧]。廖慧云等发现自尊与手机成瘾倾向显著负相关，手机成瘾倾向通过羞怯对人际关系困扰的间接效应受到自尊的调节[⑨]。李丽博士学位论文研究发现自尊和孤独感在冲动性人格特质与智能手机成瘾的关系

[①] 叶娜等：《自尊对手机社交成瘾的作用：有调节的中介模型分析》，《中国临床心理学杂志》2019年第3期。

[②] 吕帅、邱宗满：《自尊对大学生手机成瘾的影响：同伴关系的中介作用和自我认知的调节作用》，《现代预防医学》2020年第2期。

[③] 崔玉玲等：《大学生手机依赖与自尊、孤独感的关系》，《中国健康心理学杂志》2015年第8期。

[④] 詹启生、许俊：《自我隐瞒与大学生手机成瘾的关系：反向自尊和心理压力的中介作用》，《中国特殊教育》2020年第2期。

[⑤] 刘艳、周少斌：《高职大学新生自尊、社会性问题解决、孤独感与手机依赖的关系》，《中国健康心理学杂志》2019年第5期。

[⑥] 祖静等：《大学生自尊与手机依赖的关系：应对方式的多重中介作用》，《中国特殊教育》2016年第10期。

[⑦] 陈艳：《主观幸福感对手机依赖的影响：自主支持和自尊的链式中介作用》，《中国特殊教育》2019年第5期。

[⑧] 张亚利：《大学生自我控制与人际适应性在自尊与手机成瘾倾向间的中介作用》，《中国心理卫生杂志》2018年第5期。

[⑨] 廖慧云等：《大学生手机成瘾倾向、自尊及羞怯与人际关系困扰的关系》，《中国临床心理学杂志》2016年第5期。

中起链式中介作用。① 自尊、孤独、交往焦虑等是手机成瘾影响因素。② 自尊与手机成瘾之间具有显著负相关，自尊通过社交焦虑和人际敏感的序列中介作用间接影响手机依赖。③④ 自尊在孤独感对手机依赖的影响中没有起到直接的中介作用，但它通过影响安全感在孤独感和手机依赖之间形成了孤独感—自尊—安全感—手机依赖的链式中介的效应。⑤ 自尊和亲子关系能显著预测青少年智能手机成瘾。⑥ 自尊能显著预测大学生网络成瘾倾向。⑦

（三）常用自尊测量工具介绍

目前自尊的测量主要采用自我报告法。根据量表测量自尊的关系可分为个人整体自尊、关系自尊和集体自尊。《Rosenberg 自尊量表》(The Self-Esteem Scale, SES) 是罗森伯格（Rosenberg）于1965 年开发的评定青少年关于自我价值和自我接纳的总体感受的自评量表。⑧ 我国学者季益富等于1993 年将其翻译并修订为中文版。⑨《集体自尊量表》(Collective Self-Esteem Scale, CSES) 是詹尼佛·克洛克（Jennifer Crocker）等于1992 年开发的用于评估个体在社会群体中获得的自我价值的量表，包含四个分量表：私密性集体自尊、公众性集体自尊、成员

---

① 李丽：《大学生智能手机成瘾的冲动性和其他相关因素及成瘾干预对策研究》，博士学位论文，吉林大学，2016 年。

② 杨亮：《医学高职生手机成瘾影响因素的配比病例对照》，《中国健康心理学杂志》2016 年第12 期。

③ 游志麒、张颖如：《自尊对手机成瘾的影响：社交焦虑与人际敏感性的序列中介》，《中国心理学会第二十届全国心理学学术会议——心理学与国民心理健康摘要集》，中国心理学会2017 年版，第34—35 页。

④ You, Z., et al., "How does Self-Esteem Affect Mobile Phone Addiction? The Mediating Role of Social Anxiety and Interpersonal Sensitivity", *Psychiatry Research*, Vol. 271, No. 1, 2019, pp. 526-531.

⑤ 贾丽娟：《高中生手机依赖与孤独感的关系：自尊和安全感的中介效应》，硕士学位论文，河北师范大学，2018 年。

⑥ 喻典：《中学生智能手机成瘾：亲子关系和自尊的作用机制及其应对建议》，硕士学位论文，华中师范大学，2018 年。

⑦ 李艳等：《大学生网络成瘾与自尊孤独感的相关研究》，《中国学校卫生》2013 年第8 期。

⑧ Rosenberg, M., *Society and the Adolescent Self-Image*, Princeton, NJ: Princeton University Press, 1965.

⑨ 季益富、于欣：《自尊量表》，《中国心理卫生杂志社》1999 年增刊。

资格自尊和身份重要性集体自尊。①②③④《自尊调查表》(The Self-esteem Inventory, SEI) 由斯坦利·库珀史密斯 (Stanley Coopersmith) 于1967年开发，用以评定测试对象在几个方面对自己的态度，最初是为儿童设计的，赖登 (Ryden) 修改后适用于成人。⑤ 此外，还有《关系权变自尊量表》(Relation Based Self-Esteem Scale, RBSES) 和《能力权变自尊量表》(Competence Based Self-Esteem Scale, CBSES) 等。⑥⑦当前常用的自尊测量工具见表3-49。

表3-49　　　　　　　　　常用自尊测量工具介绍

序号	量表名称	编制者	量表简介	维度	备注
1	自尊量表（SES）	Rosenberg (1965)	10个条目，4点计分	单维度	中文翻译
2	集体自尊量表（CSES）	Crocker 等 (1992)	10个条目，7点计分	四个因子	
3	自尊调查表（SEI）	Coopersmith (1967)	58个条目，2点计分	五个维度	
4	儿童自尊量表（CSES）	魏运华 (1997)	26个条目，5点计分	六个维度	中文
5	关系权变自尊量表（RBSES）	Johnson (2007)	12个条目，5点计分	两个维度	

① Crocker, J., Luhtanen, R., "A Collective Self-Esteem Scale: Self-Evaluation of One's Social Identity", *Personality and Social Psychology Bulletin*, Vol. 18, No. 3, 1992, pp. 302-318.

② Crocker, J., et al., "Collective Self-Esteem and Psychological Well-Being among White, Black, and Asian College Students", *Personality and Social Psychology Bulletin*, Vol. 20, 1994, pp. 503-513.

③ 王萌、卢宁：《集体自尊的研究评述》，《社会心理科学》2014年第9期。

④ 王柳生：《集体自尊：概念、测量和应用研究》，《南通大学学报》（教育科学版）2009年第4期。

⑤ Ryden, M. B., "An Adult Version of the Coopersmith Self-Esteem Inventory: Test-Retest Reliability and Social Desirability", *Psychological Reports*, Vol. 43, 1978, pp. 1189-1190.

⑥ Johnson, M., Blom, V., "Development and Validation of Two Measures of Contingent Self-Esteem", *Individual Differences Research*, Vol. 5, No. 4, 2007, pp. 300-328.

⑦ 朱贺、刘爱书：《能力权变自尊量表和关系权变自尊量表测评大学生人群的效度和信度》，《中国心理卫生杂志》2018年第9期。

续表

序号	量表名称	编制者	量表简介	维度	备注
6	能力权变自尊量表（CBSES）	Johnson（2007）	14个条目，5点计分	三个维度	

（四）本书中自尊量表的选择

基于以上分析，本书研究选用《Rosenberg自尊量表》（SES）中文版。SES中文版是目前国内使用率最高、应用最为广泛的自尊测量工具，这主要源于SES的两大优点：信效度高和简明方便。Fleming等报告的克朗巴哈α系数为0.88，重测相关系数为0.82。[①] 由于文化差异，中国被试对第8题的理解与国外被试存在不同的含义，从而使该量表在国内的使用受到一定影响和限制。通过中文版与英文版的对比，田录梅（2006）结合数据分析研究发现，SES中文版在使用中若去掉第8题，将提升该量表的信效度；若把它作为正向题计分，也能提升量表的信度；但无论如何它都不适合作为反向题处理。[②] 量表采用李克特4点计分方式：1=完全不同意，2=不同意，3=同意，4=完全同意。总分值越高，代表自尊程度越高。适用于评价个体关于自我价值和自我接纳的整体感受，有较好的单维结构，具有文化普遍性。

第四节 青少年手机媒体使用情况综合调查问卷编制

一 手机媒体使用情况综合调查问卷个人基本特征变量设计

手机媒体依赖作为一种当前普遍存在的社会现象，它不但具有客观性、普遍性等共性特质，还存在个体差异，因而设置必要的人口学统计变量对于细化描述手机媒体依赖实际情况具有重要意义。[③] Aldhaban研

[①] Fleming, J. S., Courtney, B. E., "The Dimensionality of Self-Esteem: II. Hierarchical Facet Model for Revised Measurement Scales", *Journal of Personality and Social Psychology*, Vol. 46, No. 2, 1984, pp. 404–421.

[②] 田录梅：《Rosenberg（1965）自尊量表中文版的美中不足》，《心理学探新》2006年第6期。

[③] 董新良、李菊：《义务教育质量：人口学变量及其影响》，《教育理论与实践》2019年第13期。

究发现手机使用情况受设备功能、网络服务、社会因素及个人特征等多方面因素的影响,其中个人特征包括人格、习惯、经验、年龄等方面。① Toda 等的研究发现性别、居住状态(Mode of Residence)、时型(Chronotype)等是智能手机依赖的预测因素;其中,居住状态是指和家人一起居住还是独居(Solitary);时型是指平时睡觉和起床的方式,如早睡早起型或晚睡晚起型。② Kim 等认为性别、年龄等个人因素与手机依赖密切相关。③ 我国学者也研究了手机媒体依赖在性别等因素方面的差异。④⑤ 刘红等的研究发现理科大学生和文科大学生的手机依赖水平存在差异。⑥ 黄海等的研究发现大学生手机依赖得分在性别与专业类型间差异有统计学意义。⑦⑧ 王芳等的研究发现大学生手机使用情况随年级升高而增加,是否在班内担任职务和是否恋爱在有无手机依赖方面存在显著差异。⑨ 欧阳文芳的研究发现大学生手机依赖在性别、专业类型、年级、生源地等因素方面存在不同程度的差异。⑩ 肖祥调查发现大学生手机依赖在性别、年级、是否独生、生源地、学校类别和专业类比

---

① Aldhaban, F., "Exploring the Adoption of Smartphone Technology: Literature Review", 2012 Proceedings of PICMET '12: Technology Management for Emerging Technologies, Vancouver, BC, Portland, 2012, pp. 2758–2770.

② Toda, M., et al., "Predictive Factors for Smartphone Dependence: Relationship to Demographic Characteristics, Chronotype, and Depressive State of University Students", *Open Journal of Preventive Medicine*, Vol. 5, No. 12, 2015, pp. 456–462.

③ Kim, Y., et al., "Personality Factors Predicting Smartphone Addiction Predisposition: Behavioral Inhibition and Activation Systems, Impulsivity, and Self–Control", *PLoS ONE*, Vol. 11, No. 8, 2016, pp. e0159788.

④ Mok, J. Y., et al., "Latent Class Analysis on Internet and Smartphone Addiction in College Students", *Neuropsychiatric Disease and Treatment*, Vol. 10, 2014, pp. 817–828.

⑤ Chen, B. F., et al., "Gender Differences in Factors Associated with Smartphone Addiction: A Cross–Sectional Study among Medical College Students", *BMC Psychiatry*, Vol. 17, No. 1, 2017, p. 341.

⑥ 刘红、王洪礼:《大学生的手机依赖倾向与孤独感》,《中国心理卫生杂志》2012 年第 1 期。

⑦ 黄海等:《大学生手机依赖与心理健康的关系》,《中国学校卫生》2013 年第 9 期。

⑧ 黄海等:《手机依赖指数中文版在大学生中的信效度检验》,《中国临床心理学杂志》2014 年第 5 期。

⑨ 王芳等:《山西大学本科生手机依赖研究》,《中国健康教育》2008 年第 5 期。

⑩ 欧阳文芳:《大学生手机成瘾与人格特质、心理健康的关系》,硕士学位论文,湖南师范大学,2015 年。

方面存在不同程度的差异。① 张霞等的回顾性研究发现性别、年龄、年级、专业、生源地等因素对手机依赖有一定的影响。② 柴晶鑫考察了性别、年级、成长地点、是否独生子女、手机使用年限、每周使用时长等因素。③ 刘勤学等发现智能手机成瘾受多种因素的影响，主要包括智能手机本身因素（如功能的集合性、内容的个性化和定制化、易得性和便利性）、个体因素（性别、年龄、生源地、学历等人口学因素；人格因素、情绪体验、使用动机）和环境因素（经济水平、独生子女、祖辈抚养等家庭环境和商业环境）等。④ 基于以上分析，结合本书研究主要对象是面向青少年人群的实际情况，本书综合调查问卷中加入了性别、年龄、学段、年级、成长环境等人口学或个体基本特征方面的变量。每个变量的变数及其含义、编码等信息见表3－50。

表3－50　　手机媒体使用情况综合调查问卷人口学变量

变量名称	变数	含义	编码
性别	男	身份证信息上的性别	1
	女	身份证信息上的性别	2
年龄	1—100	周岁	填写
学科或专业	自然科学	数理化生地等理科	1
	人文科学	文历哲艺美	2
	工程技术	工程和技术类专业	3
	农业科学	农学相关专业	4
	医学药学	医学院开设主要专业	5
	职业技术	非本科院校的专业	6
	社会科学	教体公共管理等	7
	其他	无法归入以上专业	8

---

① 肖祥：《大学生人格特质、手机使用动机与手机依赖的关系》，硕士学位论文，湖南师范大学，2014年。
② 张霞等：《青少年手机依赖国内外研究进展》，《中国学校卫生》2016年第11期。
③ 柴晶鑫：《大学生手机依赖行为意向及影响因素研究》，博士学位论文，吉林大学，2017年。
④ 刘勤学等：《智能手机成瘾：概念、测量及影响因素》，《中国临床心理学杂志》2017年第1期。

续表

变量名称	变数	含义	编码
学段	小学	1—6年级	1
	初中	7—9年级	2
	高中（中职或中专）	普通高中、职业高中、中专等	3
	大专（或专科高职）	普通大学、职业高专	4
	本科（或本科高职）	普通本科、高职本科	5
	研究生及以上	硕士、博士、博士后等	6
年级	1年级	包括各学段1年级	1
	2年级	包括各学段2年级	2
	3年级	包括各学段3年级	3
	4年级	包括各学段4年级	4
	5年级	小学5年级或高校延期毕业	5
	6年级	小学6年级或高校延期毕业	6
	已毕业	各学段已经毕业学生	7
成长环境	城镇	主要成长环境在城镇	1
	农村	主要成长环境在农村	2
拥有电子设备	智能手机		1
	平板电脑（Pad）		2
	笔记本电脑		3
	台式电脑		4
	电子阅读器（Kindle）		5
手机使用时长	1个月		1
	2个月		2
	3个月		3
	4个月		4
	5个月		5
	6—12个月		6
	13—18个月		7
	19个月以上		8
	没有手机		9

二 手机媒体使用情况综合调查问卷合成编制

（一）综合调查问卷合成与评分系统设计

通过前面的研究工作，研究团队开发了《手机媒体依赖水平量表（SMDI）》和《手机媒体使用偏好量表（SMPI）》，选择了 CES-D10 作为抑郁测量工具、ULS-8 作为孤独测量工具、BPS-SF 作为无聊测量工具、T-AI 作为焦虑测量工具、SES 作为自尊测量工具。各测量工具的基本情况见表 3-51。

表 3-51　手机媒体使用情况综合调查工具子量表选用情况

变量	量表选用	题项	计分方式
手机依赖水平	SMDI（自编）	18 项	5 点计分（程度：1 完全不符合—5 非常符合）
手机使用偏好	SMPI（自编）	20 项	5 点计分（频度：1 从不—5 频繁）
抑郁	CES-D10	10 项	4 点计分（频度：0 没有—3 绝大多数时间）
孤独	ULS-8	8 项	4 点计分（频度：1 从不—4 总是）
无聊	BPS-SF	12 项	7 点计分（程度：1 完全不同意—7 完全同意）
焦虑	TAI	20 项	4 点计分（频度：1 几乎没有—4 几乎总是如此）
自尊	SES	10 项	4 点计分（程度：1 很不符合—4 非常符合）

可见，以上各个量表的计分方式存在差异，有的采用 Likert5 计分，有的采用 Likert4 计分，有的采用 Likert7 计分。为了让填答者在整份量表填答过程中不至于感到过于混乱，笔者根据现有量表实际及调查问卷最优排版和施测需要，对 PPS-SF 量表的计分进行了调整，将其调整为四点计分系统。调整后的计分系统如表 3-52 所示。

表 3-52　手机媒体依赖情况综合调查工具计分系统设计

子量表	计分等级	分值范围	转化系数	计分标准
SMDI	Likert5	16—80	1.25	程度：1—完全不符合　2—比较不符合　3—有点符合　4—比较符合　5—非常符合
SMPI	Likert5	18—90	1.111	频度：1—从不　2—偶尔　3—有时　4—经常　5—频繁

续表

子量表	计分等级	分值范围	转化系数	计分标准
CESD10	Likert4	10—40	2.5	频度：1—没有或很少有　2—有时　3—时常　4—绝大多数或全部时间
ULS8	Likert4	8—32	3.125	频度：1—没有或很少有　2—有时　3—时常　4—绝大多数或全部时间
BPSSF	Likert4	12—48	2.083	程度：1—不同意　2—有点同意　3—基本同意　4—非常同意
TAI	Likert4	20—80	1.25	频度：1—几乎没有　2—有时有　3—经常有　4—几乎总是如此
SES	Likert4	10—40	2.5	程度：1—不同意　2—有点同意　3—基本同意　4—非常同意

（二）综合调查问卷测谎题设计

由于合成后综合调查问卷较长，被调查对象可能在数据填写过程中出现不认真填答的情况。为了调查问卷收集完成后能够科学筛选有效问卷，笔者首先根据各子量表题项数量对综合问卷排版顺序进行了规划，即为了保证被调查对象舒适阅读，每页题项数保持在20个左右；据此将几个子量表组合形成了五个部分，每个部分单独成页排版，并且每页题项序号从1开始。在问卷排版规划结束后，在每部分（或每页）的中后部分增设测谎题。其中SMDI、SMPI两份问卷内含测谎题，其余三部分则在整份问卷中间或两份问卷之间增设了测谎题目。综合问卷测谎题设计见表3-53。

表3-53　　　手机媒体使用情况综合调查问卷测谎题设计

序号	第1部分	第2部分	第3部分	第4部分	第5部分
1	SMDI-1	SMPI-1	TAI-1（*）	CESD-1	BPSSF-1（*）
2	SMDI-2	SMPI-2	TAI-2	CESD-2	BPSSF-2（*）
3	SMDI-3	SMPI-3	TAI-3（*）	CESD-3	BPSSF-3
4	SMDI-4	SMPI-4	TAI-4（*）	CESD-4	BPSSF-4（*）
5	SMDI-5	SMPI-5	TAI-5	CESD-5（*）	BPSSF-5
6	SMDI-6	SMPI-6	TAI-6（*）	CESD-6	BPSSF-6

续表

序号	第1部分	第2部分	第3部分	第4部分	第5部分
7	SMDI-7（*）	SMPI-7（测谎）	TAI-7（*）	CESD-7	BPSSF-7（*）
8	SMDI-8	SMPI-8	TAI-8	CESD-8（*）	BPSSF-8（*）
9	SMDI-9	SMPI-9	TAI-9	CESD-9	BPSSF-9
10	SMDI-10	SMPI-10	TAI-10（*）	CESD-10	BPSSF-10
11	SMDI-11	SMPI-11	TAI-11	测谎题	BPSSF-11
12	SMDI-12（测谎）	SMPI-12	TAI-12	ULS8-1	BPSSF-12（*）
13	SMDI-13	SMPI-13	TAI-13（*）	ULS8-2	测谎题
14	SMDI-14	SMPI-14	TAI-14（*）	ULS8-3（*）	SES-1
15	SMDI-15	SMPI-15	TAI-15	ULS8-4	SES-2
16	SMDI-16	SMPI-16	测谎题	ULS8-5	SES-3（*）
17	SMDI-17	SMPI-17	TAI-16（*）	ULS8-6（*）	SES-4
18	SMDI-18（测谎）	SMPI-18	TAI-17	ULS8-7	SES-5（*）
19	—	SMPI-19（测谎）	TAI-18	ULS8-8	SES-6
20	—	SMPI-20	TAI-19（*）	测谎题	SES-7
21	—	—	TAI-20	—	SES-8（*）
22	—	—	—	—	SES-9（*）
23	—	—	—	—	SES-10（*）

注：*表示该题项为反向计分题。

（三）综合调查问卷指导语设计

在综合调查问卷版面设计中将五部分内容按照每部分单页独立的方式排版，并且对每页的题项序号从1开始重新编号，这样可以最大限度地减少被调查对象填答压力。每部分内容增加1个指导语，如表3-54所示。

表3-54　手机媒体使用情况综合调查问卷指导语设计

部分	量表	指导语
1	SMDI	指导语：下面是一些描述人们手机使用习惯的陈述，请根据每条描述与您最近1个月实际情况相符程度在后面相应的数字上打"√"。例如："你晚上睡觉前总会看会儿手机"非常恰当地描述了您的实际情况，那么请您在"非常符合"对应的数字"5"上打"√"，其他以此类推。

续表

部分	量表	指导语
2	SMPI	指导语：下面是一些描述人们手机使用行为方面的具体描述，请根据每个项目描述的行为最近1个月在您身上发生的频率，在后面相应的数字上打"√"。例如："使用手机看新闻"这件事最近在您身上频繁发生，那么请您在"频繁"对应的数字"5"上打"√"，其他以此类推。
3	TAI	指导语：下面是一些人们用来描述自己情绪状态方面的陈述，请根据每条描述与您最近1个月实际情况相符程度在相应的数字上打"√"。例如："我感到心烦意乱"这种感觉在您身上"非常明显或几乎总是如此"，则在其对应的数字"4"上打"√"，选择没有对错之分，不要对任何一个陈述花太多的时间去考虑，但所给的回答应该是你平常所感觉到的。
4	CESD ULS8	指导语：下面列出的是一些人们用来描述自己感受方面的陈述，请根据每条陈述与您最近1个月实际情况相符程度在相应的数字上打"√"。例如："我感到高兴"这条描述符合您最近1个月"绝大多数或全部时间"的整体感受，则在"绝大多数或全部时间"对应的数字"4"上打"√"，选择没有对错之分。
5	BPSSF SES	指导语：下面是一些用来描述人们对自己评价方面的陈述，请根据每条陈述与您最近1个月实际情况相符程度在后面相应的数字上打"√"。例如："我觉得自己是幸福的"这条陈述完全符合您的实际状况，则在"非常同意"对应的数字"4"上打"√"。选择没有对错之分。

三 手机媒体使用情况综合调查问卷其他设计

（一）综合调查问卷编号设计

作为一项纵向跟踪调查研究，需要对每个被调查对象设计统一标识码，以便准确识别对象并做前后对比分析。一般来说身份证号是最为有效的统一标识码，但鉴于部分被调查对象可能没有熟记身份证号或担心笔者可以通过身份证号很容易地追溯到个人，从而泄露个人手机使用情况隐私，为此，笔者根据和青少年多次交流讨论决定采用手机号码中间5位数字和QQ号前5位数字组合的方式作为被调查对象在本书研究过程中的统一标识码。这样既可以最大限度地保护被调查对象的隐私，也可提供双重保险将前后两次调查数据配对。被调查对象统一标识码信息收集方式见图3-4。

1. 您的手机号码（只填中间5位数字）：	*	*	*					*	*	*
2. 您的QQ号码（只填前5位数字）：						*	*	*	*	*

图3-4 被调查对象统一标识码信息收集方式

注：本部分信息仅用于前后两次系统调查结果配对和问卷填写酬金的核发，为保护您的隐私，我们隐去部分信息，请放心填写剩余部分。

（二）综合调查问卷调查方式设计

由于本次调查使用的综合调查问卷题量较大，并且根据研究计划需要进行多次系统跟踪调查，为了尽可能保证问卷填答质量，本书制定了如下施测方式：①以班级为单位进行集中统一调查，确保全班同学有30分钟左右的时间专心参与调查活动；②现场发放打印版纸质问卷供被调查对象填写；③施测过程中采用统一标准化指导语，根据在场施测人员统一进度安排完成填答；④根据课题研究计划为被调查对象提供问卷填答酬金（20元人民币/份），并对有效问卷和无效问卷、参与一次调查和参与两次调查的酬金发放做区别对待。

四 手机媒体使用情况综合调查问卷施测手册

综合调查问卷编制完成后，笔者根据施测需要编制了《手机媒体使用情况调查问卷实施指导手册》，从调查预约、调查过程指导语、调查后问卷统一编码和录入等方面做了详细指导与记录。

（一）综合调查问卷施测计划预约

调查班级抽样结束后，分别由3人组成的各班调查小组需要根据笔者统一安排和被调查班级辅导员或班长取得联系，并协商确定调查时间和调查地点。调查时间安排要求如下：①全班所有学生能够集中统一填写；②调查问卷实测预留时间30分左右。每个调查小组预约好时间后做好记录，准备好调查问卷、调查手册及相关记录表，提前20分钟到达约定地点准备施测。

（二）综合调查问卷施测过程指导

问卷调查施测小组由3人组成，其中1人为主试，负责整个调查活动的组织与指导；其余两名负责协助发放和收集调查问卷。实测过程组

织与指导语宣读由主试进行。按照顺序完成如下工作:

（1）朗读《致调查对象的知情信》,介绍调查目的、调查方式及酬金发放等事宜,要求被调查对象在知情书上签字确认（3分钟左右）;

（2）指导被调查对象填写人口学信息部分,个人填完后等待（2分钟左右）;

（3）朗读填写提示及要求:①以下各道题的回答均根据您最近1个月的实际情况填写;②填答的过程中不要与同伴商量或交流,请根据自己的情况如实填写;③请认真阅读每道题目,但做选择时不要考虑太多,答案没有好坏或对错之分（1分钟左右）;

（4）指导被调查对象填写问卷第一部分（指导语必须朗读）,填完等待（4分钟）;

（5）指导被调查对象填写问卷第二部分,填完等待（4分钟）;

（6）指导被调查对象填写问卷第三部分,填完等待（4分钟）;

（7）指导被调查对象填写问卷第四部分,填完等待（4分钟）;

（8）指导被调查对象填写问卷第五部分,填完等待（4分钟）;

（9）向被调查对象致谢并提示被调查对象是否愿意参与个人访谈。内容如下:"再次感谢您的参与,所有题项均已回答完毕!如果我们在后续研究中需要邀请您参与其他相关研究（如参与另外的问卷调查或个别访谈）,您是否同意我们联系您?"如果愿意请要求被调查对象选择"愿意"并留下完整的手机号码或QQ号以便联系（2分钟）。

（三）综合调查问卷施测情况登记表

综合调查问卷施测结束后,调研小组需现场填写"调查问卷发放回收情况登记表"用以详细登记问卷方法回收情况。如表3-55所示。

表3-55 调查问卷发放回收情况登记表

调查时间		调查地点	
调查对象（班级）		班级人数（到场）	
发放问卷（份）		放弃填答（人）	
回收问卷（份）		有效问卷（份）	
联系老师		联系电话	

续表

调查过程情况登记	（1）是否有老师在场　　○有　　○无 （2）填答时间是否充足　○是　　○否 其他情况，请备注：		
无效问卷信息	手机号（中间5位数字）		QQ号（前5位数字）
班级联络员（班长）		联系电话	
银行账号信息 （最好是建行）	户名： 账号：	开户行： 身份证号：	
调查实施人员			

（四）综合调查问卷编码规则

调查问卷回收返回后，需要对回收的每份调查问卷做统一编码，问卷编码采用六位数字（或字符）标识，以便能够将数据库中的每笔数据和每份问卷一一对应，便于后期分析阶段核查。综合调查问卷统一编码规则如表3-56所示。

表3-56　　　　　综合调查问卷统一编码规则

编号位置	编码信息	编码规则	备注
第1位	轮次编码	1＝首次 2＝第2次	计划调查2次
第2位	学校编码	1＝**大学 2＝**大学 ……	按照首次实施测试顺序为学校编码；超过9则用大写字母继续编码（如A、B、C）
第3—4位	班级编码	01＝*专业19*班 02＝…… ……	对每个学校的班级重新编码（从1开始）
第5—6位	学生信息	01—40……	按照收集顺序对每份问卷分配编号

（五）综合调查问卷数据录入

问卷编码结束后，需要及时录入问卷数据。问卷录入2人一组，1人报告1人录入。录入结束后由核查人员随机抽检数据，每个班级抽检5份。为了保证数据录入质量可靠，需要将每份问卷数据录入责任对应到人，因此做了表3-57用于登记数据录入情况。

表3-57　　　　　　　　调查问卷录入登记

学校	班级名称	班级编号	班级人数	问卷编码范围	录入责任人
学校1	班级1	1	30	110101—110130	成员1、成员2
	班级2	2	32	110201—110232	成员3、成员4
	班级n				
学校2	班级1	1	35	120101—120135	
	班级n	2	43	120201—120243	
学校n	班级1				
	班级n				

五　手机媒体使用情况调查问卷信度检验

综合调查问卷合成后，首先完成3个班级的问卷调查，然后对各子量表信度做了分析，手机媒体使用情况调查问卷各子量表（或分量表）信度分析如表3-58所示。可见，除手机媒体使用偏好量表外，其他各量表信度良好。

表3-58　手机媒体使用情况调查问卷各子量表（或分量表）信度分析（N=104）

总量表	分量表	项目数（不含测谎）	内部一致性系数α
手机依赖水平（SMDI）		16	0.847
	拖延性	5	0.816
	突显性	3	0.459
	冒险性	4	0.598
	戒断性	4	0.691
手机使用偏好（SMPI）		18	0.674

续表

总量表	分量表	项目数（不含测谎）	内部一致性系数 α
手机使用偏好（SMPI）	生活方式	3	0.558
	手机阅读	3	0.468
	网络色情	3	0.777
	手机游戏	3	0.427
	休闲娱乐	3	0.501
	仪式惯习	3	0.879
特质焦虑（TAI）		20	0.821
抑郁（CES-D10）		10	0.812
孤独（ULS-8）		8	0.807
无聊（BPS-SF）		12	0.693
自尊（SES）		10	0.809

第四章

青少年手机媒体使用与依赖现状分析

第一节 调查对象抽样与特征描述

一 调查对象抽样原则与确定

作为一项大规模纵向跟踪调查研究，合适的抽样既是保证课题研究结论科学有效的前提，也是确保课题研究工作顺利开展并完成的关键。本书以研究青少年手机媒体依赖的形成机制为核心问题，主要研究对象是青少年。但在学术研究理论中对"青少年"的界定因学科背景、关注焦点不同而存在差异。心理学界根据生理和心理的发展特点，一般将青年期界定在13—25岁；人口学是以人在青春期生理发育的正态曲线分布为依据，把15—25岁确定为青年期进行人口统计；法学以能够独立完全承担法律责任与义务为标准，把18周岁作为未成年人和成年人的界限；社会学则从儿童社会化的角度界定青少年，认为青少年是从依赖成人的儿童到能够进行独立的、负责的成人活动的发展过程；联合国教科文组织在1982年将青少年界定为14—34岁；世界卫生组织在1992年将青年界定为14—44岁；联合国人口基金在1998年将青少年界定为14—24岁；1995年联合国大会的界定年龄是15—24岁。我国国家统计局在人口普查中将15—34岁界定为青年人口；《中国共产主义青年团章程》中将青年界定为 14 周岁以上到 28 周岁以内。①②③ 可见，各学科和实践领域对青少年的界定依然存在巨大差异，但从质性的视角看青少年是一个从依赖父母的儿童逐渐走向独立、负责的成年人的过渡期；从年龄界限来看最低界限为 12 岁，最高则为 44 周岁。《中国青年研究》原主编、中国青少年研究中心主任黄志坚教授认为 21 世纪中国青年的年龄界定应为 14—30 周岁，这个界定是符合我国的社会实际的。④

基于以上对青少年年龄阶段的界定，可以发现本书研究对象从年龄段来说范围非常广，从数量上来说更是数以亿计。基什（Kish）指出一个优秀的抽样设计应该满足四个方面的标准：①目标定向，即抽样设计要以研究设计和研究目标为依据；②可测性，即抽样要为必要的分析提供数据；③可行性，即抽样设计方案在实际中是行得通的；④经济性，即抽样方案要和可得到的人力、财力等资源相吻合。⑤⑥⑦ 基于以上分析，本书拟以刚步入学校的大学新生手机网民为具体调查对象，这是因为刚步入高校的新生离开了父母监管，需要自己面对各种生活压力，在整个学校生活期间将经历相对完整的社会化过程。另外，由于本书采用纵向研究设计，需要对研究对象进行多次调查，因此将采取方便整群抽样的方式，选择笔者所在城市高校的大学生为调查对象，对其在大学期间的手机使用及其他相关情况做连续跟踪调查。

二 调查对象抽样方案设计

本书综合应用分层抽样、整群抽样、目的抽样等抽样方法，在可行性原则指导下最大限度地保证样本的代表性。整群抽样就是以

---

① 黄志坚：《谁是青年？——关于青年年龄界定的研究报告》，《中国青年研究》2003 年第 11 期。
② 李同果：《青年就业难的因素及对策分析》，《中共乐山市委党校学报》2011 年第 1 期。
③ 吴烨宇：《青年年龄界定研究》，《中国青年研究》2002 年第 3 期。
④ 黄志坚：《谁是青年？——关于青年年龄界定的研究报告》，《中国青年研究》2003 年第 11 期。
⑤ Kish, L., *Survey Sampling*, John Wiley and Sons, Inc., New York, 1965.
⑥ ［美］威廉·维尔斯马、斯蒂芬·G. 于尔斯：《教育研究方法导论》，袁振国译，教育科学出版社 2010 年版，第 329—352 页。
⑦ Cherns, A. B., "A Review of 'Survey Sampling'", *Ergonomics*, Vol. 9, No. 2, 1966, pp. 275 – 276.

群体为单位，从较大的包含多个群体的总体中随机选择出样本，被选群内的所有成员都被包含在样本之中。抽样过程如下：①为了便于跟踪调查，本书以研究团队所在市（省会城市）为地理范围，根据方便抽样的原则选择3所不同层次的学校为调查对象，其中A学校为省属"双一流"学科建设高校、B学校为省属普通高校、C学校为省属技术师范学校；②在三所学校整体抽样中保持学科分布平衡；③以班级为单位采取整群抽样方法开展调查。在三所学校中共计抽样班级17个自然班，样本学生数595人。综合调查抽样情况见表4-1。

表4-1　青少年手机媒体使用情况综合调查抽样方案

专业	学校	年级	班级	人数	班级编号
工程技术	A	大学1年级	自动化191	32	104
	A	大学1年级	材料成型192	29	105
	A	大学1年级	食品192	32	106
	A	大学1年级	信息工程192	32	110
农业科学	B	大学1年级	农学1901	30	301
	B	大学1年级	农学1902	30	302
	B	大学1年级	农学1903	32	303
人文科学	A	大学1年级	动画192	25	103
	A	大学1年级	设计191	33	107
	C	大学1年级	中文191	38	204
社会科学	A	大学1年级	行政管理193	31	102
	A	大学1年级	经济学192班	50	109
	C	大学1年级	师范1班	40	203
医药科学	A	大学1年级	护理学191班	30	101
	A	大学1年级	口腔191班级	50	108
自然科学	C	大学1年级	数学1班	43	201
	C	大学1年级	地理1版	38	202
合计				595	17

三 调查对象样本特征分析

在第一次实际调查中共发放纸质调查问卷595份，回收调查问卷546份，问卷回收率近92%。根据测谎题筛选后各子量表和综合量表的有效问卷率如表4-2所示，严格筛选后的整份问卷有效率近70%，这对调查题目超过100项的大型调查来说已经是很高的有效率了，说明问卷实测过程组织科学有效。

表4-2　　　　第一次综合调查问卷有效比分析（N=546）

量表	有效问卷（份）	无效问卷（份）	总量（份）	有效率（%）
SMDI	454	92	546	83.15
SMPI	500	46	546	91.58
TAI	475	71	546	87.00
CESD	477	69	546	87.36
ULS8	477	69	546	87.36
BPSSF	500	46	546	91.58
SES	500	46	546	91.58
整份问卷	382	164	546	69.96

通过对被调查对象人口学变量分析发现，男生（54.8%）和女生（45.2%）的比例基本持平；平均年龄为（18.56±0.964），年龄最小者16岁，最大者22岁，其中18岁的占比达46%；在学科分布上除社会科学（20.0%）占比较高外，其他各学科均在15%左右，学科分布基本平衡；主要生活地在农村（48.5%）和城镇（51.5%）的人数基本持平。被调查对象基本情况分析如表4-3所示。

表4-3　　　　被调查对象基本情况分析（N=546）

		频数	百分比（%）	有效百分比（%）	累计百分比（%）
性别	男	299	54.8	54.8	54.8
	女	247	45.2	45.2	100.0

续表

		频数	百分比（%）	有效百分比（%）	累计百分比（%）
年龄	16岁	1	0.2	0.2	0.2
	17岁	47	8.6	8.6	8.8
	18岁	251	46.0	46.0	54.8
	19岁	160	29.3	29.3	84.1
	20岁	67	12.3	12.3	96.3
	21岁	17	3.1	3.1	99.5
	22岁	3	0.5	0.5	100.0
学科（专业）	自然科学	81	14.8	14.8	14.8
	人文科学	95	17.4	17.4	32.2
	工程技术	92	16.8	16.8	49.1
	农业科学	90	16.5	16.5	65.6
	医药科学	79	14.5	14.5	80.0
	社会科学	109	20.0	20.0	100.0
家庭所在地	城镇	281	51.5	51.5	51.5
	乡村	265	48.5	48.5	100.0
拥有数字设备	手机	543	50.5	99.5	
	平板电脑	73	6.8	13.4	
	笔记本电脑	378	35.2	69.2	
	台式机	52	4.8	9.5	
	阅读器	29	2.7	5.3	

有 99.5% 的被调查对象拥有智能手机，有 69.2% 的被调查对象拥有笔记本电脑。有 83.3% 的被调查对象同时拥有 2 种以上数字设备。被调查对象电子设备拥有情况如表 4-4 所示。

表 4-4　被调查对象电子设备拥有情况（N=546）

频率	频数	有效百分比（%）	累计百分比（%）
拥有1种	136	24.9	24.9
拥有2种	319	58.4	83.3
拥有3种	67	12.3	95.6

续表

频率	频数	有效百分比（%）	累计百分比（%）
拥有4种	20	3.7	99.3
拥有5种	4	0.7	100.0
总计	546	100.0	

第二节 青少年手机媒体使用情况首次调查结果

一 首次综合调查问卷各子量表数据预处理

（一）首次综合调查问卷各子量表总粗分与标准分计算

1. 首次综合调查问卷各子量表总粗分与标准分转换规则

总量表及其各分量表相关题项（反向计分完成后）的加总得到量表的总粗分，但由于各量表的量尺即题项数量不同，总粗分往往缺乏可比性和直观性，因而经常利用转化公式转化取整后得到标准分。一般转化规则为：$Y = \text{Int}(c \times X)$，其中 X 为粗分，Y 为标准分，c 为转换系数，其计算方法为量表总粗分理论最大值除以转换后的量表标准分理论最大值（一般是100）。综合调查问卷各子量表总粗分与标准分转换方案见表4-5。

表4-5　　　　总粗分与标准分转换方案

子量表	计分等级	总粗分范围（X）	转换系数（c）	标准分范围（Y）	转化后量表标识
SMDI	Likert5	16—80	1.250	20—100	S_SMDI
SMPI	Likert5	18—90	1.111	20—100	S_SMPI
CESD10	Likert4	10—40	2.500	25—100	S_CESD
ULS8	Likert4	8—32	3.125	25—100	S_ULS8
BPSSF	Likert4	12—48	2.083	25—100	S_BPSSF
TAI	Likert4	20—80	1.250	25—100	S_TAI
SES	Likert4	10—40	2.500	25—100	S_SES

2. 首次综合调查问卷各子量表总粗分与标准分统计

综合调查问卷各子量表总粗分及转换后的标准分取值范围及均值、

方差统计结果如表4-6所示。

表4-6　　　　各量表总粗分与标准分描述统计（N=546）

量表	N	总粗分					标准分					数据标识
		范围	最小值	最大值	均值	标准差	范围	最小值	最大值	均值	标准差	
SMDI	454	61	19	80	49.24	10.285	76	24	100	61.68	12.862	S_SMDI
SMPI	500	60	18	78	49.34	7.242	67	20	87	54.84	8.061	S_SMPI
CESD10	477	25	10	35	18.45	4.619	63	25	88	46.36	11.574	S_CESD
ULS8	477	24	8	32	14.78	4.376	75	25	100	46.22	13.691	S_ULS8
BPSSF	500	30	12	42	25.82	4.898	62	25	87	53.75	10.158	S_BPSSF
TAI	475	45	28	73	44.52	7.404	56	35	91	55.76	9.263	S_TAI
SES	500	26	13	39	28.89	5.032	65	33	98	72.41	12.681	S_SES

值得特别说明的是，以下所有描述性统计分析中如果没有特殊说明，则在分析中使用的是转换后的标准分。

（二）首次综合调查问卷各子量表分类变量计算

1. 基于SMDI量表的高低分组计算

为了对比不同手机媒体依赖水平（SMDI）被调查对象各方面的差异，需要根据SMDI标准分对个案进行分类，分别选取得分最高27%和得分最低27%的被调查对象为"高分组"和"低分组"。高低分组结果如表4-7所示。

表4-7　　　　根据SMDI标准分进行的高度分析

组别	分组依据	决断值	个案数	占总样本百分比（%）	有效百分比（%）	累计百分比（%）
高分组	前27%	50	221	40.5	62.6	62.6
低分组	后27%	43	132	24.2	37.4	100.0
总计			353	64.7	100.0	

2. 手机媒体使用偏好（SMPI）类型确定

为了分析不同手机媒体使用偏好被调查对象各方面的差异，需要确定每个调查对象所属的主要手机媒体使用偏好类型,步骤如下:①将生活方式(A)、手机阅读(B)、网络色情(C)、手机游戏(D)、休闲娱乐(E)、仪式惯习(F)六个子量表标准分转化为标准分数Z;②根据生活方式(A)、手机阅读(B)、网络色情(C)、手机游戏(D)、休闲娱乐(E)、仪式惯习(F)六个维度标准分数Z的最大值确定个案的手机媒体使用偏好类型。例如,图4-1中编号为1的个案六个维度中"仪式惯习"维度的Z值最大,据此将其归为"仪式惯习型"手机使用偏好。也可将每个个案确定为两种类型结合的复合类型,例如编号为1的个案同时也是FD(仪式惯习+手机游戏)型,其他以此类推。

	ZS_SMPIa_生活方式	ZS_SMPIa_手机阅读	ZS_SMPIa_网络色情	ZS_SMPIa_手机游戏	ZS_SMPIa_休闲娱乐	ZS_SMPIa_仪式惯习	依赖类型	复合类型
1	-0.48791	-0.08912	-0.43807	1.06584	0.28009	1.77442	仪式惯习型	FD
2	-0.48791	0.33127	-0.43807	1.06584	-1.71485	1.77442	仪式惯习型	FD
3	-1.32053	-0.50951	1.18844	-1.53740	-0.51789	0.89542	网络色情型	CF
4	2.00993	-0.08912	-0.43807	1.06584	1.07806	1.77442	生活方式型	AF
5	1.59362	-0.92991	-0.43807	-1.53740	2.27503	1.77442	休闲娱乐型	EF
6	0.76101	-0.92991	-0.43807	0.69395	0.28009	1.77442	仪式惯习型	FA
7	2.00993	3.27401	-0.43807	0.32206	0.28009	1.77442	手机阅读型	BA
8	0.76101	-0.50951	2.27278	-0.42172	-1.31586	1.77442	网络色情型	CF
9	-0.48791	0.75166	-0.43807	0.32206	0.67908	0.01641	手机阅读型	BE
10	-0.48791	0.75166	-0.43807	-0.42172	0.67908	0.60241	手机阅读型	BE

图4-1 个案手机媒体使用偏好类型分类结果

转换后的手机媒体使用偏好类型描述统计如表4-8所示,结果显示,被调查对象中"手机游戏型"人数最多,占总人数的19.6%,其次是"生活方式型",占18.6%。网络色情型和休闲娱乐型的占比较低,分别占15.2%和13.4%。单样本卡方检验提示,手机使用偏好类型以相同概率分布($p=0.169$),不存在统计学差异。

(三)首次调查数据正态性检验与正态化处理

在进行回归等需要数据服从正态性分布的分析时,如果直接使用原始数据值,那么它们对因变量的影响程度将是不一样的,因而需要进行正态化处理。

1. 各量表得分正态性检验

通过柯尔莫戈洛夫—斯米诺夫(Kolmogorov-Smirnov,K-S检验)、

表4-8　　手机媒体使用偏好类型描述统计（N=546）

	手机媒体使用偏好类型	频数	百分比（%）	有效百分比（%）	累计百分比（%）
有效	手机游戏型	98	17.9	19.6	19.6
	生活方式型	93	17.0	18.6	38.2
	手机阅读型	86	15.8	17.2	55.4
	仪式惯习型	80	14.7	16.0	71.4
	网络色情型	76	13.9	15.2	86.6
	休闲娱乐型	67	12.3	13.4	100.0
	总计	500	91.6	100.0	
缺失	系统	46	8.4		
	总计	546	100.0		

夏皮洛—威尔克检验法（Shapiro-Wilk，即W检验）和偏度—峰度检验法对各量表观察值正态性进行检验，检验结果如表4-9所示。偏度Z分数绝对值小于1.96表示观察值服从正态分布；Z分数绝对值大于1.96而小于2.58表示为轻度偏态，正数为正偏态，负数为负偏态；Z分数绝对值大于2.58而小于3.49为中度偏态；Z分数绝对值大于3.49为重度偏态。峰度Z分数绝对值小于1.96表示观察值服从正态分布；Z分数绝对值大于1.96而小于2.58表示为轻度非正态，正数为高尖态，负数为矮胖态；Z分数绝对值大于2.58而小于3.49为中度非正态；Z分数绝对值大于3.49为重度非正态。通过上面的分析结果可以显示，S_SMDI数据分布为正态分布，S_SMPI为重度高尖正态，S_CESD和S_ULS8为重度高尖正偏态分布，S_BPSSF为轻度正偏态分布，S_TAI为重度正偏态分布，S_SES为重度负偏态分布。

表4-9　　首次调查各量表标准分的正态性检验摘要

量表	N	正态性检验				偏度			峰度		
		柯尔莫戈洛夫—斯米诺夫		夏皮洛—威尔克		统计	标准误	偏度Z分	统计	标准误	峰度Z分
S_SMDI	454	0.048	0.035	0.994	0.165	0.123	0.115	1.078	0.199	0.229	0.872
S_SMPI	500	0.071	0.000	0.989	0.006	0.020	0.109	0.185	1.128	0.218	5.174

续表

量表	N	正态性检验				偏度			峰度		
		柯尔莫戈洛夫—斯米诺夫		夏皮洛—威尔克		统计	标准误	偏度Z分	统计	标准误	峰度Z分
S_CESD	477	0.117	0.000	0.935	0.000	0.840	0.112	7.517	0.760	0.223	3.407
S_ULS8	477	0.081	0.000	0.951	0.000	0.834	0.112	7.464	0.985	0.223	4.416
S_BPSSF	500	0.085	0.000	0.982	0.000	0.271	0.109	2.485	0.185	0.218	0.849
S_TAI	475	0.074	0.000	0.980	0.000	0.433	0.112	3.868	0.417	0.224	1.865
S_SES	458	0.096	0.000	0.963	0.000	-0.496	0.114	-4.344	-0.118	0.228	-0.519

通过同样的方法对量表总粗分的正态性进行检验，检验结果和标准分正态检验结果一致，如表4-10所示。

表4-10　首次调查各量表总粗分的正态性检验摘要

量表	N	正态性检验				偏度			峰度		
		柯尔莫戈洛夫—斯米诺夫[a]		夏皮洛—威尔克		统计	标准误	偏度Z分	统计	标准误	峰度Z分
SMDI	454	0.039	0.200*	0.994	0.191	0.127	0.115	1.106	0.197	0.229	0.860
SMPI	500	0.051	0.022	0.991	0.025	0.012	0.109	0.106	1.130	0.218	5.185
CESD10	477	0.110	0.000	0.935	0.000	0.842	0.112	7.534	0.749	0.223	3.357
ULS8	477	0.093	0.000	0.951	0.000	0.848	0.112	7.580	0.980	0.223	4.392
BPSSF	500	0.077	0.000	0.984	0.000	0.256	0.109	2.343	0.122	0.218	0.560
TAI	475	0.067	0.000	0.980	0.000	0.440	0.112	3.927	0.448	0.224	2.003
SES	458	0.096	0.000	0.963	0.000	-0.470	0.109	-4.301	-0.155	0.218	-0.712

注：*这是真显著性的下限；a 里利氏显著性修正。

2. 各量表标准分的正态化转换

通过上面分析发现，除了手机媒体依赖水平标准得分（S_SMDI）服从正态分布外，其他变量均不服从正态分布。根据方差分析、回归分析等要求，数据必须服从正态分布才能进行相关统计分析。因此，需要在分析之前对数据进行正态化转换。由于每个非正态数据分布形态比较复杂，因此统一采用相对简单的"个案排秩"方法获得正态得分。其中自尊水平标准得分（S_SES）呈负偏态分布，因而选择 Tukey 比例估算公式，其他则选用 Blom 比例估算公式。各量表标准分的正态转换方案如表4-11所示。

表4-11　首次调查各量表标准分的正态化转化方案[a]

源量表	数据分布	新变量	函数	比例估算公式
S_SMDI[b]	正态分布	NS_SMDI	个案排秩-正态得分	Blom
S_SMPI[b]	重度高尖正态	NS_SMPI	个案排秩-正态得分	Blom
S_CESD[b]	重度高尖正偏态	NS_CESD	个案排秩-正态得分	Blom
S_ULS8[b]	重度高尖正偏态	NS_ULS8	个案排秩-正态得分	Blom
S_BPSSF[b]	轻度正偏态	NS_BPSSF	个案排秩-正态得分	Blom
S_TAI[b]	重度正偏态	NS_TAI	个案排秩-正态得分	Blom
S_SES[b]	重度负偏态	NS_SES	个案排秩-正态得分	Tukey

注：a. 将绑定值的平均秩用于绑定值；b. 秩按升序排列。

3. 各量表得分正态化转换后的正态性检验

各量表得分进行正态化转换后仍然需要检验数据分布是否服从正态分布，检验结果见表4-12。正态化后的孤独水平得分（NS_ULS8）的"柯尔莫戈洛夫—斯米诺夫"和"夏皮洛—威尔克"两种检验方案都呈显著，但偏度 Z 分数和峰度 Z 分数的绝对值都小于1.96，因此可以认为转换后的各量表得分均呈正态分布。可以利用正态化后的标准得分（NS_开头）进行要求数据服从正态分布的相关统计分析。

表4-12　首次调查各量表得分正态化转换后的正态性检验摘要

量表	N	正态性检验		偏度			峰度		
		柯尔莫戈洛夫—斯米诺夫[a]	夏皮洛—威尔克	统计	标准误	偏度 Z 分	统计	标准误	峰度 Z 分
NS_SMDI	454	0.032	0.200*	0.997	0.826	0.003	0.115	0.022	-0.077	0.229	-0.337
NS_SMPI	500	0.044	0.079	0.996	0.519	0.002	0.109	0.016	-0.073	0.218	-0.335
NS_CESD	477	0.057	0.005	0.990	0.016	0.026	0.112	0.229	-0.131	0.223	-0.589
NS_ULS8	477	0.062	0.001	0.987	0.002	0.082	0.112	0.736	-0.259	0.223	-1.160

续表

量表	N	正态性检验		偏度			峰度		
		柯尔莫戈洛夫—斯米诺夫	夏皮洛—威尔克	统计	标准误	偏度Z分	统计	标准误	峰度Z分
NS_BPSSF	500	0.054 0.011	0.994 0.116	0.003	0.109	0.023	-0.071	0.218	-0.325
NS_TAI	475	0.049 0.030	0.996 0.593	0.006	0.112	0.053	-0.089	0.224	-0.396
NS_SES	458	0.064 0.001	0.992 0.045	-0.019	0.114	-0.163	-0.119	0.228	-0.525

注：*这是真显著性的下限；a. 里利氏显著性修正。

二 青少年手机媒体使用情况首次调查描述性分析

（一）不同性别的被调查对象使用情况差异分析

通过独立样本t检验判断男生和女生在手机媒体依赖水平（SMDI）四个因素上和手机媒体依赖倾向（SMPI）六个维度上的差异，结果如表4-13所示。四个因素和六个维度的研究数据不存在极端值，同时方差齐。在SMDI的拖延性、突显性、冒险性、戒断性和SMPI的手机阅读、仪式惯习方面男生和女生不存在统计学差异。在SMPI的生活方式维度，男生（11.63±2.374）低于女生（12.79±2.287），差值为-1.159（95%的置信区间为-1.570—-0.748），独立样本t检验结果显示，t=-5.537，p<0.001，说明男生在生活方式维度的平均得分显著低于女生。在SMPI的网络色情维度，男生（4.24±2.225）高于女生（3.31±1.081），差值为0.920（95%的置信区间为0.605—1.235），独立样本t检验结果显示，t=6.002，p<0.001，说明男生在网络色情维度的平均得分显著高于女生。在SMPI的手机游戏维度男生显著高于女生，在休闲娱乐维度女生显著高于男生。综上所述，在SMDI四个维度上男生和女生不存在统计学差异；在SMPI生活方式和休闲娱乐维度女生得分显著高于男生，在网络色情和手机游戏维度男生得分显著高于女生。

表4-13 男女生在SMDI四个因子和SMPI六个维度的差异t检验摘要

	总体			男			女			t检验	
	N	均值	标准差	n	均值	标准差	n	均值	标准差	t	p
S_SMDI	454	61.68	12.862	237	60.73	12.521	217	62.71	13.177	-1.638	0.102

续表

	总体			男			女			t检验	
	N	均值	标准差	n	均值	标准差	n	均值	标准差	t	p
S_SMDI_拖延性	454	19.88	5.247	237	19.48	5.423	217	20.32	5.023	-1.711	0.088
S_SMDI_突显性	454	14.10	2.980	237	14.29	2.810	217	13.90	3.149	1.404	0.161
S_SMDI_冒险性	454	12.23	4.036	237	11.96	4.037	217	12.52	4.024	-1.486	0.138
S_SMDI_戒断性	454	15.80	4.453	237	15.33	4.326	217	16.32	4.542	-2.365	0.018
S_SMPI（总Z）	500	0.00	3.078	268	0.02	3.318	232	-0.03	2.782	0.191	0.849
S_SMPI_生活方式	500	12.17	2.402	268	11.63	2.374	232	12.79	2.287	-5.537	0.000
S_SMPI_手机阅读	500	9.21	2.379	268	9.09	2.449	232	9.35	2.292	-1.238	0.216
S_SMPI_网络色情	500	3.81	1.844	268	4.24	2.225	232	3.31	1.081	6.002	0.000
S_SMPI_手机游戏	500	7.13	2.689	268	7.74	2.540	232	6.43	2.689	5.579	0.000
S_SMPI_休闲娱乐	500	11.30	2.506	268	11.02	2.554	232	11.62	2.416	-2.659	0.008
S_SMPI_仪式惯习	500	10.94	3.413	268	10.78	3.457	232	11.13	3.359	-1.156	0.248
有效个案数成列	437										

（二）不同家庭所在地被调查对象使用情况差异分析

通过独立样本 t 检验判断城镇和农村学生在手机媒体依赖水平（SMDI）四个因素上和手机媒体依赖倾向（SMPI）六个维度上的差异，结果如表 4–14 所示。分析结果表明，除在 SMPI 的生活方式维度城镇学生得分（12.41±2.425）显著高于农村学生（11.91±2.355）外，在其他方面城镇和农村学生得分不存在统计学差异。

表 4–14　城镇和农村学生在 SMDI 四个因子和 SMPI 六个维度的差异 t 检验摘要

	城镇			农村			独立样本t检验	
	N	均值	标准差	N	均值	标准差	t	p
S_SMDI	240	61.24	12.701	214	62.17	13.053	-0.766	0.444
S_SMDI_拖延性	240	19.42	5.243	214	20.40	5.214	-1.995	0.047
S_SMDI_突显性	240	14.10	2.966	214	14.11	3.002	-0.058	0.954
S_SMDI_冒险性	240	12.20	4.055	214	12.25	4.025	-0.127	0.899
S_SMDI_戒断性	240	15.88	4.549	214	15.72	4.351	0.381	0.704

续表

	城镇			农村			独立样本t检验	
	N	均值	标准差	N	均值	标准差	t	p
S_SMPI	260	0.12	3.300	240	-0.13	2.818	0.884	0.377
S_SMPI_生活方式	260	12.41	2.425	240	11.91	2.355	2.331	0.020
S_SMPI_手机阅读	260	9.14	2.487	240	9.29	2.259	-0.682	0.496
S_SMPI_网络色情	260	3.83	1.923	240	3.78	1.759	0.336	0.737
S_SMPI_手机游戏	260	7.03	2.789	240	7.25	2.577	-0.927	0.355
S_SMPI_休闲娱乐	260	11.45	2.540	240	11.13	2.464	1.449	0.148
S_SMPI_仪式惯习	260	10.98	3.615	240	10.91	3.187	0.224	0.823

（三）SMDI 高低分组学生在 SMPI 六个维度的差异

通过独立样本 t 检验判断 SMDI 高分组和低分组学生在手机媒体使用偏好（SMPI）六个维度上的差异，结果如表 4-15 所示。分析结果表明，在 SMPI 的仪式惯习、手机游戏、休闲娱乐和网络色情四个方面 SMDI 高分组学生得分显著高于低分组学生。据此可以得出：手机媒体依赖程度主要取决于仪式惯习、手机游戏、休闲娱乐和网络色情等维度。

表 4-15　　　SMDI 高分组和低分组学生在 SMPI
六个维度的差异 t 检验摘要

	低分组			高分组			独立样本t检验	
	N	均值	标准差	N	均值	标准差	t	p
S_SMPI_生活方式	126	12.05	2.536	214	12.33	2.447	-1.004	0.316
S_SMPI_手机阅读	126	8.97	2.656	214	9.38	2.324	-1.507	0.133
S_SMPI_网络色情	126	3.46	1.157	214	3.80	1.871	-2.091	0.037
S_SMPI_手机游戏	126	6.21	2.499	214	7.54	2.776	-4.444	0.000
S_SMPI_休闲娱乐	126	10.60	2.263	214	11.85	2.692	-4.398	0.000
S_SMPI_仪式惯习	126	7.94	2.526	214	12.54	3.019	-14.394	0.000

（四）不同学科（专业）被调查对象手机使用情况差异分析

通过单因素方差分析检验不同学科（或专业）背景的学生在手机媒体依赖水平（SMDI）四个因素和手机媒体使用偏好（SMPI）六个维度方面的差异，描述性统计量如表 4-16 所示。单因素方差分析结果显

表 4 - 16　不同学科（专业）学生在 SMDI 四个因子和 SMPI 六个维度的差异分析结果

量表		A 自然科学	B 人文科学	C 工程技术	D 农业科学	E 医药科学	F 社会科学
S_SMDI	n	54	76	80	78	68	98
	M	63.96±11.257	57.29±13.518	63.61±13.034	59.59±12.763	62.84±10.972	63.10±13.552
S_SMDI_拖延性	n	54	76	80	78	68	98
	M	20.59±4.508	18.04±5.800	21.01±5.326	18.58±4.984	20.75±4.321	20.44±5.434
S_SMDI_突显性	n	54	76	80	78	68	98
	M	14.30±2.596	13.22±3.114	14.83±2.773	13.92±3.322	14.26±2.905	14.12±2.887
S_SMDI_冒险性	n	54	76	80	78	68	98
	M	12.74±4.094	11.17±3.750	12.56±4.328	12.62±3.988	12.22±4.073	12.18±3.933
S_SMDI_戒断性	n	54	76	80	78	68	98
	M	16.65±3.793	15.18±4.251	15.51±4.709	14.95±4.709	15.94±4.554	16.64±4.323
S_SMPI	n	69	89	88	80	73	101
	M	-0.40±2.379	-0.49±3.451	0.53±3.351	-0.16±3.450	-0.31±2.594	0.59±2.810
S_SMPI_生活方式	n	69	89	88	80	73	101
	M	10.74±1.915	12.42±2.679	12.17±2.413	12.08±2.540	12.58±2.204	12.72±2.103

续表

量表		A 自然科学	B 人文科学	C 工程技术	D 农业科学	E 医药科学	F 社会科学
S_SMPI_手机阅读	n	69	89	88	80	73	101
	M	8.28±2.014	8.88±2.339	9.59±2.689	9.59±2.390	9.14±2.200	9.57±2.299
S_SMPI_网络色情	n	69	89	88	80	73	101
	M	4.12±1.803	3.85±2.054	3.80±1.440	3.58±1.145	3.71±1.896	3.82±2.347
S_SMPI_手机游戏	n	69	89	88	80	73	101
	M	8.19±2.433	6.39±2.353	7.73±2.625	7.11±3.210	6.49±2.501	7.03±2.582
S_SMPI_休闲娱乐	n	69	89	88	80	73	101
	M	11.26±1.945	11.29±2.698	11.17±2.627	10.99±2.813	11.01±2.464	11.89±2.289
S_SMPI_仪式惯习	n	69	89	88	80	73	101
	M	11.09±2.811	10.27±3.532	11.66±3.366	10.89±3.554	10.81±3.130	10.96±3.741

示,调查数据不存在极端值,同时方差齐。不同学科(或专业)背景的学生在手机媒体依赖水平(SMDI)的拖延性、突显性两个因素和手机使用偏好(SMPI)的生活方式、手机阅读、手机游戏三个维度存在统计学差异。分析结果见表4-17。基于HSD、雪费和LSD方法的事后比较结果显示:在SMDI拖延性方面,自然科学(A)、工程技术(C)、医药科学(E)和社会科学(F)专业背景学生得分显著高于人文科学(B)和农业科学(D)专业背景的学生;在SMDI突显性方面,自然科学(A)、工程技术(C)、医药科学(E)和社会科学(F)专业背景的学生得分显著高于人文科学(B)的学生;据此,可以说自然科学、工程技术等专业背景的学生手机依赖水平相对较高,人文科学的学生手机依赖水平相对较低。在SMPI生活方式维度,人文科学(B)、工程技术(C)、农业科学(D)、医药科学(E)和社会科学(F)专业的学生得分显著高于自然科学(A)的学生;在SMPI手机阅读维度,工程技术(C)、农业科学(D)、医药科学(E)和社会科学(F)专业的学生得分显著高于自然科学(A)的学生,农业科学(D)、社会科学(F)的学生显著高于人文科学(B);在SMPI手机游戏维度,自然科学(A)的学生得分显著高于人文科学(B)、农业科学(D)、医药科学(E)和社会科学(F)专业学生的得分,工程技术(C)背景的学生得分显著高于人文科学(B)和医药科学(E)的学生。综上分析,可以认为自然科学(A)背景的学生更倾向于手机游戏,人文科学背景的学生更倾向于手机生活方式,工程技术(C)等专业背景的学生更倾向于手机阅读。

三 青少年手机媒体使用情况及相关因素回归分析

(一)手机媒体使用偏好对手机媒体依赖水平的多元回归分析

为了探索手机媒体使用偏好各维度对手机媒体依赖水平的预测作用,本部分以手机媒体使用偏好六个维度得分为自变量、手机媒体依赖水平为因变量,做多重线性回归分析。根据统计学相关原理,使用多重线性回归分析需要满足如下标准:因变量是连续变量;自变量不少于两个;各观测值之间相互独立,即残差之间不存在自相关;因变量和自变量之间存在线性关系;残差的方差齐;不存在多重共线性;没有显著异常值;残差近似正态分布。根据研究设计,前两个假设满足要求。在分

表 4-17　不同学科（专业）学生在各量表上得分的方差分析摘要表

变量	方差齐性		组间差异					事后比较		
	莱文统计	显著性		平方和	均方	F	显著性	图基HSD	雪费	LSD
S_SMDI	0.87	0.501	组间	2675.431	535.086	3.317	0.006	A>B*	n.s.	A>B*、C>B*、C>D*、E>B*
			组内	72265.617	161.307					F>B*
			总计	74941.048						
S_SMDI_拖延性	1.25	0.286	组间	601.986	120.397	4.545	0.000	C>B*、C>D*、E>B*、F>B*	C>B*	A>B*、A>D*、C>B*、C>D*、E>B*、E>D*、F>B*、F>D*
			组内	11868.827	26.493					
			总计	12470.813						
S_SMDI_突显性	1.25	0.283	组间	106.823	21.365	2.445	0.033	C>B*	C>B*	A>B*、C>B*、E>B*、F>B*
			组内	3915.311	8.740					
			总计	4022.134						
S_SMPI_生活方式	1.91	0.090	组间	190.219	38.044	6.989	0.000	B>A*、C>A*、D>A*、E>A*、F>A*	B>A*、D>A*、E>A*、F>A*	B>A*、D>A*、F>A*
			组内	2688.989	5.443					
			总计	2879.208						
S_SMPI_手机阅读	0.61	0.692	组间	108.136	21.627	3.935	0.002	C>A*、D>A*、F>A*	C>A*、D>A*、F>A*	C>A*、D>A*、E>A*、F>B*
			组内	2715.392	5.497					
			总计	2823.528						
S_SMPI_手机游戏	1.98	0.080	组间	187.636	37.527	5.420	0.000	A>B*、A>E*、C>B*、C>E*	A>B*、A>E*、C>B*	A>B*、A>D*、A>E*、C>F*、C>B*、C>E*
			组内	3420.386	6.924					
			总计	3608.022						

注：A=自然科学，B=人文科学，C=工程技术，D=农业科学，E=医药科学，F=社会科学。
n.s 表示 p>0.05，* 表示 p<0.05，*** 表示 p<0.001。

析前首先对手机媒体使用偏好六个维度得分进行了正态化处理,正态化处理方法这里不再赘述。

1. 自变量和因变量之间的线性关系检验

通过执行多重线性回归分析发现,德宾—沃森(Durbin‐Watson)检验值 DW 为 1.908,介于 0—2,说明观察值具有相互独立性,残差项间无自相关。六个自变量和因变量之间的相关系数如表 4‐18 所示,除生活方式外,其他五个自变量和因变量显著相关,相关系数为 0.091—0.628,说明因变量和五个自变量之间存在线性关系;五个自变量之间的相关系数为 -0.081—0.294,呈低度相关,说明自变量之间不存在共线性问题。

表 4‐18 手机使用偏好六个维度和手机依赖水平的相关系数

	NS_SMDI	NS_生活方式	NS_手机阅读	NS_网络色情	NS_手机游戏	NS_休闲娱乐
NS_生活方式	0.064					
NS_手机阅读	0.091*	0.294**				
NS_网络色情	0.080	-0.081	-0.028			
NS_手机游戏	0.203**	-0.021	0.163**	0.105*		
NS_休闲娱乐	0.207**	0.262**	0.120*	0.037	0.123*	
NS_仪式惯习	0.628**	0.099*	0.022	0.083*	0.226**	0.257**

注:**表示在 0.01 级别(双尾)相关性显著;*表示在 0.05 级别(双尾)相关性显著。

经过进一步的容忍度(TOL)、方差膨胀因子(VIF)、条件指标(CI)和特征值(Eigenvalue)分析发现,所有 TOL 在 0.844—0.976,都大于 0.1;VIF 值在 1.024—1.186,都小于 10;条件指标在 1—1.660,均小于 30;特征值在 0.592—1.632,均大于 0.01。多项指标分析结果也证明自变量间不存在多重共线性问题。此外,自变量未出现高杠杆值,因变量未出现离群值,说明数据没有显著异常值;根据回归标准化残差值的直方图(见图 4‐2)和正态 P‐P 图(见图 4‐3)发现标准化残差近似正态分布。因此,数据符合回归分析要求,可以进行回归分析。

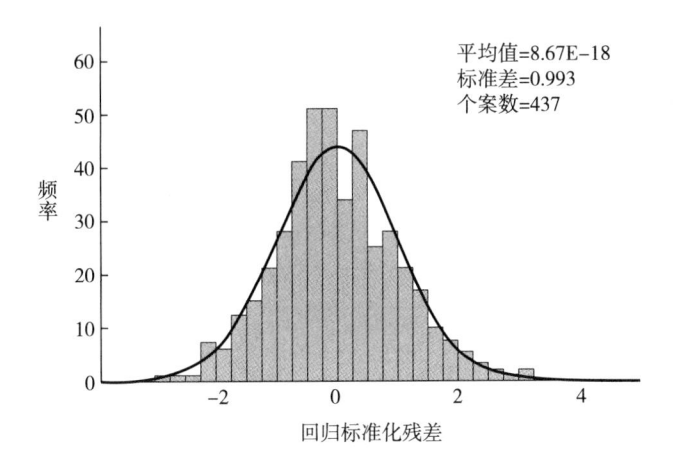

图 4-2 回归标准化残差的直方图

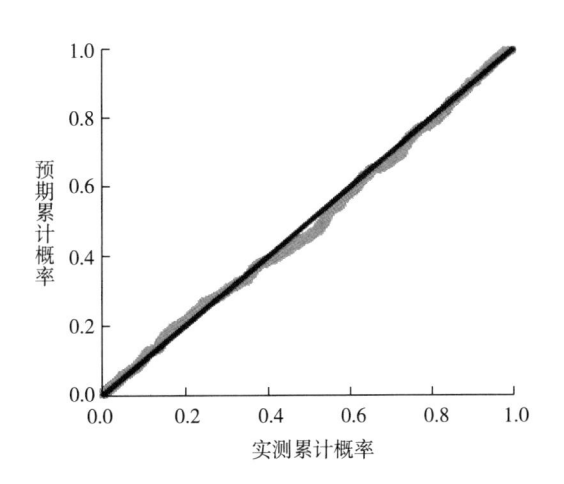

图 4-3 回归标准化残差的正态 P-P 图

2. 强迫进入多元回归模型

为系统考察手机使用偏好六个维度对手机依赖水平的影响,这里采用强迫进入法进行多元回归分析,如表 4-19 所示。结果表明:"SMPI_生活方式""SMPI_手机阅读""SMPI_网络色情""SMPI_手机游戏""SMPI_休闲娱乐""SMPI_仪式惯习"六个自变量与"手机依赖水平(SMDI)"的多元相关系数为 0.637,六个自变量共可解释"手机依赖水平"40.6% 的变异量,回归模型的变异量显著性检验的 F 值为

48.972，p<0.001，表示回归模型整体解释变异量达到显著水平。因此，可以说纳入模型的六个自变量对手机媒体依赖水平的影响具有统计学意义。

表4–19　手机媒体使用偏好六个维度对手机媒体依赖水平的回归分析摘要

	B	标准错误	Beta（β）	t	p	容差	VIF
常量	0.023	0.037		0.632	0.528		
NS_生活方式	-0.027	0.042	-0.026	-0.650	0.516	0.844	1.186
NS_手机阅读	0.074	0.040	0.074	1.857	0.064	0.881	1.135
NS_网络色情	0.034	0.055	0.023	0.616	0.538	0.976	1.024
NS_手机游戏	0.048	0.041	0.045	1.161	0.246	0.904	1.107
NS_休闲娱乐	0.043	0.040	0.043	1.085	0.279	0.869	1.150
NS_仪式惯习	0.626	0.041	0.606	15.366	0.000	0.888	1.126

$R = 0.637$　$R^2 = 0.406$　调整后的 $R^2 = 0.399$　$F = 48.972^{***}$

注：*表示 $p<0.05$，***表示 $p<0.001$。

从标准化回归系数 β 看，"SMPI_生活方式"的标准化回归系数 β = -0.026，表示"SMPI_生活方式"对"手机依赖水平"的影响为负向，即越倾向于将手机作为生活便利工具的人越不容易产生依赖；其他的 β 大于 0，表示对"手机依赖水平"的影响为正向。"SMPI_仪式惯习"的标准化回归系数 β = 0.606 且达到显著水平（$p<0.001$），说明"SMPI_仪式惯习"和"手机依赖水平"高度相关，越倾向无目的使用的用户其手机依赖水平越高；其他的影响都未达到显著水平。由此可见，仪式惯习作为无目的使用偏好，对手机媒体依赖水平具有很好的预测力，这也提示"仪式惯习"维度可以作为预测手机依赖水平的简洁量表使用，可以在后续研究中进一步探索。根据以上分析结果，可以得出手机媒体使用偏好六个维度对手机媒体依赖水平的标准化回归方程：

手机依赖水平 = -0.026×生活方式 + 0.074×手机阅读 + 0.023×网络色情 + 0.045×手机游戏 + 0.043×休闲娱乐 + 0.606×仪式惯习。

3. 逐步进入多元回归分析

为了探查除"仪式惯习"维度以外的五个维度对手机媒体依赖水平的预测力,这里采用逐步进入法进行多元回归分析,如表4-20所示。结果表明:五个自变量中对"手机依赖水平(SMDI)"有显著预测力的变量有两个,依次为"休闲娱乐"和"手机游戏","生活方式"、"手机阅读"和"网络色情"被排除在模型之外。两个变量与"手机依赖水平(SMDI)"的多元相关系数为0.274,决定系数(R^2)为0.075,最后模型的整体性检验的F值为17.627($p<0.001$),两个变量可有效解释"手机依赖水平(SMDI)"的7.5%。

表4-20 手机媒体使用偏好五个维度对手机媒体依赖水平的逐步多元回归分析摘要

投入顺序	多元相关系数(R)	决定系数(R^2)	增加量(ΔR^2)	F值	净F值(ΔF)	B	Beta(β)	共线性统计 TOL	共线性统计 VIF
(常量)						0.012			
NS_休闲娱乐	0.211	0.045	0.045	20.237***	20.237***	0.186	0.185	0.985	1.015
NS_手机游戏	0.274	0.075	0.031	17.627***	14.391***	0.189	0.180	0.985	1.015

注:*表示$p<0.05$,***表示$p<0.001$。

两个变量的β值分别为0.185和0.180,且对"手机依赖水平(SMDI)"的影响均为正向。标准化回归方程式如下:

手机依赖水平(SMDI) = 0.185×休闲娱乐 + 0.180×手机游戏

据此可得:排除"仪式惯习"维度后,其他五个维度中"休闲娱乐"和"手机游戏"对"手机媒体依赖水平"预测力显著,而"生活方式""手机阅读"这种正常使用的行为并没有预测力,此外,由于"网络色情"非普遍现象,得分普遍较低,因而也不能作为对手机媒体依赖水平的可靠预测因子。

(二)心理状态变量对手机媒体依赖水平的多元回归分析

为了探索焦虑、抑郁、孤独、无聊和自尊水平对手机媒体依赖水平的预测作用，本部分以五个心理状态变量为自变量，手机媒体依赖水平为因变量，做多重线性回归分析。

1. 自变量和因变量之间的线性关系检验

通过执行多重线性回归分析发现，德宾—沃森（Durbin-Watson）检验值 DW 为 1.741，介于 0—2，说明观察值具有相互独立性，残差项间无自相关。五个自变量和因变量之间的相关系数如表 4-21 所示。分析结果显示：五个自变量和因变量显著相关，说明因变量和自变量之间存在线性关系；五个自变量之间的相关系数为 -0.533—0.764，焦虑（TAI）和抑郁（CESD）之间相关系数较高，接近 0.8，说明可能存在线性相关。

表 4-21　　　焦虑、抑郁、孤独、无聊和自尊与手机媒体依赖的相关统计摘要

	NS_SMDI	NS_CESD	NS_ULS8	NS_BPSSF	NS_TAI
NS_CESD	0.409**				
NS_ULS8	0.249**	0.589**			
NS_BPSSF	0.369**	0.574**	0.428**		
NS_TAI	0.404**	0.764**	0.558**	0.548**	
NS_SES	-0.278**	-0.594**	-0.416**	-0.553**	-0.633**

注：**表示在 0.01 级别（双尾）相关性显著，*表示在 0.05 级别（双尾）相关性显著。

但经过进一步的容忍度（TOL）、方差膨胀因子（VIF）、条件指标（CI）和特征值（Eigenvalue）分析发现，所有 TOL 在 0.348—0.619，都大于 0.1；VIF 值在 1.615—2.872，都小于 10；条件指标在 1—3.786，均小于 30；特征值在 0.229—3.282，均大于 0.01。多项指标分析结果提示自变量间不存在多重共线性问题。此外，自变量未出现高杠杆值，因变量未出现离群值，说明数据没有显著异常值；根据回归标准化残差值的直方图和正态 P-P 图发现标准化残差近似正态分布。因此，数据符合回归分析要求，可以进行回归分析。

2. 强迫进入多元回归模型

为系统分析五个心理状态变量对手机依赖水平的影响，采用强迫进

入法进行多元回归分析,如表4-22所示。结果表明:焦虑(TAI)、抑郁(CESD)、孤独(ULS8)、无聊(BPSSF)和自尊(SES)五个自变量与手机依赖水平(SMDI)的多元相关系数为0.458,五个自变量共可解释"手机依赖水平"20.9%的变异量。虽然R^2值较小,但回归模型的变异量显著性检验的F值为19.926,$p<0.001$,表示回归模型整体解释变异量达到显著水平。因此,可以说纳入模型的五个自变量对手机媒体依赖水平的影响具有统计学意义。

表4-22　　焦虑、孤独、抑郁、无聊、自尊对手机依赖水平的强迫进入回归分析摘要

预测变量	B	标准错误	Beta (β)	t	TOL	VIF
(常量)	0.042	0.046		0.923		
NS_ CESD(抑郁)	0.199	0.077	0.201	2.583*	0.348	2.872
NS_ ULS8(孤独)	-0.042	0.058	-0.042	-0.716	0.619	1.615
NS_ BPSSF(无聊)	0.191	0.060	0.191	3.203*	0.589	1.697
NS_ TAI(焦虑)	0.206	0.076	0.209	4.022*	0.352	2.845
NS_ SES(自尊)	0.062	0.064	0.062	0.978	0.528	1.895
$R=0.458$　$R^2=0.209$　调整后的$R^2=0.199$　$F=19.926^{***}$						

注:*表示$p<0.05$,***表示$p<0.001$。

根据以上分析结果,可以得出五个心理变量对手机媒体依赖水平的标准化回归方程:

手机依赖水平 = 0.201 × 抑郁 - 0.042 × 孤独 + 0.191 × 无聊 + 0.209 × 焦虑 + 0.062 × 自尊

但从标准化回归系数β看,抑郁、无聊、焦虑和自尊对"手机依赖水平(SMDI)"的影响为正向,"孤独"对"手机依赖水平(SMDI)"的影响为负向,抑郁、无聊、焦虑三个变量的影响达到显著水平。这些分析结果一方面说明有些自变量可能和手机媒体依赖水平无关,另一方面"孤独"和"手机依赖水平(SMDI)"的反向关系和"自尊"和"手机依赖水平(SMDI)"的正向关系这一结果和前人研究主流结论存在矛盾,即前人研究结果表明"孤独"会引发手机依赖,

自尊水平高的人更不容易产生依赖。它们的关系不符合常理，是否存在手机依赖能够缓解孤独和提高自尊水平的现象，是后期分析中需要注意探索的问题。

3. 逐步进入多元回归模型

为了找出对因变量最具有预测力的变量构建更加简洁的回归模型，采用逐步进入法进行多元回归分析结果如表4-23所示。结果表明：五个自变量中对"手机依赖水平（SMDI）"有显著预测力的变量有三个，依次为"抑郁（CESD）""无聊（BPSSF）"和"焦虑（TAI）"，"孤独（ULS8）"和"自尊（SES）"被排除在模型之外。三个变量与"手机依赖水平（SMDI）"的多元相关系数为0.454，决定系数（R^2）为0.206，最后模型的整体性检验的F值为32.762（$p < 0.001$），"抑郁（CESD）""无聊（BPSSF）"和"焦虑（TAI）"三个变量可有效解释"手机依赖水平（SMDI）"的20.6%。

表4-23 焦虑、孤独、抑郁、无聊、自尊对手机依赖水平的逐步进入回归分析摘要

投入顺序	多元相关系数（R）	决定系数（R^2）	增加量（ΔR^2）	F值	净F值（ΔF）	B	Beta（β）	共线性统计	
								容忍度（TOL）	方差膨胀系数（VIF）
（常量）						0.048			
NS_CESD	0.409	0.167	0.167	76.201***	76.201***	0.174	0.176	0.382	2.616
NS_BPSSF	0.440	0.194	0.027	45.594***	12.651***	0.171	0.171	0.642	1.558
NS_TAI	0.454	0.206	0.012	32.762***	5.915*	0.174	0.176	0.399	2.507

注：*表示$p < 0.05$，***表示$p < 0.001$。

从每个变量预测力的高低来看，对"手机依赖水平（SMDI）"最具预测力的变量为"抑郁（CESD）"，其解释变异量为16.7%；其余两个变量预测力较小，可分别解释变异量的2.7%和1.2%。从标准化回归系数来看，三个变量的β值分别为0.176、0.171和0.176，且对"手机依赖水平（SMDI）"的影响均为正向。标准化回归方程式如下所示：

手机依赖水平（SMDI）＝0.176×抑郁（CESD）＋0.171×无聊（BPSSF）＋0.176×焦虑（TAI）

可见，通过逐步进入法获得的三因素回归模型和强迫进入法获得的五因素回归模型在解释力上相近，且排除了前面不符合常理的问题。据此，可以认为抑郁、无聊和焦虑对手机媒体依赖有正向预测作用，而孤独和自尊与手机依赖的关系不明确。就孤独而言，这有可能是因为被调查对象虽然因孤独而依赖手机，但手机依赖可以在一定程度上减缓孤独，但前面的 SMDI 高低分组差异检验中发现高分组（48.621±12.204）的孤独水平显著（t＝－3.553，p＜0.001）高于低分组（42.87±28.642），且两者的相关系数 r＝0.240 达到统计学相关。因此，手机依赖减缓孤独的可能性较小，孤独依然可能是手机依赖的预测变量，但又可能通过中介变量发挥作用。就自尊来说，有可能是高自尊水平的被调查对象更不容易产生手机依赖，也有可能是手机使用提升了自尊水平；前面的 SMDI 高低分组差异检验中发现高分组（70.051±9.322）的自尊水平显著（t＝4.933，p＜0.001）低于低分组（76.908±8.043），两者的相关系数 r＝－0.278，且达到统计学意义上的相关。因此，手机依赖提升自尊水平的可能性较小，它更有可能是影响手机依赖水平的中介变量。

（三）心理状态变量和使用偏好对手机媒体依赖水平的分层回归分析

通过前面的分析发现，"抑郁（CESD）""无聊（BPSSF）""焦虑（TAI）"三个心理状态变量是"手机媒体依赖（SMDI）"的显著预测因子，"仪式惯习""休闲娱乐"和"手机游戏"三个手机使用偏好也是"手机媒体依赖（SMDI）"的显著预测因子。为进一步探查被调查对象心理状态和手机使用偏好两个层面各维度对手机媒体依赖的共同预测力，可以采用阶层回归分析法进一步探查。根据媒介使用与满足理论，手机用户之所以有不同的手机使用偏好，是因为其心理需求存在差异，即心理状态决定使用偏好。因此，在阶层分析中将三个心理状态变量作为阶层一变量，将手机使用偏好三个维度作为阶层二变量纳入分析。

通过执行阶层回归分析发现，德宾—沃森（Durbin－Watson）检验值 DW 为 1.947，介于 0—2，说明观察值具有相互独立性，残差项间无自相关。六个自变量和因变量之间的相关系数如表4-24所示，说明因变量和自变量之间存在线性关系；六个自变量之间的相关系数为-0.054—0.766，焦虑（TAI）和抑郁（CESD）之间相关系数较高，接近0.8，说明可能存在线性相关。

表4-24　　　三个心理状态变量、三个手机使用偏好变量和手机依赖水平的相关分析

	NS_SMDI	NS_CESD	NS_BPSSF	NS_TAI	NS_休闲娱乐	NS_手机游戏
NS_CESD	0.411***					
NS_BPSSF	0.368***	0.570***				
NS_TAI	0.406***	0.766***	0.550***			
NS_休闲娱乐	0.207***	0.073	-0.054	0.037		
NS_手机游戏	0.214***	0.107*	0.081	0.090*	0.116*	
NS_仪式惯习	0.631***	0.290***	0.223***	0.265***	0.218***	0.210***

注：N=373，*表示 $p<0.05$，**表示 $p<0.01$，***表示 $p<0.001$。

但经过进一步的容忍度（TOL）、方差膨胀因子（VIF）、条件指标（CI）和特征值（Eigenvalue）分析发现，所有TOL在0.374—0.948，都大于0.1；VIF值在1.055—2.671，都小于10；条件指标CI在1—3.267，均小于30；特征值在0.231—2.462，均大于0.01。多项指标分析结果提示自变量间不存在多重共线性问题。此外，自变量未出现高杠杆值，因变量未出现离群值，说明数据没有显著异常值；根据回归标准化残差值的直方图和正态P-P图发现标准化残差近似正态分布。因此，数据符合回归分析要求，可以进行阶层回归分析。

通过阶层回归分析发现，三个心理状态变量可有效解释手机媒体依赖水平20.8%的变异量。多元线性回归整体检验的F值为33.221（$p<0.001$），表明"抑郁（CESD）""无聊（BPSSF）""焦虑（TAI）"三个心理状态变量中至少有一个变量的回归系数达到显著，三个变量的β值依次为0.181（$p<0.05$）、0.169（$p<0.01$）、0.175（$p<0.05$），均达到显著水平且均为正向关系。如果再投入手机使用偏好层面的三个变量，则整体解释变量增加28.1%，显著性改变的F值为67.033（$p<0.001$），表明"仪式惯习""休闲娱乐""手机游戏"三个变量对手机

媒体有强预测力，且该层面的预测力大于心理状态层面的预测力。整体来看，两个区组变量能够有效解释因变量手机媒体依赖水平48.9%的变异量，F值为58.276（p<0.001）。结果如表4-25所示。

表4-25 三个心理状态变量和三个使用偏好维度对手机媒体依赖水平的阶层回归分析摘要

阶层变量	阶层内预测变量	阶层一 Beta（β）	t	阶层二 Beta（β）	t	共线性检验 TOL	VIF
心理状态	NS_CESD	0.181	2.415*	0.068	1.115	0.374	2.671
	NS_BPSSF	0.169	2.921**	0.142	3.014**	0.631	1.584
	NS_TAI	0.175	2.371*	0.131	2.205*	0.393	2.543
手机使用偏好	NS_休闲娱乐			0.086	2.217*	0.930	1.076
	NS_手机游戏			0.065	1.697	0.948	1.055
	NS_仪式惯习			0.512	12.569***	0.841	1.189
回归模型摘要	F值	32.221***		58.276***			
	R^2	0.208		0.489			
	ΔF值	32.221***		67.033***			
	ΔR^2	0.208		0.281			

四 基于MIMIC模型的青少年手机媒体依赖分析

多指标多因素结构方程模型（Multiple Indicators Multiple Causes Structure Equation Modelling，MIMIC SEM）是一种特殊的结构方程模型，通过在验证性因子模型中纳入协变量，进而分析外生显变量对内生潜变量的影响，因此又称为带协变量的CFA模型。在MIMIC结构方程模型中，潜变量同时作自变量和因变量，MIMIC模型左边是结构模型——一组显变量来解释潜变量，右边则是测量模型，由多个反映型指标变量来定义或测量作为被解释变量的潜变量。[1][2][3] MIMIC可直接分

---

[1] Acock, A. C., "Discovering Structural Equation Modeling Using Stata", *A Stata Press Publication*, 2013.

[2] Schumacker, R. E., Lomax, R. G., *A Beginner's Guide to Structural Equation Modeling*, New York: Taylor & Francis, 2016.

[3] 阳义南：《民生公共服务的国民"获得感"：测量与解析——基于MIMIC模型的经验证据》，《公共行政评论》2018年第5期。

析直接效应、间接效应和交互效应。

（一）心理状态变量对手机媒体依赖的 MIMIC 整体分析

在这里将手机媒体依赖水平作为潜变量，将五个心理状态变量作为外生显变量，将手机媒体依赖四个因子作为指标变量建立 MIMIC 模型。模型的基本含义是抑郁（CESD）、孤独（ULS8）、无聊（BPSSF）、焦虑（TAI）和自尊（SES）都会影响手机依赖水平，而手机依赖水平主要体现在拖延性、突显性、冒险性和戒断性四个方面。五个心理变量对手机依赖水平四个维度的 MIMIC 估计结果如图 4-4 所示，模型图中的路径系数为标准化路径系数。

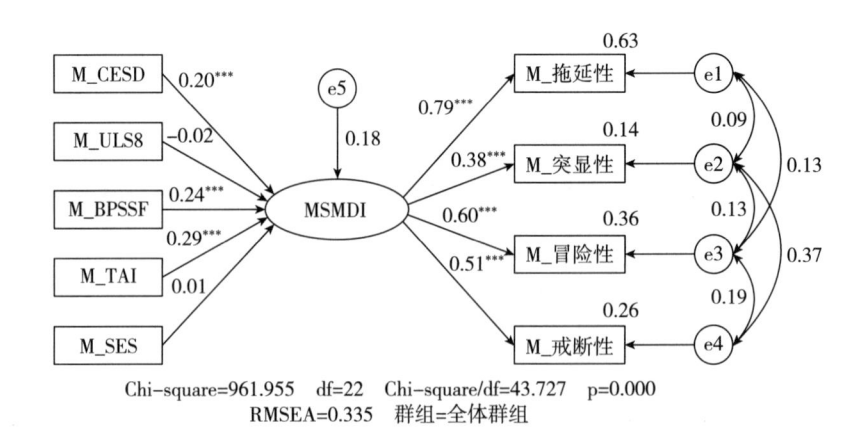

图 4-4　五个心理变量对手机依赖水平四个维度的
MIMIC 估计结果（标准化系数）

在模型拟合指标中，CFI = 0.341，RMSEA = 0.335，SRMR = 0.298，表明本文模型与变量间真实关系模型存在差异，模型的拟合结果不佳。但模型分析依然可以作为考察五个心理变量对手机依赖水平的影响。从全体群组模型图中可以发现，抑郁（CESD）、无聊（BPSSF）和焦虑（TAI）的路径系数达到 0.001 水平显著，表明三个因素和手机媒体依赖水平密切相关，可解释潜变量变异的 18.2%（$R^2 = 0.182$）。

表4-26　不同手机使用偏好群体心理状态变量对手机媒体依赖的 MIMIC 多群组分析

模型	子模型	全体群组	生活方式	手机阅读	网络色情	手机游戏	休闲娱乐	仪式惯习
	估计方法	SEM + Robust	SEM + Robust	SEM + Robust	SEM + Robust	SEM + Robust	SEM + Robust	SEM + Robust
结构模型	M_CESD	0.199***	0.408*	0.356*	0.554***	0.161	0.072	-0.171
	M_ULS8	-0.024	-0.011	0.012	-0.271*	0.211	0.115	0.035
	M_BPSSF	0.244***	0.269	0.152	0.067	0.076	0.477*	0.152
	M_TAI	0.286***	0.086	0.054	0.192	-0.188	0.487*	0.500***
	M_SES	0.015	-0.064	-0.145	0.034	-0.276*	0.183	-0.052
测量模型	M_拖延性	0.381***	0.708*	0.915*	0.774*	0.730*	0.675*	0.855*
	M_戒断性	0.602***	0.587*	0.505	0.502*	0.656*	0.476*	0.346
	M_冒险性	0.512***	0.507*	0.596*	0.976***	0.548*	0.389*	0.402*
	M_突显性	0.792***	0.376	0.521	0.316	-0.207	0.373*	0.124
拟合指标	N	382	77	65	51	67	56	57
	CFI	0.341	0.396	0.353	0.401	0.241	0.346	0.237
	RMSEA	0.335	0.274	0.309	0.342	0.382	0.332	0.370
	SRMR	0.298	0.257	0.278	0.326	0.330	0.313	0.328
	R^2	0.182	0.250	0.174	0.423	0.187	0.516	0.306

(二) 不同手机媒体使用偏好群体手机媒体依赖的 MIMIC 分析

1. 不同使用偏好群体依赖行为的 MIMIC 多群组分析

为了分析影响不同手机媒体使用偏好的青少年群体手机媒体依赖水平的心理因素，将五个心理变量对手机依赖水平四个维度的 MIMIC 模型以手机媒体使用偏好为分类变量进行多群组分析，分析结果如表 4-26 所示。

分析结果显示各群组模型拟合度均不佳，如全体群组模型拟合指数 CFI=0.341、RMSEA=0.335、SRMR=0.298，但依然有必要通过模型拟合的标准化路径系数对比分析影响不同手机媒体使用偏好青少年手机依赖水平的心理因素。

2. "生活方式"型群体手机媒体依赖特征 MIMIC 分析

"生活方式"型群体手机媒体依赖特征 MIMIC 模型标准化估计结果如图 4-5 所示。对于"生活方式"型偏好的群体来说，五个心理状态因素可解释潜变量变异的 25.0%（$R^2=0.250$），其中抑郁（CESD）是手机媒体依赖的显著影响因素（$\beta=0.41$），手机媒体依赖的主要特征表现为拖延性、戒断性和冒险性。也就是说抑郁水平每增加 1 分，生活方式方面的手机依赖就增加 0.41 分，生活方式型手机依赖群体更容易产生拖延性症状，并且存在戒断性风险，即这类群体如果想要减少手机使用，会存在较大阻碍。

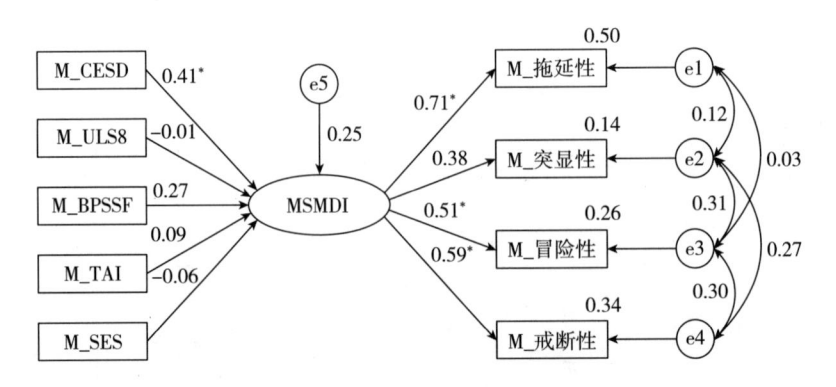

图 4-5 五个心理变量对手机依赖水平四个维度的 MIMIC 估计结果（生活方式组）

3. "手机阅读"型群体手机媒体依赖特征 MIMIC 分析

"手机阅读"型群体手机媒体依赖特征 MIMIC 模型标准化估计结果如图 4-6 所示。对于"手机阅读"型偏好的群体来说，五个心理状态因素可解释潜变量变异的 17.4%（$R^2=0.174$），其中抑郁（CESD）是手机媒体依赖的主要影响因素（$\beta=0.36$），手机媒体依赖的主要特征表现为拖延性、冒险性。也就是说抑郁水平每增加 1 分，手机阅读方面的依赖就增加 0.36 分，手机阅读型依赖群体更容易产生拖延症状（$\beta=0.92$），且出现冒险性手机使用行为的概率中等，但出现戒断性风险的概率较低，即这类群体如果愿意则比较容易减少手机使用。

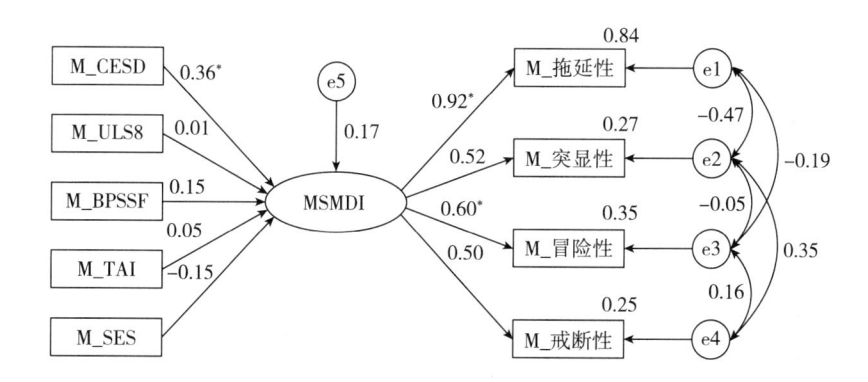

图 4-6 五个心理变量对手机依赖水平四个维度的 MIMIC 估计结果（手机阅读组）

4. "网络色情"型群体手机媒体依赖特征 MIMIC 分析

"网络色情"型群体手机媒体依赖特征 MIMIC 模型标准化估计结果如图 4-7 所示。对于"网络色情"型偏好的群体来说，五个心理状态因素可解释潜变量变异的 42.3%（$R^2=0.423$），其中抑郁（CESD）、孤独（ULS8）是手机媒体依赖的主要影响因素（$\beta=0.55$，$\beta=-0.27$），手机媒体依赖的主要特征表现为冒险性、拖延性、戒断性。也就是说抑郁水平每增加 1 分，网络色情方面的手机依赖增加 0.55 分；孤独水平每增加 1 分，网络色情方面的手机依赖就降低 0.27 分；网络色情型依赖群体容易出现冒险性手机使用行为和拖延性行为，并且存在戒断性风险，即这类群体如果想要减少手机使用则存在较大阻碍。

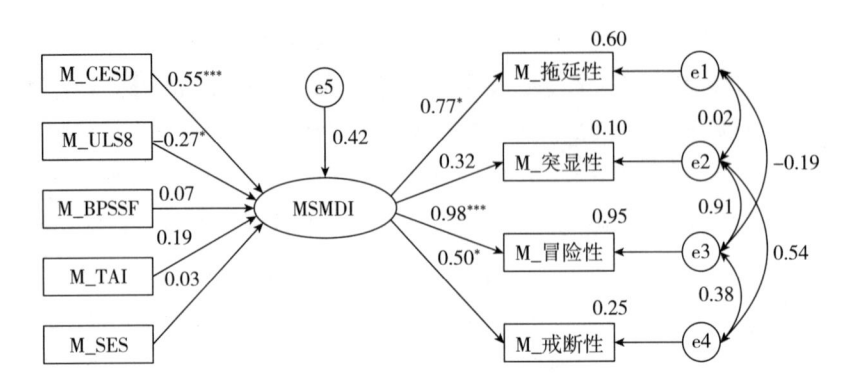

图 4-7　五个心理变量对手机依赖水平四个维度的
MIMIC 估计结果（网络色情组）

5. "手机游戏"型群体手机媒体依赖特征 MIMIC 分析

"手机游戏"型群体手机媒体依赖特征 MIMIC 模型标准化估计结果如图 4-8 所示。对于"手机游戏"型偏好的群体来说，五个心理状态因素可解释潜变量变异的 18.7%（$R^2 = 0.187$），其中自尊水平（SES）是手机媒体依赖的主要影响因素（$\beta = -0.28$），手机媒体依赖的主要特征表现为拖延性、戒断性、冒险性。也就是说自尊水平较低的群体更容易出现手机游戏依赖，自尊水平每增加 1 分，手机游戏方面的依赖就降低 0.28 分，手机游戏型依赖群体容易出现拖延性手机使用行为和冒险性行为，并且存在较高的戒断性风险（$\beta = 0.66$），即这类群体如果想要减少手机使用则存在较大阻碍。

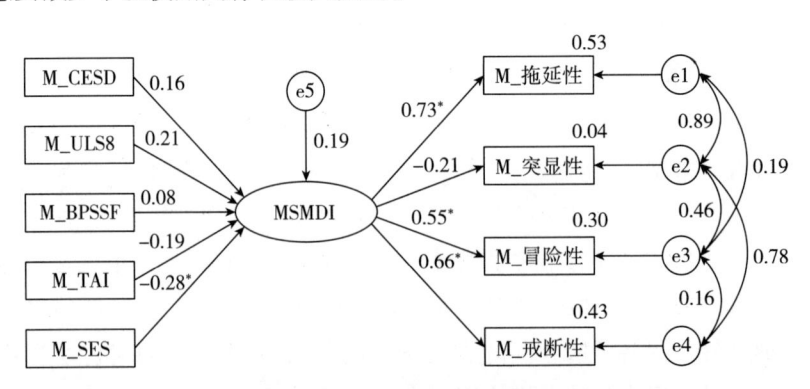

图 4-8　五个心理变量对手机依赖水平四个维度的
MIMIC 估计结果（手机游戏组）

6. "休闲娱乐"型群体手机媒体依赖特征 MIMIC 分析

"休闲娱乐"型群体手机媒体依赖特征 MIMIC 模型标准化估计结果如图 4-9 所示。对于"休闲娱乐"型偏好的群体来说,五个心理状态因素可解释潜变量变异的 51.6%($R^2 = 0.516$),其中无聊(BPSSF)、焦虑(TAI)是手机媒体依赖的主要影响因素($\beta = 0.48$,$\beta = 0.49$),手机媒体依赖的主要特征表现为拖延性、戒断性、冒险性、突显性。也就是说无聊水平和焦虑水平较高的群体更容易出现"休闲娱乐"型依赖;无聊水平每增加 1 分,休闲娱乐方面的手机依赖就增加 0.48 分;焦虑水平每增加 1 分,休闲娱乐方面的手机依赖就增加 0.49 分。休闲娱乐型依赖群体容易出现拖延性、冒险性、突显性手机使用行为的概率均较高,并且存在戒断性风险,即这类群体如果想要减少手机使用则存在较大阻碍。

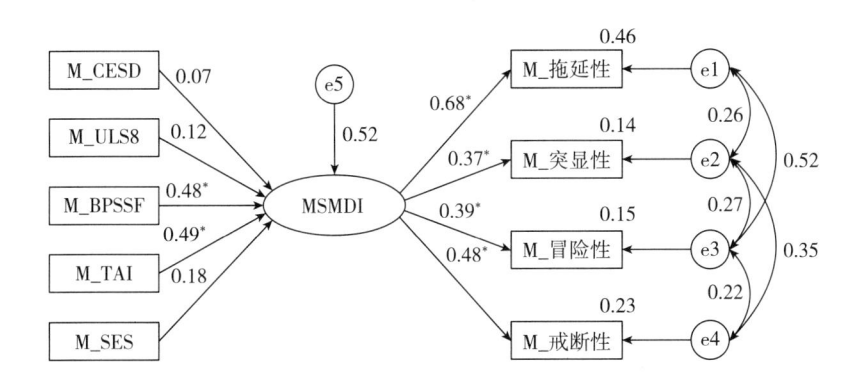

图 4-9 五个心理变量对手机依赖水平四个维度的
MIMIC 估计结果(休闲娱乐组)

7. "仪式惯习"型群体手机媒体依赖特征 MIMIC 分析

"仪式惯习"型群体手机媒体依赖特征 MIMIC 模型标准化估计结果如图 4-10 所示。对于"仪式惯习"型偏好的群体来说,五个心理状态因素可解释潜变量变异的 30.6%($R^2 = 0.306$),其中焦虑(TAI)是手机媒体依赖的显著影响因素($\beta = 0.500$,$p < 0.001$),手机媒体依赖的主要特征表现为拖延性、冒险性。也就是说焦虑水平高的个体更容易出现仪式惯习特征的手机使用行为,焦虑水平每增加 1 分,仪式惯习

方面的依赖行为就增加 0.5 分；仪式惯习型依赖群体容易出现拖延性和冒险性手机使用行为。

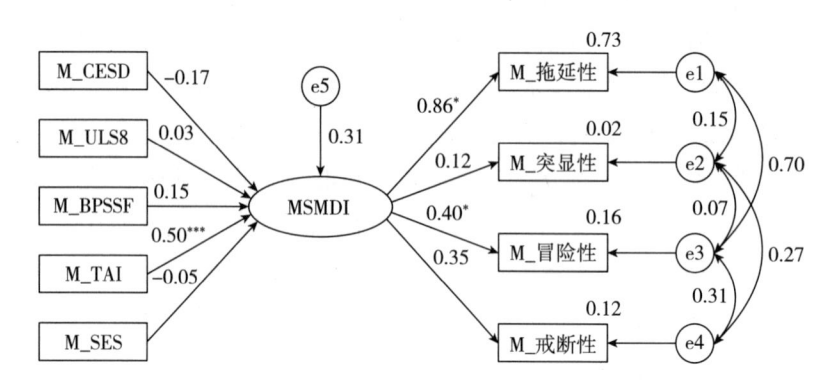

图 4-10　五个心理变量对手机依赖水平四个维度的
MIMIC 估计结果（仪式惯习组）

第三节　青少年手机媒体使用情况二次调查结果

一　二次综合调查问卷各子量表数据预处理

（一）二次综合调查问卷发放回收情况

第二次问卷调查工作在第一次问卷调查结束后 6 个月进行，对原调查班级进行跟踪调查。在第二次实际调查中共发放调查问卷 595 份，回收 575 份，问卷回收率近 97%。回收得到的各子量表调查问卷有效率如表 4-27 所示。

表 4-27　　　　　二次调查回收综合问卷有效比分析

量表	有效问卷	无效问卷	总量	有效率（%）
SMDI	454	92	575	83.15
SMPI	500	46	575	91.58
TAI	475	71	575	87.00
CESD	477	69	575	87.36
ULS8	477	69	575	87.36

续表

量表	有效问卷	无效问卷	总量	有效率（%）
BPSSF	500	46	575	91.58
SES	500	46	575	91.58
整份问卷	382	164	575	69.96

（二）二次综合调查问卷共同方法偏差分析

共同方法偏差指的是因为同样的数据来源或评分者、同样的测量环境、项目语境以及项目本身特征所造成的预测变量与效标变量之间人为的共变。在研究前期通过调查问卷版面设计、匿名填写等方式进行了程序控制，但也无法完全消除共同方法偏差，这时就需要在数据分析时采用统计的方法来进行检验和控制以最大限度降低共同方法偏差对研究的影响。此处采用 Harman 单因素检验法将所有李氏量表题项纳入检验。结果表明，未旋转情况下，共提取出 21 个主成分，第一个主成分解释了总方差变异的 20.46%，远远低于 40% 的临界值，因此可以认为本调查不存在明显的共同方法偏差。

（三）二次综合调查问卷各子量表总粗分与标准分统计

量表总粗分、标准分等计算方法和首次计算方法类似，这里不再赘述。各量表总粗分及转换后的标准分取值范围及均值、方差统计结果如表 4-28 所示。值得特别说明的是，以下所有分析中如果没有特殊说明，则在分析中使用的是转换后的标准分。

表 4-28　二次综合调查问卷各量表总粗分与标准分描述统计

量表	N	总粗分					标准分					数据标识
		范围	最小值	最大值	均值	标准差	范围	最小值	最大值	均值	标准差	
T2_SMDI	475	61	19	80	50.33	11.140	76	24	100	63.06	13.942	T2_S_SMDI
T2_SMPI	534	66	18	84	49.58	8.202	73	20	93	55.10	9.116	T2_S_SMPI
T2_CESD	520	25	10	35	19.19	5.044	63	25	88	48.19	12.610	T2_S_CESD
T2_ULS8	520	20	8	28	14.78	4.271	63	25	88	46.19	13.377	T2_S_ULS8
T2_BPSSF	550	31	12	43	26.51	5.204	65	25	90	55.15	10.808	T2_S_BPSSF
T2_TAI	518	52	20	72	43.61	8.004	65	25	90	54.65	10.026	T2_S_TAI
T2_SES	550	27	12	39	28.73	5.359	68	30	98	72.09	13.406	T2_S_SES

(四) 二次调查数据正态性检验与正态化处理

1. 各量表得分正态性检验

通过柯尔莫戈洛夫—斯米诺夫（Kolmogorov – Smirnov，即 K – S 检验）、夏皮洛—威尔克（Shapiro – Wilk，即 W 检验）和偏度—峰度检验法对各量表观察值进行正态性检验，检验结果如表 4 – 29 所示。S_ SMDI 和 S_ BPSSF 标准分数为正态分布，S_ SMPI 和 S_ TAI 为重度高尖正偏态，S_ CESD 和 S_ ULS8 为中度正偏态分布、S_ SES 为重度负偏态分布。

表 4 – 29　　　　二次调查各量表标准分的正态性检验摘要

量表	N	正态性检验		偏度			峰度		
		柯尔莫戈洛夫—斯米诺夫	夏皮洛—威尔克	统计	标准误	偏度 Z 分	统计	标准误	峰度 Z 分
T2_ S_ SMDI	475	0.043	0.066	0.996	0.353	– 0.073	0.120	– 0.605	– 0.160	0.240	– 0.667
T2_ S_ SMPI	534	0.077	0.000	0.978	0.000	0.557	0.120	4.636	0.928	0.240	3.867
T2_ S_ TAI	518	0.066	0.000	0.984	0.000	0.231	0.120	1.923	0.985	0.240	4.106
T2_ S_ CESD	520	0.062	0.001	0.976	0.000	0.393	0.120	3.270	0.191	0.240	0.796
T2_ S_ ULS8	520	0.106	0.000	0.966	0.000	0.369	0.120	3.072	– 0.440	0.240	– 1.836
T2_ S_ BPSSF	550	0.063	0.000	0.992	0.021	0.148	0.120	1.229	0.296	0.240	1.233
T2_ S_ SES	550	0.085	0.000	0.970	0.000	– 0.500	0.120	– 4.155	– 0.200	0.240	– 0.834

2. 各量表标准分的正态化转换

通过上面分析发现，通过观察数据检验发现除了手机媒体依赖水平标准得分（S_ SMDI）和无聊水平标准得分（S_ BPSSF）服从正态分布外，其他变量均不服从正态分布。继续统一采用相对简单的"个案排秩"方法获得正态得分。其中自尊水平标准得分（S_ SES）呈负偏态分布，因而选择 Tukey 比例估算公式，其他则选用 Blom 比例估算公式。各量表标准分的正态转换方案如表 4 – 30 所示。

表 4-30　二次调查各量表标准分的正态化转换方案

源量表	数据分布	新变量	函数	比例估算公式
T2_S_SMDI[b]	正态分布	NS_SMDI	个案排秩-正态得分	Blom
T2_S_SMPI[b]	重度高尖正偏态	NS_SMPI	个案排秩-正态得分	Blom
T2_S_TAI[b]	重度高尖正态	NS_TAI	个案排秩-正态得分	Blom
T2_S_CESD[b]	中度正偏态	NS_CESD	个案排秩-正态得分	Blom
T2_S_ULS8[b]	中度矮胖正态	NS_ULS8	个案排秩-正态得分	Blom
T2_S_BPSSF[b]	正态分布	NS_BPSSF	个案排秩-正态得分	Blom
T2_S_SES[b]	重度负偏态	NS_SES	个案排秩-正态得分	Tukey

注：a. 将绑定值的平均秩用于绑定值；b. 秩按升序排列。

3. 各量表得分正态化转换后的正态性检验

各量表得分进行正态化转换后仍然需要检验数据分布是否服从正态分布，检验结果见表 4-31。正态化后的孤独（NS_ULS8）、无聊（NS_BPSSF）、焦虑（NS_TAI）水平得分的"柯尔莫戈洛夫—斯米诺夫"或"夏皮洛—威尔克"检验方案都呈显著，但偏度 Z 分数和峰度 Z 分数的绝对值都小于 1.96，因此可以认为转换后的各量表得分均呈正态分布，可以利用正态化后的标准得分（NS_开头）进行要求数据服从正态分布的相关统计分析。

表 4-31　二次调查各量表得分正态化转换后的正态性检验摘要

量表	N	正态性检验				偏度			峰度		
		柯尔莫戈洛夫—斯米诺夫		夏皮洛—威尔克		统计	标准误	偏度 Z 分	统计	标准误	峰度 Z 分
T2_NS_SMDI	454	0.026	0.200*	0.999	0.980	0.002	0.112	0.019	-0.087	0.224	-0.391
T2_NS_SMPI	500	0.032	0.200*	0.998	0.774	0.005	0.106	0.049	-0.076	0.211	-0.361
T2_NS_CESD	477	0.037	0.090	0.998	0.760	0.002	0.107	0.018	-0.072	0.214	-0.338
T2_NS_ULS8	477	0.055	0.001	0.991	0.004	0.053	0.107	0.490	-0.225	0.214	-1.052
T2_NS_BPSSF	500	0.056	0.001	0.986	0.000	0.106	0.107	0.991	-0.291	0.214	-1.361
T2_NS_TAI	475	0.054	0.001	0.996	0.136	0.004	0.104	0.034	-0.077	0.208	-0.369
T2_NS_SES	458	0.041	0.027	0.993	0.008	-0.051	0.104	-0.486	-0.164	0.208	-0.789

注：* 这是真显著性的下限；a. 里利氏显著性修正。

二 青少年手机媒体使用情况前后两次调查数据合成

（一）调查对象个案标识码生成

为了在后续研究中能够对前后调查数据进行深入对比分析，需要将每个被调查对象的前后两次调查数据进行配对合成。为此，根据问卷前期设计首先生成前后两次调查数据中的调查对象个案标识码。个案标识码生成步骤如下：①将3位班级编号、手机号中间5位数字（如果有缺失则用5个0标识）、QQ号前5位数字（如果有缺失则用5个0标识）合成字符串；②将13位字符串转换为数字型变量，形成每个被调查对象的个案标识符号。如图4-11所示。

T1_班级编号	T1_手机号	T1_QQ号	个案标识码	T1_性别	T2_班级编号	T2_手机号	T2_QQ号	个案标识码	T2_性别
101	95471	17247	1019547117247	女	101	96395	25075	1019639525075	女
101	96474	11216	1019647411216	男	101	96474	11216	1019647411216	男
101	97964	97202	1019796497202	女	101	97964	97202	1019796497202	女
102	00076	93668	1020007693668	女	102	00076	93668	1020007693668	女
102	09062	23033	1020906223033	女	102	00155	12904	1020015512904	女
102	15560	12904	1021556012904	女	102	07062	23033	1020706223033	女

首次调查个案标识码　　　　　　　　　　二次调查个案标识码

图4-11 前后两次调查个案标识码生成

（二）前后两次数据个案标识码匹配核对

本调查是以班级整群方式抽样，被调查对象数量较大，加之两次调查的时间间隔较长，因此，在整个调查中存在如下情况：①部分学生参与了首次调查但未参与第二次调查；②部分学生未参与首次调查但参与了第二次调查；③部分学生在调查间隔期间更换了手机号码；④部分学生在调查间隔期间使用了新的QQ号码或同时使用多个号码；⑤在填写的时候由于记忆不清或笔误导致个别数字错误。

为此，需要对前后两次调查数据的个案标识码进行核对匹配。匹配过程利用EXCEL电子表格完成，结果如表4-32所示。匹配过程如下：①在"T2标识码"列中逐个查找"T1标识码"列数据，将查找到的结果对应置入"自动查找匹配"列中［公式：B2 = VLOOKUP（A2，FMYM2：FMYM607，1，TRUE）］；②如果自动查找成功，则"T1标识码"和"自动查找匹配"列的数据相同，如果不成功则数据不相同，据此标识出异常值［公式：C2 = IF（A2 = B2，"正常"，"异常"）］；③对于异常值则分别借助手机号中间五位数字、QQ 号前 5 位数字在"T2 标识码"列中人工查找匹配，查找到类似标识码后再通过其他被调查对象的人口学信息确认后将对应值放入"人工校对"列中，并在异常类型中标记标识码无法匹配的原因，包括 QQ 号更换或填错、班级号选填错误、手机号更换或填错等情况；④对于通过人工校对后仍然无法在"T2"列查到的个案标识码表明被调查对象没有参与第二次调查，则在异常类型中标识为"未完"；⑤通过以上步骤号，可以生成经过矫正后的 T1 标识码，置入"T1 标识码（矫正）"列中［公式：E2 = IF（D2＞0，D2，A2）］。通过匹配核对发现：共有 140 个个案标识码存在异常，其中 33 个为 QQ 号码异常、67 个为手机号码异常、7 个为班级编码异常，以上数据通过标识码矫正后都可得到匹配，另有 33 人未完成第二次问卷调查，无法匹配。用这个步骤得到的"T1 标识码（矫正）"数据替换第一次调查数据的个案标识码后可继续进行下一步数据处理。

表 4 – 32　　　　　　　　前后两次个案标识码匹配核对

T1 标识码	自动查找匹配	异常标识	人工校对	T1 标识码（矫正）	T2 标识码	异常类型
1018799623327	1018799623327	正常		1018799623327	1019256711037	成功
1019000713448	1019000713448	正常		1019000713448	1019547117247	成功
1019053891334	1019053891334	正常		1019053891334	1019639525075	成功
……	……	……		……	……	……
3021707226505	3021707215907	异常	3021707215907	3021707215907	2047003230259	QQ
3027937722495	3027933614346	异常	3027937753342	3027937753342	2047952630855	QQ
3027938313329	3027937753342	异常	3027938333944	3027938333944	2047952810499	QQ
……	……	……	……	……	……	……
1047431920505	1047205767028	异常	1031867420505	1031867420505	1047053327928	班级
1063854314504	1063464629345	异常	1073854314504	1073854314504	1061677213506	班级
1097070022323	1097067226441	异常	1087070022323	1087070022323	1091102815863	班级

续表

T1 标识码	自动查找匹配	异常标识	人工校对	T1 标识码（矫正）	T2 标识码	异常类型
……	……	……	……	……	……	……
1017087826544	1017032123996	异常	1015766526544	1015766526544	1017943630781	手机
1017915120174	1017089126546	异常	1012791520174	1012791520174	1017996426629	手机
1020906223033	1020706223033	异常	1020706223033	1020706223033	1020766017655	手机
……	……	……	……	……	……	……
1036911615679	1036838675124	异常		1036911615679	1033714716139	未完
1091728623219	1091129923073	异常		1091728623219	1087918013247	未完
1096577314983	1096121989510	异常		1096577314983	1089129421203	未完

（三）前后两次调查数据的合并

前后两次调查数据个案标识码生成后，利用 SPSS 数据合并功能以第一次调查数据为主文件，以"个案标识码"为键值采用"基于键值的一对一合并"方法进行"添加变量"式数据合并，生成前后配对调查数据。通过分析发现，前后两次调查各问卷及总问卷有效数据如表4-33 所示。SMDI 问卷前后两次同时有效率为 63.74%、SMPI 为 77.66%、TAI 为 72.89%、CESD 和 ULS8 为 73.26%、BPSSF 为 79.85%、SES 为 91.58%，总问卷前两次同时有效率为 50%。作为一项包含题项较多的跟踪调查来说，总问卷的同时有效率是可以接受的。

表4-33　前后两次调查各问卷及总问卷有效率分析

	首次			二次			两次同时	
	问卷数量（份）	有效问卷（份）	有效率（%）	问卷数量（份）	有效问卷（份）	有效率（%）	有效问卷（份）	同时有效率（%）
SMDI	546	454	83.15	575	449	78.09	348	63.74
SMPI	546	500	91.58	575	507	88.17	424	77.66
TAI	546	475	87.00	575	491	85.39	398	72.89
CESD	546	477	87.36	575	492	85.57	400	73.26
ULS8	546	477	87.36	575	492	85.57	400	73.26
BPSSF	546	500	91.58	575	521	90.61	436	79.85

续表

	首次			二次			两次同时	
	问卷数量（份）	有效问卷（份）	有效率（％）	问卷数量（份）	有效问卷（份）	有效率（％）	有效问卷（份）	同时有效率（％）
SES	546	500	91.58	575	521	90.61	500	91.58
整份问卷	546	382	69.96	575	387	67.30	273	50.00

注：每次的总问卷有效率是指合成整份问卷的 7 份子问卷同时有效（通过严格测谎题筛选）；两次合并的同时有效率是前后两次调查中有效的总问卷。

三　青少年手机媒体使用情况前后两次调查数据对比分析

（一）前后两次调查各量表标准分平均数检验

1. 各量表标准分相关双样本平均数检验

通过对被调查对象的两次调查数据进行相关双样本平均数检验分析发现，在各量表上两个样本的相关度较高，相关性介于 0.542—0.643。分析结果如表 4-34 所示。

表 4-34　前后两次调查数据平均数统计量及相关性分析

配对样本统计		样本统计量				相关性	
		平均值	个案数	标准偏差	标准误差平均值	相关性	显著性
配对 1	T2_S_SMDI	62.79	348	13.648	0.732	0.643	0.000
	T1_S_SMDI	62.43	348	13.004	0.697		
配对 2	T2_S_SMPI	54.75	424	8.890	0.432	0.616	0.000
	T1_S_SMPI	55.04	424	8.037	0.390		
配对 3	T2_S_CESD	47.80	400	12.476	0.624	0.542	0.000
	T1_S_CESD	46.30	400	11.338	0.567		
配对 4	T2_S_ULS8	46.37	400	13.271	0.664	0.587	0.000
	T1_S_ULS8	46.29	400	13.737	0.687		
配对 5	T2_S_BPSSF	55.23	436	10.731	0.514	0.571	0.000
	T1_S_BPSSF	53.86	436	10.090	0.483		
配对 6	T2_S_TAI	54.84	398	10.007	0.502	0.589	0.000
	T1_S_TAI	55.77	398	9.369	0.470		

续表

配对样本统计		样本统计量				相关性	
		平均值	个案数	标准偏差	标准误差平均值	相关性	显著性
配对 7	T2_S_SES	72.41	407	13.057	0.647	0.598	0.000
	T1_S_SES	72.49	407	12.773	0.633		

各量表的成对检验结果如表 4-35 所示，所有被调查对象在手机媒体依赖水平（SMDI）、孤独水平（ULS8）和自尊水平（SES）等方面前后两次调查结果不存在显著差异；在抑郁水平（CESD）、无聊水平（BPSSF）、焦虑水平（TAI）方面两次调查结果存在显著差异。

表 4-35　　　　前后两次调查数据配对样本 t 检验分析摘要

		配对差值					t	自由度	Sig.（双尾）
		平均值	标准偏差	标准误差平均值	差值95%置信区间				
					下限	上限			
配对 1	T2_S_SMDI - T1_S_SMDI	0.362	11.283	0.605	-0.827	1.552	0.599	347	0.550
配对 2	T2_S_SMPI - T1_S_SMPI	-0.290	7.453	0.362	-1.002	0.421	-0.801	423	0.423
配对 3	T2_S_CESD - T1_S_CESD	1.505	11.438	0.572	0.381	2.629	2.631	399	0.009
配对 4	T2_S_ULS8 - T1_S_ULS8	0.078	12.280	0.614	-1.130	1.285	0.126	399	0.900
配对 5	T2_S_BPSSF - T1_S_BPSSF	1.374	9.665	0.463	0.464	2.284	2.968	435	0.003
配对 6	T2_S_TAI - T1_S_TAI	-0.930	8.797	0.441	-1.797	-0.063	-2.108	397	0.036
配对 7	T2_S_SES - T1_S_SES	-0.081	11.580	0.574	-1.209	1.047	-0.141	406	0.888

2. SMDI 得分增加的被调查对象各量表前后测平均数检验

为了进一步分析手机媒体依赖水平（SMDI）得分提高的被调查对象特征，此处筛选出第二次调查得分高于第一次调查得分的 192 名被调查对象，对其各量表得分进行相关双样本平均数检验，检验结果如表 4-36 所示。

表 4-36　SMDI 得分增加的被调查对象前后两次调查数据平均数统计量及相关性分析

配对样本		统计量				相关	
		平均值	个案数	标准偏差	标准误差平均值	相关性	显著性
配对 1	T2_S_SMDI	68.44	167	12.043	0.932	0.822	0.000
	T1_S_SMDI	58.94	167	12.023	0.930		
配对 2	T2_S_SMPI	57.69	173	9.286	0.706	0.685	0.000
	T1_S_SMPI	55.54	173	8.058	0.613		
配对 3	T2_S_CESD	49.42	162	13.056	1.026	0.526	0.000
	T1_S_CESD	45.21	162	11.250	0.884		
配对 4	T2_S_ULS8	47.16	162	13.622	1.070	0.572	0.000
	T1_S_ULS8	45.61	162	14.399	1.131		
配对 5	T2_S_BPSSF	55.80	174	9.979	0.757	0.507	0.000
	T1_S_BPSSF	52.63	174	10.026	0.760		
配对 6	T2_S_TAI	56.33	165	10.575	0.823	0.512	0.000
	T1_S_TAI	55.85	165	9.211	0.717		
配对 7	T2_S_SES	72.69	166	13.607	1.056	0.613	0.000
	T1_S_SES	73.92	166	13.457	1.044		

结合表 4-37 检验结果分析显示：手机媒体依赖水平（SMDI）量表上的第二次得分（M_{t2} = 68.44 ± 12.043）高于第一次得分（M_{t1} = 58.94 ± 12.023），$t_{(166)}$ = 17.096，$p < 0.001$；抑郁水平（CESD）量表上第二次得分（M_{t2} = 49.42 ± 13.056）高于第一次得分（M_{t1} = 45.21 ± 11.250），$t_{(161)}$ = 4.487，$p < 0.001$；无聊水平（BPSSF）量表上第二次得分（M_{t2} = 55.80 ± 9.979）高于第一次得分（M_{t1} = 52.63 ± 10.026），$t_{(173)}$ = 4.205，$p < 0.001$；孤独水平（ULS8）和焦虑水平（TAI）两个量表的得分平均值有增加，自尊水平（SES）变量得分平均值有所降低，但均未达到显著，以上分析说明 SMDI 得分提高的被调查对象在两次调查中的手机依赖水平、抑郁水平和无聊水平方面存在差异，且变化方向相同。

表 4-37　　SMDI 得分增加的被调查对象前后两次调查
数据配对样本 t 检验分析摘要

		配对差值					t	自由度	Sig.（双尾）
		平均值	标准偏差	标准误差平均值	差值95%置信区间				
					下限	上限			
配对1	T2_S_SMDI - T1_S_SMDI	9.503	7.183	0.556	8.406	10.600	17.096	166	0.000
配对2	T2_S_SMPI - T1_S_SMPI	2.150	6.977	0.530	1.103	3.197	4.054	172	0.000
配对3	T2_S_CESD - T1_S_CESD	4.210	11.941	0.938	2.357	6.063	4.487	161	0.000
配对4	T2_S_ULS8 - T1_S_ULS8	1.549	12.982	1.020	-0.465	3.564	1.519	161	0.131
配对5	T2_S_BPSSF - T1_S_BPSSF	3.167	9.933	0.753	1.680	4.653	4.205	173	0.000
配对6	T2_S_TAI - T1_S_TAI	0.473	9.847	0.767	-1.041	1.986	0.617	164	0.538
配对7	T2_S_SES - T1_S_SES	-1.229	11.909	0.924	-3.054	0.596	-1.330	165	0.186

3. SMDI 得分降低的被调查对象各量表前后测平均数检验

为了进一步分析手机媒体依赖水平（SMDI）得分降低的被调查对象特征，此处筛选出第二次调查得分低于第一次调查得分的 197 名被调查对象，对其各量表得分进行相关双样本平均数检验，检验结果如表 4-38 所示。

表 4-38　　SMDI 得分降低的被调查对象前后两次调查
数据平均数统计量及相关性分析

配对样本统计		样本统计量				相关性	
		平均值	个案数	标准偏差	标准误差平均值	相关性	显著性
配对1	T2_S_SMDI	57.37	169	13.107	1.008	0.863	0.000
	T1_S_SMDI	66.02	169	13.159	1.012		
配对2	T2_S_SMPI	52.06	183	8.160	0.603	0.603	0.000
	T1_S_SMPI	54.88	183	8.034	0.594		
配对3	T2_S_CESD	45.98	171	11.481	0.878	0.615	0.000
	T1_S_CESD	47.09	171	11.339	0.867		

续表

配对样本统计		样本统计量				相关性	
		平均值	个案数	标准偏差	标准误差平均值	相关性	显著性
配对4	T2_S_ULS8	44.98	171	12.814	0.980	0.640	0.000
	T1_S_ULS8	46.76	171	13.208	1.010		
配对5	T2_S_BPSSF	54.39	185	11.711	0.861	0.653	0.000
	T1_S_BPSSF	55.34	185	10.093	0.742		
配对6	T2_S_TAI	53.48	165	9.002	0.701	0.647	0.000
	T1_S_TAI	56.15	165	9.219	0.718		
配对7	T2_S_SES	73.12	171	12.128	0.927	0.626	0.000
	T1_S_SES	71.15	171	12.647	0.967		

结合表4-39检验结果分析显示：手机媒体依赖水平（SMDI）量表上的第二次得分（$M_{t2}=57.37±13.107$）低于第一次得分（$M_{t1}=66.02±13.159$），$t_{(168)}=-16.347$，$p<0.001$；孤独水平（ULS8）量表上第二次得分（$M_{t2}=44.98±12.814$）低于第一次得分（$M_{t1}=46.76±13.208$），$t_{(170)}=-2.113$，$p<0.05$；焦虑水平（TAI）量表上第二次得分（$M_{t2}=53.48±9.002$）低于第一次得分（$Mt1=56.15±9.219$），$t_{(164)}=-4.476$，$p<0.001$；抑郁水平（CESD）和无聊水平（BPSSF）量表上第二次得分低于第一次得分，但未达到显著水平。同时，该群体被调查对象自尊水平（SES）量表上第二次得分（$M_{t2}=73.12±12.128$）高于首次得分（$Mt_1=71.15±12.647$），$t_{(164)}=2.401$，$p=0.017$。以上分析说明：对于SMDI得分降低的被调查对象在两次调查中的手机依赖水平、孤独水平、焦虑水平方面同时显著降低，但自尊水平显著提高。

（二）相关量表各维度前后两次标准总分平均数检验

1. SMDI量表各维度标准得分前后测平均数检验

通过对所有被调查对象的两次调查数据SMDI量表各维度进行相关双样本平均数检验分析发现，在量表各维度上两个样本的相关度较高，相关性介于0.379—0.634。分析结果见表4-40。

表4-39　　SMDI得分降低的被调查对象前后两次调查
数据配对样本t检验分析摘要

		配对差值					t	自由度	Sig.（双尾）
		平均值	标准偏差	标准误差平均值	差值95%置信区间				
					下限	上限			
配对1	T2_S_SMDI-T1_S_SMDI	-8.645	6.875	0.529	-9.689	-7.601	-16.347	168	0.000
配对2	T2_S_SMPI-T1_S_SMPI	-2.820	7.214	0.533	-3.872	-1.768	-5.288	182	0.000
配对3	T2_S_CESD-T1_S_CESD	-1.105	10.015	0.766	-2.617	0.407	-1.443	170	0.151
配对4	T2_S_ULS8-T1_S_ULS8	-1.784	11.039	0.844	-3.450	-0.117	-2.113	170	0.036
配对5	T2_S_BPSSF-T1_S_BPSSF	-0.946	9.205	0.677	-2.281	0.389	-1.398	184	0.164
配对6	T2_S_TAI-T1_S_TAI	-2.667	7.653	0.596	-3.843	-1.490	-4.476	164	0.000
配对7	T2_S_SES-T1_S_SES	1.968	10.719	0.820	0.350	3.586	2.401	170	0.017

表4-40　　SMDI量表各维度标准得分前后测平均数
统计量及相关性分析（N=348）

		样本量统计			相关性	
		平均值	标准偏差	标准误差平均值	相关性	显著性
配对1	T2_S_SMDI_拖延性	20.52	5.577	0.299	0.634	0.000
	T1_S_SMDI_拖延性	20.35	5.221	0.280		
配对2	T2_S_SMDI_突显性	13.78	2.944	0.158	0.379	0.000
	T1_S_SMDI_突显性	14.27	2.986	0.160		
配对3	T2_S_SMDI_冒险性	12.59	3.946	0.212	0.579	0.000
	T1_S_SMDI_冒险性	12.33	4.113	0.221		
配对4	T2_S_SMDI_戒断性	15.75	4.289	0.230	0.580	0.000
	T1_S_SMDI_戒断性	15.81	4.587	0.246		

结合表4-41检验结果分析显示：手机媒体依赖水平（SMDI）量表"突显性"维度上的第二次得分（$M_{t2}=13.78±2.944$）低于首次得分（$M_{t1}=14.27±2.986$），达到显著水平（$p=0.006$）。

表 4-41　SMDI 量表各维度标准得分前后测数据配对样本 t 检验分析摘要（N=348）

		配对差值			差值95%置信区间		t	自由度	Sig.（双尾）
		平均值	标准偏差	标准误差平均值	下限	上限			
配对1	T2_S_SMDI_拖延性 - T1_S_SMDI_拖延性	0.167	4.633	0.248	-0.322	0.655	0.671	347	0.503
配对2	T2_S_SMDI_突显性 - T1_S_SMDI_突显性	-0.491	3.306	0.177	-0.839	-0.142	-2.769	347	0.006
配对3	T2_S_SMDI_冒险性 - T1_S_SMDI_冒险性	0.260	3.699	0.198	-0.130	0.650	1.311	347	0.191
配对4	T2_S_SMDI_戒断性 - T1_S_SMDI_戒断性	-0.053	4.076	0.218	-0.483	0.377	-0.243	347	0.808

2. SMPI 量表各维度标准得分前后测平均数检验

通过对所有被调查对象的两次调查数据 SMPI 量表各维度进行相关双样本平均数检验分析发现，在量表各维度两个样本的相关度较高，相关性介于 0.511—0.632。分析结果如表 4-42 所示。

表 4-42　SMDI 量表各维度标准得分前后测平均数统计量及相关性分析（N=424）

		样本量统计			相关性	
		平均值	标准偏差	标准误差平均值	相关性	显著性
配对1	T2_S_SMPI_生活方式	12.00	2.488	0.121	0.547	0.000
	T1_S_SMPI_生活方式	12.26	2.343	0.114		
配对2	T2_S_SMPI_手机阅读	9.28	2.678	0.130	0.632	0.000
	T1_S_SMPI_手机阅读	9.30	2.342	0.114		
配对3	T2_S_SMPI_网络色情	4.26	1.862	0.090	0.511	0.000
	T1_S_SMPI_网络色情	3.72	1.812	0.088		

续表

		样本量统计			相关性	
		平均值	标准偏差	标准误差平均值	相关性	显著性
配对4	T2_S_SMPI_手机游戏	7.36	2.553	0.124	0.556	0.000
	T1_S_SMPI_手机游戏	7.08	2.665	0.129		
配对5	T2_S_SMPI_休闲娱乐	11.02	2.566	0.125	0.605	0.000
	T1_S_SMPI_休闲娱乐	11.33	2.475	0.120		
配对6	T2_S_SMPI_仪式惯习	10.82	3.348	0.163	0.514	0.000
	T1_S_SMPI_仪式惯习	11.08	3.385	0.164		

结合表4-43检验结果分析显示：手机媒体依赖倾向（SMPI）量表"生活方式"维度上的第二次得分（M_{t2} = 12.00 ± 2.488）低于首次得分（M_{t1} = 12.26 ± 2.343），达到显著水平（p = 0.020）；"休闲娱乐"维度上的第二次得分（M_{t2} = 11.02 ± 2.566）低于首次得分（M_{t1} = 11.33 ± 2.475），达到显著水平（p = 0.004）；"网络色情"维度上的第二次得分（M_{t2} = 4.26 ± 1.862）高于首次得分（M_{t1} = 3.72 ± 1.812），达到显著水平（p < 0.001）；"手机游戏"维度上的第二次得分（M_{t2} = 7.36 ± 2.553）高于首次得分（M_{t1} = 7.08 ± 2.665），达到显著水平（p = 0.018）。

表4-43　SMDI量表各维度标准得分前后测数据配对样本t检验分析摘要（N=424）

		配对差值					t	自由度	Sig.（双尾）
		平均值	标准偏差	标准误差平均值	差值95%置信区间				
					下限	上限			
配对1	T2_S_SMPI_生活方式 - T1_S_SMPI_生活方式	-0.26	2.304	0.112	-0.481	-0.041	-2.334	423	0.020
配对2	T2_S_SMPI_手机阅读 - T1_S_SMPI_手机阅读	-0.01	2.175	0.106	-0.221	0.194	-0.128	423	0.898

续表

		配对差值					t	自由度	Sig.（双尾）
		平均值	标准偏差	标准误差平均值	差值95%置信区间				
					下限	上限			
配对3	T2_ S_ SMPI_ 网络色情 – T1_ S_ SMPI_ 网络色情	0.54	1.817	0.088	0.366	0.713	6.108	423	0.000
配对4	T2_ S_ SMPI_ 手机游戏 – T1_ S_ SMPI_ 手机游戏	0.28	2.461	0.120	0.050	0.520	2.383	423	0.018
配对5	T2_ S_ SMPI_ 休闲娱乐 – T1_ S_ SMPI_ 休闲娱乐	-0.32	2.242	0.109	-0.531	-0.103	-2.910	423	0.004
配对6	T2_ S_ SMPI_ 仪式惯习 – T1_ S_ SMPI_ 仪式惯习	-0.26	3.318	0.161	-0.573	0.061	-1.589	423	0.113

（三）手机媒体使用偏好类型前后两次调查变化情况

通过对手机媒体使用偏好类型前后测变化情况进行配对 χ^2 检验发现，McNemer 检验结果，$p<0.01$，提示前后两次调查的使用偏好类型一致；Kappa = 0.293，$p<0.001$，提示两种方法诊断结果存在一致性，但是 Kappa 小于 0.4，表示手机使用偏好类型一致性一般。分析结果见表 4-44。

表 4-44　T2_ 使用偏好类型 × T1_ 使用偏好类型交叉分析

计数		T1_ 使用偏好类型						总计
		生活方式型	手机阅读型	网络色情型	手机游戏型	休闲娱乐型	仪式惯习型	
T2_ 使用偏好类型	生活方式型	32	8	7	9	5	10	71
	手机阅读型	15	35	7	11	9	12	89
	网络色情型	3	9	28	12	3	6	61
	手机游戏型	7	12	4	35	11	15	84
	休闲娱乐型	12	7	5	5	25	12	66
	仪式惯习型	9	10	4	6	4	20	53
总计		78	81	55	78	57	75	424

四 青少年手机媒体使用情况前后两次调查数据重复测量方差分析

(一) 手机媒体依赖水平前后测性别差异

为了检验手机媒体依赖水平前后测数据的性别差异,相关样本单因子方差分析结果如表4-45所示。两个独立样本的主效果分析发现,被试内设计的两次测量结果均未达到显著,$F(1, 346) = 0.359$,$p = 0.549$,这和前面方差分析结果相同;被试间设计自变量(性别)也未达到显著,$F(1, 346) = 0.293$,$p = 0.589$,显示前后测得分男女之间没有差异;"性别×时段"交互效果$F(1, 346) = 1.799$,$p = 0.181$亦未达到显著。综合以上说明,手机媒体依赖量表前后测得分均值不存在差异,前后测成绩男女之间不存在差异。

表4-45　　　　手机依赖水平前后测相关样本单因子
　　　　　　　　　(性别) 方差分析摘要

变异来源	SS	df	MS	F	p
性别(独立因子)	85.540	1	85.540	0.293	0.589
时段b(独立因子)	22.810	1	22.810	0.359	0.549
性别×时段b	114.259	1	114.259	1.799	0.181
组内	123119.092	692			
被试间(Block)	101147.161	346	292.333		
残差	21971.931	346	63.503		
全体(Total)	123341.701	695			

(二) 手机媒体依赖水平前后测家庭所在地差异

为了检验手机媒体依赖水平前后测数据的家庭所在地差异,相关样本单因子方差分析结果如表4-46所示。两个独立样本的主效果分析发现,被试内设计的两次测量结果均数未达到显著,$F(1, 346) = 0.284$,$p = 0.594$,这和前面方差分析结果相同;被试间设计自变量(家庭所在地)也未达到显著,$F(1, 346) = 0.102$,$p = 0.750$,显示前后测得分城镇和乡村学生之间没有差异;"家庭所在地×时段"交互效果$F(1, 346) = 1.598$,$p = 0.207$亦未达到显著。综合以上说明,手机媒体依赖量表前后测得分均值不存在差异,不同家庭所在地学生前后测得分之间不存在差异。

表 4-46　手机依赖水平前后测相关样本单因子（家庭所在地）方差分析摘要

变异来源	SS	df	MS	F	p
家庭所在地（独立因子）	29.844	1	29.844	0.102	0.750
时段（独立因子）	18.049	1	18.049	0.284	0.594
家庭所在地×时段	101.538	1	101.538	1.598	0.207
组内	123187.509	692			
被试间（Block）	101202.857	346	292.494		
残差	21984.652	346	63.539		
全体（Total）	123336.940	695			

（三）手机媒体依赖水平前后测学科专业差异

为了检验手机媒体依赖水平前后测数据的学科专业差异，相关样本单因子方差分析结果如表 4-47 所示。两个独立样本的主效果分析发现，被试内设计的两次测量结果均数未达到显著，$F(1, 342) = 0.007$，$p = 0.934$；被试间设计自变量（学科专业）达到显著，$F(1, 342) = 3.970$，$p = 0.002$，显示学科专业与手机依赖水平有关系；"学科专业×时段"交互效果 $F(1, 342) = 4.917$，$p < 0.001$ 达到显著。综合以上说明，不同学科专业学生前后测得分之间存在差异。

表 4-47　手机依赖水平前后测相关样本单因子（学科专业）方差分析摘要

变异来源	SS	df	MS	F	p
学科专业（独立因子）	5552.773	5	1110.555	3.970	0.002
时段（独立因子）	0.418	1	0.418	0.007	0.934
学科专业×时段	1481.113	5	296.223	4.917	0.000
组内	116285.004	684			
被试间（Block）	95679.928	342	279.766		
残差	20605.076	342	60.249		
全体（Total）	123319.308	695			

进一步通过截面图（见图4–12）、事后比较和单纯主效应检验可以发现，"自然科学"和"人文科学"学科专业背景的学生后测成绩有显著降低，其他学科专业背景学生前后测SMDI得分略有提高但未达到显著水平。

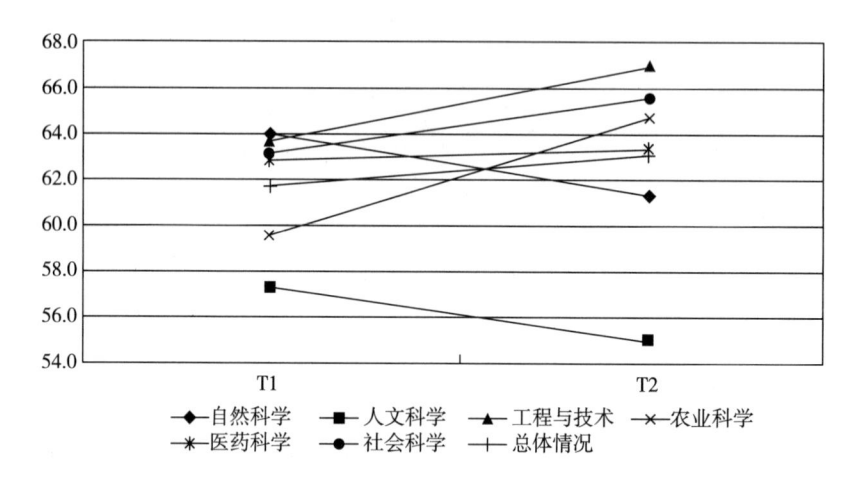

图4–12　不同学科专业群体手机媒体依赖水平（SMDI）平均分前后差异对比

（四）手机媒体依赖水平前后测使用偏好类型差异

为了检验不同手机依赖倾向的个案手机媒体依赖水平前后测数据差异，根据前后测两次手机依赖倾向各维度得分的平均值计算出个案的手机媒体使用偏好类型，然后进行相关样本单因子方差分析，结果如表4–48所示。两个独立样本的主效果分析发现，被试内设计的两次测量结果均达到显著，$F(1, 323) = 5.158$，$p = 0.024$；被试间设计自变量（使用偏好类型）达到显著，$F(1, 323) = 11.617$，$p < 0.001$，显示手机使用偏好类型与手机依赖水平有关系；"使用偏好类型×时段"交互效果 $F(1, 323) = 0.878$，$p = 0.496$ 未达到显著。

表4–48　手机依赖水平前后测相关样本单因子（使用偏好）方差分析摘要表

变异来源	SS	df	MS	F	p
使用偏好类型	41.390	5	8.278	11.617	0.000

续表

变异来源	SS	df	MS	F	p
时段 b（独立因子）	3.505	1	3.505	5.158	0.024
使用偏好类型×时段 b	2.982	5	0.596	0.878	0.496
组内	449.639	646			
被试间（Block）	230.163	323	0.713		
残差	219.476	323	0.679		

进一步通过截面图（见图4-13）和不同个案类型前后测SMDI均值统计，见表4-49。

表4-49　　　　不同手机媒体使用偏好类型群体前后测
SMDI平均分描述统计

个案使用偏好类型	个案数	T1平均值		T2平均值		均值	
		平均值	标准偏差	平均值	标准偏差	平均数	均值差
生活方式型	58	57.43	11.871	57.62	12.292	57.53	-0.19
手机阅读型	65	58.54	12.016	60.14	13.951	59.34	-1.60
网络色情型	43	62.26	14.346	61.02	14.787	61.64	1.23
手机游戏型	55	61.80	11.234	62.89	14.421	62.35	-1.09
休闲娱乐型	54	64.78	10.473	63.76	13.012	64.27	1.02
仪式惯习型	54	72.56	12.435	72.30	10.696	72.43	0.26
总计	329	62.70	12.950	62.86	13.924	62.78	-0.16

可以发现，"仪式惯习型"青少年SMDI得分前后两次整体都很高，其次是"休闲娱乐型""手机游戏型""网络色情型""手机阅读型"，"生活方式型"前后两次得分都低。其中"生活方式型"和"仪式惯习型"前后两次得分差异不明显。

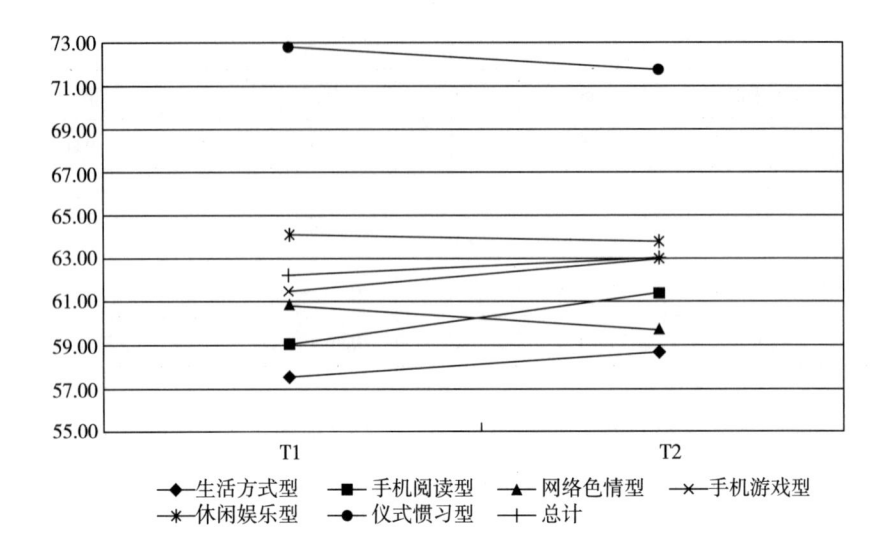

图 4-13 不同手机媒体使用偏好群体前后测 SMDI 平均分差异对比

第五章

青少年手机媒体依赖的形成机制分析

第一节 基于交叉滞后回归分析的手机媒体依赖形成机制研究

一 手机媒体使用情况各子量表标准分前后测相关分析

首次、二次和前后两次调查得到手机媒体依赖水平（SMDI）、抑郁水平（CESD）、孤独水平（ULS8）、无聊水平（BPSSF）、焦虑水平（TAI）和自尊水平（SES）的相关分析结果分别如表5-1、表5-2、表5-3所示。前后测相关系数分别为0.643（$p<0.001$）、0.542（$p<0.001$）、0.587（$p<0.001$）、0.571（$p<0.001$）、0.589（$p<0.001$）、0.598（$p<0.001$），这表明青少年手机依赖水平及心理状态在追踪研究期间表现出一定的稳定性和连续性。此外，前后两次测量中手机依赖水平和自尊水平（SES）均为显著负相关，即手机依赖水平越高，自尊水平越低；前后两次测量中手机依赖水平和其他心理变量均为显著正相关，即手机依赖水平越高，抑郁、孤独、无聊、焦虑水平也越高。综上分析，青少年手机依赖水平及心理状态在跟踪调查期间表现出一定的稳定性和连续性，变量间的关系较为稳定，适合做进一步的分析。

表 5－1　青少年手机媒体使用情况首次综合调查
各量表得分相关情况（T1）

		T1_SMDI	T1_SMPI	T1_CESD	T1_ULS8	T1_BPSSF	T1_TAI
T1_SMPI	皮尔逊相关性	0.462***					
	Sig.（双尾）	0.000					
	个案数	437	500				
T1_CESD	皮尔逊相关性	0.385***	0.194***				
	Sig.（双尾）	0.000	0.000				
	个案数	418	453	477			
T1_ULS8	皮尔逊相关性	0.231***	0.102*	0.587***			
	Sig.（双尾）	0.000	0.029	0.000			
	个案数	418	453	477	477		
T1_BPSSF	皮尔逊相关性	0.378***	0.052	0.584***	0.435***		
	Sig.（双尾）	0.000	0.261	0.000	0.000		
	个案数	434	476	458	458	500	
T1_TAI	皮尔逊相关性	0.381***	0.0144**	0.767***	0.546***	0.563***	
	Sig.（双尾）	0.000	0.002	0.000	0.000	0.000	
	个案数	417	454	436	436	458	475
T1_SES	皮尔逊相关性	－0.275***	－0.070	－0.606***	－0.424***	－0.563***	－0.643***
	Sig.（双尾）	0.000	0.146	0.000	0.000	0.000	0.000
	个案数	405	437	458	458	458	426

注：*表示在 0.05 级别（双尾）相关性显著；**表示在 0.01 级别（双尾）相关性显著；***表示在 0.001 级别（双尾）相关性显著。

青少年手机媒体使用情况第二次综合调查各量表得分相关情况如表 5－2 所示。

表 5－2　青少年手机媒体使用情况第二次综合调查
各量表得分相关情况（T2）

		T2_SMDI	T2_SMPI	T2_CESD	T2_ULS8	T2_BPSSF	T2_TAI
T2_SMPI	皮尔逊相关性	0.571***					
	Sig.（双尾）	0.000					
	个案数	394	452				

续表

		T2_SMDI	T2_SMPI	T2_CESD	T2_ULS8	T2_BPSSF	T2_TAI
T2_CESD	皮尔逊相关性	0.461***	0.230***				
	Sig.(双尾)	0.000	0.000				
	个案数	378	418	436			
T2_ULS8	皮尔逊相关性	0.336***	0.137**	0.696***			
	Sig.(双尾)	0.000	0.005	0.000			
	个案数	378	418	436	436		
T2_BPSSF	皮尔逊相关性	0.409***	0.132**	0.663***	0.596***		
	Sig.(双尾)	0.000	0.006	0.000	0.000		
	个案数	396	439	428	428	466	
T2_TAI	皮尔逊相关性	0.386***	0.131**	0.823***	0.591***	0.639***	
	Sig.(双尾)	0.000	0.007	0.000	0.000	0.000	
	个案数	375	417	402	402	428	437
T2_SES	皮尔逊相关性	-0.285***	-0.051	-0.671***	-0.577***	-0.623***	-0.689***
	Sig.(双尾)	0.000	0.286	0.000	0.000	0.000	0.000
	个案数	396	439	428	428	466	428

青少年手机媒体使用情况前后两次综合调查各量表得分相关情况如表5-3所示。

二 手机媒体依赖与各心理状态的交叉滞后分析

在相关分析的基础上,进一步运用交叉滞后回归分析方法探讨手机依赖与各心理状态之间的因果关系。

(一) 手机依赖与抑郁的关系分析

1. 手机依赖与抑郁关系的整体分析

通过对前后测手机依赖量表与抑郁量表整体有效的308个样本前后测数据相关分析发现,手机依赖、抑郁的前后测相关系数分别为 $r_{依赖t1-t2}=0.661$($p<0.001$)、$r_{抑郁t1-t2}=0.557$($p<0.001$),表明数据前后具有一致性;两者之间的前测与后测相关系数 $r_{t1依赖-t1抑郁}=0.423$($p<0.001$)、$r_{t2依赖-t2抑郁}=0.489$($p<0.001$),表明两者之间的关系较为稳定。相关分析结果如表5-4所示。

表 5－3　青少年手机媒体使用情况前后两次综合调查各量表得分相关情况（T2－T1）

		T1_SMDI	T1_SMPI	T1_CESD	T1_ULS8	T1_BPSSF	T1_TAI	T1_SES
T2_SMDI	皮尔逊相关性	0.643***	0.434***	0.274***	0.198***	0.183***	0.318***	-0.186***
	Sig.（双尾）	0.000	0.000	0.000	0.000	0.000	0.000	0.000
	个案数	348	380	365	365	381	366	357
T2_SMPI	皮尔逊相关性	0.295***	0.616***	0.137***	0.076	0.016	0.158**	-0.042
	Sig.（双尾）	0.000	0.000	0.006	0.127	0.744	0.001	0.409
	个案数	389	424	408	408	426	407	397
T2_CESD	皮尔逊相关性	0.355***	0.170**	0.542***	0.414***	0.380***	0.538***	-0.403***
	Sig.（双尾）	0.000	0.001	0.000	0.000	0.000	0.000	0.000
	个案数	374	411	400	400	412	390	389
T2_ULS8	皮尔逊相关性	0.242***	0.062	0.442***	0.587***	0.363***	0.403***	-0.370***
	Sig.（双尾）	0.000	0.206	0.000	0.000	0.000	0.000	0.000
	个案数	374	411	400	400	412	390	389
T2_BPSSF	皮尔逊相关性	0.359***	0.126**	0.486***	0.393***	0.571***	0.445***	-0.392***
	Sig.（双尾）	0.000	0.009	0.000	0.000	0.000	0.000	0.000
	个案数	402	436	421	421	436	416	407
T2_TAI	皮尔逊相关性	0.353***	0.166**	0.546***	0.430***	0.417***	0.589***	-0.448***
	Sig.（双尾）	0.000	0.001	0.000	0.000	0.000	0.000	0.000
	个案数	376	409	398	398	410	398	385
T2_SES	皮尔逊相关性	-0.291***	-0.115*	-0.480***	-0.373***	-0.426***	-0.490***	0.598***
	Sig.（双尾）	0.000	0.016	0.000	0.000	0.000	0.000	0.000
	个案数	402	436	421	421	436	416	407

表 5-4　手机依赖与抑郁水平前后测整体相关分析摘要（N=308）

		T1_NS_SMDI	T1_NS_CESD	T2_NS_SMDI
T1_NS_CESD	皮尔逊相关性	0.423***		
T2_NS_SMDI	皮尔逊相关性	0.661***	0.326***	
T2_NS_CESD	皮尔逊相关性	0.361***	0.557***	0.489***

接着采用强制进入法（Enter）对手机依赖与抑郁的关系进行二元回归分析，图 5-1 中对角线处的数据为偏回归标准化系数 β，实线表示回归系数显著，虚线表示不显著。控制 T1 手机依赖后，T1 抑郁对 T2 手机依赖的预测作用不显著（β=0.057，p=0.228）；控制 T1 抑郁后，T1 手机依赖对 T2 抑郁的预测作用显著（β=0.153，p=0.003），预测方向为 T1 手机依赖正向预测 T2 抑郁。这表明：在青少年手机依赖与抑郁的整体关系中，在一定程度上是手机依赖正向影响其抑郁水平。

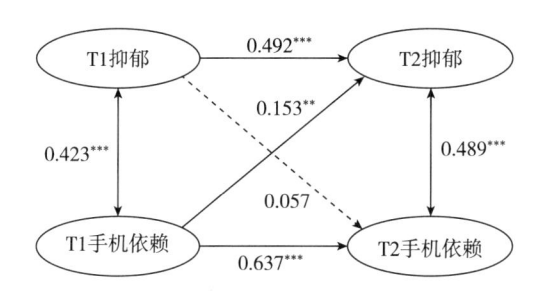

图 5-1　手机依赖与抑郁的交叉滞后分析

注：*表示在 0.05 级别（双尾）相关性显著；**表示在 0.01 级别（双尾）相关性显著；***表示在 0.001 级别（双尾）相关性显著。下同。

2. 高抑郁组手机依赖与抑郁的关系分析

为了进一步探析原有不同抑郁水平的青少年手机依赖与抑郁之间关系的差异，首先根据前测抑郁（CESD）量表标准得分分别取前后各 27% 作为高分组和低分组，然后分别考察高抑郁组和低抑郁组对象在两个变量关系上的差异。高抑郁组手机依赖与抑郁水平前后测相关分析结果如表 5-5 所示。

表 5 – 5　　　　高抑郁组手机依赖与抑郁水平前后测
相关分析摘要（N = 105）

		T1_NS_SMDI	T1_NS_CESD	T2_NS_SMDI
T1_NS_CESD	皮尔逊相关性	0.217*		
	Sig.（双尾）	0.026		
T2_NS_SMDI	皮尔逊相关性	0.545***	0.225*	
	Sig.（双尾）	0.000	0.021	
T2_NS_CESD	皮尔逊相关性	0.161	0.333**	0.427***
	Sig.（双尾）	0.100	0.001	0.000

高抑郁组交叉滞后分析结果如图 5 – 2 所示。控制 T1 手机依赖后，T1 抑郁对 T2 手机依赖的预测作用不显著（β = 0.112，p = 0.186）；控制 T1 抑郁后，T1 手机依赖对 T2 抑郁预测作用不显著（β = 0.093，p = 0.328）。虽然没有形成显著差异，但对高抑郁组的青少年来说，T1 抑郁预测 T2 手机依赖的标准回归系数 β 大于 T1 手机依赖预测 T2 抑郁的标准化回归系数。这表明对于原来抑郁水平较高的青少年，T1 抑郁可以在一定程度上正向预测 T2 手机依赖。

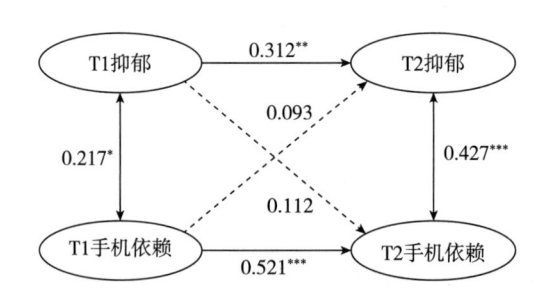

图 5 – 2　手机依赖与抑郁的交叉滞后分析（高抑郁组）

3. 低抑郁组手机依赖与抑郁的关系分析

低抑郁组手机依赖与抑郁水平前后测相关分析结果如表 5 – 6 所示。

表 5-6　低抑郁组手机依赖与抑郁水平前后测相关分析摘要（N=93）

		T1_NS_SMDI	T1_NS_CESD	T2_NS_SMDI
T1_NS_CESD	皮尔逊相关性	0.226*		
	Sig.（双尾）	0.029		
T2_NS_SMDI	皮尔逊相关性	0.623***	0.119	
	Sig.（双尾）	0.000	0.255	
T2_NS_CESD	皮尔逊相关性	0.199	0.320**	0.409***
	Sig.（双尾）	0.056	0.002	0.000

低抑郁组交叉滞后分析结果如图 5-3 所示。控制 T1 手机依赖后，T1 抑郁对 T2 手机依赖的预测作用不显著（β=-0.023，p=0.786）；控制 T1 抑郁后，T1 手机依赖对 T2 抑郁预测作用不显著（β=0.134，p=0.192）。虽然没有形成显著差异，但对低抑郁组的青少年来说，T1 手机依赖预测 T2 抑郁的标准回归系数较大，且 T1 抑郁预测 T2 手机依赖的标准化回归系数 β 为负数。这表明，对于原来抑郁水平较低的青少年来说，T1 手机依赖更有可能正向预测 T2 抑郁。

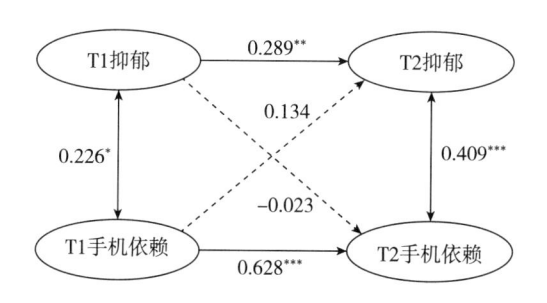

图 5-3　手机依赖与抑郁的交叉滞后分析（低抑郁组）

综合以上三方面的分析发现：从手机依赖与抑郁的整体关系上来说，手机依赖能够预测抑郁；对于原来抑郁水平较低的群体来说，手机依赖更有可能预测抑郁；对于原来抑郁水平较高的群体来说，抑郁更有可能预测手机依赖。三者结合起来看，抑郁更有可能是手机依赖的结果变量，而非预测变量；可能的因果链条是青少年起初由于其他因素导致了手机依赖加重，进而导致抑郁水平提高，提高的抑郁水平进一步导致手机依赖加重。

（二）手机依赖与孤独的关系分析

1. 手机依赖与孤独关系的整体分析

通过对前后测手机依赖量表与孤独量表整体都有效的308个样本前后测数据相关分析发现，手机依赖、孤独的前后测相关系数分别为 $r_{依赖t1-t2}=0.661$（$p<0.001$）、$r_{孤独t1-t2}=0.608$（$p<0.001$），表明数据前后具有一致性；两者之间的前后测相关系数为 $r_{t1依赖-t1孤独}=0.255$（$p<0.001$）、$r_{t2依赖-t2孤独}=0.361$（$p<0.001$），表明两者之间的关系较为稳定。如表5-7所示。

表5-7 手机依赖与孤独水平前后测整体相关分析摘要（N=308）

		T1_NS_SMDI	T1_NS_ULS8	T2_NS_SMDI
T1_NS_ULS8	皮尔逊相关性	0.255***		
T2_NS_SMDI	皮尔逊相关性	0.661***	0.241***	
T2_NS_ULS8	皮尔逊相关性	0.279***	0.608***	0.361***

采用强制进入法对手机依赖与孤独的关系进行交叉滞后回归分析，结果如图5-4所示。控制T1手机依赖后，T1孤独对T2手机依赖的预测作用不显著（$\beta=0.077$，$p=0.081$）；控制T1孤独后，T1手机依赖对T2孤独的预测作用显著（$\beta=0.132$，$p=0.005$），预测方向为T1手机依赖正向预测T2孤独。这表明，在青少年手机依赖与孤独的整体关系中，在一定程度上是手机依赖预测其孤独水平。

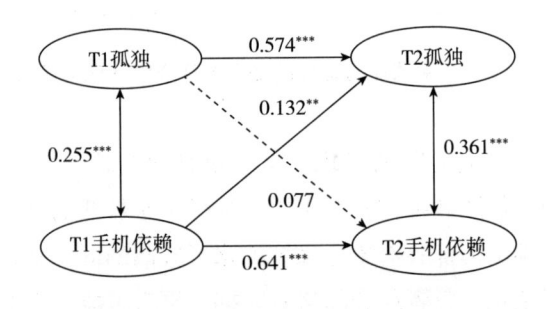

图5-4 手机依赖与孤独的交叉滞后分析

2. 高孤独组手机依赖与孤独关系的交叉滞后分析

为了进一步探析原有不同孤独水平的青少年群体手机依赖与孤独之间关系的差异,首先根据前测孤独量表(ULS8)标准得分分别取前后各 27% 作为高分组和低分组,然后分别分析高孤独组和低孤独组对象在两个变量关系上的差异。高孤独组手机依赖与孤独水平前后测相关分析结果如表 5-8 所示。手机依赖、孤独的前后测相关系数分别为 $r_{依赖t1-t2}=0.552$(p<0.001)、$r_{孤独t1-t2}=0.230$(p=0.026),表明数据前后具有一致性;两者之间的前测与后测相关系数为 $r_{t1依赖-t1孤独}=0.025$(p=0.815)、$r_{t2依赖-t2孤独}=0.274$(p=0.007),表明两者之间的关系发生变化,后期两者的相关程度更高。如表 5-8 所示。

表 5-8　　高孤独组手机依赖与孤独水平前后测相关分析摘要(N=94)

		T1_ NS_ SMDI	T1_ NS_ ULS8	T2_ NS_ SMDI
T1_ NS_ ULS8	皮尔逊相关性	0.025		
	Sig.(双尾)	0.815		
T2_ NS_ SMDI	皮尔逊相关性	0.552***	0.091	
	Sig.(双尾)	0.000	0.383	
T2_ NS_ ULS8	皮尔逊相关性	0.188	0.230*	0.274**
	Sig.(双尾)	0.070	0.026	0.007

高孤独组交叉滞后分析结果如图 5-5 所示。控制 T1 手机依赖后,T1 孤独对 T2 手机依赖的预测作用不显著($\beta=0.078$,$p=0.375$);控制 T1 孤独后,T1 手机依赖对 T2 孤独的预测作用不显著($\beta=0.182$,$p=0.072$)。虽然差异不显著,但对高孤独组的青少年来说,T1 手机依赖预测 T2 孤独的标准化回归系数较大。这表明,对于原来高孤独水平的青少年来说,手机依赖预测孤独水平的可能性更大。

3. 低孤独组手机依赖与孤独关系的交叉滞后分析

低孤独组手机依赖与孤独水平前后测相关分析结果如表 5-9 所示。低孤独组手机依赖、孤独的前后测相关系数分别为 $r_{依赖t1-t2}=0.642$(p<0.001)、$r_{孤独t1-t2}=0.266$(p=0.006),表明数据前后具有一致性;

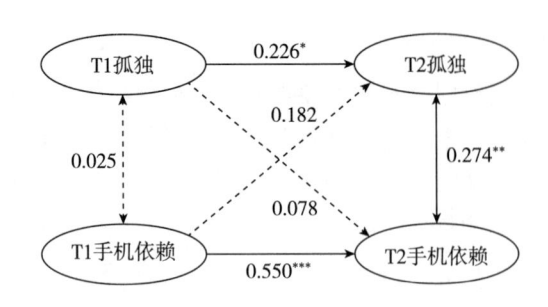

```
        T1孤独  ──0.226*──→  T2孤独
          ⇅                    ⇅
        0.025    0.182       0.274**
          ⇅       0.078        ⇅
        T1手机依赖 ──0.550***──→ T2手机依赖
```

图 5-5　手机依赖与孤独的交叉滞后分析（高孤独组）

两者之间的前测与后测相关系数 $r_{t1依赖-t1孤独}=0.099$（$p=0.310$）、$r_{t2依赖-t2孤独}=0.446$（$p<0.001$），表明两者之间的关系发生变化，后期两者的相关程度更高。

表 5-9　低孤独组手机依赖与孤独水平前后测相关分析摘要（N=106）

		T1_NS_SMDI	T1_NS_ULS8	T2_NS_SMDI
T1_NS_ULS8	皮尔逊相关性	0.099		
	Sig.（双尾）	0.310		
T2_NS_SMDI	皮尔逊相关性	0.642***	0.179	
	Sig.（双尾）	0.000	0.067	
T2_NS_ULS8	皮尔逊相关性	0.250**	0.266**	0.446***
	Sig.（双尾）	0.010	0.006	0.000

低孤独组交叉滞后分析结果见图 5-6。控制 T1 手机依赖后，T1 孤独对 T2 手机依赖的预测作用不显著（$\beta=0.116$，$p=0.125$）；控制 T1 孤独后，T1 手机依赖对 T2 孤独的预测作用显著（$\beta=0.225$，$p=0.017$）。这表明，对于原来低孤独水平的青少年来说，手机依赖作为原因变量预测孤独水平的可能性更大。

综合以上三方面的分析发现：从手机依赖与孤独的整体关系上来说，手机依赖能够正向预测孤独；对于原来孤独水平较低的群体来说，手机依赖能够显著预测孤独；对于原来孤独水平较高的群体来说，手机依赖预测孤独的标准化回归系数更大；前测中手机依赖与孤独的相关关系均不显著,后测中两者相关关系显著,且低孤独组的相关系数更大。三者结合起来看,更有可能的因果链条是低孤独水平的用户因其他因素导致使用手机增加,进而导致孤独水平更高。

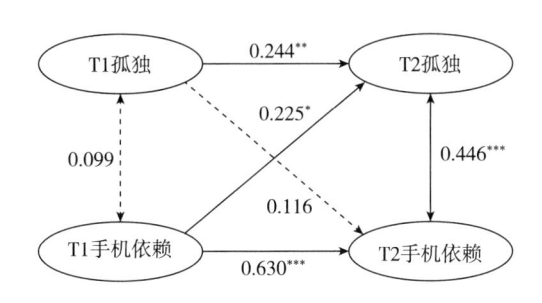

图 5-6 手机依赖与孤独的交叉滞后分析（低孤独组）

（三）手机依赖与无聊的关系分析

1. 手机依赖与无聊关系的整体分析

通过对前后测手机依赖量表与无聊量表整体都有效的 332 个样本的前后测数据相关分析发现,手机依赖、无聊的前后测相关系数分别为 $r_{依赖t1-t2}=0.646$（$p<0.001$）、$r_{无聊t1-t2}=0.551$（$p<0.001$）,表明数据前后具有一致性；两者之间的前测与后测相关系数分别为 $r_{t1依赖-t1无聊}=0.376$（$p<0.001$）、$r_{t2依赖-t2无聊}=0.410$（$p<0.001$）,表明两者之间的关系较为稳定。如表 5-10 所示。

表 5-10　　　　　　手机依赖与无聊水平前后测整体
相关分析摘要（N=332）

		T1_NS_SMDI	T1_NS_BPSSF	T2_NS_SMDI
T1_NS_BPSSF	皮尔逊相关性	0.376***		
T2_NS_SMDI	皮尔逊相关性	0.646***	0.218***	
T2_NS_BPSSF	皮尔逊相关性	0.377***	0.551***	0.410***

采用强制进入法对手机依赖与无聊的关系进行交叉滞后回归分析,结果如图 5-7 所示。控制 T1 手机依赖后,T1 无聊对 T2 手机依赖的预测作用不显著（$\beta=-0.029$,$p=0.520$）；控制 T1 无聊后,T1 手机依

赖对 T2 无聊的预测作用显著（β=0.198，p<0.001），预测方向为 T1 手机依赖正向预测 T2 无聊。这表明，在青少年手机依赖与无聊的整体关系中，手机依赖更有可能作为前因变量预测无聊水平。

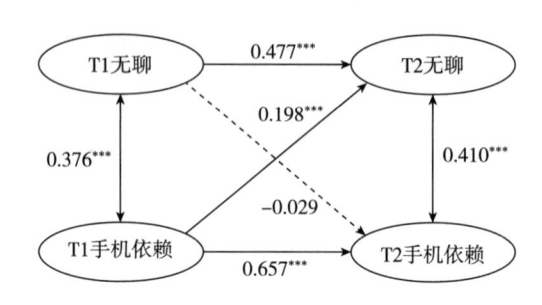

图 5-7　手机依赖与无聊的交叉滞后分析

2. 高无聊组手机依赖与无聊的关系分析

为了进一步探析原有不同无聊倾向的青少年群体手机依赖与无聊之间关系的差异，首先根据前测无聊倾向量表（BPSSF）标准得分分别取前后各 27% 作为高分组和低分组，然后分别分析高无聊组和低无聊组对象在两个变量关系上的差异。高无聊组手机依赖与无聊水平前后测相关分析结果如表 5-11 所示。手机依赖、无聊的前后测相关系数分别为 $r_{依赖t1-t2}=0.563$（$p<0.001$）、$r_{无聊t1-t2}=0.425$（$p<0.001$），表明高无聊组数据前后具有一致性；两者之间的前测与后测相关系数 $r_{t1依赖-t1无聊}=0.129$（$p=0.183$）、$r_{t2依赖-t2无聊}=0.326$（$p<0.01$），表明两者之间的关系前后发生了变化。

表 5-11　　　　高无聊组手机依赖与无聊水平前后测
相关分析摘要（N=108）

		T1_NS_SMDI	T1_NS_BPSSF	T2_NS_SMDI
T1_NS_BPSSF	皮尔逊相关性	0.129		
	Sig.（双尾）	0.183		
T2_NS_SMDI	皮尔逊相关性	0.563***	0.092	
	Sig.（双尾）	0.000	0.345	

续表

		T1_NS_SMDI	T1_NS_BPSSF	T2_NS_SMDI
T2_NS_BPSSF	皮尔逊相关性	0.410***	0.425***	0.326**
	Sig.（双尾）	0.000	0.000	0.001

高无聊组手机依赖与无聊关系的交叉滞后分析结果如图 5-8 所示。控制 T1 手机依赖后，T1 无聊对 T2 手机依赖的预测作用不显著（β=0.019，p=0.812）；控制 T1 无聊后，T1 手机依赖对 T2 无聊的预测作用显著（β=0.361，p<0.001），预测方向为手机依赖正向预测无聊，这个结果和整体分析结果相同。

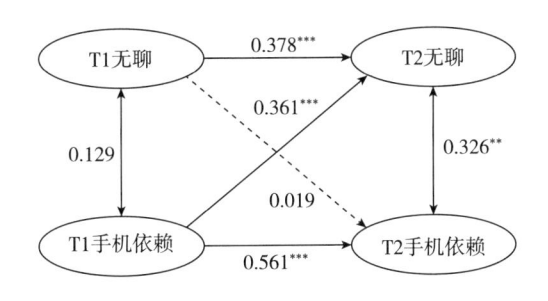

图 5-8　手机依赖与无聊的交叉滞后分析（高无聊组）

3. 低无聊组手机依赖与无聊的关系分析

低无聊组手机依赖与无聊水平前后测相关分析结果如表 5-12 所示。手机依赖和无聊的前后测相关系数分别为 $r_{依赖t1-t2}=0.645$（p<0.001）、$r_{无聊t1-t2}=0.113$（p=0.238）；两者之间的前后测相关系数 $r_{t1依赖-t1无聊}=0.043$（p=0.655）、$r_{t2依赖-t2无聊}=0.369$（p<0.001）。这表明手机依赖的状态前后具有一致性，而无聊水平的前后测状态不一致，两者之间的相关关系发生了变化。

低无聊组手机依赖与无聊关系的交叉滞后分析结果如图 5-9 所示。控制 T1 手机依赖后，T1 无聊对 T2 手机依赖的预测作用不显著（β=-0.062，p=0.402）；控制 T1 无聊后，T1 手机依赖对 T2 无聊的预测作用不显著（β=0.141，p=0.140）。虽然没有达到统计学显著水平，但手机依赖预测无聊的 β 绝对值更大，且无聊预测手机依赖

的 β 为负数。这就说明，对于低无聊组群体来说，手机依赖作为原因变量预测无聊的可能性更大。

表 5–12　　低无聊组手机依赖与无聊水平前后测相关分析摘要（N=111）

		T1_NS_SMDI	T1_NS_BPSSF	T2_NS_SMDI
T1_NS_BPSSF	皮尔逊相关性	0.043		
	Sig.（双尾）	0.655		
T2_NS_SMDI	皮尔逊相关性	0.645***	-0.034	
	Sig.（双尾）	0.000	0.724	
T2_NS_BPSSF	皮尔逊相关性	0.145	0.113	0.369***
	Sig.（双尾）	0.128	0.238	0.000

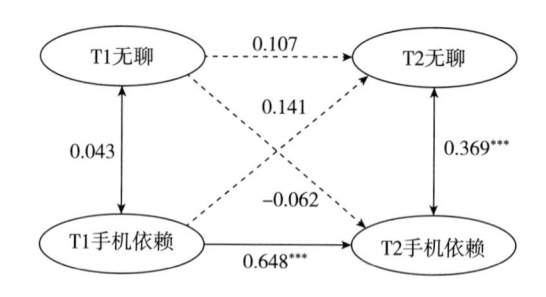

图 5–9　手机依赖与无聊的交叉滞后分析（低无聊组）

综合以上三方面的分析发现：在手机依赖与无聊的因果关系上，手机依赖更有可能成为前因变量正向预测无聊感。

（四）手机依赖与焦虑的关系分析

1. 手机依赖与焦虑关系的整体分析

通过对前后测手机依赖量表与焦虑量表整体都有效的 308 个样本的前后调查数据相关分析发现，手机依赖和焦虑的前后测相关系数分别为 $r_{依赖t1-t2}=0.640$（$p<0.001$）、$r_{焦虑t1-t2}=0.559$（$p<0.001$），表明数据前后具有一致性；两者之间的前后测相关系数 $r_{t1依赖-t1焦虑}=0.396$（$p<0.001$）、$r_{t2依赖-t2焦虑}=0.424$（$p<0.001$），表明两者之间的关系较为稳定。如表 5–13 所示。

表5-13 手机依赖与焦虑水平前后测整体相关分析摘要（N=308）

		T1_NS_SMDI	T1_NS_TAI	T2_NS_SMDI
T1_NS_TAI	皮尔逊相关性	0.396***	1	0.348***
T2_NS_SMDI	皮尔逊相关性	0.640***	0.348***	1
T2_NS_TAI	皮尔逊相关性	0.336***	0.559***	0.424***

采用强制进入法对手机依赖与焦虑的关系进行交叉滞后回归分析，结果如图5-10所示。控制T1手机依赖后，T1焦虑对T2手机依赖的预测作用显著（$\beta=0.304$，$p<0.001$），预测方向为T1焦虑正向预测T2手机依赖；控制T1焦虑后，T1手机依赖对T2焦虑的预测作用显著（$\beta=0.119$，$p=0.012$），预测方向为T1手机依赖正向预测T2焦虑。这表明，在青少年手机依赖与焦虑的关系中，手机依赖与焦虑水平是相互影响的，它们的因果关系不够明确。因此，有必要做进一步的分析。

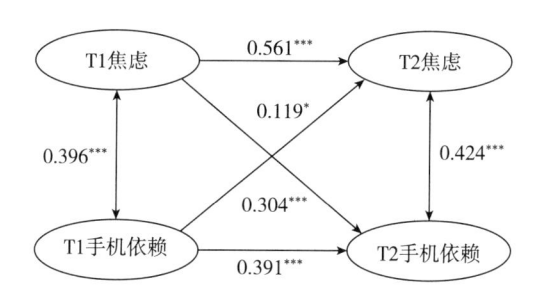

图5-10 手机依赖与焦虑的交叉滞后分析

2. 高焦虑组手机依赖与焦虑的关系分析

为了进一步探析原有不同焦虑水平的青少年群体手机依赖与焦虑之间关系的差异，首先根据前测焦虑量表（TAI）标准得分分别取前后各27%作为高分组和低分组，然后分别分析高焦虑组和低焦虑组对象在两个变量关系上的差异。高焦虑组手机依赖与焦虑水平前后测相关分析结果如表5-14所示。手机依赖和焦虑的前后测相关系数分别为$r_{依赖t1-t2}=0.610$（$p<0.001$）、$r_{焦虑t1-t2}=0.376$（$p<0.001$），表明数据前后具有一致性；两者之间的前测与后测相关系数$r_{t1依赖-t1焦虑}=0.228$（$p=$

0.027）、$r_{t2依赖-t2焦虑}=0.371$（p＜0.001），表明两者之间的关系较为稳定。

表5-14　　　　高焦虑组手机依赖与焦虑水平前后测
相关分析摘要（N=95）

		T1_NS_SMDI	T1_NS_TAI	T2_NS_SMDI
T1_NS_TAI	皮尔逊相关性	0.228*		
	Sig.（双尾）	0.027		
T2_NS_SMDI	皮尔逊相关性	0.610***	0.299**	
	Sig.（双尾）	0.000	0.003	
T2_NS_TAI	皮尔逊相关性	0.319**	0.376***	0.371***
	Sig.（双尾）	0.002	0.000	0.000

高焦虑组手机依赖与焦虑关系的交叉滞后分析结果如图5-11所示。控制T1手机依赖后，T1焦虑对T2手机依赖的预测作用显著（β=0.314，p=0.001），预测方向为T1焦虑正向预测T2手机依赖；控制T1焦虑后，T1手机依赖对T2焦虑预测作用显著（β=0.235，p=0.016），预测方向为T1手机依赖正向预测T2焦虑。两者之间的相关预测关系都达到统计学显著水平，但焦虑预测手机依赖的标准化回归系数更大。

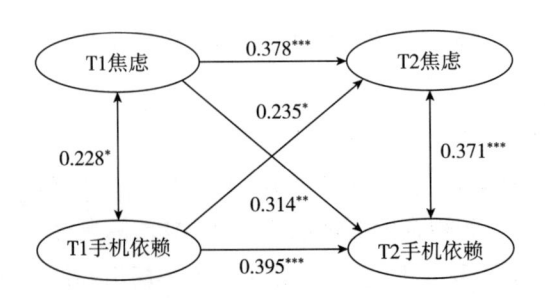

图5-11　手机依赖与焦虑的交叉滞后分析（高焦虑组）

3. 低焦虑组手机依赖与焦虑的关系分析

低焦虑组手机依赖与焦虑水平前后测相关分析结果如表5-15所

示。手机依赖和焦虑的前后测相关系数分别为 $r_{依赖t1-t2}=0.668$（$p<0.001$）、$r_{焦虑t1-t2}=0.225$（$p=0.040$），这表明数据前后具有一致性；两者之间的前测与后测相关系数 $r_{t1依赖-t1焦虑}=0.204$（$p=0.063$）、$r_{t2依赖-t2焦虑}=0.423$（$p<0.001$），前后测中两者之间的相关关系发生了变化。

表 5-15　　低焦虑组手机依赖与焦虑水平前后测相关分析摘要（N=84）

		T1_ NS_ SMDI	T1_ NS_ TAI	T2_ NS_ SMDI
T1_ NS_ TAI	皮尔逊相关性	0.204		
	Sig.（双尾）	0.063		
T2_ NS_ SMDI	皮尔逊相关性	0.668***	0.167	
	Sig.（双尾）	0.000	0.128	
T2_ NS_ TAI	皮尔逊相关性	0.124	0.225*	0.423***
	Sig.（双尾）	0.261	0.040	0.000

低焦虑组交叉滞后分析结果如图 5-12 所示。T1 焦虑与 T2 焦虑的相关不显著（$r=0.205$，$p=0.064$），说明低焦虑组的焦虑水平不稳定；控制 T1 手机依赖后，T1 焦虑对 T2 手机依赖的预测作用不显著（$\beta=0.153$，$p=0.145$）；控制 T1 焦虑后，T1 手机依赖对 T2 焦虑的预测作用亦不显著（$\beta=0.076$，$p=0.491$）。虽然两者预测关系不显著，但 T1 焦虑预测 T2 手机依赖的标准化回归系数相对较大，这表明对于低焦虑水平的青少年，焦虑水平能够正向预测手机依赖水平的可能性更大。

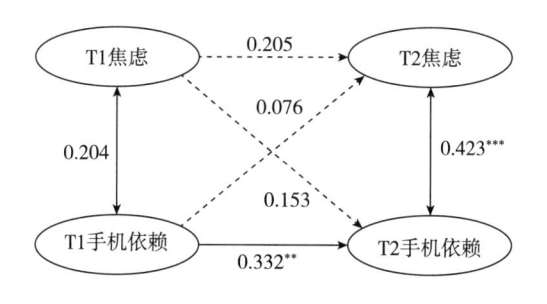

图 5-12　手机依赖与焦虑的交叉滞后分析（低焦虑组）

综合以上分析可知：在手机依赖和焦虑的关系中，焦虑水平更有可能作为前因变量正向预测手机依赖。

（五）手机依赖与自尊的关系分析

1. 手机依赖与自尊关系的整体分析

通过对前后测手机依赖量表与自尊量表整体都有效的 336 个样本的前后调查数据相关分析发现，手机依赖和自尊的前后测相关系数 $r_{依赖t1-t2}=0.652$（$p<0.001$）、$r_{自尊t1-t2}=0.596$（$p<0.001$），表明数据前后具有一致性；两者之间的前测与后测相关系数 $r_{t1依赖-t1自尊}=-0.285$（$p<0.001$）、$r_{t2依赖-t2自尊}=-0.306$（$p<0.001$），表明两者之间的关系较为稳定。如表 5-16 所示。

表 5-16　手机依赖与自尊水平前后测整体相关分析摘要（N=336）

		T1_NS_SMDI	T1_NS_SES	T2_NS_SMDI
T1_NS_SES	皮尔逊相关性	-0.285***		
T2_NS_SMDI	皮尔逊相关性	0.652***	-0.175**	
T2_NS_SES	皮尔逊相关性	-0.343***	0.596***	-0.306***

采用强制进入法对手机依赖与自尊的关系进行交叉滞后回归分析，结果如图 5-13 所示。控制 T1 手机依赖后，T1 自尊对 T2 手机依赖的预测作用不显著（$\beta=0.012$，$p=0.779$）；控制 T1 自尊后，T1 手机依赖对 T2 自尊的预测作用显著（$\beta=-0.190$，$p<0.001$），预测方向为 T1 手机依赖负向预测 T2 自尊。这表明，在青少年手机依赖与自尊的关系中，手机依赖负向影响自尊水平，即当手机依赖水平提高时，自尊水平会相应降低。

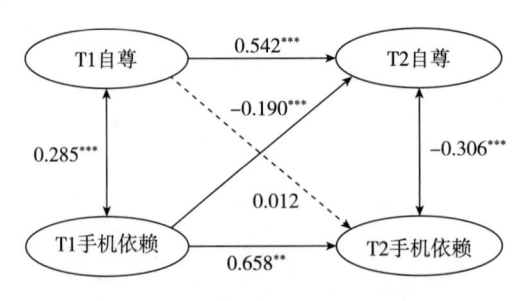

图 5-13　手机依赖与自尊的交叉滞后分析

2. 高自尊组手机依赖与自尊关系的交叉滞后分析

为了进一步探析原有不同自尊水平的用户在手机依赖与自尊之间关系的变化情况，首先根据前测自尊量表（SES）标准得分分别取前后各27%作为高分组和低分组，然后分别分析高自尊组和低自尊组对象在两个变量关系上的差异。高自尊组手机依赖与自尊水平前后测相关分析结果如表5-17所示。手机依赖、自尊的前后测相关系数分别为 $r_{依赖t1-t2}$ = 0.643（$p<0.001$）、$r_{自尊t1-t2}$ = 0.095（$p=0.364$）；两者之间的前测与后测相关系数 $r_{t1依赖-t1自尊}$ = -0.142（$p=0.171$），$r_{t2依赖-t2自尊}$ = -0.301（$p=0.003$），表明两者之间的关系发生了变化，后期两者的相关程度更高。

表5-17　　高自尊组手机依赖与自尊水平前后测相关分析摘要（N=94）

		T1_NS_SMDI	T1_NS_SES	T2_NS_SMDI
T1_NS_SES	皮尔逊相关性	-0.142		
	Sig.（双尾）	0.171		
T2_NS_SMDI	皮尔逊相关性	0.643***	0.016	
	Sig.（双尾）	0.000	0.877	
T2_NS_SES	皮尔逊相关性	-0.228*	0.095	-0.301**
	Sig.（双尾）	0.027	0.364	0.003

高自尊组手机依赖与自尊关系的交叉滞后分析结果如图5-14所示。控制T1手机依赖后，T1自尊对T2手机依赖的预测作用不显著（$\beta=0.109$，$p=0.174$）；控制T1自尊后，T1手机依赖对T2自尊的预测作用显著（$\beta=-0.219$，$p=0.036$），方向为负向。这表明，对于原来自尊高分组的青少年来说，手机依赖水平的提高会导致其自尊水平的降低。

3. 低自尊组手机依赖与自尊关系的交叉滞后分析

低自尊组手机依赖与自尊水平前后测相关分析结果如表5-18所示。手机依赖、自尊的前后测相关系数分别为 $r_{依赖t1-t2}$ = 0.638（$p<0.001$）、$r_{自尊t1-t2}$ = 0.424（$p<0.001$），表明数据前后具有一致性；两

者之间的前测与后测相关系数 $r_{t1依赖-t1自尊} = -0.260$（p = 0.016）、$r_{t2依赖-t2自尊} = -0.357$（p = 0.001），表明两者之间的关系具有稳定性。

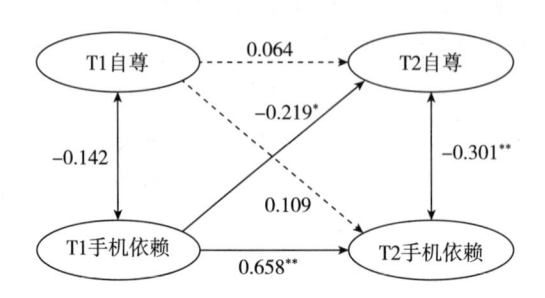

图 5 – 14 手机依赖与自尊的交叉滞后分析（高自尊组）

表 5 – 18 低自尊组手机依赖与自尊水平前后测相关分析摘要（N = 86）

		T1_ NS_ SMDI	T1_ NS_ SES	T2_ NS_ SMDI
T1_ NS_ SES	皮尔逊相关性	-0.260*		
	Sig.（双尾）	0.016		
T2_ NS_ SMDI	皮尔逊相关性	0.638***	-0.344**	
	Sig.（双尾）	0.000	0.001	
T2_ NS_ SES	皮尔逊相关性	-0.246*	0.424***	-0.357**
	Sig.（双尾）	0.022	0.000	0.001

低自尊组手机依赖与自尊水平关系的交叉滞后分析结果如图 5 – 15 所示。控制 T1 手机依赖后，T1 自尊对 T2 手机依赖的预测作用显著（$\beta = -0.191$，p = 0.027），方向为负向预测；控制 T1 自尊后，T1 手机依赖对 T2 自尊的预测作用不显著（$\beta = -0.146$，p = 0.155）。这表明，对于原来低自尊水平的青少年来说，自尊水平作为原因变量负向预测手机依赖的可能性更大，即自尊水平越低的群体手机依赖水平越高。

不同自尊水平青少年前后测自尊水平变化情况如表 5 – 19 所示，手机依赖水平（SMDI）前后测变化情况如表 5 – 20 所示。可以发现，原来低自尊组青少年后测自尊水平有显著提高（M = 7.291，SE = 5.909，p < 0.001），手机依赖水平略有降低（M = -0.698，SE = -0.562，p =

0.575）；原来高自尊组青少年后测自尊水平有显著降低（M = -5.287，SE = -4.618，p < 0.001），手机依赖水平则显著增加（M = 2.368，SE = 1.998，p = 0.049）；SMDI 高分组和低分组在前后测中的自尊水平发生显著变化；但 SMDI 高分组在后测中的手机依赖水平显著下降，SMDI 低分组在后测中的手机依赖水平显著提升。

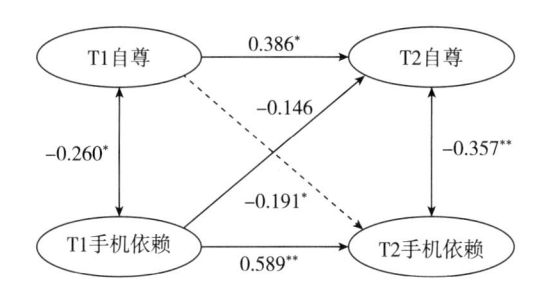

图 5-15　手机依赖与自尊的交叉滞后分析（低自尊组）

表 5-19　　　　　不同自尊水平组自尊水平前后变化情况

	前测试		后测试		差值 （T2 - T1）	t	p
	平均数	标准差	平均数	标准差			
低自尊组	55.81	8.193	63.10	12.224	7.291	5.909	0.000
高自尊组	86.60	3.754	81.31	10.730	-5.287	-4.618	0.000
SMDI 低	78.02	9.661	78.21	12.496	0.190	0.151	0.880
SMDI 高	68.28	14.307	68.09	12.429	-0.184	-0.150	0.881

表 5-20　　　　　不同自尊水平 SMDI 水平前后变化情况

	前测试		后测试		差值 （T2 - T1）	t	p
	平均数	标准差	平均数	标准差			
低自尊组	67.72	13.550	67.02	13.777	-0.698	-0.562	0.575
高自尊组	59.19	13.061	61.56	14.139	2.368	1.998	0.049
SMDI 低	47.77	6.584	51.59	11.281	3.818	3.401	0.001
SMDI 高	78.40	7.270	73.66	11.480	-4.737	-4.343	0.000

综合以上几个方面的分析发现：在自尊与手机依赖的关系中，手机

依赖能够负向预测自尊水平；但对于原低自尊水平的青少年来说，自尊水平可以负向预测手机依赖。两者结合起来可能的解释是：原来的低自尊者更容易产生手机依赖，即自尊是手机依赖行为产生的预测因素之一；同时手机依赖又可以导致自尊水平的降低，自尊水平降低又是手机依赖的负性结果。

第二节 基于个案访谈资料分析的手机媒体依赖变化机制研究

基于两次跟踪调查数据的交叉滞后分析初步解释了手机媒体依赖和各心理状态变量可能存在的因果关系。但本书中的现有调查数据表明手机媒体依赖可以作为抑郁、孤独、无聊等情绪的预测因子，即它们更有可能是手机媒体依赖导致的后果，而非导致手机依赖的前因变量。为了更加深入全面地了解手机媒体依赖的初始形成机制，有必要对前后手机依赖水平明显增加的青少年（大学生）和两次调查中手机媒体依赖水平都高的青少年（大学生）进行回溯性深度访谈，然后基于访谈结果的质性资料分析手机媒体依赖的形成发展变化机制。

一 SMDI得分前后测明显增加个案访谈及资料分析

（一）SMDI得分前后测明显增加个案访谈方案设计

1. SMDI得分明显增加访谈对象筛选

为了解青少年在跟踪调查期间手机媒体依赖程度加重的原因，以便为手机依赖发展机制讨论提供借鉴，笔者决定对两次调查中SMDI量表得分差值较大的个体进行深度访谈，访谈对象筛选过程如下：①计算出前后两次调查中SMDI量表得分差值，SMDI差值 = T2_S_SMDI − T1_S_SMDI；②筛选出SMDI差值为正且绝对值大于SMDI差值平均值1个标准差、前后测综合问卷均有效的个案作为备选访谈个案。SMDI差值平均分为0.421±11.591，差值筛选临界值定为≥12，共筛选出39名个案作为备选访谈个案；③根据后测中选择同意接受笔者深度访谈的情况联系个案进行深度访谈。经过联系确认，共有22名备选个案实际参与了访谈，访谈形式以网络远程访谈为主，面对面访谈为辅。接受了访谈的SMDI得分前后测明显增加个案基本信息如表5-21所示。

表 5-21 SMDI 得分前后测明显增加访谈个案基本信息（N=22）

个案标识码	性别	年龄	学科	家庭所在地	T1SMDI	T2SMDI	后前差值（T2-T1）
3027041523629	男	19	农业科学	城镇	55	89	34
3027938333944	女	17	农业科学	城镇	56	85	29
1087070022323	男	18	社会科学	城镇	53	78	25
1091737920577	男	19	社会科学	乡村	65	90	25
3022033175296	女	18	农业科学	城镇	55	79	24
3024758710925	男	18	农业科学	城镇	34	58	24
2047087635224	女	18	人文科学	乡村	49	71	22
1087918013247	女	18	医药科学	城镇	63	84	21
1047091925427	男	17	工程与技术	城镇	58	78	20
2039645382367	女	18	社会科学	乡村	40	60	20
1019547117247	女	18	医药科学	城镇	49	68	19
1082539623139	男	18	医药科学	乡村	64	83	19
1097672931709	男	19	社会科学	乡村	76	93	17
1047016664169	男	19	工程与技术	城镇	63	79	16
1063067322638	男	19	工程与技术	城镇	84	100	16
1066035674316	男	19	工程与技术	乡村	60	76	16
1075973318722	男	20	人文科学	城镇	34	50	16
1089769222986	女	18	医药科学	城镇	43	59	16
1092001734045	女	18	社会科学	城镇	43	59	16
3030387378815	女	19	农业科学	城镇	59	75	16
1029669926447	女	18	社会科学	乡村	80	95	15
1046166464469	男	19	工程与技术	城镇	64	79	15

2. SMDI 得分明显增加访谈提纲设计

对于前后测 SMDI 差值明显增加的个案，通过访谈主要了解他们的手机媒体依赖发展变化机制。因此访谈提纲分为三大部分：①个案和访谈信息，主要包括个案编号、访谈时间、访谈形式等；②个案手机媒体使用情况确认，让被访对象确认他们的调查数据是否与实际情况符合；③原因剖析，让访谈对象自述造成手机依赖程度加重的原因。前后 SM-

DI 差值明显提高的个案访谈提纲如表 5-22 所示。

表 5-22　青少年手机媒体使用情况回溯访谈记录（SMDI 提高）

编号	3027041523629			访谈时间	
访谈形式	○网络文字○网络语音○网络视频○电话 ○面对面○自填写			访谈者	
手机媒体使用 变化情况确认	亲爱的朋友： 您好，感谢您认真参与了我们的两次问卷调查。 通过两次调查数据的对比分析发现，您的手机依赖水平数据如下：				
	第 2 次调查 （2020 年 5 月）	第 1 次调查 （2019 年 11 月）	后 - 前 差值	前后变化	
	89	55	34	明显增加 更加依赖手机	
	请问您个人感觉以上这种情况属实吗？（打"√"） （　）属实（确实更加依赖手机） （　）基本属实（确实更加依赖手机，但差别没那么大） （　）不属实（个人感觉无明显变化）				
成因剖析	您认为导致您最近更加依赖手机的主要原因是什么？（请尽可能地列出要点或较为详细地说明事件经过）				
备注（附件资料）					

（二）SMDI 得分明显增加个案访谈资料的分析方法

本部分借助 Nvivo11 软件运用扎根理论编码技术对访谈资料进行分析，深入挖掘青少年手机媒体依赖形成影响因素及发生机制。扎根理论的研究方法是 1965 年由美国社会科学家格拉泽（Glaser, B. G.）和施特劳斯（Strauss, A. L.）提出的，主要通过对围绕相关现象或问题所收集质性材料的分析逐步概括提升形成解释性的理论框架。扎根理论数据分析的核心工作是对访谈记录等质性材料的编码，编码就是对数据持续地进行拆解、重组，进而提出概念、发展范畴和形成理论的过程。[①]扎根理论因认识论和方法论的差异可细分为经典扎根理论、程序化扎根

[①] Glaser, B. G., Strauss, A. L., "Discovery of Substantive Theory: A Basic Strategy Underlying Qualitative Research", *American Behavioral Scientist*, Vol. 8, No. 6, 1965, pp. 5-12.

理论和建构型扎根理论三大流派,三大流派的差异集中体现在对编码过程和环节的认识。① 以格拉泽(Glaser, B. G.)为代表的经典扎根理论将编码过程分为开放性编码(Open Coding)、选择性编码(Selective Coding)和理论性编码(Theoretical Coding)②;以施特劳斯(Strauss, A. L.)为代表的程序化扎根理论将编码过程分为开放性编码(Open Coding)、主轴式编码(Axial Coding)、选择性编码(Selective Coding)等步骤③;以凯西·卡麦兹(Charmaz)为代表的建构型扎根理论将编码过程分为两大阶段和初始编码(Initial Coding)、聚焦编码(Focused Coding)、轴心编码(AxialCoding)和理论编码(Theoretical Coding)四个过程④。贾旭东等学者认为扎根理论各大学派虽然在研究方法和数据分析程序上存在差异,但都体现了"扎根精神",即承认社会发展规律的客观性,并坚持按照科学规范的方法,从对数据的逐步归纳和提升中得到理论,实现理论与数据互动的严谨的质性研究原则。⑤⑥

  本阶段研究基于建构型扎根理论程序展开编码分析。建构型扎根理论的编码过程分为两个基本阶段。其中第一阶段是初始阶段包括初始编码过程,第二阶段包括聚焦编码、选择编码和理论编码三个过程,共四个过程。贾旭东、衡量总结梳理的建构型扎根理论编码流程如图5-16所示。⑦ ①初始编码:是对通过访谈获取的原始资料进行逐行编码的过程,即对初始资料的词、句、段贴标签和归类的过程。其主要任务是将原始资料分解、概念化的过程。概念是指附着于个别事情、事件或现象的概念性标签;类属是指涉同一现象的多个概念。开放式编码阶段要求

---

① 贾旭东、衡量:《基于"扎根精神"的中国本土管理理论构建范式初探》,《管理学报》2016年第3期。
② Glaser, B. G., *Basics of Grounded Theory Analysis: Emergence vs. Forcing*, Mill Valley, CA: Sociology Press, 1992.
③ Corbin, J., Strauss, A., *Basics of Qualitative Research: Techniquesand Procedures for Developing Grounded Theory*, Los Angeles, CA: Sage Publications Inc., 2008.
④ [英]凯西·卡麦兹:《建构扎根理论:质性研究实践指南》,边国英译,重庆大学出版社2009年版。
⑤ 贾旭东等:《经典扎根理论及其精神对中国管理研究的现实价值》,《管理学报》2010年第5期。
⑥ 贾旭东、衡量:《基于"扎根精神"的中国本土管理理论构建范式初探》,《管理学报》2016年第3期。
⑦ 贾旭东、衡量:《扎根理论的"丛林"、过往与进路》,《科研管理》2020年第5期。

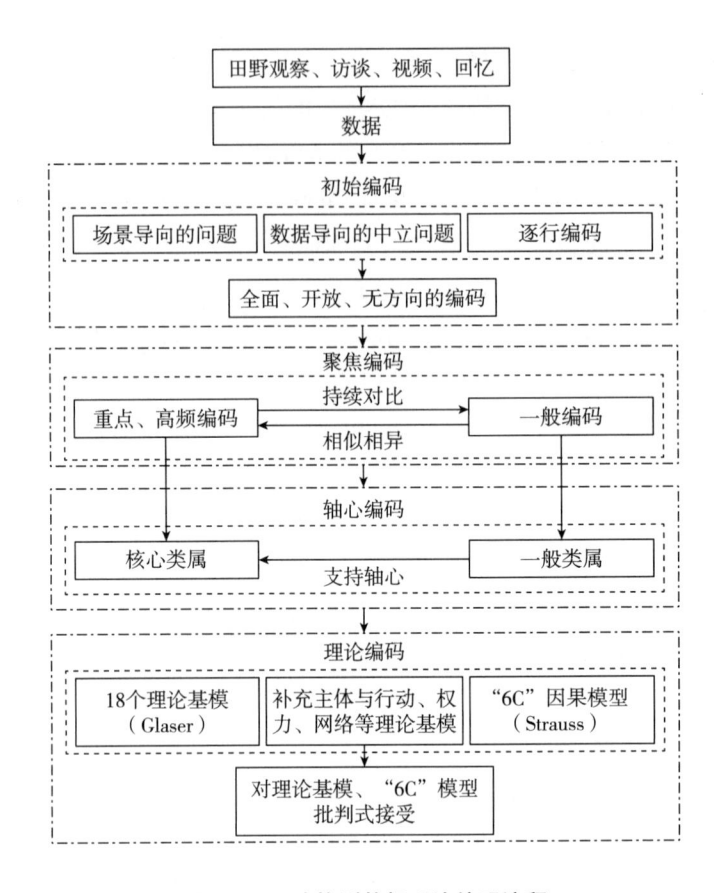

```
                田野观察、访谈、视频、回忆
                          ↓
                        数据
    ┌─────────────────────────────────────┐
    │              初始编码                │
    │  ┌──────────┐ ┌────────────┐ ┌────────┐ │
    │  │场景导向的│ │数据导向的中│ │逐行编码│ │
    │  │  问题    │ │ 立问题     │ │        │ │
    │  └──────────┘ └────────────┘ └────────┘ │
    │         全面、开放、无方向的编码      │
    └─────────────────────────────────────┘
    ┌─────────────────────────────────────┐
    │              聚焦编码                │
    │  ┌──────────┐  持续对比  ┌──────────┐ │
    │  │重点、高频│ ←────────→ │ 一般编码 │ │
    │  │  编码    │  相似相异  │          │ │
    │  └──────────┘            └──────────┘ │
    └─────────────────────────────────────┘
    ┌─────────────────────────────────────┐
    │              轴心编码                │
    │  ┌──────────┐            ┌──────────┐ │
    │  │ 核心类属 │ ← 支持轴心 │ 一般类属 │ │
    │  └──────────┘            └──────────┘ │
    └─────────────────────────────────────┘
    ┌─────────────────────────────────────┐
    │              理论编码                │
    │ ┌────────┐ ┌──────────────┐ ┌────────┐ │
    │ │18个理论│ │补充主体与行动│ │"6C"因果│ │
    │ │  基模  │ │、权力、网络等│ │  模型  │ │
    │ │(Glaser)│ │  理论基模    │ │(Strauss)│ │
    │ └────────┘ └──────────────┘ └────────┘ │
    └─────────────────────────────────────┘
                     ↓
              对理论基模、"6C"模型
                 批判式接受
```

图 5-16　建构型扎根理论编码流程

资料来源：贾旭东（2020）。

不能非常快地抽象并脱离经验层面的资料，关键原则是贴近数据、不发生概念的跳跃、秉承开放的心态等。在 NVivo 软件中的操作就是建立自由节点的过程。②聚焦编码：是通过对初始编码阶段形成的初始编码（概念）以及编码之间的类属进一步归类、适度抽象化以形成范畴的过程。通过对比合并初始编码、挑出重要的和出现频次高的编码等，然后再次返回数据看是否得到数据支持，验证重点编码的同时再次回顾数据，进一步归类形成范畴，为形成理论打下基础。在 NVivo 软件中的操作就是对初步编码阶段形成的自由节点进行归类合并的过程。③轴心编码：是对聚焦编码阶段获得的范畴及其之间的关系进一步加以凝聚、聚焦、精练和区分，是从描述性经验到分析性概念之间的过渡阶段。① 在此过程中，重要的和高频出现的范畴逐渐涌现上升为核心范畴，其他范畴成为一般范畴。将"在所有类属中选择一个核心类属，其他类属则成为支援类属，然后通过一个整合图示或故事线，将各种理论要素整合起来"。② 在 NVivo 中，将开放自由节点归类到树状节点的过程属于轴心编码阶段。④理论编码：就是使核心范畴和一般范畴间的差异关系以具体的形式呈现出来，将初始编码阶段打散的陈述性逻辑，以核心范畴和一般范畴的方式形成新的、连贯的、理论化的表达。在 NVivo 中，通过"质询"与"探索"功能不断反复比较分析，通过对编码进行整合和提炼以发展出更为成熟的概念体系，从而建立完整的理论框架。

（三）SMDI 得分前后测明显增加个案访谈资料分析

1. SMDI 得分前后测明显增加个案访谈文本信息分析

将访谈回收的 22 份访谈记录导入 NVivo11 进行编码分析。分析过程如图 5-17 所示。

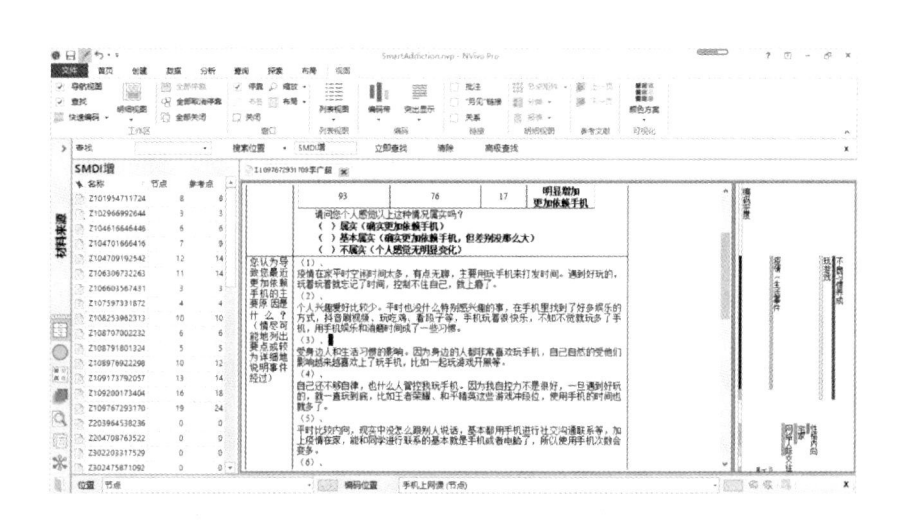

图 5-17　SMDI 得分前后明显增加个案访谈文本信息分析过程

---

① 郑庆杰：《解释的断桥：从编码到理论》，《社会发展研究》2015 年第 1 期。
② 陈向明：《扎根理论在中国教育研究中的运用探索》，《北京大学教育评论》2015 年第 1 期。

通过词频查询功能对访谈记录进行检索，对词频排名前 100 的高频词进行可视化分析，结果如图 5-18 所示。其中词频最高词依次为"手机""时间""疫情""使用""学习""游戏""电脑"等，可见访谈对象都是围绕"手机"的使用情况及其原因进行了回答。

图 5-18　SMDI 得分前后明显增加个案访谈资料高频词可视化分析

2. SMDI 得分前后测明显增加个案访谈文本编码

首先经过对原始数据的开放式编码，初步分析形成 86 个初始编码（A1—A86）。然后，通过对初始编码进一步抽象化和归类完成聚焦编码，形成 34 个聚焦编码（B1—B34），如"B1 独生子女""B2 生活情境改变""B7 新冠肺炎疫情发生"等。接着，进一步发现范畴和范畴之间的关系，提取出现频率最高的能够串联起其他范畴的核心范畴，本书经过主轴编码提取出"出现手机过度使用行为"这一核心范畴，也是本书的焦点变量；其他的"C1 社会背景环境发生变化""C2 存在基础诱因"因素为一般范畴。SMDI 得分前后测明显增加个案访谈结果的初始编码、聚焦编码和轴心编码三级编码结果，如表 5-23 所示。

第五章 青少年手机媒体依赖的形成机制分析

表 5-23　SMDI 得分前后测明显增加个案访谈资料三级编码摘要（N=22）

初始编码			聚焦编码	轴心编码
自由节点	资料来源	参考点		
A1 独生子女	1	1	B1 独生子女（1）	C1 社会背景环境发生变化（88）
A2 不出门在家	12	16	B2 生活情境改变（24）	
A3 不在（离开）学校	2	2		
A4 进入大学	1	2		
A5 临近期末考试周	3	4		
A6 身边人影响	3	4	B3 身边人影响（4）	
A7 很多时候都是通过微信沟通	9	9	B4 生活方式改变（16）	
A8 联系人等重要信息在手机里	1	1		
A9 日常生活需要用到手机	4	4		
A10 休闲娱乐方式改变	1	2		
A11 班级工作需要	1	1	B5 停课不停学在线学习（16）	
A12 和同学不见面	2	2		
A13 学习方式改变	12	13		
A14 无别人监管	3	4	B6 无别人监管（4）	
A15 疫情发生	15	23	B7 新冠肺炎疫情发生（23）	
A16 爱好音乐	1	1	B8 个人爱好兴趣（7）	C2 存在基础诱因（56）
A17 个人兴趣活动少	3	4		
A18 热衷于小说	1	1		
A19 喜欢网购	1	1		
A20 感到无聊	5	5	B9 不良心境情绪（7）	
A21 压力比较大	2	2		
A22 不想学习	3	3	B10 个体价值观（4）	
A23 认识到快乐最重要	1	1		
A24 生活习惯	4	4	B11 生活习惯（4）	
A25 手机便捷	4	5	B12 手机媒体优势特性（11）	
A26 手机功能丰富	3	3		
A27 手机及时获取	1	1		
A28 手机经济（省钱）	2	2		

239

续表

初始编码			聚焦编码	轴心编码
自由节点	资料来源	参考点		
A29 无事可做	3	3	B13 无事可做(3)	
A30 现实中缺少朋友	2	2	B14 现实中缺少朋友(2)	
A31 性格内向	2	2	B15 性格内向(3)	C2 存在基础诱因(56)
A32 休闲娱乐方式少	6	8	B16 休闲娱乐方式少(8)	
A33 不够自律	1	1	B17 自我管理能力差(8)	
A34 时间安排不合理	1	1		
A35 学习自主性不高	1	1		
A36 自控力减弱	4	5		
A37 电脑出问题	2	2	B18 计算机网络故障(3)	
A38 宽带网络速度慢	1	1		
A39 没有纸质课本学习	4	4	B19 没有实体书籍(5)	
A40 没有纸质小说	1	1		
A41 发现手机娱乐新方式	3	4	B20 偶发生活事件(6)	
A42 关注的网络名人活动增加	1	1		
A43 拥有新手机	1	1		C3 出现行为触发条件(36)
A44 没有学习氛围不愿意学	2	2	B21 网络教学效果不好(4)	
A45 上无聊的课	1	1		
A46 学习方式自由	1	1		
A47 课余时间	2	2	B22 自由时间充裕(14)	
A48 时间相对较多	8	8		
A49 闲着没事	1	1		
A50 一个人在家待着	3	3		
A51 心情不好	2	2	B23 压力与情绪转移(4)	
A52 学习累了想休息	2	2		
A53 手机获取信息	4	4	B24 手机非正式学习(14)	C4 出现手机过度使用行为(98)
A54 手机看学习资料	1	1		
A55 手机搜索解惑	4	5		
A56 手机学习技能	3	3		
A57 手机英语学习	1	1		

续表

初始编码			聚焦编码	轴心编码
自由节点	资料来源	参考点		
A58 手机购物	1	1	B25 手机购物支付（2）	C4 出现手机过度使用行为方式（98）
A59 手机支付	1	1		
A60 手机参与团组活动	2	2	B26 手机人际交流（14）	
A61 同学交流合作	8	9		
A62 同学聊天	3	3		
A63 手机看动漫	1	1	B27 手机休闲娱乐（38）	
A64 手机看小说	2	2		
A65 手机朋友圈	1	1		
A66 手机刷视频	6	6		
A67 手机休闲	5	6		
A68 手机游戏	8	11		
A69 玩（看）手机	7	11		
A70 手机获取通知信息	4	4	B28 手机正式学习（25）	
A71 手机上网课	11	12		
A72 手机完成作业任务	7	9		
A73 更喜欢	1	2	B29 媒体行为倾向（7）	C5 遇到行为强化条件（25）
A74 经常（频繁）	5	5		
A75 养成习惯	6	7	B30 习惯逐渐养成（11）	
A76 有意无意增加手机使用量	2	4		
A77 控制不住自己	2	2	B31 自控力差（7）	
A78 难以抑制冲动	1	1		
A79 玩着玩着忘记时间	3	4		
A80 打发时间	5	7	B32 打发消磨时间（19）	C6 产生手机依赖后果（28）
A81 玩手机的时间比看书的长	3	5		
A82 消磨时光	5	7		
A83 依赖加重	5	5	B33 依赖加重（5）	
A84 熬夜	1	1	B34 对生活产生影响（4）	
A85 缓解心情	1	2		
A86 生活丰富起来	1	1		

3. 基于SMDI增加群体访谈的手机媒体依赖早期发生机制分析

理论编码的目的是使核心范畴和一般范畴间的差异关系以具体的形式呈现出来，即将初始编码阶段打散的陈述性逻辑，以核心范畴和一般范畴的方式形成了新的、连贯的、理论化的表达。① 格拉泽（Glaser, B. G.）提出的6C家族模型（Six C' Family Model）是他提出的18种"编码家族"成员中最有名的一个，主要从境脉（Context）、原因（Cause）、条件（Condition）、结果（Consequence）、事件（Contingencies）、协变量（Covariance）6个方面来构建核心范畴与一般范畴之间的关系。② 境脉是指核心范畴产生的背景，原因是指核心范畴产生的原因，条件是指核心范畴产生的先决因素，结果是指核心范畴产生的效果或后续影响，事件是指范畴和结果的调节因素，协变量是指不同范畴之间的相关关系。拉罗萨在基于6C模型的基础上提出的主轴编码模型③，可对前面的轴心编码进行整合形成手机媒体依赖水平增高的解释模型，其可能的解释逻辑是"C1 社会背景环境发生变化—C2 个体存在（手机依赖的）基础诱因—C3 出现行为触发条件—C4 出现手机过度使用行为—C5 遇到行为强化条件—C6 产生手机依赖后果"，如图5-19所示。

通过基于SMDI增加群体访谈的手机媒体依赖早期发生机制解释模型图可以发现，手机媒体依赖水平提高的早期机制可以描述为：

（1）路径1：随着社会背景环境的变化（如手机的广泛使用对人们交流、学习和生活方式产生影响），青少年为适应社会和群体生活而自然而然地出现手机使用频率和时间增加的现象，当遇到青少年自控力差的情况下，逐渐养成行为习惯，对手机产生依赖。

（2）路径2：个体本来存在自我管理能力差、休闲娱乐方式少、感觉生活无聊等基础诱因，当遇到学习自由时间充裕、没有实体书籍、网课效果不好或特殊生活事件发生等触发条件时，就会产生不同形式的手机过度使用行为，自控能力差的个体会逐渐养成习惯，进而产生手机依

---

① 贾旭东、衡量：《扎根理论的"丛林"、过往与进路》，《科研管理》2020年第5期。
② Glaser, G. B., Holton, J., "Remodeling Grounded Theory", *Historical Social Research*, No. 19, 2007, pp. 47–68.
③ Larossa, R., "Grounded Theory Methodsand Qualitative Family Research", *Journal of Marriageand Family*, Vol. 67, No. 4, 2005, pp. 837–857.

赖加重的情况。

```
                    ┌─────────────────────┐
                    │ C1 社会背景环境发生变化 │
                    │  B7新冠肺炎疫情发生    │
                    │  B2生活情境改变       │
                    │  B4生活方式改变       │
                    │  B5停课不停学在线学习  │
                    │  ……                │
                    └─────────────────────┘

┌──────────────┐    ┌──────────────┐    ┌──────────────┐
│ C2 个体存在(手机│    │C4 出现手机过度│    │C6 产生手机依赖│
│ 依赖的)基础诱因│    │    使用行为    │    │    后果      │
│ B12手机媒体优势特性│  │ B27手机休闲娱乐│    │ B32打发消磨时间│
│ B16休闲娱乐方式少│  │ B28手机正式学习│    │ B33依赖加重  │
│ B17自我管理能力差│  │ B26手机人际交流│    │ B34对生活产生影响│
│ B9不良心境情绪 │    │ B24手机非正式学习│  │             │
│ ……          │    │              │    │             │
└──────────────┘    └──────────────┘    └──────────────┘

        ┌──────────────┐         ┌──────────────┐
        │C3 出现行为触发条件│      │C5 遇到行为强化条件│
        │ B22自由时间充裕│         │ B30习惯逐渐养成│
        │ B20偶发生活事件│         │ B31自控力差  │
        │ B19没有实体书籍│         │ B29媒体行为倾向│
        │ B21网络教学效果不好│     │             │
        │ ……          │         │             │
        └──────────────┘         └──────────────┘
```

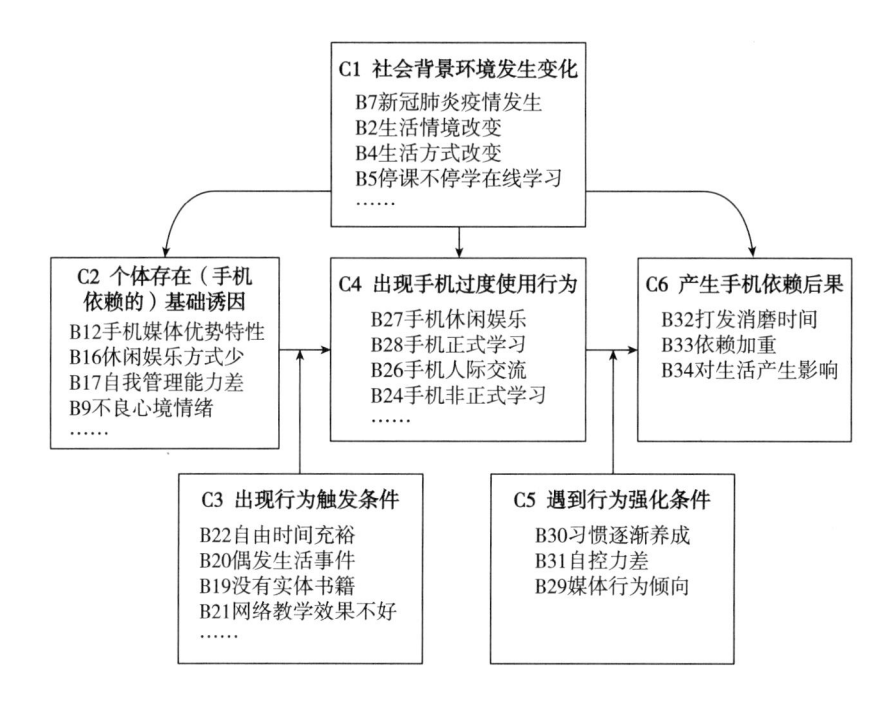

图 5-19 基于 SMDI 增加群体访谈的手机媒体依赖早期发生机制解释模型

基于以上两种主要路径的手机媒体依赖早期形成机制的具体形成样式又有多种组合。例如，由于"疫情暴发—长期宅家—感觉无聊—手机娱乐—习惯养成—手机依赖""手机普及—交往网络化—（因工作、学习或生活的）交往需要—手机人际交往—习惯养成—手机依赖""网络教学—手机上课—网课无聊—手机娱乐—习惯养成—手机依赖""无所事事—休闲方式少—感觉无聊—手机娱乐—习惯养成—手机依赖"。如图 5-20 所示给出部分青少年手机媒体依赖的早期发生机制形成样式。

值得指出的是：手机依赖形成的过程本质上是一个习惯养成的过程，在手机依赖产生之前，个体的无聊感、焦虑情绪、学业压力和自控力差等是造成手机依赖的重要心理因素，自控力在手机依赖形成过程中的不同阶段发挥着关键作用。

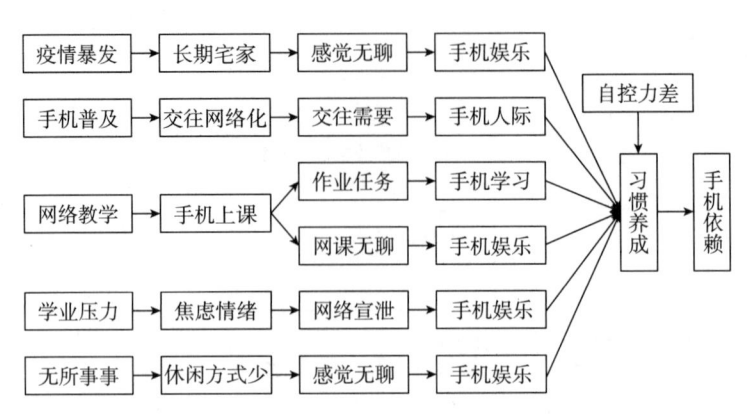

图 5-20　基于 SMDI 增加群体访谈的手机媒体依赖早期
发生机制形成样式（部分）

二　SMDI 得分前后测双高个案访谈及资料分析

（一）SMDI 得分前后测双高个案访谈方案设计

1. SMDI 得分前后测双高访谈对象筛选

为了了解手机媒体依赖已经比较严重的个体其手机媒体依赖的起始形成机制，笔者决定对前后两次调查中 SMDI 量表得分都高的群体进行个别访谈，访谈对象筛选过程如下：①根据前后两次 SMDI 量表标准得分分别对个案进行高低分组得分，SMDI 标准得分前 27% 的有效个案为高分组，后 27% 的有效个案为低分组；②选定同时满足 SMDI 前测（T1SMDI）高分组、SMDI 后测（T2SMDI）高分组且前后测综合问卷均有效的对象作为备选个案，共筛选出 49 人；③筛选出前后测 SMDI 量表得分差值（SMDI 差值 = T2SMDI - T1SMDI）绝对值小于 1 个 SMDI 差值标准差的个体，SMDI 差值平均分为 0.421 ± 11.591，即删除差值绝对值大于 12 分的个体，共得到备选个案 38 人；④根据后测中选择同意接受笔者深度访谈的情况联系个案进行深度访谈。接受了访谈的 SMDI 得分前后测双高访谈个案基本信息如表 5-24 所示。

表 5-24　SMDI 得分前后测双高访谈个案基本信息（N=18）

个案标识码	性别	年龄	学科	家庭所在地	T1SMDI	T2SMDI	后前差值(T2-T1)
2037919111844	女	19	社会科学	城镇	93	94	1

续表

个案标识码	性别	年龄	学科	家庭所在地	T1SMDI	T2SMDI	后前差值(T2－T1)
1023057123625	女	17	社会科学	城镇	94	89	－5
1043482294785	女	19	工程与技术	乡村	90	89	－1
2037906114254	女	18	社会科学	城镇	91	86	－5
2049641831697	女	18	人文科学	乡村	85	85	0
2037003427910	女	18	社会科学	乡村	83	85	2
1097005284553	女	20	社会科学	城镇	79	86	7
1054672620568	男	18	工程与技术	乡村	84	81	－3
2045357216535	女	18	社会科学	城镇	81	78	－3
2037710435266	女	19	社会科学	乡村	74	83	9
1027152598783	女	17	社会科学	城镇	78	79	1
1097968728327	男	21	社会科学	城镇	76	80	4
1027971617430	女	18	社会科学	城镇	81	75	－6
1081937529594	女	19	医药科学	城镇	75	78	3
2049787932425	女	18	人文科学	乡村	73	76	3
1022096529021	男	18	社会科学	乡村	69	73	4
1095700112622	男	18	社会科学	城镇	69	71	2
1087904522451	女	18	医药科学	城镇	69	71	2

2. SMDI 得分前后测双高访谈提纲设计

对于前后测 SMDI 得分双高的个案，主要通过访谈了解他们的手机媒体依赖初始形成机制。因此访谈提纲分为五大部分：①个案和访谈信息，主要包括个案编号、访谈时间、访谈形式等；②个案手机媒体使用情况确认，让被访对象确认他们的调查数据是否与实际情况符合；③个人手机使用生活史调查，主要了解访谈对象进入大学以来造成其手机依赖越来越严重的主要原因或生活事件；④手机依赖造成的后果，主要了解访谈对象自己感知到手机依赖对自己生活、身体、心理健康和学习成绩等方面产生的实际影响；⑤意见征询，主要确认访谈对象是否愿意参与干预实验研究。前后双高个案访谈提纲如表 5－25 所示。

表 5–25　　青少年手机媒体使用情况回溯访谈记录
（SMDI 前后双高）

个案编号	2037919111844			访谈时间	
访谈形式	○网络文字○网络语音○网络视频○电话○面对面○自填写			访谈者	
手机媒体使用情况确认	亲爱的朋友： 您好，感谢您认真参与了我们的两次问卷调查。通过两次调查数据的对比分析发现，您的手机依赖水平数据如下：				
	第 2 次调查 （2020 年 5 月）	第 1 次调查 （2019 年 11 月）	后–前差值	调查结果变化及评定	
	94/100	93/100	1	两次得分都高 手机依赖严重	
	请问您个人感觉以上这种情况属实吗？ (√) 属实（确实依赖手机严重） (　) 基本属实（确实比较依赖手机，但没有数据反映得那么严重） (　) 不属实（个人感觉不存在依赖）				
个人手机使用生活史调查	（请详细回顾进入大学以来造成您手机依赖越来越严重的主要原因或生活事件有哪些?）				
手机依赖的影响调查	请问过度手机使用对你的生活、身体、心理健康和学习成绩等方面产生了哪些实际影响？				
意见征询	您是否同意我们将您的案例匿名处理后在研究报告（或公开发表的文章）中作为案例材料介绍？ (　) 同意　(　) 不同意 如果我们后续要开展手机依赖方面的干预实验研究，你是否愿意接受我们邀请参加后续实验研究？ (　) 愿意　(　) 不愿意 温馨提示：请您尽量减少使用手机，注意自己身心健康！				

（二）SMDI 得分前后测双高个案访谈资料分析

针对 SMDI 得分前双高个案，主要围绕"个人手机使用生活史""手机依赖对身心健康造成影响"两个问题展开数据收集和分析。为了建立更加全面的因果链条，本书在分析过程中将对两个问题的回答纳入同一分析过程进行综合分析。本部分内容也基于建构型扎根理论程序展开编码分析。

第五章 青少年手机媒体依赖的形成机制分析

1. SMDI 得分前后测双高个案访谈文本信息分析

将访谈回收的 18 份访谈记录导入 NVivo11 进行编码分析。SMDI 得分前后测双高个案访谈资料分析过程如图 5-21 所示。

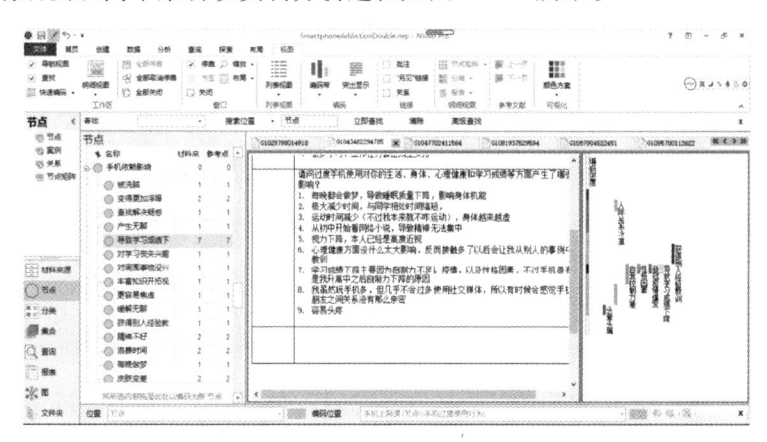

图 5-21　SMDI 得分前后测双高个案访谈文本信息分析过程

通过词频查询功能对访谈记录进行查找,对词频排名前 100 的高频词进行可视化分析,结果如图 5-22 所示。其中词频最高词依次为"手机""学习""生活""时间""影响""大学""成绩",可见访谈对象都是围绕"手机"的依赖原因及其影响进行了回答。

图 5-22　SMDI 得分前后双高个案访谈资料高频词可视化分析

2. SMDI 得分前后测双高个案访谈文本编码

经过对原始数据的开放式编码，初步分析形成 91 个初始编码（A1—A91），其中参考点较多的自由节点为"A1 上大学后""A53 经常玩手机""A85 导致学习成绩下降"。然后，通过对初始编码进一步抽象化和归类完成聚焦编码，形成 28 个聚焦编码（B1—B28），参考点较多的编码为"B1 生活环境变化（31）""B12 学业压力小（17）""B16 手机娱乐（36）""B24 影响身体健康（25）"等。接着，进一步发现范畴和范畴之间的关系，本书经过主轴编码提取出"产生手机过度使用行为"这一核心范畴，也是本部分的焦点变量；其他的"C1 生活环境发生变化（46）""C2 个体存在基础诱因（57）""C3 出现触发条件（24）""C4 产生手机过度使用行为（96）"等为一般范畴。SMDI 得分前后测双高个案访谈结果的初始编码、聚焦编码和轴心编码三级编码结果如表 5-26 所示。

表 5-26　　SMDI 得分前后测双高个案访谈资料三级编码摘要（N=18）

初始编码			聚焦编码	轴心编码
自由节点	资料来源	参考点		
A1 上大学后	12	14	B1 生活环境变化（31）	C1 生活环境发生变化（46）
A2 授课方式改变	4	4		
A3 无人监督	3	5		
A4 学习生活环境发生重大改变	3	6		
A5 远离家人和朋友	2	2		
A6 各种微信群很多	3	3	B2 手机普遍应用（7）	
A7 日常沟通靠手机	3	4		
A8 谈恋爱后	2	3	B3 谈恋爱后（3）	
A9 新冠肺炎疫情暴发	4	5	B4 新冠肺炎疫情暴发（5）	
A10 担任学生干部	3	4	B5 工作生活需要（12）	C3 出现触发条件（24）
A11 关注手机微信消息	3	4		
A12 害怕错过信息	3	4		

续表

初始编码			聚焦编码	轴心编码
自由节点	资料来源	参考点		
A13 对课程不敢感兴趣	1	1	B29 偶发生活事件（4）	C3 出现触发条件(24)
A14 有了智能手机	3	3		
A15 同伴影响与模仿	3	3	B6 同伴影响与模仿（3）	
A16 查找解决疑惑	2	2	B7 学习需要（5）	
A17 无纸质学习材料	1	1		
A18 需要用手机完成作业	2	2		
A19 本身比较宅	2	2	B8 个人兴趣爱好（9）	C2 个体存在基础诱因(57)
A20 个人兴趣爱好少	2	2		
A21 交的朋友少	2	2		
A22 性格因素	3	3		
A23 个人自由度高	2	2	B9 个人自由度高	
A24 感觉无聊	3	4	B10 理想目标不明确（12）	
A25 迷茫无目标	2	2		
A26 无事可做	6	6		
A27 对手机充满新奇感	2	2	B11 手机功能特点（6）	
A28 手机更加方便快捷	2	2		
A29 手机信息丰富	2	2		
A30 个人不注重学业	3	3	B12 学业压力小（17）	
A31 课业任务较轻	2	2		
A32 课余时间多	5	7		
A33 学习压力减小	3	3		
A34 在放松时间	2	2		
A35 自我控制力差	6	11	B13 自我控制力差（11）	
A36 利用微信、QQ 接受通知	5	5	B14 手机人际交流（20）	C4 产生手机过度使用行为(96)
A37 视频聊天	3	3		
A38 手机和老同学联系	4	5		
A39 手机聊天	3	3		
A40 手机与父母联系	4	4		

续表

初始编码			聚焦编码	轴心编码
自由节点	资料来源	参考点		
A41 看视频（刷抖音）	5	9	B15 手机学习（32）	C4 产生手机过度使用行为（96）
A42 利用手机学习	6	8		
A43 手机查资料	7	7		
A44 手机上网课	7	8		
A45 利用手机娱乐	9	12	B16 手机娱乐（36）	
A46 手机看小说	3	3		
A47 手机游戏	5	6		
A48 手机追剧	8	10		
A49 玩（看）手机	2	2		
A50 玩微博	3	3		
A51 手机购物	4	5	B17 手机支付购物（8）	
A52 手机支付	3	3		
A53 经常玩手机	12	15	B18 频繁使用（24）	C5 手机依赖形成（44）
A54 使用时间增加	6	9		
A55 更习惯使用手机	2	2	B19 习惯养成（8）	
A56 渐渐地产生依赖	4	4		
A57 养成习惯	2	2		
A58 更加依赖	4	4	B20 依赖加重（12）	
A59 过度使用手机	3	3		
A60 失去控制	5	5		
A61 丰富知识开阔视野	3	3	B21 产生正面影响（4）	C6 产生手机依赖后果（119）
A62 缓解无聊	1	1		
A63 人际关系冷漠	2	3	B22 影响人际交往（7）	
A64 社交恐惧	2	2		
A65 社交圈子变窄	2	2		
A66 记忆力下降	3	4	B23 影响认知功能（13）	
A67 注意力不集中	5	6		
A68 专注力下降	3	3		

续表

初始编码			聚焦编码	轴心编码
自由节点	资料来源	参考点		
A69 皮肤变差	2	2	B24 影响身体健康（25）	C6 产生手机依赖后果（119）
A70 身体素质变差	2	2		
A71 视力变差	9	9		
A72 头晕头痛	5	5		
A73 影响身体机能	5	7		
A74 浪费时间	4	4	B25 影响生活质量（28）	
A75 缺乏运动	7	8		
A76 生活离不开手机	2	2		
A77 休息时间变少（熬夜）	9	9		
A78 影响睡眠质量	2	2		
A79 影响日常生活计划	2	3		
A80 变得更加浮躁	2	2	B26 影响心理健康（13）	
A81 产生无聊	1	1		
A82 更容易焦虑	2	2		
A83 精神不好	4	5		
A84 失去兴趣	2	3		
A85 导致学习成绩下降	10	10	B27 影响学业质量（18）	
A86 学习时间被挤占	6	6		
A87 影响考试复习	2	2		
A88 被洗脑	1	1	B28 自尊感降低（11）	
A89 挫败感	1	1		
A90 自我否定	2	3		
A91 做事拖延	4	6		

3. 基于SMDI双高群体访谈资料分析的手机媒体依赖的早期发生机制

基于拉罗萨在6C模型的基础上提出的主轴编码模型[1]，可对前面

---

[1] Larossa, R., "Grounded Theory Methods and Qualitative Family Research", *Journal of Marriage and Family*, Vol. 67, No. 4, 2005, pp. 837–857.

的轴心编码进行整合形成手机媒体依赖水平增高的解释模型，其可能的解释逻辑是"C1 生活环境发生变化—C2 个体存在（手机依赖的）基础诱因—C3 出现触发条件—C4 产生手机过度使用行为—C5 手机依赖形成—C6 产生手机依赖后果"，如图 5-23 所示。

```
C1 生活环境发生变化
B1生活环境变化
B2手机普遍应用
B3谈恋爱后
B4新冠肺炎疫情暴发
……

C2 个体存在基础诱因
B12学业压力小
B10理想目标不明确
B13自我控制力差
B9个人自由度高
……

C4 产生手机过度使用行为
B16手机娱乐
B15手机学习
B14手机人际交流
B17手机支付购物
……

C6 产生手机依赖后果
B25影响生活质量
B24影响身体健康
B27影响学业质量
B23影响认知功能
B26影响心理健康
B28自尊感降低
……

C3 出现触发条件
B5工作生活需要
B7学习需要
B6同伴影响与模仿
B5偶发生活事件
……

C5 手机依赖形成
B18频繁使用
B20依赖加重
B19习惯养成
```

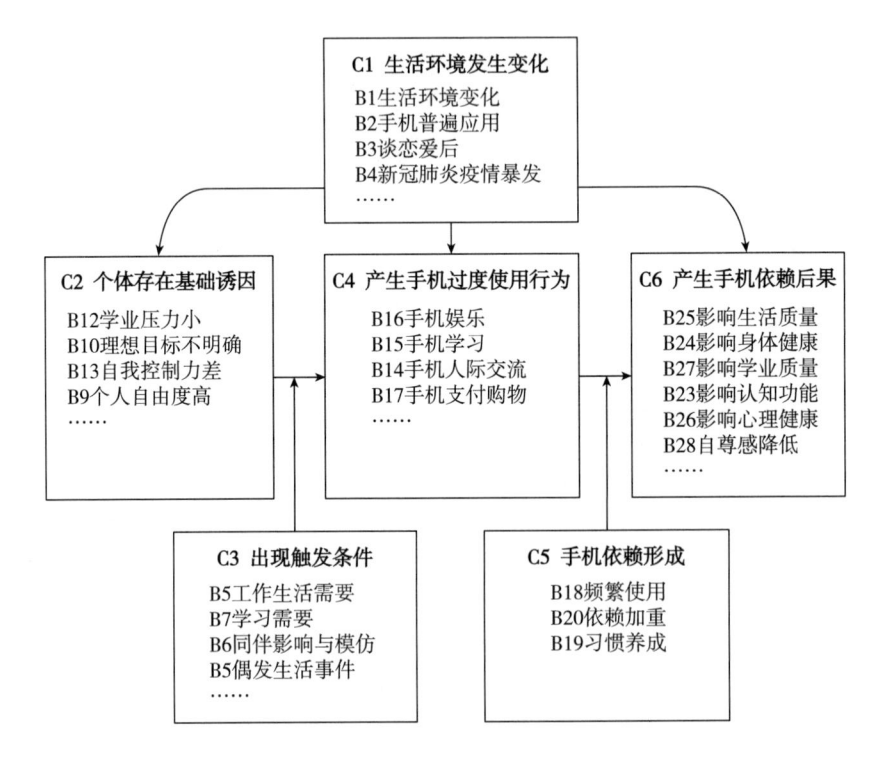

**图 5-23　基于 SMDI 双高群体访谈的手机媒体依赖
早期发生机制解释模型**

通过图 5-23 可以发现，手机媒体依赖形成机制可以描述为：随着生活环境发生变化（进入大学生活、手机普遍应用、谈恋爱后、新冠肺炎疫情暴发），青少年心理状态发生变化（学业压力降低、理想目标不明确、个人自由度高、自我控制力差），在工作生活需要、学习需要与同伴影响下，频繁出现利用手机娱乐、学习、人际交往和网络购物的手机使用行为，久而久之形成习惯而产生手机依赖，最终对青少年生活质量、身体健康、学习质量、认知功能、心理健康和自尊心产生负面影响。

需要特别指出的是:通过对 SMDI 前后测双高群体的访谈数据分析发现,在这个过程中,自控能力较差、学习目标不明确的个体更容易成为青少年生活适应过程中手机依赖的受害者;在本书前期涉及的心理变量中,无聊和焦虑对手机依赖的形成具有重要预测作用,这和前期逐步多元回归分析的结论类似;同时,手机依赖后也会加剧无聊和焦虑情绪,甚至产生自尊感降低的情况。

第三节 青少年手机媒体依赖形成机制综合讨论

一 手机依赖与各心理状态变量关系分析结果讨论

(一) 手机依赖与抑郁的关系分析结果讨论

通过交叉滞后回归分析发现,抑郁更有可能是手机依赖的结果变量;可能的因果链条是青少年起初由于其他因素导致了手机过度使用,进而导致抑郁水平提高,提高的抑郁水平进一步导致手机依赖加重。以上研究结论和现有研究结论是吻合的。张斌等的元分析发现手机使用与抑郁存在中等程度的正相关。[1] 胡广富等发现大学生手机成瘾能够在一定程度上导致抑郁情绪的发生。[2] 李宗波等发现手机使用增加会导致现实人际互动质量的下降,引发自信力下降等不良后果,从而导致抑郁等消极情绪体验的产生。[3] 熊思成等发现高抑郁水平个体由于在现实中无法通过正常渠道舒缓消极情绪而选择逃避,借助手机补偿现实中的不足,这反而进一步导致手机依赖。[4] 崔光辉、田原发现大学生手机成瘾倾向不仅能够对抑郁症状产生直接作用,还通过社会支持间接影响其抑

---

[1] 张斌等:《手机使用与焦虑、抑郁的关系:一项元分析》,《中国临床心理学杂志》2019 年第 6 期。

[2] 胡广富等:《大学生手机成瘾对抑郁情绪的影响:情绪调节自我效能感的中介作用》,《第二十届全国心理学学术会议——心理学与国民心理健康摘要集》,中国心理学会,2017 年。

[3] 李宗波等:《大学生手机依赖与主观幸福感:社交焦虑的中介作用》,《心理与行为研究》2017 年第 4 期。

[4] 熊思成等:《大学生孤独感与手机成瘾:负性情绪和消极应对方式的中介作用》,《中国健康心理学杂志》2018 年第 12 期。

郁症状的产生。① 陈春宇等发现手机成瘾不但能够直接正向预测大学生抑郁水平，而且能够通过疲惫感的中介作用预测大学生的抑郁情绪。② 于增艳、刘文的元分析结果表明智能手机使用可能会增加个体焦虑、抑郁情绪和睡眠质量的风险。③ 罗鑫森等发现手机成瘾对抑郁有显著的预测作用，孤独感在手机成瘾与抑郁之间的中介效应占总效应的49.85%。④ 综上分析，手机依赖更有可能作为原因变量通过直接作用或间接作用预测抑郁水平，其中孤独可能是手机依赖和抑郁的中介变量。

（二）手机依赖与孤独的关系分析结果讨论

通过交叉滞后回归分析发现，两者之间更有可能的因果链条是低孤独水平的用户因其他因素导致手机使用增加，进而导致孤独水平更高。以上研究结论和现有研究结论存在不一致情况。例如周芳蕊的横断调查研究发现大学生的孤独程度正向影响手机依赖程度，社交使用在这种关系中起到中介作用。⑤ 李艳等研究发现孤独感能显著预测大学生强迫性上网和消极后果的程度。⑥ Zhang等发现孤独在社会支持和网络成瘾之间起中介作用。⑦ 李春生发现孤独感和感觉寻求对手机依赖倾向具有正向预测作用。⑧ 刘文俐、蔡太生发现孤独感对网络成瘾倾向的正向预测

---

① 崔光辉、田原：《大学生社会支持在手机成瘾与抑郁间的作用》，《中国学校卫生》2020年第2期。

② 陈春宇等：《手机成瘾与大学生抑郁的关系：疲惫感和反刍思维的作用》，《中国临床心理学杂志》2019年第4期。

③ 于增艳、刘文：《智能手机使用与焦虑、抑郁和睡眠质量关系的meta分析》，《中国心理卫生杂志》2019年第12期。

④ 罗鑫森等：《大学生手机成瘾与抑郁的关系：孤独感的中介作用》，《中国健康心理学杂志》2019年第6期。

⑤ 周芳蕊：《大学生抑郁、孤独与手机依赖：手机使用类型的中介作用》，硕士学位论文，吉林大学，2018年。

⑥ 李艳等：《大学生网络成瘾与自尊孤独感的相关研究》，《中国学校卫生》2013年第8期。

⑦ Zhang, S. J., et al., "Relationships between Social Support, Loneliness, and Internet Addiction in Chinese Postsecondary Students: A Longitudinal Cross-Lagged Analysis", *Frontiers in Psychology*, No.9, 2018, p.1707.

⑧ 李春生：《大学生手机依赖与孤独感及感觉寻求的关系研究》，硕士学位论文，苏州大学，2015年。

作用显著，在社会支持与手机依赖之间起完全中介效应。[1] 王相英发现孤独感在人格特质与手机成瘾之间起部分中介作用。[2] 李静等发现孤独感能够通过消极应对方式影响手机依赖。[3] 张岩等发现孤独感对手机互联网依赖有正向预测作用，大学生孤独感在人际适应性和手机互联网依赖之间具有完全中介效应。[4] 姜永志、白晓丽发现网络社会支持在手机依赖与孤独感之间起到部分中介作用。[5] 管浩圻、陈丽兰则发现大学生手机成瘾与孤独感正相关，交往焦虑在手机成瘾与孤独感之间起完全中介作用。[6] 此外，贾丽娟发现孤独感通过自尊、安全感等变量间接影响手机依赖。[7] 牟生调发现孤独与手机依赖显著正相关，在亲子依恋与手机依赖的关系之间起部分中介作用[8]；申曦的研究认为娱乐和逃避动机均在孤独感和智能手机过度使用间起部分中介作用[9]。综上分析，在手机依赖和孤独感的关系方面，现有大部分研究都将孤独感作为手机依赖的前因变量进行分析，发现孤独感可以直接预测手机依赖或作为中介变量影响手机依赖；也有少部分研究将孤独感作为手机依赖的结果变量进行研究，发现手机依赖可以直接预测或通过中介变量预测孤独感。但现有大部分研究都是横断调查研究，研究假设的建立与验证比较随意。因此，在本书中更倾向于采纳前面交叉滞后分析得出的结论：两者之间的

---

[1] 刘文俐、蔡太生：《社会支持与大学生手机依赖倾向的关系：孤独的中介作用》，《中国临床心理学杂志》2015年第5期。
[2] 王相英：《大学生手机成瘾与孤独感、人格特质的关系研究》，《中国特殊教育》2012年第12期。
[3] 李静等：《医学生手机依赖与孤独感的关系：应对方式的中介作用》，《中国健康心理学杂志》2016年第12期。
[4] 张岩等：《大学生孤独感在人际适应性和手机互联网依赖关系中的中介效应》，《中国心理卫生杂志》2015年第10期。
[5] 姜永志、白晓丽：《大学生手机互联网依赖与孤独感的关系：网络社会支持的中介作用》，《中国特殊教育》2014年第1期。
[6] 管浩圻、陈丽兰：《海南大学生交往焦虑在手机成瘾与孤独感间的中介作用》，《中国学校卫生》2015年第8期。
[7] 贾丽娟：《高中生手机依赖与孤独感的关系：自尊和安全感的中介效应》，硕士学位论文，河北师范大学，2018年。
[8] 牟生调：《低年级大学生亲子依恋、孤独和手机依赖的关系》，《第九次全国心理卫生学术大会论文汇编》，中国心理卫生协会，2016年。
[9] 申曦：《孤独感与智能手机过度使用的关系：动机的中介作用》，《心理技术与应用》2018年第6期。

关系更有可能的因果链条是低孤独水平的用户因其他因素导致手机使用增加，进而导致孤独水平变高，即孤独感是手机依赖影响产生的结果。

（三）手机依赖与无聊的关系分析结果讨论

通过交叉滞后回归分析发现，在手机依赖与无聊的因果关系上，手机依赖更有可能成为前因变量正向预测无聊感。上述研究结论和现有大部分研究结论存在冲突，例如 Wegner 等的文献综述表明无聊倾向可能导致手机依赖等各种不良行为[1]；柯小敏发现消极应对方式在大学生无聊倾向性与手机依赖中起部分中介作用[2]；赵建芳等发现无聊倾向既可直接对大学生手机成瘾产生影响，又可间接通过冲动性对大学生手机成瘾产生影响[3]；李晓敏等发现无聊倾向既可直接又可间接通过自我控制对中学生手机成瘾产生影响[4]；孙忱发现无聊感对手机依赖有显著的正向预测作用，在学习动机和手机依赖之间存在中介作用[5]；魏淑华等发现大学生的无聊倾向对手机依赖有显著正向预测作用，两者之间的关系受到自我概念清晰性的调节[6]；童媛添等发现无聊倾向会加剧消极情绪体验，进而增强手机成瘾的风险[7]；耿燕发现无聊倾向既能直接影响大学生新媒介依赖行为，同时也可通过抵制效能感影响新媒介依赖行为[8]；朱耀秀等的研究发现休闲无聊感在休闲阻碍对手机依赖的影响中

---

[1] Wegner, L., Flisher, A. J., "Leisure Boredom and Adolescent Risk Behaviour: A Systematic Literature Review", *Journal of Child and Adolescent Mental Health*, Vol. 21, No. 1, 2009, pp. 1–28.

[2] 柯小敏：《大学生手机依赖与无聊倾向性的关系：消极应对方式的中介作用》，硕士学位论文，陕西师范大学，2015年。

[3] 赵建芳等：《大学生无聊倾向冲动性与手机成瘾的关系》，《中国学校卫生》2016年第11期。

[4] 李晓敏等：《中学生无聊倾向自我控制与手机成瘾的关系》，《中国学校卫生》2016年第10期。

[5] 孙忱：《高职生学习动机、无聊感与手机依赖的关系研究》，硕士学位论文，福建师范大学，2018年。

[6] 魏淑华等：《大学生无聊倾向与手机依赖的关系：有中介的调节模型》，《鲁东大学学报》（哲学社会科学版）2019年第3期。

[7] 童媛添等：《无聊倾向对手机成瘾的影响：有调节的中介效应分析》，《中国临床心理学杂志》2019年第6期。

[8] 耿燕：《大学生无聊倾向、抵制效能感与新媒介依赖行为的关系》，《中国健康心理学杂志》2019年第3期。

起到部分中介作用①；武娇的研究发现自我控制在无聊感和手机依赖关系中起中介作用②；另有研究表明无聊倾向与手机依赖之间呈显著正相关③。此外，王雅将手机依赖作为前因变量建立模型，发现无聊在手机成瘾与人际交往关系中起部分中介效应。④ 综上分析，本书交叉滞后分析的结果是手机依赖更有可能成为前因变量正向预测无聊感，而现有大部分横断调查研究发现无聊是手机依赖的预测因子，二者的关系需要结合质性分析综合考虑。

（四）手机依赖与焦虑的关系分析结果讨论

通过交叉滞后回归分析发现，在手机依赖和焦虑的关系中，焦虑水平更有可能作为前因变量正向预测手机依赖。以上研究结论和于晓琪等的研究类似，他们发现在控制前测手机依赖的情况下，前测的焦虑可以预测后测的手机依赖；但在控制前测焦虑的情况下，前测的手机依赖无法预测后测的焦虑症状。⑤ 现有其他大部分研究也都得出焦虑是手机依赖的前因变量的结论。史滋福等认为社交焦虑在内外倾和神经质与手机依赖的关系中存在中介效应⑥；申曦等发现社交焦虑对智能手机过度使用不但具有直接影响，还可通过"孤独感→娱乐→逃避动机"的链式中介作用对智能手机过度使用产生影响⑦；张斌等的元分析发现手机使用与焦虑存在中等程度的正相关⑧；曹韵秋等发现特质焦虑可以预测大

---

① 朱耀秀等：《"00后"职校生休闲阻碍、休闲无聊感对手机依赖的影响》，《中国健康心理学杂志》2020年第8期。
② 武娇：《大学生手机依赖与无聊感的关系：自我控制的中介作用》，硕士学位论文，上海师范大学，2018年。
③ 姚梦萍：《大学生无聊倾向与手机依赖行为关系》，《中国公共卫生》2015年第2期。
④ 王雅：《中职生无聊感与手机成瘾现状和人际关系的关系研究》，硕士学位论文，华中师范大学，2018年。
⑤ 于晓琪等：《青少年问题性智能手机使用与焦虑症状的交叉滞后分析》，《第二十一届全国心理学学术会议摘要集》，中国心理学会，2018年。
⑥ 史滋福等：《大学生人格特质、社交焦虑与手机依赖的关系》，《心理研究》2017年第1期。
⑦ 申曦、冉光明：《社交焦虑对智能手机过度使用的影响：孤独感和动机的中介作用》，《心理研究》2018年第6期。
⑧ 张斌等：《手机使用与焦虑、抑郁的关系：一项元分析》，《中国临床心理学杂志》2019年第6期。

学生的手机成瘾倾向①；张亚利等发现错失焦虑与手机社交媒体依赖呈显著的正相关，手机社交媒体依赖在错失焦虑与认知失败间起部分中介作用②；徐华丽、孙崇勇发现社交焦虑能正向预测手机成瘾倾向，在大五人格的P维度与手机成瘾倾向关系上存在部分中介效应③；李媛等发现社交焦虑可以通过表达抑制间接影响手机依赖④；胡静波发现社交焦虑在大学生童年期创伤与手机成瘾倾向间起部分中介作用⑤。此外，也有部分研究将手机依赖作为焦虑的前因变量建立研究假设或模型进行分析。张玥等研究发现手机成瘾不仅能够直接正向预测大学生抑郁和焦虑，而且能够通过友谊质量的中介作用预测大学生抑郁和焦虑⑥；何琴发现人际关系在手机依赖与焦虑之间存在中介作用⑦；于增艳、刘文的元分析发现智能手机使用可能会增加个体焦虑的风险⑧。通过以上分析发现，现有大多研究主要将焦虑作为手机依赖的前因变量建立模型进行验证，这和本书的交叉滞后分析结论类似，即焦虑更有可能是手机媒体依赖的预测变量。

（五）手机依赖与自尊的关系分析结果讨论

通过交叉滞后回归分析发现，原来低自尊者更容易产生手机依赖，即自尊是手机依赖行为产生的影响因素之一；同时手机依赖又可以导致自尊水平的降低，自尊水平降低又是手机依赖的负面结果。这个研究结论和涂小莲等的跟踪调查结果相似，他们研究发现两次测量中手机依赖

---

① 曹韵秋等：《大学生手机成瘾倾向与状态—特质焦虑的关系》，《法制与社会》2020年第11期。

② 张亚利等：《大学生错失焦虑与认知失败的关系：手机社交媒体依赖的中介作用》，《中国临床心理学杂志》2020年第1期。

③ 徐华丽、孙崇勇：《中学生人格、社交焦虑与手机成瘾倾向的关系》，《现代预防医学》2020年第3期。

④ 李媛等：《大一学生社交焦虑与手机依赖的关系》，《心理月刊》2020年第9期。

⑤ 胡静波：《大学生童年期创伤对手机成瘾倾向的影响》，《中国健康心理学杂志》2020年第7期。

⑥ 张玥等：《手机成瘾与大学生抑郁、焦虑的关系：中介与调节效应分析》，《中国临床心理学杂志》2018年第6期。

⑦ 何琴：《中学生手机依赖对焦虑的影响：人际关系的中介作用和自尊的调节作用》，《中小学心理健康教育》2019年第36期。

⑧ 于增艳、刘文：《智能手机使用与焦虑、抑郁和睡眠质量关系的meta分析》，《中国心理卫生杂志》2019年第12期。

与自尊均为显著负相关，交叉滞后回归分析表明手机依赖是自尊的预测变量。① 但以上研究结论却与现有的大多横断调查研究或理论研究结论存在不一致，现有大量研究将自尊作为手机依赖的前因变量来建立模型，得出自尊水平和手机依赖显著负相关，自尊水平通过直接作用、中介作用、调节作用或链式中介作用预测手机依赖的结论。例如，叶娜等发现自尊对手机社交成瘾有负向预测力②；吕帅、邱宗满发现自尊既可以直接预测手机成瘾，也可以通过同伴关系间接预测手机成瘾③；崔玉玲等发现学生自尊和孤独感能显著预测手机依赖，预测量为 13% 和 14%④。詹启生、许俊发现反向自尊在大学生自我隐瞒和手机成瘾之间起中介作用⑤；刘艳、周少斌发现高职大学新生的自尊和手机依赖显著负相关，社会性问题解决和孤独感在自尊与手机依赖之间起了中介作用⑥。祖静等发现自尊和手机依赖呈负相关，自尊通过幻想和退避两种应对方式预测手机依赖。⑦ 陈艳等认为自主支持与自尊在主观幸福感与大学生手机依赖行为之间起链式中介作用。⑧ 张亚利等发现大学生自我控制和人际适应性在自尊与手机成瘾倾向的关系中起链式中介作用。⑨ 廖慧云等发现自尊与手机成瘾倾向显著负相关，手机成瘾倾向通过羞怯

---

① 涂小莲等：《大学新生手机依赖与自尊的交叉滞后分析及其性别效应》，《心理研究》2019 年第 4 期。

② 叶娜等：《自尊对手机社交成瘾的作用：有调节的中介模型分析》，《中国临床心理学杂志》2019 年第 3 期。

③ 吕帅、邱宗满：《自尊对大学生手机成瘾的影响：同伴关系的中介作用和自我认知的调节作用》，《现代预防医学》2020 年第 2 期。

④ 崔玉玲等：《大学生手机依赖与自尊、孤独感的关系》，《中国健康心理学杂志》2015 年第 8 期。

⑤ 詹启生、许俊：《自我隐瞒与大学生手机成瘾的关系：反向自尊和心理压力的中介作用》，《中国特殊教育》2020 年第 2 期。

⑥ 刘艳、周少斌：《高职大学新生自尊、社会性问题解决、孤独感与手机依赖的关系》，《中国健康心理学杂志》2019 年第 5 期。

⑦ 祖静等：《大学生自尊与手机依赖的关系：应对方式的多重中介作用》，《中国特殊教育》2016 年第 10 期。

⑧ 陈艳等：《主观幸福感对手机依赖的影响：自主支持和自尊的链式中介作用》，《中国特殊教育》2019 年第 5 期。

⑨ 张亚利等：《大学生自我控制与人际适应性在自尊与手机成瘾倾向间的中介作用》，《中国心理卫生杂志》2018 年第 5 期。

对人际关系困扰的间接效应受到自尊的调节。① 李丽发现自尊和孤独感在冲动性人格特质与智能手机成瘾的关系中起链式中介作用。② 自尊、孤独、交往焦虑等是手机成瘾影响因素。③ 自尊与手机成瘾之间具有显著负相关，自尊通过社交焦虑和人际敏感的序列中介作用间接影响手机依赖。④⑤ 自尊在孤独感对手机依赖的影响中没有起到直接的中介作用，但它通过影响安全感在孤独感和手机依赖之间形成了孤独感—自尊—安全感—手机依赖的链式中介的效应。⑥ 自尊和亲子关系能显著预测青少年智能手机成瘾。⑦ 自尊能显著预测大学生网络成瘾倾向。⑧ 此外，也有研究发现手机依赖能导致自尊水平降低，例如，Samaha 等的研究发现手机依赖能够导致较低的自尊。⑨ 综上分析，原来低自尊者更容易产生手机依赖，即自尊是手机依赖行为产生的影响因素之一；同时手机依赖又可以导致自尊水平的降低，自尊水平降低又是手机依赖的负面结果。

二 基于个案访谈的手机依赖形成机制分析结果讨论

通过对 SMDI 得分双高和前后测得分明显增加的调查对象的深度访

---

① 廖慧云等：《大学生手机成瘾倾向、自尊及羞怯与人际关系困扰的关系》，《中国临床心理学杂志》2016 年第 5 期。

② 李丽：《大学生智能手机成瘾的冲动性和其他相关因素及成瘾干预对策研究》，博士学位论文，吉林大学，2016 年。

③ 杨亮：《医学高职生手机成瘾影响因素的配比病例对照》，《中国健康心理学杂志》2016 年第 12 期。

④ 游志麒、张颖如：《自尊对手机成瘾的影响：社交焦虑与人际敏感性的序列中介》，《中国心理学会第二十届全国心理学学术会议——心理学与国民心理健康摘要集》，中国心理学会 2017 年版，第 34—35 页。

⑤ You, Z., et al., "How does Self-Esteem Affect Mobile Phone Addiction? The Mediating Role of Social Anxiety and Interpersonal Sensitivity", Psychiatry Research, Vol. 271, No. 1, 2019, pp. 526 - 531.

⑥ 贾丽娟：《高中生手机依赖与孤独感的关系：自尊和安全感的中介效应》，硕士学位论文，河北师范大学，2018 年。

⑦ 喻典：《中学生智能手机成瘾：亲子关系和自尊的作用机制及其应对建议》，硕士学位论文，华中师范大学，2018 年。

⑧ 李艳等：《大学生网络成瘾与自尊孤独感的相关研究》，《中国学校卫生》2013 年第 8 期。

⑨ Samaha, M., Hawi, N. S., "Relationships among Smartphone Addiction, Stress, Academic Performance, and Satisfaction with Life", Computers in Human Behavior, Vol. 57, No. C, 2016, pp. 321 - 325.

谈资料的质性分析发现，两项分析的结果都可以基于拉罗萨（LaRossa, R., 2005）在6C模型的基础上提出的主轴编码模型给出解释框架。虽然两个解释模型的具体内容和侧重点存在差异，都可以基于如下框架解释：在C1背景下，存在C2基础原因，当遇到C3条件时，C4事件发生，遇到C5协变量后，C6结果产生。两项研究中同时出现的重要C1因素包括新冠肺炎疫情暴发、手机普遍使用、生活环境发生变化、生活方式改变；重要的C2因素包括自我控制力差、手机媒体优势特性、个人自由度高、无聊感等；重要的C3因素包括生活学习需要、自由时间充裕、同伴影响与模仿、偶发生活事件等；重要的C4因素包括手机休闲娱乐、手机学习、手机人际交流、手机支付购物；重要的C5因素包括自控力差、习惯养成、过度使用、媒体行为倾向等；重要的C6因素包括影响生活质量、影响身体健康、影响学业质量、影响认知功能、影响心理健康、自尊感降低。通过对两个群体访谈资料的质性资料分析发现：①手机媒体依赖的形成受多种因素的影响，既有社会大环境因素的影响（如互联网和手机广泛应用），也有个体方面的基础诱因（如自控力差、无聊感等），又有偶然性触发因素的影响（如时间充足、同伴影响、偶发事件等）。②个人视角的手机媒体依赖从本质上来说是一个习惯养成的过程，在这个过程中个人自控力自始至终扮演了重要的角色。③在手机媒体依赖形成的早期阶段，个体自控力、学业压力、无聊感、焦虑情绪等扮演了重要的基础诱发因素。④手机媒体依赖形成后，同样会导致无聊、焦虑等负面情绪的增加和自尊感的降低。戴维斯（R. A. Davis, 2001）采用素质—压力模型（Diathesis-stress Model）提出网瘾的远因是潜在的心理病理学因素（如抑郁、社交焦虑、物质依赖），应激源是网络成瘾的近因。[1] 这就提示我们，潜在的心理病理学因素本身不能导致网瘾症状，而是病因系统中的必要因素。他认为，个人在使用网络和相关新技术过程中得到了强化，这是网瘾之所以能够形成的一个关键因素。[2]

---

[1] Davis, R. A., "A Cognitive-Behavioral Model of Pathological Internet Use", *Computers in Human Behavior*, Vol. 17, No. 2, 2001, pp. 187–195.

[2] ［美］扬、［巴西］阿布雷乌：《网瘾评估治疗手册》，上海教育出版社2014年版，第239页。

三 基于实证调查的青少年手机媒体依赖形成机制的综合讨论

通过前面对交叉滞后回归分析的结果讨论发现：①在手机依赖与抑郁的关系方面，手机依赖更有可能作为原因变量通过直接作用或间接作用预测抑郁水平，可能的因果链条是青少年起初由于其他因素导致了手机过度使用，进而导致抑郁水平提高，提高的抑郁水平进一步导致手机依赖加重。②在手机依赖与孤独的关系方面，两者之间的关系更有可能的因果链条是低孤独水平的用户因其他因素导致手机使用增加，进而导致孤独水平更高。③在手机依赖与无聊的关系方面，交叉滞后回归分析的结果显示手机依赖更有可能成为前因变量正向预测无聊感，但这个结论和现有大量横断研究得出的结论相冲突，因此二者的关系需要结合质性分析综合考虑。④在手机依赖和焦虑的关系中，焦虑水平更有可能作为前因变量正向预测手机依赖。⑤在手机依赖与自尊的关系方面，原来低自尊者更容易产生手机依赖，即自尊是手机依赖行为产生的影响因素之一；同时手机依赖又可以导致自尊水平的降低，自尊水平降低又是手机依赖的负面结果。通过对手机媒体依赖（SMDI）得分双高和明显增加群体的质性访谈分析发现，手机媒体依赖是一个复杂的社会心理现象，它受多种因素的综合影响，既有社会大环境因素的影响（如互联网和手机广泛应用），也有个体方面的基础诱因（如自控力差、无聊感等），又有偶然性触发因素的影响（如时间充足、同伴影响、偶发事件等）。本书在前期研究设计阶段主要基于个体依赖视角心理方面的基础诱因开展设计，而对社会大背景和偶然的触发性因素未做深入考虑。此外，各种心理因素在手机媒体依赖形成初期和手机依赖形成后期发挥的作用存在差异，在手机依赖形成初期无聊、焦虑、抑郁等负面情绪和自尊等自我认知扮演了基础诱发因素的作用，但在手机依赖形成之后，无聊、焦虑、抑郁和低自尊感又成为其结果变量。基于此，本书拟从综合考虑各种因素的综合形成机制和重点关注不同发展心理因素的起步阶段形成机制、发展阶段形成机制三个维度对手机媒体依赖的形成机制提供解释框架。

手机媒体依赖作为一种社会现象，它是现代信息技术，特别是智能手机等电子设备广泛应用后必然会出现的现象，生活在信息时代的个体要在以智能手机等数字媒体构成的数字化生存空间中生活，就不可避免地依赖于数字媒体构成的背景条件，手机媒体在生活、学习和工作的各个方面得到普遍应用。但是，手机的普遍和经常应用不会必然地导致个体的手机媒体依赖，是否会形成手机依赖甚至发展为手机成瘾，关键还要看个体方面是否存在基础诱因。青少年的学习压力小、无聊感高、自尊感低、自控力差等成为形成手机依赖的基础诱因，如果遇到课余时间无事可做、缺乏有效监督、受到同伴影响等触发性因素就会产生手机娱乐等过度性手机使用行为，当个体自控力差而过度性手机使用行为没有得到及时控制时，久而久之就形成习惯性手机使用而导致依赖，手机依赖不但会影响个体生活质量、学习质量、身体健康，还会导致个体认知功能受损和出现无聊、抑郁、焦虑、低自尊等心理问题。基于综合视角的青少年手机媒体依赖可解释为：在 C1 背景下，存在 C2 原因，当遇到 C3 条件时，C4 事件发生，遇到 C5 强化条件后，C6 结果产生。青少年手机媒体依赖的综合形成机制解释模型如图 5-24 所示。

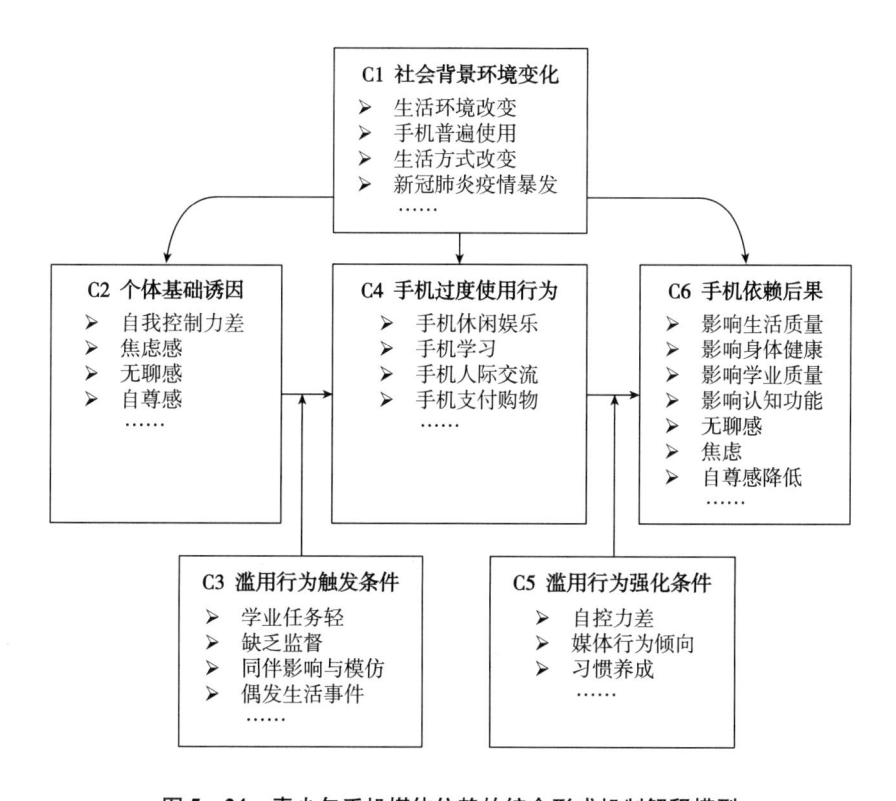

图 5-24 青少年手机媒体依赖的综合形成机制解释模型

基于以上解释框架,青少年手机媒体依赖的形成机制可细分为两条基本路径,其一为因个体心理因素诱发形成的路径,其二是因社会发展变化和技术广泛应用形成的路径。两条路径如下:

①基本路径1:心理健康视角的个体依赖路径。基本路径1是在手机媒体普遍应用的情况下重点考虑个体心理方面的因素,其基本解释逻辑为:在C1背景下,存在C2原因,当遇到C3条件时,C4事件发生,遇到C5强化条件后,C6结果产生。例如,手机普遍使用和大学生进入高校后(C1),大学生学业压力相对减小(C2),当因无所事事而感到无聊的时候(C3),开始寻求使用手机休闲娱乐(C4),如果个体的自控力较差则会逐渐养成习惯(C5),手机媒体依赖形成后会对个体生活、学习、身体和心理健康以及认知功能等产生负面影响(C6)。基本路径1主要考察的是C2对C3及C6的影响,即个体基础心理因素对手机依赖行为及其后果的影响,也是目前大部分心理学研究的主要视角。基于路径1形成的手机媒体依赖主要是手机休闲娱乐、手机游戏和手机虚拟人际关系等倾向。本节后面两部分的分析也主要基于这条路径进行。

②基本路径2:技术社会视角的群体依赖路径。基本路径2是因手机媒体及其相关服务广泛应用引起的,其基本解释为:在C1背景,C4事件频繁发生,遇到C5强化条件后,C6结果产生。例如,由于在线授课方式的普及(C1),学生需要频繁使用手机进行学习或交流(C4),长期使用形成习惯(C5),在便利生活学习的同时可能会产生影响身体健康等不良后果(C5)。基本路径2主要的依赖倾向为手机学习、手机支付和手机人际交流等。基本路径2可以视为现代信息社会发展的必然趋势和结果,其结果并不主要是由个体因素决定的,从本质上讲是整个人类群体和技术的关系问题,这需要从技术社会学或技术哲学的视角进行更加宏观的思考。因此,这条路径从心理学视角看是一种"伪依赖",但是要全面系统地认识手机媒体依赖这一社会心理现象是不可忽视的方面。对于这条路径的详细讨论将在后面专章讨论。

四 青少年心理健康视角手机媒体个体依赖路径分析

(一)青少年手机媒体依赖起步阶段形成机制

1. 青少年手机媒体依赖起步阶段形成机制理论模型框架

手机媒体作为一种个体心理现象,从本质上来说是一个习惯养成的过程,在这个过程中个人自控力自始至终扮演了重要的角色,偶发事件等触发性条件也不可忽视;在手机媒体依赖形成的早期阶段,个体自控力、学业压力、无聊感、焦虑情绪等扮演了重要的基础诱发因素。基于前两部分对各变量间关系的分析与梳理形成如图 5-25 所示的青少年手机媒体依赖起步阶段形成机制理论模型框架。

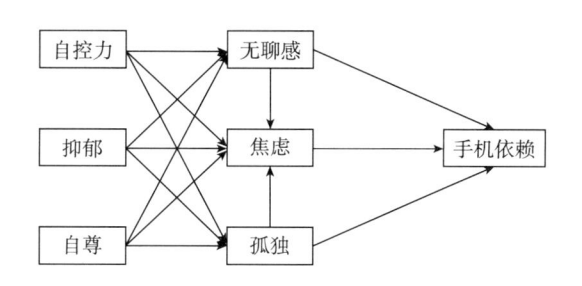

图 5-25 青少年手机媒体依赖起步阶段形成机制理论模型

2. 青少年手机媒体依赖起步阶段形成机制模型界定搜寻

在上述框架中,由于自控力在本书前期设计中没有测量,因此以删除"自控力"变量的模型进行模型检验。以首次调查的相关心理变量来预测第二次调查的手机媒体依赖,形成如图 5-26 所示的饱和模型,然后进行模型界定搜寻。模型界定搜寻是一种模型发展策略,就是研究者提出一个自由度较少的模型或饱和模型,除了研究者界定的少数几条必含路径外,其余选择路径由 AMOS 组合排列,各组合排列成的假设模型与样本数据进行估计,可以分别估计出各种路径组合模型的适配度统计量,研究者再根据搜寻结果确定一个与原先理论建构最为接近、适配度较佳且较为简洁的模型,进行参数估计与模型修正。[①] 模型图中实线表示经前面交叉滞后分析与讨论确定的假设,虚线表示可能存在但需要进一步探索的假设,两种假设都需要通过实证数据验证。

经过对青少年手机媒体依赖起步阶段形成机制饱和模型进行搜寻发现,基于以上饱和模型共搜寻得到 68 个假设模型,其中 20 号、30 号、

---

① 吴明隆:《结构方程模型——AMOS 的操作与应用》,重庆大学出版社 2010 年版,第 298—299 页。

40号、50号、60号模型均能够与实际调查数据适配，p值均大于0.05。模型搜索结果如表5-27所示。

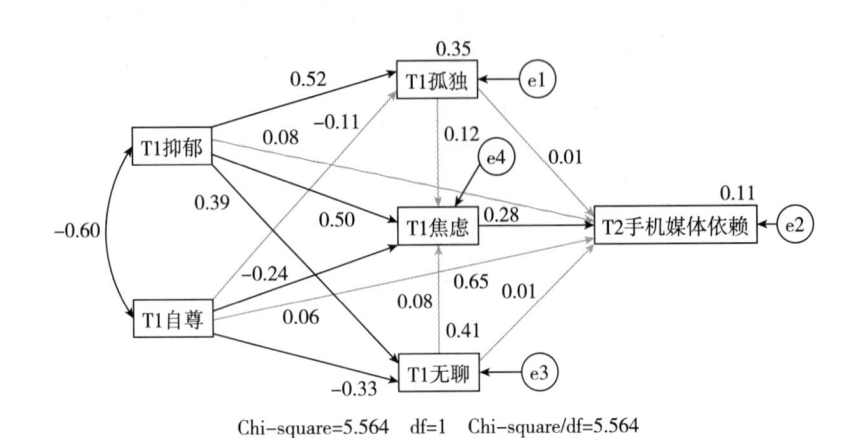

图5-26 青少年手机媒体依赖起步阶段形成机制饱和模型

Chi-square=5.564　df=1　Chi-square/df=5.564
p=0.018　RMSEA=0.092

表5-27　青少年手机媒体依赖起步阶段形成机制模型搜寻结果

Model	Name	Params	df	C	C-df	BBC0	BIC0	C/df	p
1	Default model	18	9	99.247	90.247	83.862	69.173	11.027	0.000
2	Default model	19	8	29.741	21.741	16.382	5.968	3.718	0.000
10	Default model	20	7	17.473	10.473	6.139	0.000	2.496	0.015
20	Default model	21	6	12.210	6.210	2.902	1.038	2.035	0.057
30	Default model	22	5	7.281	2.281	0.000	2.410	1.456	0.201
40	Default model	23	4	6.384	2.384	1.129	7.814	1.596	0.172
50	Default model	24	3	5.649	2.649	2.420	13.379	1.883	0.130
60	Default model	25	2	5.591	3.591	4.388	19.622	2.795	0.061
68	Default model	26	1	5.564	4.564	6.387	25.896	5.564	0.018
Sat	Saturated	27	0	0.000	0.000	2.849	26.633		

3. 青少年手机媒体依赖起步阶段形成机制最优适配模型

（1）模型基本适配情况分析。

在基于图5-26建立的饱和模型的搜寻结果中，其中30号模型是所有模型中适配度相对最优的模型，模型结果如图5-27所示。整体适配度的卡方值为 7.281，显著性概率 p=0.201，未达到 0.05 显著水平，接受虚无假设，表明假设模型与实际调查数据可以适配，路径分析发现假设模型可以得到实证数据支持。从其他适配度指标来看，卡方自由度比值为 CMIN/DF=1.456<2，RMSEA=0.029<0.050，Fmin=0.013，预设模型的 AIC 值、BCC 值、BIC 值、CAIC 值、ECVI 值均小于独立模型的数值，表示整体模型的适配情形良好。

Chi-square=7.281　df=5　Chi-square/df=1.456
p=0.201　RMSEA=0.029　Fmin=0.013

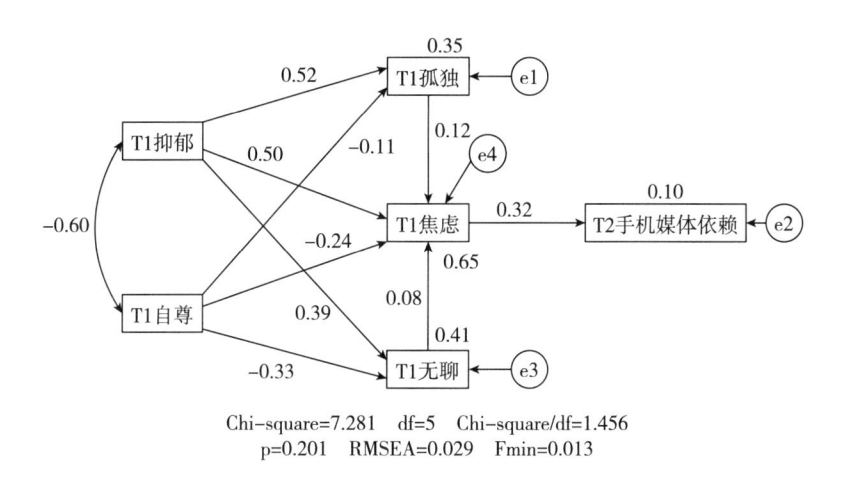

图 5－27　青少年手机媒体依赖起步阶段形成机制最优适配模型（30 号模型）

（2）模型适配情况多群组分析。

为了了解模型在不同手机媒体使用偏好类型青少年群体中的适配情况，对模型进行了多群组分析，分析结果如表 5－28 所示。各模型摘要如表所示，各个模型适配度良好，但现有变量对手机媒体依赖方差的整体解释度均不高，这说明手机依赖现象不是单纯地由个体心理因素决定，也和前面的综合解释模型结论一致。

表 5－28　青少年手机媒体依赖起步阶段形成机制模型的多群组分析主要拟合指数

模型	卡方值（χ^2）	自由度（df）	χ^2/df	p	RMSEA	Fmin	适配情况	方差解释量（%）
全体模型	7.281	5	1.456	0.201	0.029	0.013	良好	10

续表

模型	卡方值（χ²）	自由度（df）	χ²/df	p	RMSEA	Fmin	适配情况	方差解释量（%）
生活方式型	3.198	5	0.640	0.669	0.000	0.046	良好	18
手机阅读型	11.822	5	2.364	0.037	0.125	0.136	良好	21
网络色情型	7.445	5	1.489	0.190	0.090	0.122	良好	10
手机游戏型	9.181	5	1.836	0.102	0.109	0.131	良好	0
休闲娱乐型	4.030	5	0.806	0.545	0.000	0.060	良好	7
仪式惯习型	3.880	5	0.776	0.567	0.000	0.062	良好	9

（3）青少年手机媒体依赖起步阶段形成机制最优模型路径系数。

青少年手机媒体依赖起步阶段形成机制最优模型（30号模型）中九个直接效果路径的非标准化回归系数估计的临界比（C.R.）绝对值均大于1.96，表示估计值达到0.05显著水平。其中"T1自尊→T1焦虑""T1自尊→T1无聊""T1自尊→T1孤独"三条路径系数的β值均为负数，表示其对效标变量直接效果的影响为负向。协方差分析显示"T1自尊"和"T1抑郁"两个外因变量的相关系数r = -0.603，达到0.001显著水平（t = -11.366，p < 0.001）。青少年手机媒体依赖起步阶段形成机制最优模型路径系数见表5-29。

表5-29 青少年手机媒体依赖起步阶段形成机制模型中的直接路径的回归系数估计

		非标准化回归系数估计				标准化回归系数（β）
		Estimate	S.E.	C.R.	P	
T1 自尊	T1 焦虑	-0.178	0.028	-6.381	0.000	-0.244
	T1 无聊	-0.265	0.036	-7.33	0.000	-0.329
	T1 孤独	-0.115	0.051	-2.261	0.024	-0.107
T1 抑郁	T1 无聊	0.340	0.04	8.608	0.000	0.385
	T1 焦虑	0.400	0.034	11.75	0.000	0.499
	T1 孤独	0.617	0.055	11.132	0.000	0.520
T1 无聊	T1 焦虑	0.076	0.033	2.275	0.023	0.084
T1 孤独	T1 焦虑	0.078	0.024	3.287	0.001	0.116
T1 焦虑	T2 手机媒体依赖	0.476	0.072	6.584	0.000	0.319

(4) 青少年手机媒体依赖起步阶段形成机制最优模型标准化效果分析。

各外因变量对各内因变量影响的标准化效果分析结果如表5-30所示。标准化总效果为标准化直接效果加上标准化间接效果,间接效果为各条间接路径上各阶段路径系数β值乘积之和。其中,"T1自尊→T2手机媒体依赖"的标准化间接效果为β=-0.091,"T1抑郁→T2手机媒体依赖"的标准化间接效果为β=0.194;"T1无聊→T2手机媒体依赖"的标准化总效果为β=0.036;"T1孤独→T2手机媒体依赖"的标准化总效果为β=0.061;"T1焦虑→T2手机媒体依赖"的标准化直接效果为β=0.297。通过分析发现,焦虑对早期手机依赖形成的直接效果最大,抑郁对早期手机依赖形成的间接效果最大。

表5-30　起步阶段形成机制模型各外因变量对各内因变量影响的标准化效果分析

	标准化直接效果	标准化间接效果	标准化总效果
T1自尊→T1焦虑	-0.244	-0.04	-0.284
T1自尊→T1无聊	-0.329	—	-0.329
T1自尊→T1孤独	-0.107	—	-0.107
T1自尊→T2手机媒体依赖	—	-0.091	-0.091
T1抑郁→T1无聊	0.385	—	0.385
T1抑郁→T1焦虑	0.499	0.092	0.592
T1抑郁→T1孤独	0.520	—	0.520
T1抑郁→T2手机媒体依赖	—	0.194	0.194
T1无聊→T1焦虑	0.084	—	0.084
T1无聊→T2手机媒体依赖	0.011	0.025	0.036
T1孤独→T1焦虑	0.116	—	0.116
T1孤独→T2手机媒体依赖	0.027	0.034	0.061
T1焦虑→T2手机媒体依赖	0.297	—	0.297

(二) 青少年手机媒体依赖的发展阶段形成机制

1. 青少年手机媒体依赖发展阶段形成机制理论模型建立

前面的青少年手机媒体依赖起步阶段形成机制分析发现,焦虑是手机媒体依赖形成的直接基础性心理诱因。在手机媒体依赖初步形成后,同样会导致无聊、焦虑、抑郁等负面情绪的增加和自尊感的降低。基于前两部分对各变量间关系的分析与梳理形成如图 5-28 所示的青少年手机媒体依赖发展阶段形成机制理论模型框架。

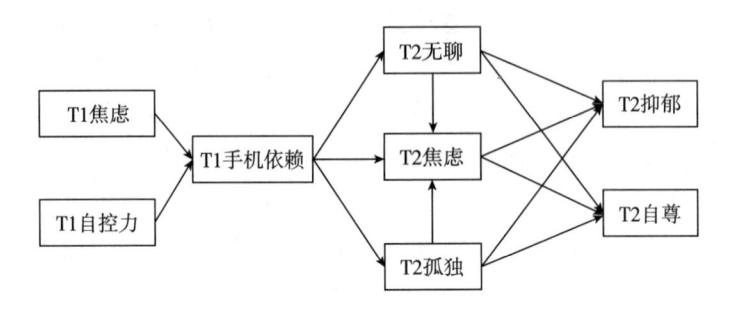

图 5-28 青少年手机媒体依赖发展阶段形成机制理论模型框架

2. 青少年手机媒体依赖发展阶段形成机制模型界定搜寻

在上述理论模型框架中，由于"自控力"在本书前期设计中没有测量，因此以删除"自控力"变量的模型进行模型检验。以首次调查的"T1 焦虑"和"T1 手机依赖"来预测第二次调查的心理状态变量，结果如图 5-29 所示。模型检验整体适配度的卡方值为 299.806，显著

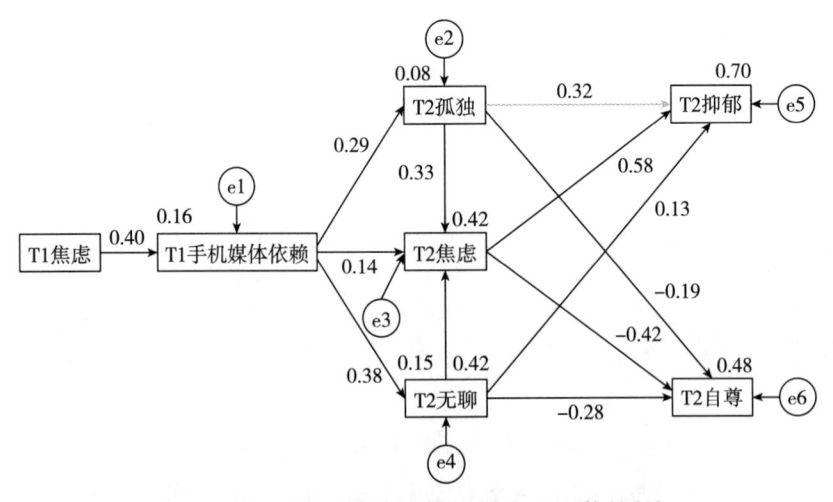

Chi-square=299.806 df=9 Chi-square/df=33.312
p=0.000 RMSEA=0.244 Fmin=0.551

图 5-29 青少年手机媒体依赖发展阶段形成机制理论模型验证

性概率 p<0.001，表明研究者所提供的发展阶段形成机制模型与实际调查数据有差距，模型无法适配。

为了探索模型无法适配问题是否由假设模型建立不科学引起，研究者以"T1 手机依赖"为外因变量、"T2 抑郁"为主要结果变量根据前面讨论结果建立各种饱和模型进行模型界定搜寻。基于图 5-30 建立的模型搜索方案进行模型搜寻。

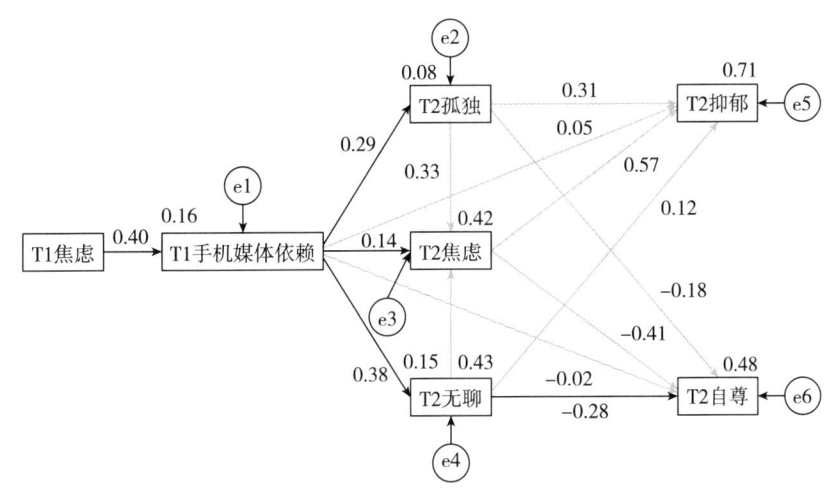

Chi-square=297.087　df=7　Chi-square/df=42.441
p=0.000　RMSEA=0.276　Fmin=0.546

图 5-30　青少年手机媒体依赖发展阶段形成机制饱和模型

经过对青少年手机媒体依赖发展阶段形成机制饱和模型搜寻发现，基于以上界定模型共搜寻得到 92 个模型，发现所有搜寻到的模型均和调查数据不能完全适配，p 值均小于 0.001。基于其他模型建构（以 T1 手机依赖为外因变量，T1 孤独、T2 焦虑、T2 无聊、T2 抑郁、T2 自尊为内因变量进行不同组合建构模型）进行模型搜寻亦未能找到适配模型。模型搜索结果如表 5-31 所示。

表 5-31　青少年手机媒体依赖发展阶段形成机制模型搜寻结果

Model	Name	Params	df	C	C-df	BBC0	BIC0	C/df	p
1	Default model	18	17	1462.28	1445.28	1427.77	1355.16	86.016	0.000

续表

Model	Name	Params	df	C	C-df	BBC0	BIC0	C/df	p
2	Default model	19	16	1004.87	988.87	972.39	904.06	62.804	0.000
12	Default model	20	15	719.27	704.27	688.82	624.75	47.951	0.000
22	Default model	21	14	539.31	525.31	510.89	451.10	38.522	0.000
32	Default model	22	13	434.11	421.11	407.73	352.20	33.393	0.000
42	Default model	23	12	378.45	366.45	354.09	302.84	31.538	0.000
52	Default model	24	11	328.88	317.88	306.55	259.57	29.898	0.000
62	Default model	25	10	312.58	302.58	292.28	249.57	31.258	0.000
72	Default model	26	9	299.81	290.81	281.54	243.10	33.312	0.000
82	Default model	27	8	297.30	289.30	281.06	246.90	37.163	0.000
92	Default model	28	7	297.09	290.09	282.88	252.98	42.441	0.000
1	Default model	18	17	1462.28	1445.28	1427.77	1355.16	86.016	0.000

3. 青少年手机媒体依赖发展阶段形成机制最优参考模型

(1) 模型基本适配情况分析。

在基于图5-30建立饱和模型的搜寻结果中，表5-31中的52号模型相对适配度较高，是所有模型中适配度相对最优的模型，可作为参考模型，模型分析结果如图5-31所示。

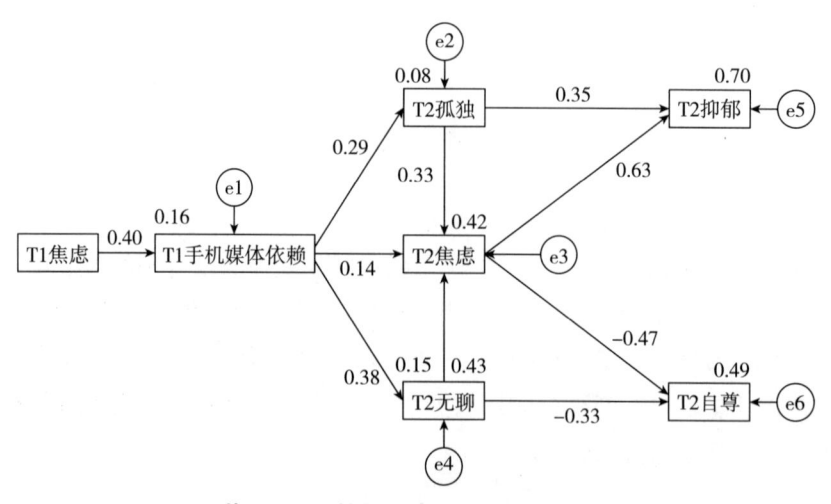

Chi-square=328.876 df=11 Chi-square/df=29.898
p=0.000 RMSEA=0.230 Fmin=0.605

图5-31 青少年手机媒体依赖发展阶段形成机制最优参考模型（52号模型）

(2) 模型适配情况多群组分析。

为了了解模型在不同手机媒体使用偏好类型青少年群体中的适配情况,对模型进行了多群组分析,也发现模型无法适配,分析结果如表5-32所示。

表5-32 青少年手机媒体依赖发展阶段形成机制模型的多群组分析主要拟合指数

模型	卡方值(χ^2)	自由度(df)	χ^2/df	p	RMSEA	Fmin	适配情况
全体模型	299.806	9	33.312	0.000	0.244	0.551	无法适配
生活方式型	30.224	11	2.748	0.001	0.158	0.432	无法适配
手机阅读型	79.539	11	7.231	0.000	0.268	0.914	无法适配
网络色情型	66.979	11	6.089	0.000	0.289	1.098	无法适配
手机游戏型	66.072	11	6.006	0.000	0.267	0.944	无法适配
休闲娱乐型	78.048	11	7.095	0.000	0.302	1.165	无法适配
仪式惯习型	69.791	11	6.345	0.000	0.291	1.108	无法适配

(3) 青少年手机媒体依赖发展阶段形成机制最优参考模型路径系数。

通过分析发现,52号模型中的直接路径回归系数均达到显著,标准化回归系数绝对值在0.144—0.628,如表5-33所示。

表5-33 青少年手机媒体依赖发展阶段形成机制模型中的直接路径的回归系数估计摘要

		非标准化回归系数估计				标准化回归系数(β)
		Estimate	S.E.	C.R.	P	
T1 焦虑	T1 手机媒体依赖	0.561	0.062	9.049	***	0.398
T1 手机媒体依赖	T2 孤独	0.290	0.049	5.921	***	0.285
	T2 无聊	0.311	0.037	8.521	***	0.383
	T2 焦虑	0.101	0.030	3.317	***	0.144

续表

		非标准化回归系数估计				标准化回归系数（β）
		Estimate	S. E.	C. R.	P	
T2 无聊	T2 焦虑	0.371	0.034	10.826	***	0.429
	T2 自尊	-0.393	0.047	-8.448	***	-0.331
T2 焦虑	T2 自尊	-0.643	0.054	-11.832	***	-0.468
	T2 抑郁	0.789	0.037	21.421	***	0.628
T2 孤独	T2 焦虑	0.228	0.027	8.509	***	0.330
	T2 抑郁	0.305	0.025	12.034	***	0.352

（4）青少年手机媒体依赖发展阶段形成机制最优参考模型标准化效果分析。

发展阶段模型中各外因变量对各内因变量影响的标准化效果分析结果如表5-34所示。其中"T1 焦虑→T1 手机媒体依赖"的标准化直接效果为0.398，"T1 手机媒体依赖→T2 焦虑"的标准化总效果为0.402，"T1 手机媒体依赖→T2 无聊"的标准化直接效果为0.383，"T1 手机媒体依赖→T2 孤独"的标准化直接效果为0.258，"T1 手机媒体依赖→T2 自尊"的标准化间接效果为-0.315，"T1 手机媒体依赖→T2 抑郁"的标准化间接效果为0.353，表明前期手机媒体依赖确实对后期心理状态的影响具有统计学意义。

表5-34　发展阶段模型中各外因变量对各内因变量影响的标准化效果分析

	标准化直接效果	标准化间接效果	标准化总效果
T1 焦虑→T1 手机媒体依赖	0.398	—	0.398
T1 焦虑→T2 无聊	—	0.152	0.152
T1 焦虑→T2 孤独	—	0.113	0.113
T1 焦虑→T2 焦虑	—	0.160	0.160
T1 焦虑→T2 自尊	—	-0.125	-0.125
T1 焦虑→T2 抑郁	—	0.140	0.140
T1 手机媒体依赖→T2 无聊	0.383	—	0.383
T1 手机媒体依赖→T2 孤独	0.285	—	0.285

续表

	标准化直接效果	标准化间接效果	标准化总效果
T1 手机媒体依赖→T2 焦虑	0.144	0.259	0.402
T1 手机媒体依赖→T2 自尊	—	−0.315	−0.315
T1 手机媒体依赖→T2 抑郁	—	0.353	0.353
T2 无聊→T2 焦虑	0.429	—	0.429
T2 无聊→T2 自尊	−0.331	−0.201	−0.532
T2 无聊→T2 抑郁	—	0.270	0.270
T2 孤独→T2 焦虑	0.330	—	0.330
T2 孤独→T2 自尊	—	−0.155	−0.155
T2 孤独→T2 抑郁	0.352	0.208	0.559
T2 焦虑→T2 自尊	−0.468	—	−0.468
T2 焦虑→T2 抑郁	0.628	—	0.628

综上分析，手机媒体依赖对后期的孤独、焦虑、无聊、抑郁等负面情绪和自尊水平有显著影响，但各种心理因素之间的作用机制尚不明确，一种理论分析和实践数据适配度相对较高的解释模型如图5-31所示（52号模型）。解释为：手机依赖行为直接正向预测孤独、焦虑和无聊三种负面情绪，手机依赖通过孤独和焦虑间接正向预测抑郁水平，通过焦虑和无聊间接负向预测自尊。这个结果也与质性访谈数据分析得出的结论较为相似。

第六章

青少年手机媒体依赖的多学科整合性阐释

第一节 青少年手机媒体依赖的多学科析因

在前面青少年手机媒体依赖的综合形成机制分析部分，笔者发现手机媒体依赖是一个复杂的社会心理现象，它受多种因素的综合影响，既有社会大环境因素的影响，也有个体方面的基础诱因，又有偶然性触发因素的影响。基于此提出了手机媒体依赖存在心理健康视角的个体依赖路径（基本路径1）和技术社会视角的群体依赖路径（基本路径2），并对基本路径1做了更为深入的分析。至此，有必要将手机媒体依赖纳入整个数字媒体依赖（或技术依赖）的范围进行更加宏观和整体的思考。自数字媒介技术依赖进入研究者视野以来，人们在界定其内涵、开发测量工具的同时，一直试图解开其成因之谜。来自心理学、播传学、社会学、设计学、生物学和哲学等多个学科的研究者从各自的学科视角对其成因进行了探索，取得了丰富的研究成果。①

一 心理学视野中的手机等数字媒体技术依赖

心理学界较早展开对数字媒体技术依赖成因的探索，也是目前研究成果数量最多的学科。目前较有影响的解释理论主要有 ACE 特点模型、

---

① 杨彦军等：《数字媒介技术依赖的多学科析因及整合性阐释》，《电化教育研究》2020年第8期。

认知—行为机制模型、成瘾阶段模型、易感人格素质模型和"社会—心理—生理"整合模型。金伯利·杨格在研究网络成瘾成因时指出：互联网的匿名性（Anonymous）、便捷性（Convenience）和逃避性（Escape）三个特点，为用户提供了一个可以在隐匿真实身份的情况下随心所欲行动的空间，并且几乎不用承担行为后果。[1][2] 阿尔文·库珀等提出的易达性（Access）、可支付性（Affordability）和匿名性（Anonymity）"3A"模型也给出类似的看法。[3][4] 加拿大学者查德·戴维斯提出的"认知—行为模型"（Cognitive-Behavioral Model）认为，互联网使用经历、个体心理特征（如抑郁、社交焦虑、物质依赖）和生活事件等远端因素导致个体非适应性认知（Maladaptive-cognition），这与社交孤独等近端因素共同作用导致个体的不良使用行为。[5] 约翰·格罗霍尔（John M. Grohol）的依赖阶段模型将用户网络使用发展过程分为"着迷/困扰""觉醒/回避"和"平衡/正常"，他认为正常情况下每个人都会经历这三个阶段，网络依赖者则在第一阶段就被困住难以向前发展因而长期处于着迷状态。[6] 近年来，大部分研究都基于易感人格素质模型展开，即将媒介技术依赖与个体人格特征（如大五人格）、情绪状态（孤独感、焦虑感）等个人因素关联起来分析其成因，更复杂的研究则运用中介分析、链式中介和交叉滞后分析展开探索。近年来，有研究认为网络成瘾是一个复杂的社会和心理现象，受社会、心理和生理等方面

---

[1] Young, K. S., "What Makes On-Line Usage Stimulating: Potential Explanations for Pathological Internet Use", *The 105th Annual Convention of the American Psychological Association*, Chicago, 1997.

[2] Young, K. S., et al., "Online Infidelity: A New Dimension in Couple Relationships with Implications for Evaluation and Treatment", *Sexual Addiction & Compulsivity*, Vol. 7, No. 1-2, 2000, pp. 59-74.

[3] Cooper, A. L., "Sexuality and the Internet: Surfing into the New Millennium", *Cyber Psychology and Behavior*, Vol. 1, No. 2, 1998, pp. 187-193.

[4] Cooper, A. L., et al., "Online Sexual Compulsivity: Getting Tangled in The Net", *Sexual Addiction & Compulsivity*, Vol. 6, No. 2, 1999, pp. 79-104.

[5] Davis, R. A., "A Cognitive-Behavior Modal of Pathological Internet Use", *Computers in Human Behavior*, Vol. 17, No. 2, 2001, pp. 187-195.

[6] Grohol, J. M., "Internet Addiction Disorder", December 1, 1999, https://www.meta-religion.com/Psychiatry/Disorders/internet_addiction_disorder.htm.

因素的影响，提出了"社会—心理—生理"整合模型来解释网络成瘾。①②

综合现有的研究发现，基于心理学视角的研究主要基于易感人格素质模型展开，大量研究详细地勾勒出了哪种类型的用户更可能出现哪种依赖行为的图谱，但却存在着"个体行动主义"的局限，最终未能给出具有解释力的分析。③④ 现代心理学需要满足理论或许能够为解开数字媒体技术依赖之谜提供更为基础的指导。已有研究表明人的饥饿本身就是一种先天依赖，其遵循"匮乏—依赖"的循环，人类日后的依赖都是这种依赖模式的延伸。戴维·考特莱特在《上瘾五百年：瘾品与现代世界的形成》中指出，瘾品盛行的现代世界是一个"饥渴心灵取代了饥饿肚皮的世界"。⑤ 美国芝加哥大学神经科学家约翰·卡乔波（John Cacioppo）等提出的"再交往动机"认为作为社会性动物的人类具有人际交往需要，交往需要无法得到满足会使人感到缺乏安全和孤独，由此产生的痛苦体验驱使人们想法修复或重新建立新的社会关系。⑥⑦ 这种需要满足阻滞后寻求再满足的现象不只在人际交往方面存在，而且符合人类需要的所有方面。根据替代性满足理论、驱力消退理论、动机产生理论和"需要—压力"人格理论，可对基本需要再满足过程分析如下：人作为社会性动物，因进化遗传而内在地具有各种原始的基本需要，这种以快乐为原则的需要受制于个体所处文化制度、物质条件和个性差异等方面的影响而基于现实性原则转化为某种形式的动

---

① 刘树娟、张智君：《网络成瘾的社会—心理—生理模型及研究展望》，《应用心理学》2004 年第 2 期。
② 杨波、秦启文：《成瘾的生物心理社会模型》，《心理科学》2005 年第 1 期。
③ Kuss, D. J., Griffiths, M. D., "Online Social Networking and Addiction—A Review of the Psychological Literature", *International Journal of Environmental Research and Public Health*, Vol. 8, No. 9, 2011, pp. 3528 - 3552.
④ 田林楠：《视觉快感与狂欢体验：社交网络成瘾的社会学探索》，《天府新论》2016 年第 4 期。
⑤ 戴维·考特莱特：《上瘾五百年：瘾品与现代世界的形成》，薛绚译，上海人民出版社 2005 年版。
⑥ Qualter, P., et al., "Loneliness Across the Life Span", *Perspectives on Psychological Science*, Vol. 10, No. 2, 2015, pp. 250 - 264.
⑦ Cacioppo, S., et al., "Loneliness: Clinical Import and Interventions", *Perspectives on Psychological Science*, Vol. 10, No. 1, 2015, pp. 238 - 249.

机,动机作为一种现实驱力激发个体采取实际行为以满足需要,如果现实条件允许个体行为完成则需要得到满足,个体处于内在平衡的心理健康状态,如果需要满足受到阻滞或没有充分满足则会再次寻求满足或尝试寻求替代性满足途径,如图6-1所示。

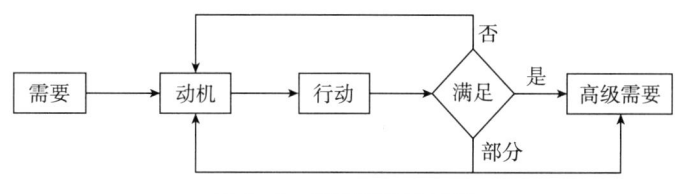

```
需要 → 动机 → 行动 → 满足 ─否→ 高级需要
  ↑_____|   |是
        |_____部分___|
```

图6-1 需要再满足过程

二 传播学视野中的手机等数字媒体技术依赖

传播学是最早对媒介技术依赖展开研究的学科。传播学的经验学派、批判学派和媒介生态学派均对媒介技术依赖相关问题有不同形式的讨论。其中经验学派的媒介使用与满足理论、媒介生态学派的技术依赖理论的影响最为深远。[①] 早期相关研究主要由以美国学者为主的经验学派主导,重点关注传播效果。在"魔弹论"占据主流意见很长一段时间后,20世纪40年代,保罗·拉扎斯菲尔德(P. F. Lazarsfeld)在对美国大选中既有政治倾向指数(IPP)的研究中发现,受众在接触大众媒介传播的信息时并非不加选择,而是根据既有立场和态度选择冲突性较小的内容加以接触,并提出了"选择性接触假说"。他的学生伊莱休·卡茨(E. Katz)进一步提出传播学不应只关注"媒体对人们做了什么",还应该研究"人们对媒体做了什么"。[②] 在与布鲁姆勒(J. G. Blumler)、斯旺森(D. L. Swanson)等的共同努力下提出了媒介使用与满足理论(Uses and Gratifications Theory,UGT)。[③] 主要观点是:

---

① 魏少华:《伊尼斯媒介论与传播学三大流派的学术渊源》,《社会科学家》2013年第3期。

② Katz, E., "Mass Communications Research and the Study of Popular Culture: An Editorial Note on a Possible Future for This Journal", *Studies in Public Communication*, Vol. 2, 1959, pp. 1-6.

③ Blumler, J. G., "The Role of Theory in Uses and Gratifications Studies", *Communication Research*, Vol. 6, No. 1, 1979, pp. 9-36.

社会和心理起源引起需求，需求激发人们对大众媒介的期望，期望造成不同类型的媒介接触，最终导致需求的满足和其他非期望性结果。① UGT 强调个体在传播过程中的主动性，认为个体使用媒介的行为是基于个体需求和愿望的能动性行为。② 该理论起初是在研究用户对报纸、广播、电视频道选择方面产生的，以后广泛应用于互联网、智能手机依赖等个体层面的研究。③

媒介生态学派主要以北美研究者为主，以加拿大多伦多学派和美国纽约学派为代表。对将"Media Ecology"翻译为"媒介环境学""媒介生态学"还是"媒介决定论"依然存在巨大争议，但波兹曼提出的"媒介生态学是将媒介作为环境的研究"的纲领为大家普遍接受。媒介生态论经历了哈罗德·伊尼斯（H. Innis）的媒介时空论、马歇尔·麦克卢汉（M. McLuhan）的媒介人体论、欧文·戈夫曼（E. Goffman）的媒介场所论和纽约学派波兹曼的媒介环境论、保罗·莱文森（P. Levinson）的媒介进化论和媒介系统依赖论等。④ 媒介系统依赖（Media System Dependency，MSD）理论是美国学者桑德拉·鲍尔-洛基奇（Sandra Ball-Rokeach）和德弗勒（Melvin DeFleur）在发展 UGT 的理论基础上提出的⑤，从宏观视角研究媒体系统对整个社会的影响，并从个人影响向社会影响转换的视角将微观分析和宏观分析结合。个人越依赖于使用媒体满足需求，媒介对个人的影响也就越大；当越来越多的人依赖媒介的时候，媒介对整个社会的影响力就随之增强，整个社会系统运行也越来越依赖媒介系统。媒介化了的社会系统又反过来影响媒介对个人的影响，社会层面的媒介依赖和个人层面的媒介依赖相互转化

---

① Katz, E., et al., "Utilization of Mass Communication by the Individual", in Blumer, J. G., Katz, E., eds. *The Uses of Mass Communications: Current Perspectives on Gratifications Research*, Beverly Hills: Sage Publications, 1974, pp. 19–31.

② Katz, E., et al., "Uses and Gratifications Research", *The Public Opinion Quarterly*, Vol. 37, No. 4, 1973, pp. 509–523.

③ Ruggiero, T. E., "Uses and Gratifications Theory in the 21st Century", *Mass Communication and Society*, Vol. 3, No. 1, 2000, pp. 3–37.

④ 邵培仁、廖卫民：《思想·理论·趋势：对北美媒介生态学研究的一种历史考察》，《浙江大学学报》（人文社会科学版）2008 年第 3 期。

⑤ 龚新琼：《关系·冲突·整合——理解媒介依赖理论的三个维度》，《当代传播》2011 年第 6 期。

滚动前行。①②③ 2008年约翰逊（G. M. Johnson）和帕普兰谱（P. Puplampu）在布朗芬布伦纳（U. Bronfenbrenner）的个体发展生态系统层次模型的基础上提出生态技术子系统（The Ecological Techno - Subsystem）模型用于解释互联网对儿童发展的影响④⑤，如图6-2所示。

图6-2 生态技术子系统

资料来源：Johnson 和 Puplampu（2008）。

---

① Ball - Rokeach, S. J., Defleur, M. L., "A Dependency Model of Mass Media Effects", *Communication Research*, Vol. 3, No. 1, 1976, pp. 3-21.

② Ball - Rokeach, S. J., "The Origins of Individual Media System Dependency: A Sociological Framework", *Communication Research*, Vol. 12, No. 4, 1985, pp. 485-510.

③ Ball - Rokeach, S. J., "A Theory of Media Power and a Theory of Media Use: Different Stories, Questions, and Ways of Thinking", *Mass Communication & Society*, Vol. 1, No. 1-2, 1998, pp. 5-40.

④ Bronfenbrenner, U., *The Ecology of Human Development: Experiments by Nature and Design*, Cambridge MA: Harvard University Press, 1979.

⑤ Johnson, G. M., Puplampu, P., "A Conceptual Framework for Understanding the Effect of the Internet on Child Development: The Ecological Techno - Subsystem", *Canadian Journal of Learning and Technology*, No. 34, pp. 19-28.

该模型在"儿童个体"和"微观系统"之间增加了"技术子系统"（Techno – Subsystem），用来系统考察包括电脑、互联网、手机、电子书、电视、随身听等在内的电子媒体对儿童发展的影响。这是目前基于媒介技术生态学视角提出的最为前沿理论，为从传播学视角讨论媒介技术依赖提供了重要参考。①②

三 社会学视野中的手机等数字媒体技术依赖

社会学家埃米尔·迪尔凯姆（Emile Durkheim）（即涂尔干）认为社会实事具有外在性、客观性和强制性，对特定社会现象的解释要基于社会实事展开。③④ 媒介技术依赖日益成为一种普遍存在的社会现象，只有基于当前社会实事才能开展深入的分析。社会形态、社会结构和社会实事三者密切相关。迪尔凯姆将社会形态划分为组织简单社会和组织复杂社会两种。20世纪80年代未来学家阿尔文·托夫勒提出的浪潮理论，将人类社会心态划分为渔猎社会、农业社会、工业社会和信息社会。⑤ 2016年日本在公布的《第五期科学技术基本计划》认为信息社会后期人类将进入超级智能社会（Society 5.0）。⑥ 在人类社会形态进化的现代化进程中，理性化、工业化和虚拟化等特征合力形塑的社会实事，对当前人类的生存状况产生了根本性影响。理性化导致了人存在的价值和意义没有了本体论的支撑和先验论的承认，使现代人陷入虚无和无聊的存在性体验之中。⑦⑧ 工业化意味着社会生产分工的细化，这对

---

① Johnson, G. M. , Johnson, J. A. , "Internet Use and Cognitive Development during Childhood: The Ecological Techno – subsystem", in Nunes M. B. , Isaías P. , Powell P. , eds. , *Proceedings of the IADIS International Conference* , *Information Systems* , Algarve, Portugal: IADIS, 2008, pp. 167 – 173.

② Johnson, G. M. , "Internet Use and Child Development: The Techno – Microsystem", *Australian Journal of Educational and Developmental Psychology* , Vol. 10, 2010, pp. 32 – 43.

③ 迪尔凯姆：《社会学与哲学》，梁栋译，上海人民出版社2002年版，第34—38页。

④ 吴辉：《迪尔凯姆社会事实论研究——基于唯物史观及其思想史视野的考察》，博士学位论文，复旦大学，2011年。

⑤ ［美］阿尔文·托夫勒：《第三次浪潮》，中信出版社2006年版。

⑥ 李慧敏：《日本〈科学技术创新综合战略2017〉重点任务分析：打造超级智能社会》，《光明日报》2017年8月9日第14版。

⑦ 田林楠：《视觉快感与狂欢体验：社交网络成瘾的社会学探索》，《天府新论》2016年第4期。

⑧ 王泽应：《祛魅的意义与危机——马克斯·韦伯祛魅观及其影响探论》，《湖南社会科学》2009年第4期。

现代人类本质产生了深远的影响。正如马克思对资本主义生产方式下劳动异化的批判："机器劳动（技术的应用）极度地损害了神经系统，同时它又压抑肌肉的多方面运动，侵吞身体和精神上的一切自由活动。"①工业化给人类及人性带来的病态，异化导致了社会的非人道化发展。虚拟化意味着每个人可以"数字公民"的身份进入一个匿名、平等的"数字孪生"空间经验自己的"第二人生"，但虚拟世界并未成为哈贝马斯意义上进行理性协商的"公共领域"，反而成为极化情感的"加速器"和"减压阀"。②③④网络互动中身体的离场性、行动的脱域性和互动的异步性使个体可以暂时摆脱现实角色束缚、文化环境和情境压力，致使网络虚拟空间成了当代人的"狂欢广场"。⑤媒介在满足人的需求的同时，也总是在某些方面违背人的本性或者说诱惑了人本性中劣根性的张扬。⑥可见，现代化进程中的理性化特征使得工具理性取代价值理性，让现代人缺少了终极价值追求而陷入系统性空虚；工业化在极大满足人们物质需求的同时导致人的单向度发展；虚拟化解脱了现实世界桎梏的同时让人性中善与恶的部分放大。数字媒介技术成瘾从本质上来说就是精神空虚和了无情趣的现代人在前所未有的巨大诱惑和毫无限制的行动空间中的自我展现。

四 设计学视野中的手机等数字媒体技术依赖

设计学领域主要基于心理学、人体功效学等相关理论，主动设计能够让用户产生习惯性使用行为的产品，相关研究已经应用于游戏设计、产品设计、课程开发等方面。目前相关研究主要集中在基于技术接受模

---

① 《马克思恩格斯选集》（第23卷），人民出版社1982年版，第464—548页。
② Chmiel, A., et al., "Collective Emotions Online and Their Influence on Community Life", Vol. 6, No. 7, 2011, pp. 1–8, https://doi.org/10.1371/journal.pone.0022207.
③ Herold, D. K., "Introduction: Noise, Spectacle, Politics: Carnival in Chinese Cyberspace", in Herold, D. K., Marolt, P., eds., *Online Society in China: Creating, Celebrating, and Instrumentalizing the Online Carnival*, London and New York: Routledge, 2011, p. 10.
④ 潘霁、刘晖：《公共空间还是减压阀？"北大雕像戴口罩"微博讨论中的归因、冲突与情感表达》，《国际新闻界》2014年第11期。
⑤ 田林楠：《视觉快感与狂欢体验：社交网络成瘾的社会学探索》，《天府新论》2016年第4期。
⑥ 郑燕：《人是媒介的尺度——保罗·莱文森媒介思想研究》，博士学位论文，山东大学，2014年。

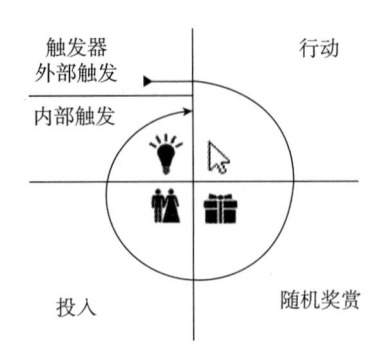

触发器
外部触发
内部触发
行动
投入
随机奖赏

图 6-3 圈套模型

资料来源：Nir Eyal（2001）。

型的产品接受度、满意度研究，基于心流理论、成瘾过程理论的产品设计等方面。技术接受模型（Technology Acceptance Model，TAM）是戴维斯（F. D. Davis）1989 年根据理性行为理论提出的，主要用于分析信息系统特征对用户使用态度、使用意向和使用行为的影响机制，其中感知有用性、感知易用性是信息系统特征的两个决定性因素。戴维斯及相关研究者在 TAM 模型基础上进行了进一步的探索，以它为原型提出了许多修订或改进的模型变种，如 TAM2、UTAUT 等。[①] 这些模型被广泛应用于产品接受度和满意度相关研究，反过来又指导产品设计以提升用户体验，进而增强产品的使用黏性。除了基于 TAM 相关理论被动式和经验式的完善产品设计外，产品设计者还经常基于心理学相关理论优化产品设计以提升用户对产品的使用体验，其中心流理论是被广泛采用的理论。心流（Flow）理论是由美国心理学家米哈里·齐克森米哈里（Mihaly Csikszentmihalyi）提出的，认为当个体全身心投入某项具有较高挑战和高技能要求的活动时，会获得完全沉浸式的参与感觉，这就是心流（FLow）。齐克森米哈里认为这种感受类似于马斯洛提到的巅峰体验（Peak Experiences），即个体在活动过程中感受到一种纯粹的欢乐、着迷、忘我而与外部世界融为一体的超越体验。[②] 齐克森米哈里根据心流体验模型归纳出了心流体验的 9 个要素和有利于心流体验发生的 7 个

[①] 孙建军等：《TAM 模型研究进展——模型演化》，《情报科学》2007 年第 8 期。

[②] Maslow, A. H., *Religions, Values, and Peak Experiences*, New York：Penguin, 1996.

条件①②，这为游戏等产品设计提供了重要参考，成为众多网络游戏、教育游戏、产品包装、网络平台以及教学活动等设计的理论支撑③④⑤⑥。此外，还有一些产品设计理论则直接以用户对产品的依赖为追求展开研究。美国斯坦福说服实验室创始人福格（B. J. Fogg）开发的心理模型将触发、动机和能力三个因素结合起来。他的学生尼尔·埃亚尔（Nir Eyal）在《上钩：如何让用户对产品上瘾》（*Hooked: How to Build Habit - Forming Products*）一书中提出的习惯养成圈套模型包括触发器（Trigger）、行动（Action）、奖赏（Reward）和投入（Investment）四大要素，触发器就是用户行为的驱动器，分为个人情感、需要等内部触发器和产品的提示、弹出窗口等外部触发器，内外部触发器相互匹配诱导用户初始使用行为；简单易用的产品即便在用户低动机的情况下也会让用户持续使用；使用过程中无限可变的随机奖赏培育长期使用习惯；精力、情感等相关投入和据此形成的数据、关系等数字资产增强黏性。⑦ 我国学者程志良则在《成瘾：如何设计让人上瘾的产品、品牌和观念》中从产品设计视角分析了成瘾的可能原因以及对产品设计的影响，认为想象、情感、连接是驱动用户对品牌成瘾的三大关键要素。⑧ 数字媒介产品的设计从一开始就根据成瘾心理模型，使得人们在随处可得的巨大诱惑面前变得欲罢不能。

五 生物学视野中的手机等数字媒体技术依赖

进化心理学和生理学认为，人类的所有依赖行为都是原始饥饿

---

① Nakamura, J., Csikszentmihalyi, M., "The Concept of Flow", in Snyder, C., Lopez, S., eds., *Handbook of Positive Psychology*, New York: University Press, 2002, pp. 89 – 105.
② 邓鹏：《心流：体验生命的潜能和乐趣》，《远程教育杂志》2006 年第 3 期。
③ 王辞晓等：《基于虚拟现实和增强现实的教育游戏应用及发展前景》，《中国电化教育》2017 年第 8 期。
④ 王永固等：《基于心流理论的教育游戏设计框架要素研究——以特殊儿童言语学习游戏为案例》，《远程教育杂志》2014 年第 3 期。
⑤ 乔红月：《基于心流理论的移动 MOOC 平台体验奖赏系统设计研究》，硕士学位论文，江南大学，2018 年。
⑥ 邓卫斌等：《基于心流理论的娱乐产品创新设计》，《包装工程》2018 年第 6 期。
⑦ ［美］尼尔·埃亚尔、瑞安·胡佛：《上瘾：让用户养成使用习惯的四大产品逻辑》，钟莉婷译，中信出版社 2017 年版。
⑧ 程志良：《成瘾：如何设计让人上瘾的产品、品牌和观念》，机械工业出版社 2017 年版。

"匮乏—依赖"模式的延伸;人类在自然状态下就更加关注动态和变化的事物以便于更好地获取食物和发现危险;遗传基因相关证据表明,4万年前的尼安德特人携带的 DRD4-7R 基因使其比早期原始人更加爱冒险、追求新奇、寻求感官刺激,该基因变体 DRD4-4R 至今仍存在10%的人身上,这些人更为蛮勇且成为成瘾者的概率更高。①② 现代神经生理学则将互联网、智能手机等媒介技术依赖的成瘾放到大脑神经机制层面。目前的研究涉及媒介技术依赖的脑神经机制、体内生化物质平衡机制和遗传基因机制等方面。脑神经机制相关研究主要聚焦于媒介技术成瘾的大脑功能区定位、脑电差异比较、脑功能状态比较等方面,具体包括:①通过自发脑电(EEG)技术定位媒介技术成瘾相关的脑区,已有研究表明网络成瘾者 EEG 指标在大脑额部、顶部和枕部有显著差异;②基于事件相关电位(ERP)技术比较成瘾者与非成瘾者心理活动过程中的脑电变化,已有研究发现成瘾者的脑电复杂性低、思维迟钝;③基于心律变异性(HRV)技术比较自主神经功能,研究发现媒介使用行为激活并协调交感神经和副交感神经活动,使成瘾者获得快感,但重复性的行为影响了正常状态下的自主神经活动协调,导致成瘾中停止依赖活动时因逃避负面情绪而产生上网欲望③④;④基于血氧水平依赖功能磁共振成像(BOLD-fMRI)技术分析网络成瘾者静息状态下的脑功能区形态及其功能,研究表明成瘾者的脑区形态和功能存在异常,导致认知功能受损而因此成瘾。体内生化物质平衡相关研究证实体内的多巴胺(Dopamine, DA)、γ-氨基丁酸等神经递质失衡与网络成瘾密切相关。可见,认知神经科学研究发现人脑中存在由前额叶、伏核、杏仁核等大脑功能区参与的用来调控使人产生快感、兴奋与记忆的复杂神经环路——奖赏系统,它是引发并维持成瘾行为的核心脑功能系统,其中

---

① [美]亚当·奥尔特:《欲罢不能:刷屏时代如何摆脱行为上瘾》,闫佳译,机械工业出版社2018年版。
② Zietsch, B. P., "Genetics and Environmental Influences on Risky Sexual Behavior and Its Relationship with Personality", *Behavioral Genetics*, Vol. 2010, No. 1, 2010, pp. 12-21.
③ 曹枫林:《青少年网络成瘾的心理机制、脑功能影像学及团体心理干预研究》,博士学位论文,中南大学,2007年。
④ 张逸芬:《网络游戏成瘾的认知神经机制:来自与网络游戏娱乐使用者对比的证据》,硕士学位论文,浙江师范大学,2016年。

多巴胺是主要的神经递质。① 媒介技术呈现的外部新异刺激会诱导多巴胺递质释放并激活奖赏系统，从而使用户大脑神经中枢系统保持兴奋进而改变交感神经的兴奋性，多巴胺等兴奋性递质的去抑制使人不断延长使用时间或重复使用，在重复体验到兴奋的过程中脑部神经元突触结构发生改变并构成记忆通路，媒介使用行为停止后奖赏系统和记忆通路共同呼唤用户再次上网，成瘾的神经机制形成。②③④⑤⑥

六　技术哲学视野中的手机等数字媒体技术依赖

数字媒体技术依赖的心理学、传播学、社会学、设计学和生物学解释走到深处都进入了技术哲学的视角。媒介技术依赖从根本上来说是伊德所说一个有关"人—技术—世界"关系的问题⑦，以人为基点向外和向内看，可以分别看到人类生存环境和人性特点的本质性变化。

"人—技术—世界"问题以人为中心向外看，看到的是"人→（技术/世界）"关系，即我们生存在技术化的环境中。技术哲学的创始人卡普在1977年早就提出了"器官投影说"，将技术视为人的器官及其功能的投影和延伸，后来麦克卢汉的"媒体即人体的延伸"也是基于此提出。刘易斯·芒福德（Lewis Mumford）则认为："我们的时代正在由一种不得不借助工具和武器的发明去实现对自然的支配的人类的原始状态，转变为一种完全不同的新的人类境况。在这种新的境况下，人类不仅已经完全控制了自然，而且也把自己从有机的栖息地彻底分离开

---

① 杨玲等：《物质成瘾人群金钱奖赏加工的异常机制及可恢复性》，《心理科学进展》2015年第9期。
② 李琦等：《网络成瘾者奖赏系统和认知控制系统的神经机制》，《生物化学与生物物理进展》2015年第1期。
③ 刘慧婷等：《网络成瘾的生物学机制研究与展望》，《现代生物医学进展》2016年第5期。
④ 喻大华等：《网络成瘾影像学研究进展》，《中国临床心理学杂志》2016年第3期。
⑤ 黄敏：《应用fMRI探索网络游戏成瘾青少年脑内相关奖赏系统的研究》，硕士学位论文，安徽医科大学，2011年。
⑥ 刘思义：《网络使用成瘾者认知神经机制研究综述》，《中小学心理健康教育》2018年第1期。
⑦ ［美］唐·伊德：《技术与生活世界——从伊甸园到尘世》，韩连庆译，北京大学出版社2012年版。

了①"。法国技术哲学家雅克·埃吕尔（Jacques Ellul）将技术视为人与自然之间的中介，中介不断发展、演化和结合后形成了技术系统，成为人与自然打交道的直接空间。这种"人→（技术/世界）"关系，正是美国当代技术哲学家唐·伊德（Don Ihde）提出的人与技术的"背景关系"，技术和原始自然环境结合后已经形成了新的技术化生态圈，成为现代人类生活的"背景"，人类寓居其中，其思维方式和行为方式不可避免地受其影响，整个人类依赖于这个"背景"（技术生态圈）存在。

"人—技术—世界"问题以人为中心向内看，看到的是"（人/技术）→世界"关系，这种关系即伊德提出的"具身关系"，人类和技术合一成为技术化的人存在于当世。②③ 当代法国著名技术哲学家贝尔纳·斯蒂格勒（Bernard Stiegler）则将人和技术的关系说得更彻底，他认为与各种动物的天赋"性能"存在于自身之内不同的是，人类因其"缺陷"创造形成的"代具"则存在于自身之外，这也意味着人和技术相互"存在"于各自之中，人最终是以"人—技术（代具）"的方式存在。斯蒂格勒的"人性结构"理论让我们认识到人从其本质来说是一种代具性存在。④⑤ 唐娜·哈拉维（D. J. Haraway）则将对人与技术关系的认识凝聚在了对"赛博格"（Cyborg）的讨论中，它就是"一种机器和生物体的混合体，是社会现实的产物，同时也就是虚构的创造物"。⑥"赛博格"不仅是给人体戴上眼镜或安装义肢甚至人造内部器官，更是人通过脑机接口等现代信息技术突破原有自身

---

① Mumford, L., "Technics and the Nature of Man", in Mitcham, C., et al., eds., *Philosophy and Technology*, The Free Press, 1983.
② ［美］唐·伊德：《技术与生活世界——从伊甸园到尘世》，韩连庆译，北京大学出版社2012年版。
③ 叶晓玲、李艺：《论教育中技术的生存历程及其发展指向——基于人技关系的分析与刻画》，《电化教育研究》2017年第2期。
④ 陈明宽：《外在化的技术物体与技术物体的个性化——论斯蒂格勒技术哲学的内在张力》，《科学技术哲学研究》2018年第3期。
⑤ 杨彦军等：《基于"人性结构"理论的AI助教系统模型研究》，《电化教育研究》2019年第11期。
⑥ Haraway, D. J., *Cyborgs and Women: The Reinvention of Nature*, New York: Routledge, 1991.

力量、记忆和思维等方面的限制，是"机器化的人"。后人类时代的人以"赛博格"的方式存在，"（人/技术）→世界"关系展现在人们面前。"人—技术—世界"问题向内和向外结合看，形成了"（人/技术）→（技术/世界）"的存在方式，即人类通过对自身的改造将自己变成机器化的人——"赛博格"，通过对外部世界的改造将其生存空间变成技术化的环境——"技术生态圈"，人是技术生态圈内存在的赛博格。

第二节　青少年手机媒体依赖成因的多学科整合视角阐释

通过前面的分析发现，手机等数字媒体技术依赖作为一种普遍存在的社会现象，其成因从不同的学科视角出发有不同的解释。心理学视野中看到的数字媒体技术依赖是人的非适应性认知行为和需要再满足，传播学视野看到的数字媒体技术依赖是媒体使用与满足和媒介技术系统依赖，社会学视野看到的数字媒体技术依赖是现代化进程中人异化的后果，设计学视野中看到的数字媒体技术依赖是心流体验与依赖圈套模型，生物学视野看到的数字媒体技术依赖是脑内多巴胺奖赏系统和记忆通路的呼唤，技术哲学视野看到的数字媒体技术依赖是技术生态圈和赛博格。对于这个问题的认识正如盲人摸象一般都对但又不全对。手机等数字媒体技术依赖的成因到底是什么？

一　青少年手机媒体依赖的"技术演化生态圈"解释模型

基于不同学科视野的解释虽然存在差异，但综合各学科的最新研究成果及研究进展来看，对数字媒体技术依赖的研究趋向采取更加动态和整体的视角，分别从宏观和微观方面走向深入。心理学研究的"社会—心理—生理"模型就是整体性解释的尝试；生态技术子系统理论、"赛博格"等理论则从宏观的视角进行深入分析；需求再满足、成瘾圈套理论则从中观视角展开了分析；心流理论、大脑奖赏系统和神经记忆通道则从更加微观视角解释了依赖的成瘾；社会学视角则从人类社会发展的动态视角展开分析。基于以上认识，本书在参考布朗芬布伦纳的个体发展生态系统层次模型①和生态技术子系统模型的基础上，尝试建构一种基于生态学和技术人类学的动态化整体性解释框架"技术演化生态模型"，如图6-4所示。模式试图从人类社会形态演变的动态视角解释现代人类的生存环境及人性特点，然后从宏观视角解释人类社会和数字媒体系统的关系，接着从中观层面聚焦个体分析数字媒介依赖的个体差异，最后从微观视角解释数字媒体技术依赖的神经科学机制。动态视角解释人类发展社会形态，类似于布朗芬布伦纳模型中的时间系统（Chronosytem）。宏观视角解释当代人类所处的宏观环境，类似于布朗芬布伦纳所指的宏系统（Macrosystem）、外系统（Exosystem）和间系统（Mesosystem），包括人工自然环境、衣食住行、伦理道德、法律制度、艺术文化、房屋建筑、交通系统、通信系统以及其他基础技术。中观视角解释影响个体媒介技术选用的中观系统，类似于布朗芬布伦纳所指的微系统（Microsystem）和约翰逊、帕普兰谱所指的科技子系统（Techno-Subsystem），包括直接和个人打交道的交通工具、计算机、电视、手机、

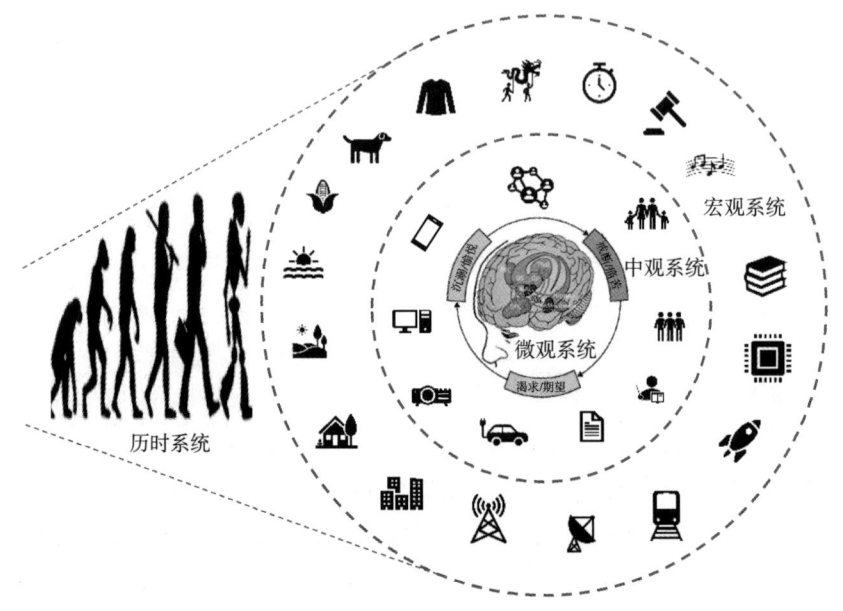

图6-4 媒介技术依赖的"技术演化生态模型"

---

① Bronfenbrenner, U., *The Ecology of Human Development: Experiments by Nature and Design*, Cambridge MA: Harvard University Press, 1979.

第六章 青少年手机媒体依赖的多学科整合性阐释

网络、文字、多媒体以及各种人际关系等。微观视角则深入人脑微观系统探查数字媒体技术依赖的神经机制。

二 青少年手机媒体依赖的整合性阐释

(一) 历时视角：现代化进程中人类需求的阻断

根据技术社会形态理论，人类社会已经走过了渔猎社会、农耕社会、工业社会和信息社会，目前正在步入以人工智能为核心的"超智能社会"或"社会5.0"。[①] 人类文明发展的过程是整个人类由"生物人"走向"社会人"的社会化过程，也是人类的"动物性"原始冲动被逐步压制的过程。因此，在弗洛伊德看来，"性"的压抑是人类为文明所不得不付出的代价，此处的"性"是非常广义的，是人类全部本能活动的内驱力，包括生的本能（代表生存和爱）和死的本能（代表死亡和破坏）两大类。此外，现代化进程中的理性化、工业化、城市化、虚拟化和智能化对人类精神和心理造成了巨大而深远的影响。理性化就是马克斯·韦伯（Max Weber）说的"世界的祛魅"过程，人类经历了宗教改革、文艺复兴、启蒙运动和科学革命后，随着"神"被打倒和人类中心主义的确定，人类原有的目的论宇宙观被彻底摧毁，人存在的价值和意义没有本体论支撑和价值理性指引，使整个现代人陷入了系统性虚无和无聊。[②③] 城市化意味着更多的农业人口离开原有的以血缘关系为核心的熟人社区（乡村社区）进入以契约关系为核心的陌生人社区（城市社区），原有的制约人们行为规范的乡约民俗、伦理道德影响力逐渐下降。与此同时，人际关系变得逐渐疏远而没有安全感，人类原有的情感需求越来越受到压抑。城市化"使人和人之间除了赤裸裸的利害关系，除了冷酷无情的'现金交易'，就再也没有任何别的关系了"。[④] 正如雪莉·特克尔（Sherry Turkle）在她的《群体性孤独》所分析的，当代人既渴望亲密关系，又缺乏安全感，因此试图借助网络

[①] 周利敏、钟海欣：《社会5.0、超智能社会及未来图景》，《社会科学研究》2019年第6期。

[②] 田林楠：《视觉快感与狂欢体验：社交网络成瘾的社会学探索》，《天府新论》2016年第4期。

[③] 王泽应：《祛魅的意义与危机——马克斯·韦伯祛魅观及其影响探论》，《湖南社会科学》2009年第4期。

[④] 《马克思恩格斯文集》（第2卷），人民出版社2009年版，第33—36页。

世界来取得平衡,导致整个人类陷入了群体性孤独。① 近年来,随着物理网、大数据、人工智能等新型技术的发展,智能化越来越成为人类社会的显性特征,智能化意味着机器不但可以从事原来只有人类可开展的工作,而且可以干一些人类无法干的工作(如暗知识发现等)……智能化发展到最后,大部分人会不会真的变成尤瓦尔·赫拉利在《未来简史》中所说的"无用阶级"?② 或者整个人类将被人工智能控制或消灭?这正在引起当今人们的巨大担忧和焦虑。可以说,人类社会化过程中原始需求的压抑、理性化造成的集体空虚、工业化造成的人的单向度发展、城市化造成的群体性孤独和智能化造成的集体性焦虑,都让生活在现代社会的人类试图寻找释放的空间。网络虚拟空间最终成为当代人的"狂欢广场",人性中善与恶的部分都被张扬。

(二)宏观视角:技术生态圈中生存的赛博格

随着超智能社会的到来,现代信息技术越来越在人类生活中扮演重要角色,作为与人类直接照面的数字媒介技术更是对人类生活产生直接影响,融媒体、互联网、智能手机、5G通信和人工智能等的出现,重构了人类的生存空间,形成了虚实融合的技术化生存空间。埃吕尔提出的技术系统、阿尔伯特·伯格曼(A. Borgmann)提出的"装置范式"、伊德提出的人与技术的"背景关系"、约翰逊(G. M. Johnson)等提出的生态技术子系统以及杨彦军等提出的"技术场域"③,都是对现代信息技术构建的技术化生存空间——技术生态圈的深入思考。技术生态圈中的数字媒介技术以"场"的形式存在于我们周围,我们的思维和行动方式已被彻底改变而不自知。在人类的生存环境被重构的同时,人类自身也在发生着根本性变化,"赛博格"就是对超智能社会人类存在方式的大胆设想,它预示着现代信息技术对人类自然身体向内和向外两个方向更为彻底的改造,脑机接口、基因编辑等向内改造技术和人工智能、虚拟现实等向外改造技术的结合,"人"和"自然"实现彻底融合,原有的主—客分离的二元结构被打破,这也正是哈拉维提出"赛

---

① 雪莉·特克尔:《群体性孤独》,周逵等译,浙江人民出版社2014年版。
② 尤瓦尔·赫拉利:《未来简史》,林俊宏译,中信出版社2017年版。
③ 杨彦军:《信息时代重新思考在职教师专业学习——ICT赋能的教师行动学习模式研究》,《电化教育研究》2015年第8期。

博格"的初衷。人类的认知方式也将由"具身认知"拓展为更广阔的"延展认知",西蒙斯的"联通主义"正是这个时代背景下的产物。未来的人类将在多大程度上走向"赛博格"依然未知,但当今的人类"机不离手"已成为生活常态,"人+手机"就是人类今天的"赛博格"存在状态。可见,人类的生存环境已经成为一个技术生态圈,人类自身已成为技术化了的"赛博格"。从这个意义上来说,整个人类对数字媒介技术的依赖已成必然。

（三）中观视角：欲罢不能的诱惑与多样化需要再满足

人类的所有行为都源于某种原始的动力。本能论认为这是在人类进化过程中形成并由遗传基因固定下来的生来就有的本能驱力。美国心理学家麦独孤（W. McDougall）指出人类有"好奇心"等18种本能。弗洛伊德（S. Freud）认为人有"生的本能"和"死亡本能"。默里·亨利（Murray, H.）将人的需要根据不同的标准分为原始需要和次级需要、外显需要和潜在需要、中心需要和发散需要等,并进一步将人的需要细分为抱负、物质需要、状态防御、权力、人际情感和信息交换5个领域27种基本需要。马斯洛（A. H. Maslow）提出了最终版需要层次理论,将人的需要分为8个层次[①②]：生理需要、安全需要、归属与爱的需要、自尊需求、求知需求、审美需求、自我实现需求和自我超越的需要。其中较低的前四层称为基本需求,较高的后四层称为成长需求[③]。此外,驱力理论认为行为动力源于生理需要引起的缺乏状态,赫尔（C. L. Hull）将驱力分为获取与保存、结合与归属、挑战与理解和定义与防御四种。唤醒理论和诱因理论更加关注环境刺激等外部诱因对人类行为的驱动。可见,人类作为社会性的动物,在长期进化的过程中发展出了非常多样化的原始需要,这些需要都有被满足的内在驱力。然而,人类的潜在需要转化为何种动机、是否能够满足又受到各种现实条件的制约,无法满足的需要永远不会消失,在条件许可的情况下会寻求满

---

① Maslow, A. H., *Motivation and Personality*, New York: Harper & Row, 1970.
② Maslow, A. H., *Motivation and Personality* (3rd ed), Delhi, India: Pearson Education, 1987.
③ McLeod, S. A., "Maslow's Hierarchy of Needs", May 21, 2018, http://www.mysocialclass.com/maslows-hierarchy-of-needs-.pdf.

足。现实生活无法得到满足的潜在需要、"祛魅"之后的系统性精神空虚、城市化之后的群体孤独和智能化后的集体焦虑,都在驱动人们寻找更加适应的环境获得满足、消遣、交往和放松。功能多样、资源丰富、交互性强的互联网、智能手机等数字媒介技术,共同营造了一个虚拟化的"第二人生",网络虚拟生活身体的离场性、身份的匿名性、交互的异步性、行动的脱域性、空间的私密性和行为成本的低廉性,使得人们现实生活中被压抑的需求有了再满足的条件,空虚的精神世界有了被填充的内容,疏远人际关系有了被弥补的手段,焦虑的情绪有了释放的空间。与此同时,基于成瘾原理设计的数字媒介产品操作更加傻瓜、界面更加友好、携带更加方便,加之随时弹出的各类提示(提示音、窗口、网络链接),随时诱惑人们打开、激活人们需求、唤醒人们行为。

(四)微观视角:神经适应性改变形成的成瘾记忆神经通道及恶性循环

在前面生物学视角的分析中发现,从遗传学的角度看,在10%左右的人身上存在的 DRD4-4R 基因让部分人更容易成瘾[1];认知神经科学的研究发现人类大脑中存在奖赏系统这个与成瘾行为密切相关的神经通路,成瘾行为会对成瘾者的神经系统产生实质影响形成成瘾记忆神经通道。此外,还有研究发现成瘾行为与执行控制系统和跨期决策系统密切相关,网络成瘾者受损的执行控制能力和增强的奖赏敏感性导致其跨期决策能力受损,使成瘾者只顾眼前利益,从而加强了奖励寻求行为,三者之间形成相互关联的恶性循环[2]。目前大量研究认为网络、游戏等媒介依赖技术成瘾作为行为成瘾的一类,它和物质成瘾具有类似的神经机制[3][4][5]。有关物质成瘾的研究发现人脑中不但存在奖赏系统,还存在

---

[1] Le Foll, B., et al., "Genetics of Dopamine Receptors and Drug Addiction: A Comprehensive Review", *Behavioural pharmacology*, Vol. 20, No. 1, 2019, pp. 1–17.

[2] 王星、陈壮飞:《网络游戏成瘾的认知功能和神经影像学研究进展》,《中国医学影像技术》2019年第7期。

[3] Todd, L., et al., "Neuroscience of Internet Pornography Addiction: A Review and Update", *Behavioral Sciences*, Vol. 5, No. 3, 2015, pp. 388–433.

[4] Brand, M., et al., "Prefrontal Control and Internet Addiction: A Theoretical Model and Review of Neuropsychological and Neuroimaging Findings", *Frontiers in Human Neuroscience*, Vol. 8, 2014, p. 375.

[5] Cerniglia, L., et al., "Internet Addiction in Adolescence: Neurobiological, Psychosocial and Clinical Issues", *Neuroscience & Biobehavioral Reviews*, Vol. 76, 2017, pp. 174–184.

反奖赏系统（Antireward System），它位于前脑基底的泛杏仁核区，包括纹端床核（BNST）、伏隔核壳（NAc）等部分，是负责成瘾戒断时负面情绪体验的中枢。当行为戒断时促肾上腺皮质激素释放素系统（CRF）通过调节神经内分泌而使个体产生焦虑、恐惧等负面情绪体验。①可见，大脑的奖赏系统、反奖赏系统和控制系统等结合形成了行为成瘾的神经机制。乔治·库布（George F. Koob）等提出三阶段成瘾圈（Three Stages of the Addiction Cycle），将成瘾过程划分为三个重要阶段：渴求/期望（Preoccupation/Anticipation）—沉溺/愉悦（Binge/Intoxication）—戒断/痛苦（Withdrawal/Negative Affect）。成瘾早期的行为愉悦感形成正强化，奖赏系统和受损的控制系统结合形成冲动性控制障碍（Impulse Control Disorder），表现为行为发生之前不断增强的紧张感和被唤起感，而行为的实施将带来愉悦、满足及轻松感和释放感；行为停止（戒断）后的负面情绪形成负强化，反奖赏系统和受损的执行控制系统结合形成强迫性控制障碍（Compulsive Control Disorder），表现为不断重复某一行为之后，在该行为发生之前不断增加的焦虑和压力感，而行为的实施将使压力感得到缓解，正是由于这种焦虑和压力感的作用，迫使其不断重复该行为。冲动性行为和强迫性行为是成瘾行为的两个方面，会通过神经适应过程（分子层面释放的神经递质会引发神经元突触连接的变化进而形成神经通路）形成成瘾记忆神经通路，导致奖赏系统、反奖赏系统和执行控制受损进而陷入恶性循环。随着时间越来越长，奖赏效应越来越弱，而反奖赏效应越来越强，个体最终由冲动性行为变为强迫性行为，导致成瘾行为发生或复发。②③④

三 青少年手机媒体依赖的出路反思

手机等数字媒体技术依赖作为当前普遍存在的社会现象，其存在既有深刻的社会历史原因又有复杂的现实影响因素。随着人类进入信息社

---

① Koob, G. F., Lemoal, M., "Addiction and the Brain Antireward System", *Annual Review of Psychology*, Vol. 59, 2008, pp. 29 – 53.
② Koob, G. F., Le Moal, M., "Drug Abuse: Hedonic Homeostatic Dysregulation", *Science*, Vol. 278, No. 5335, 1997, pp. 52 – 58.
③ 罗涛、郝伟：《反奖赏系统与成瘾行为》，《中国药物依赖性杂志》2010年第4期。
④ Wise, R. A., Koob, G. F., "The Development and Maintenance of Drug Addiction", *Neuropsychopharmacol*, Vol. 39, 2014, pp. 254 – 262.

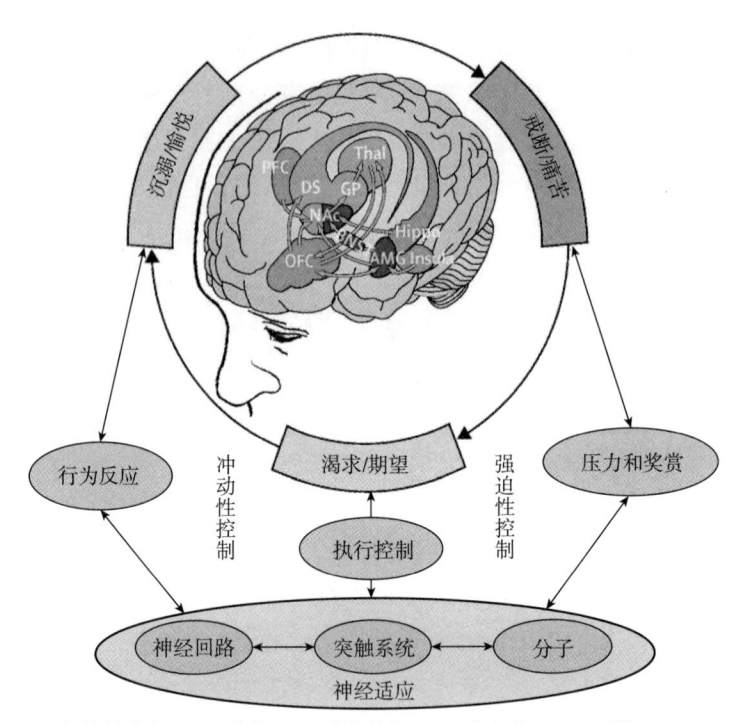

沉溺/愉悦阶段：NA=伏核　　DS=背纹状体　　GP=苍白球　　Thal=丘脑
戒断/痛苦阶段：AMG=杏仁核中央核　　BNST=纹端床核　　NAc=伏隔核壳
渴求/期望阶段：PFC=前额皮质　　OFC=眼窝前额皮质　　Hippo=海马体　　Insula=岛叶

图6-5　物质成瘾的脑神经机制

资料来源：Koob（2008）。

会和超智能社会，现代信息技术在人类生活中扮演越来越重要的角色，人以"赛博格"方式存在于"技术生态圈"之内，这既是人类文明进步的表现，也是当代社会不可选择的客观社会事实。因此，作为一种社会历史现象，人类社会对数字媒体技术依赖是必然结果。那么，人类命运是否就如同技术"实体论"者普遍持有的技术悲观主义论调，只能受制于技术系统的摆布而不能自主呢？关键在于我们如何看待"技术"和"人性"，如果我们深入挖掘德绍尔关于技术是一个"可能性空间"和芒福德关于人性"解释（或思维）"本质特征的认识，那么从整个人类社会发展进程看人本主义永远有广阔的前景。当然，在整个人类社会依赖于技术生态圈的大背景下，数字媒介技术对每个人发挥的作用又各不相同，它既有可能成为有些人涅槃的"烈焰"，也有可能成为有些人堕落的"泥潭"，差别的根本在于每个人的信仰、理想、价值观和精神状态。因此，作为一种个体心理现象，每个人对数字媒体技术依赖的方向和结果又是可塑的。总之，对数字媒体技术依赖现象要辩证地分析，既要看到它的必然也要看到它的偶然，关键的应对之道是要从人类人性和个体人格可塑的眼光发展性地坚持人文主义价值取向。在应对数字媒体技术依赖甚至成瘾问题中，要避免陷入"出现问题后用技术解决技术问题"的陷阱（如心理干预、药物治疗甚至神经刺激治疗），而应当通过信仰确立、价值引导、理想树立等预防性手段加强"人性"建设方面的工作。

第七章

青少年手机媒体依赖的干预策略研究

第一节 青少年数字媒体技术依赖干预策略研究

一 青少年数字媒体技术依赖干预研究现状

（一）网络依赖（或成瘾）干预研究

网络依赖（或成瘾）干预研究较早受到关注，目前已经取得较为丰富的研究成果，因此有必要对其做文献回顾。已有大量的元研究分析了网络成瘾的主要干预方法及其效果。例如，Yeun 等的元分析发现：社会心理干预对降低网络成瘾具有高效应；常用的干预策略包括艺术治疗、阅读治疗、认知行为治疗、赋能项目、团队咨询、整合性预防方案、动机性面谈、父母参与的咨询、现实疗法、自控训练等；其中，父母参与的咨询的效应值最大。[①] 邵云云等分析发现网络成瘾干预方法包括个体化常模反馈、运动处方干预、正念与内观相结合的积极心理疗法、电针结合心理康复疗法、脑电生物反馈治疗、营地综合干预和替代递减干预、催眠与认知行为疗法、团体辅导、电子健康干预法、心理干

[①] Yeun, Y. R., Han, S. J., "Effects of Psychosocial Interventions for School Aged Children's Internet Addiction, Self - Control and Self - Esteem: Meta - Analysis", *Healthcare Informatics Research*, Vol. 22, No. 3, 2016, pp. 217 – 230.

预治疗等。① 吴瑾等的元分析研究发现运动处方是干预青少年网络成瘾最优措施的可能性最高，其余依次是团体心理咨询、普通心理干预、认知行为疗法。② 郭佩文等的元分析研究发现体育运动对青少年网络成瘾具有显著干预作用，属于大效应且结果稳定。③

此外也有大量研究通过实验研究验证了团体辅导、认知行为疗法、视频干预等相关干预方法与技术的效果。④⑤ 例如，梁宁建等发现阈下评价性条件反射技术能够有效改变互联网成瘾者内隐网络态度。⑥ 杨容等发现行为疗法、认知疗法为主的心理疗法对中学生网络成瘾者的治疗有显著疗效。⑦ 杨国栋等发现药物干预加心理疏导治疗网络成瘾综合征具有显著效果。⑧ 詹来英、李荣琴证实内观认知疗法能够改善网瘾患者的负面情感，通过提高患者领悟社会支持和容纳他人的能力而对心理康复产生积极作用。⑨ 吕文卿、张伯华发现情志顺势团体辅导对大学生网络依赖有明显的干预效果。⑩ Turel 等研究发现视频干预（Video Interventions）对提升青少年减少网络使用的态度有积极作用。⑪ 方鸿志等研

---

① 邵云云等：《青少年网络成瘾成因结局及干预效果》，《中国学校卫生》2020 年第 2 期。
② 吴瑾等：《运动处方的相对有效性：4 种措施干预青少年网络成瘾的网状 Meta 分析》，《体育与科学》2019 年第 5 期。
③ 郭佩文等：《体育运动对青少年网络成瘾干预效果的 Meta 分析》，《第十一届全国体育科学大会论文摘要汇编》，中国体育科学学会，2019 年，第 5280—5281 页。
④ Young, K. S., "Cognitive Behavior Therapy with Internet Addicts: Treatment Outcomes and Implications", *Cyber Psychology and Behavior*, Vol. 10, No. 5, 2007, pp. 671–679.
⑤ Young, K. S., "Treatment Outcomes Using CBT – IA with Internet – Addicted Patients", *Journal of Behavioral Addictions*, Vol. 2, No. 4, 2013, pp. 209–215.
⑥ 梁宁建等：《互联网成瘾者内隐网络态度及其干预研究》，《心理科学》2004 年第 4 期。
⑦ 杨容等：《中学生网络成瘾症的综合干预》，《中国心理卫生杂志》2005 年第 7 期。
⑧ 杨国栋等：《药物干预加心理疏导治疗网络成瘾综合症 6 例报告》，《中国药物滥用防治杂志》2005 年第 1 期。
⑨ 詹来英、李荣琴：《内观认知疗法对网瘾患者心理康复的作用》，《护理学杂志》2009 年第 15 期。
⑩ 吕文卿、张伯华：《情志顺势团体辅导对大学生网络依赖的干预效果研究》，《中国健康心理学杂志》2012 年第 12 期。
⑪ Turel, O., et al., "Preventing Problematic Internet Use Through Video Based Interventions: A Theoretical Model and Empirical Test", *Behaviour & Information Technology*, Vol. 34, No. 4, 2015, pp. 349–362.

究发现 8 周（2 小时/次/周）的团体干预可以有效解决大学生网络成瘾问题，活动方案包括团体创建、积极认识自己、学会宽容、感恩、团队合作、希望与乐观、毅力和团体结束 8 个主题。① 曹枫林证实认知行为取向的团体心理治疗能显著改善网络成瘾青少年对网络的过度使用。②

近年来的大量研究开始将网络成瘾置于生物—心理—家庭—社会的生态系统视角展开研究并提出了系统化的综合干预方案。例如，中国科学院心理研究所高文斌等基于网络成瘾的"失补偿"假说探索了"系统补偿综合心理治疗法"对 38 人/家庭网络成瘾者的效果，研究发现其中 34 人的行为表现和自主神经功能有明显改善。③ 杨放如、郝伟对 52 例网络成瘾青少年进行为期 3 个月的以焦点解决短期疗法为主、家庭治疗为辅的心理社会综合干预，发现能显著减少网络成瘾者上网时间、改善其情绪和心理功能。④ 倪晓莉等在分析了大学生网络依赖行为多层面影响因素的基础上提出了网络依赖的心理—社会—家庭—学校多维系统干预模型。⑤ 李超民提出构建一个大学生网瘾"思想—心理—行为"三维运动发展的模型，采取预防为先、疏导帮教、依法治网、内外协作的综合干预模式。⑥ 沈健的研究发现家庭因素是影响青少年网络成瘾的主要因素，通过包括认知干预和行为干预为主的家庭干预，多个案例实践均有效解决青少年的网络成瘾问题。⑦ 方晓义等研究了将家庭治疗、认知行为、动机激发等多种咨询与治疗理论结合形成的"个体—家庭—学校"多水平干预方案在青少年网络成瘾干预中具有显著

---

① 方鸿志、代勇真：《大学生网络成瘾的积极心理干预》，《中国健康心理学杂志》2019 年第 12 期。
② 曹枫林：《青少年网络成瘾的心理机制、脑功能影像学及团体心理干预研究》，博士学位论文，中南大学，2007 年。
③ 高文斌、陈祉妍：《网络成瘾病理心理机制及综合心理干预研究》，《心理科学进展》2006 年第 4 期。
④ 杨放如、郝伟：《52 例网络成瘾青少年心理社会综合干预的疗效观察》，《中国临床心理学杂志》2005 年第 3 期。
⑤ 倪晓莉等：《网络依赖行为研究及其干预模型的理论构建》，《兰州大学学报》（社会科学版）2007 年第 2 期。
⑥ 李超民：《大学生网瘾成因及防治方法体系研究》，博士学位论文，中南大学，2012 年。
⑦ 沈健：《青少年网络依赖的家庭干预案例研究》，硕士学位论文，山东师范大学，2013 年。

效果,并指出将"生物—心理—社会"三方面相结合形成系统性的网络成瘾预防与干预模式的后续研究路径。①

综合上面分析发现,针对网络成瘾行为的干预措施多种多样。在具体技术方法方面:有的措施旨在通过影响青少年对网络成瘾相关问题的认知而解决网络成瘾问题,如正念和内观疗法、视频疗法、阈下评价性条件反射、个体化常模反馈干预;有的措施旨在通过对相关行为习惯或技能训练来达到解决网络成瘾的问题,如运动处方干预、脑电生物反馈治疗、自控训练;有的措施旨在通过激发个体内在正能量来达到解决网络成瘾的问题,如动机性面谈、艺术治疗、阅读治疗、赋能项目等;有些措施采取将认知疗法、行为疗法和其他结合起来的综合方法,如团体咨询、焦点解决短期疗法、营地综合干预、认知行为、父母参与咨询;此外还有药物干预、电针干预等特殊方法。在干预形式方面:大部分干预策略是以个体为单位进行的;还有较大部分是以团队(群体)为单位进行的;有少部分是以家庭为单位进行干预的。基于生物—心理—家庭—社会的生态系统视角的干预被认为是未来发展的重要方向。

(二)手机依赖(或成瘾)干预研究

随着手机依赖(或成瘾)问题逐渐受到重视,近年来国内外研究者开始关注手机依赖或手机成瘾的干预方法与技术。常见的研究主要集中在正念认知疗法(内观认知疗法)、团体心理辅导、认知行为疗法、综合疗法等方面。韩国学者 Koo 开展了手机依赖的正念干预研究,实验结果表明在进行手机依赖预防计划的处理后,实验组手机使用有显著降低。② 张晓旭、朱海雪研究表明正念认知疗法对手机依赖的干预效果明显。③ 韩雪的研究发现内观认知疗法(Naikan Cognitive Therapy)具有

---

① 方晓义等:《青少年网络成瘾的预防与干预研究》,《心理发展与教育》2015 年第 1 期。

② Koo, H. Y., "Development and Effects of a Prevention Program for Cell Phone Addiction in Middle School Students", *Journal Korean Academy Child Health Nursing*, Vol. 17, No. 2, 2011, pp. 91 – 99.

③ 张晓旭、朱海雪:《正念认知疗法对手机依赖大学生的干预效果》,《心理与行为研究》2014 年第 3 期。

一定的临床实践意义，可以有效改善被试的手机成瘾倾向。① 张锐等的研究发现 1.5 个月的团体心理干预（每周 1 次，每次 2 小时，持续 6 周）可显著降低高中生的手机依赖水平并显著提高自尊水平。② 安佳等研究发现朋辈团体心理辅导能够提升大学生自我控制能力并降低大学生孤独感水平，进而对大学生手机依赖问题起到有效的干预效果。③ 陈嘉豪研究发现 7 周的认知行为团体辅导（教育+自控力训练）可以通过提升手机依赖个体自控力和降低孤独水平起到对手机依赖的干预作用。④ 崔丽霞研究团队的研究发现 8 周的认知行为疗法能够有效降低大学生手机依赖水平。⑤ 沈晓冉研究发现整合性沙盘游戏治疗能够通过缓解不同个体的负面情绪而降低手机依赖水平。⑥ 丁相玲等研究表明 8 周的抑制控制训练（Inhibition Control Training）对手机依赖大学生的干预效果明显。⑦ 李丽研究发现短期综合干预能够显著缩短手机使用时长，成瘾水平显著降低；正念认知行为团体治疗能够有效降低手机成瘾水平、冲动性和焦虑水平；焦点解决短期个案治疗也效果良好。⑧ 韩国研究者 Chun, J. S. 通过对接受过手机成瘾治疗的 36 位女青年的质性研究发现 5 类有效的干预策略：非自愿限制、自我意识和自我控制、学校管理、同伴支持和专业服务。⑨ 杨银芳、贾丽娜提出了结合正念冥想的系

---

① 韩雪：《大学生手机成瘾倾向的影响因素和内观认知疗法的干预研究》，硕士学位论文，苏州大学，2014 年。
② 张锐等：《团体心理训练对高中生的手机依赖及其自尊的影响》，《中国健康心理学杂志》2016 年第 9 期。
③ 安佳等：《朋辈团体心理辅导对大学生手机依赖问题的有效干预研究——以山西省某高校为例》，《心理月刊》2020 年第 1 期。
④ 陈嘉豪：《大学生孤独感、自我控制与手机依赖的关系及干预研究》，硕士学位论文，广西师范大学，2019 年。
⑤ Li, T., et al., "An 8-Week Group Cognitive Behavioral Therapy Intervention for Mobile Dependence", *Psychology*, Vol. 9, No. 8, 2018, pp. 2031-2041.
⑥ 沈晓冉：《整合性沙盘游戏治疗对大学生手机依赖问题的干预研究》，硕士学位论文，辽宁师范大学，2017 年。
⑦ 丁相玲等：《抑制控制训练对手机依赖大学生的干预效果》，《心理与行为研究》2018 年第 3 期。
⑧ 李丽：《大学生智能手机成瘾的冲动性和其他相关因素及成瘾干预对策研究》，博士学位论文，吉林大学，2016 年。
⑨ Chun, J. S., "Conceptualizing Effective Interventions for Smartphone Addiction among Korean Female Adolescents", *Children and Youth Services Review*, Vol. 84, 2017, pp. 35-39.

统脱敏训练、引导性自我改变等认知行为干预方法。① 韩国研究者 Kang 等的系统文献研究发现：现有研究中小组干预数量大于个体干预数量；干预措施涉及青少年问题的各个方面，同时考虑到成瘾问题的复杂性；大多数研究中的干预都是在社区咨询中心或心理学实验室中积极进行的；很有必要基于多学科方法开发更加有效的干预策略，包括考虑文化和性别差异。② 常见手机媒体依赖干预策略及其效果分析见表7-1。

表7-1　　　　常见手机媒体干预策略及其效果分析

作者	研究设计	方案结构	周期（周）	干预方式	时间（分）	干预策略内容	干预效果
Kim 和 Kim（2015）	定量	10	10	同辈小组	90	沙盘疗法（Sandplaytherapy）	同伴依恋（$t=3.47$，$p<0.01$） 冲动性（$t=3.21$，$p<0.01$） 社交焦虑（$t=4.39$，$p<0.01$）
Jang（2013）	定量	10	2	小组	90	艺术疗法（Art therapy）	越轨（$t=10.21$，$p<0.01$） 校园生活（KSD）（$t=-5.17$，$p<0.01$）
Yoon（2017）	定性个案	11	11	个体	—	叙事疗法（Narrative Therapy）	客观化描述和个体内差
Jang 和 Choi（2016）	定量	10	7	小组	45	艺术疗法（Art Therapy）	网络成瘾（KS-II）（$z=-2.03$，$p<0.05$）
Sakuma 等（2017）	定量	22	8天9晚	小组	—	野外露营拓展（Self-discovery Camp）	游戏时间（hour/day：$p=0.044$，hour/week：$p=0.024$）；自我效能感（taking steps $p=0.012$）

---

① 杨银芳、贾丽娜：《中学生手机戒断与极端行为的心理分析及干预策略》，《中小学心理健康教育》2020年第2版。
② Kang, K., et al., "An Integrative Review of Interventions for Internet/Smartphone Addiction among Adolescents", *Perspectives in Nursing Science*, Vol. 15, No. 2, 2018, pp. 70-80.

续表

作者	研究设计	方案结构	周期（周）	干预方式	时间（分）	干预策略内容	干预效果
Shin 和 Jang (2016)	定量	10	—	小组	90	沙盘疗法 (Sandplay Therapy)	手机依赖（S-scale）（$F=6.44, p<0.05$）；抑郁（$F=5.60, p<0.05$）焦虑（$F=4.82, p<0.05$）
Oh 等 (2016)	定量	6	13	小组	90	团体咨询 (Group Counseling)	网络成瘾（K-scale）（Post：$F=21.46, p<0.001$，F/U：$F=12.82, p<0.001$）；自尊（Post：$F=91.22, p<0.001$，F/U：$F=71.60, p<0.001$）
Lee 和 Lee (2017)	定量	8	—	小组	50	音乐疗法（Music Therapy）	手机依赖（S-scale）（$t=3.13, p=0.035$）；注意力（$t=2.94, p=0.043$）；特质焦虑（STAI）（$t=2.99, p=0.040$）；愤怒表达（STAXI-K）（$t=4.41, p=0.012$）
Liu 等 (2015)	定量	6	3	家庭小组	120	团体咨询 (Group Counseling)	网络依赖：post-test（$t=-7.79, p<0.001$），F/U test（$t=-6.72, p<0.001$）；上网时间：post(test（$t=-4.73, p<0.001$），F/U test（$t=-9.39, p<0.001$）
Chang (2016)	定性扎根	—	12	小组	—	综合疗法（Integrated Therapy）	家庭关系改善；认识到现实世界的积极面和网络世界的消极面
Kang (2017)	定量	36	12	小组	50	体育干预 (Physical Activity)	生活质量（身体：$F=23.28, p<0.001$，情绪：$F=0.91, p=0.357$，社交：$F=0.308, p=0.588$，学业：$F=168.46, p<0.001$）；多巴胺（$F=11.57, p<0.01$）

续表

作者	研究设计	方案结构	周期（周）	干预方式	时间（分）	干预策略内容	干预效果
Moon 和 Seo（2014）	定性	6	—	小组	90	焦点解决疗法（Solution-focused Counseling）	自我认知提升；行为模式改变；身心状态改变；人际关系改变
Shin 等（2015）	定量	6	6	小组	120	动机干预疗法（Motivational Counseling）	网络成瘾（KS-scale）（F=59.48, p<0.001）；动机（F=21.11, p<0.001）
Shin 等（2015）	定性个案	38	5月	个体	50	艺术疗法（Art therapy）	网络成瘾（K-scale）[pre-test: 151（94.3%）, Post-test: 127（79.3%）, decrease by 15%]；关系改善 e（RCS）[Pre-test: 54（44.5%）, Postt-est: 72（59.6%）, increase by 20%]；校园生活（KSD）：积极改变
Turel 等（2015）	定量	1	2	小组	—	视频干预（Instructive Video-based Intervention）	网络使用行为态度明显改善
Li, T. 等（2018）①	定量	8	8	小组	—	认知行为（CBT）	手机依赖（C-TMD）：后测对比（d=-1.531, p<0.001），2月后对比（d=1.380.72, p<0.001）；SSCL：后测对比（d=-0.427, p<0.001），2月后对比（d=0.318, p=0.059）

综合上面分析发现，目前针对手机依赖行为的干预措施相对较少，

---

① Li, T., et al., "An 8-Week Group Cognitive Behavioral Therapy Intervention for Mobile Dependence", *Psychology*, Vol. 9, No. 8, 2018, pp. 2031-2041.

在具体技术与方法层面，主要包括认知干预（正念疗法、内观疗法和宣传教育）、认知行为疗法（抑制控制训练、焦点解决短期疗法、系统脱敏等）和社会心理疗法（沙盘游戏等）；在干预形式方面，主要以团体咨询和个体干预为主。有研究者指出未来的手机媒体依赖的干预研究可形成以认知行为团体治疗为主，焦点解决短期治疗、体育锻炼、艺术疗法等多种方法为辅的综合干预模式。①

二 青少年数字媒体技术依赖干预策略分类

通过前面对网络依赖（或成瘾）和手机依赖（或成瘾）现有研究的梳理发现，可以将网络、电子游戏、手机等数字媒体技术依赖干预策略根据具体干预方法与技术、干预形式等标准进行分类。

（一）数字媒介依赖常见干预方法与技术

数字媒介依赖的干预方法与技术就是从实施过程、具体操作等方面对干预策略的分类。刘慧婷等研究者据此将干预策略分为药物干预、行为干预、认知干预以及综合干预疗法等类型。② 贺金波等将干预分为认知疗法、行为疗法、认知—行为疗法、团体治疗和家庭治疗等类型。③ Chun 提出非自愿限制、自我意识和自我控制、学校管理、同伴支持和专业服务等类型。④ 基于前面对网络和手机媒体依赖干预策略的梳理并结合现有分类研究，可将目前常见的数字媒体技术依赖干预策略（方法或技术）分为认知干预、行为干预、认知行为干预、社会心理干预、药物干预、神经调节干预、技术辅助干预等类型。

1. 认知干预

认知干预是以认知心理学和积极心理学为主要理论基础形成的干预方法或技术，主要特点是通过各种方式对干预对象的思想意识方面进行影响，以期缓解或消除干预对象的依赖问题。应用于网络成瘾或手机依

---

① 李丽：《大学生智能手机成瘾的冲动性和其他相关因素及成瘾干预对策研究》，博士学位论文，吉林大学，2016 年。
② 刘慧婷等：《网络成瘾的生物学机制研究与展望》，《现代生物医学进展》2016 年第 5 期。
③ 贺金波等：《网络游戏成瘾的心理治疗方法及其原理综述》，《中国临床心理学杂志》2019 年第 4 期。
④ Chun, J. S., "Conceptualizing Effective Interventions for Smartphone Addiction among Korean Female Adolescents", *Children and Youth Services Review*, Vol. 84, 2017, pp. 35 – 39.

赖治疗的常见认知干预技术包括内隐干预、正念干预、内观认知、个体常模反馈等。

（1）内隐干预疗法。内隐干预主要以改变依赖者对网络或手机媒体的内隐态度为主要目标。常见技术包括阈下评价性条件反射技术、归因训练等。[1] 阈下评价性条件反射技术（Subliminal Evaluative Conditioning，SEC）认为将目标刺激和积极/消极阈下刺激多次配对呈现时，会导致对目标刺激的评价属性随着与之配对的刺激评价属性变化而发生改变，即当目标刺激和积极刺激配对呈现时，导致个体对目标刺激的积极评价，当目标刺激和消极刺激配对呈现时，导致个体对目标刺激的消极评价。[2][3]

（2）正念认知疗法。正念认知疗法（Mindfulness – Based Cognitive Therapy，MBCT）是 Teasdale 等将认知疗法与正念减压法相结合而发展起来的一种治疗抑郁症复发等问题的心理治疗方法。[4] MBCT 融合了东方佛学禅修技术与西方心理学理论，主要通过提高干预对象的正念水平来达到干预的效果。正念是对当下体验的觉知状态[5]，包括正念觉知和正念训练[6]，其中正念训练是一种自由开放的意识关注过程，这个过程涉及思维与觉察的形成，是 MBCT 的核心技术，它强调全身心地活在当

---

[1] 杨廣、胡金生：《内隐种族偏见的干预策略》，《心理科学进展》2013 年第 11 期。
[2] 王露艳：《网络游戏成瘾倾向者的内隐态度及其干预研究》，硕士学位论文，苏州大学，2009 年。
[3] 梁宁建等：《互联网成瘾者内隐网络态度及其干预研究》，《心理科学》2004 年第 4 期。
[4] Teasdale, J. D., et al., "Prevention of Relapse/Recurrence in Major Depression by Mindfulness – Based Cognitive Therapy", *J Consult Clin Psychol*, Vol. 68, No. 4, 2000, pp. 615 – 623.
[5] 彭彦琴、居敏珠：《正念机制的核心：注意还是态度？》，《心理科学》2013 年第 4 期。
[6] Shapiro, S. L., Carlson, L. E., *The Art and Science of Mindfulness: Integrating Mindfulness into Psychology and the Helping Profession*, Washington, DC: American Psychology Association Publications, 2009.

下，关注此时此刻的内心体验，引导训练者面对而不是逃避潜在的困难①②③。正念训练的主要技术是正念冥想技术，包括全身扫描、静坐冥想、行走冥想和3分钟呼吸空间四个步骤。④ 手机依赖的正念认知疗法主要是通过训练让个体能够对手机信息做到觉知但并不立即回应，从而逐步改善手机依赖情况。⑤

（3）内观认知疗法。内观认知疗法（Naikan Cognitive Therapy, NCT）源于内观疗法（NaiKan Therapy），后者是1953年由日本学者吉本伊信基于中国心学确立的心理疗法。⑥ 1996年我国学者经过应用实践后结合贝克认知疗法改进提出内观认知疗法（NCT）。⑦⑧ 内观认知疗法按照内观三大主题逐步开展，通过回忆和思考自己给对方做了多少（付出）、对方给自己做的（收获）和对方给自己添的麻烦（损失）等问题，动摇和改变个体的非理性认知，从而使主观与客观趋于和谐一致的心理疗法。⑨⑩ 内观认知疗法包括导入、内观、认知和总结四个阶段。⑪⑫

（4）个体化常模反馈干预。个体化常模反馈干预就是定期为个体

---

① 黄明明、王立君：《正念认知疗法及其预防抑郁症复发的研究评述》，《心理技术与应用》2014年第10期。
② 潘峰等：《抑郁障碍患者的躯体化症状表现特征及其意义》，《国际精神病学杂志》2016年第3期。
③ 王磊等：《认知行为疗法在抑郁患者中的应用疗效对比研究》，《国际精神病学杂志》2019年第1期。
④ 孔凡贞等：《正念认知疗法在抑郁症患者中的研究现状》，《中华护理杂志》2015年第12期。
⑤ 张晓旭、朱海雪：《正念认知疗法对手机依赖大学生的干预效果》，《心理与行为研究》2014年第3期。
⑥ ［日］吉本伊信：《内观四十年》，春秋社1965年版。
⑦ 李振涛等：《内观—认知疗法的临床应用》，《健康心理学》1996年第4期。
⑧ 曹桐等：《内观认知疗法对40名大学生心身症状的影响》，《中国心理卫生杂志》2009年第4期。
⑨ 毛富强、李振涛：《内观疗法在中国的研究进展和方向》，《国际中华神经精神医学杂志》2004年第5期。
⑩ 毛富强：《内观认知疗法应用研究进展》，《中国健康心理学杂志》2014年第2期。
⑪ 韩雪：《大学生手机成瘾倾向的影响因素和内观认知疗法的干预研究》，硕士学位论文，苏州大学，2014年。
⑫ 毛富强：《内观认知疗法理论与操作》，《中华行为医学与脑科学杂志》2016年第7期。

提供其所在常模的网络或手机使用情况报告单（使用时间状况、使用方式情况、依赖程度等）以改变其认知进而促进调整自身行为的方法。① 有研究发现青少年对同伴常模群体的各种行为（如酒精使用、吸烟和欺凌）存在错误感知，往往会过高估算同伴常模群体的这些行为，从而使个体自身的行为增加。②

（5）积极心理干预方法。积极心理干预基于积极心理学理论建立，通过挖掘个体自身的潜能和力量来解决个体的问题。③④⑤ 积极心理干预疗法包括生命意义疗法、希望疗法、积极情绪表达、幸福疗法和创伤后成长等。⑥

此外，认知疗法还有视频干预、课程教育等常用技术。

2. 行为干预

行为干预是以行为主义为主要理论基础的干预方法，其主要特点是通过行为约束、行为训练等来改变被干预对象的行为习惯。应用于网络成瘾或手机依赖干预的常见行为干预方法有运动处方干预、野外拓展干预、抑制控制训练等。行为干预中的常见技巧包括行为强化法、行为契约法、厌恶刺激法、行为消退法、自我管理法等。⑦

（1）运动处方干预。运动处方干预是主要通过加强体育锻炼以转移被干预者注意力或替代成瘾行为的干预方法。运动干预包括学校运动干预、野外拓展训练等形式。有研究认为运动有同网络行为一样的本能

---

① 黄吉迎等：《个体化常模反馈干预在青少年网络成瘾预防中的应用》，《中国学校卫生》2019 年第 7 期。

② Millings, A., et al., "School Connectedness, Peer Attachment, and Self-Esteem as Predictors of Adolescent Depression", *Journal of Adolescence*, Vol. 35, No. 4, 2012, pp. 1061–1067.

③ 徐娅霞、李小光：《积极心理学在心理护理中的应用》，《中国实用护理杂志》2008 年第 4 期。

④ 方鸿志、代勇真：《大学生网络成瘾的积极心理干预》，《中国健康心理学杂志》2019 年第 12 期。

⑤ 陈霞等：《积极心理干预对帕金森患者抑郁及认知功能障碍的影响》，《护理学报》2012 年第 23 期。

⑥ 刘晓华等：《积极心理干预的新进展对我国临床护理的启示》，《护理研究》2016 年第 8 期。

⑦ 张作记等：《几种心理行为干预技术的进展与应用》，《中国行为医学科学》2005 年第 6 期。

激活功效，利用运动成瘾置换网络成瘾的"成瘾置换"干预模式可解决网络成瘾问题。① 已有大量研究证明运动干预能够有效缓解网络成瘾或手机依赖。②③④⑤⑥

（2）抑制控制训练。抑制控制训练（Inhibition Control Training）主要通过训练提升被干预对象的抑制控制水平（自控力）来达到干预成瘾行为的效果。抑制控制能力的提升来自自动化抑制和自上而下的控制性抑制，抑制控制训练就是在控制性抑制激发训练中逐步建立自动化控制的过程。⑦ 抑制控制训练主要使用 Go/No‑go 范式、停止信号范式等。⑧

（3）脑电生物反馈疗法。脑电生物反馈疗法属于广义的行为疗法范畴，是一种新型的现代高科技的心理治疗技术⑨，把各种脑电设备测得的脑电信息有选择地以可感知化方法（可视或可听）呈现给被干预对象，让被干预对象根据反馈信息调节自我并维护健康状态，通过对自我调节功能的训练而使紊乱的大脑功能恢复正常⑩。

3. 认知行为干预

认知行为干预是一组通过改变信念和行为的方法来改变不良认

---

① 胡耿丹、张军：《人类本能视角下运动矫治青少年网络成瘾的作用及机制研究》，《中国体育科技》2016 年第 1 期。

② 朱淦芳：《体育锻炼对大学生手机成瘾倾向的干预研究》，《浙江体育科学》2017 年第 5 期。

③ 郭佩文等：《体育运动对青少年网络成瘾干预效果的 Meta 分析》，《第十一届全国体育科学大会论文摘要汇编》，中国体育科学学会，2019 年，第 5280—5281 页。

④ 吴瑾等：《运动处方的相对有效性：4 种措施干预青少年网络成瘾的网状 Meta 分析》，《体育与科学》2019 年第 5 期。

⑤ 王凯：《运动干预对大学生手机成瘾程度的影响》，《体育研究与教育》2016 年第 3 期。

⑥ 吴瑾等：《运动处方干预青少年网络成瘾效果的 Meta 分析》，《体育与科学》2018 年第 3 期。

⑦ Spierer, L., et al. "Training‑Induced Behavioral and Brain Plasticity in Inhibitory Control", *Frontiers in Human Neuroscience*, Vol. 7, 2013, p. 427, https://doi.org/10.3389/fnhum.2013.00427.

⑧ 丁相玲等：《抑制控制训练对手机依赖大学生的干预效果》，《心理与行为研究》2018 年第 3 期。

⑨ 郑延平：《生物反馈的临床实践》，高等教育出版社 2003 年版，第 2—4 页。

⑩ 程庚金生、罗江洪：《脑电生物反馈对青少年网络成瘾的干预效果》，《中国学校卫生》2017 年第 11 期。

知，达到消除不良情绪和行为的心理治疗方法。它是20世纪70年代基于中介认知观点而产生，其要旨是通过改变认知来改变行为。[1] Davis的认知—行为模型为该方法的实施提供了理论基础。[2] 网络成瘾或手机依赖干预中常见的方法包括焦点解决短期疗法、团体辅导、沙盘疗法等。认知行为干预的主要技术包括认知重建、认知干预和技巧训练等。

（1）焦点解决短期疗法。焦点解决短期疗法（Solution - Focused Brief Therapy，SFBT）是20世纪80年代初期受后现代建构主义思潮影响、由美国威斯康星州米华基（Milwaukee）短期家庭治疗中心（Brief Family Therapy Center，BFTC）提出的以寻找解决问题的方法为核心的短程心理治疗技术。SFBT坚持事出并非定有因、问题症状也具有正向功能、自身是问题解决专家、从正向意义出发、合作沟通是解决问题的关键等原则，不刻意追究问题的成因、相信个体解决自身问题的潜力、在平等晤谈中发现问题的例外正向经验或隐含的正面价值，然后确立目标并从小的改变开始，以正向的、朝向未来的、朝向目标的积极态度促使改变的发生。SFBT可分为问题描述、设定目标、探索例外、晤谈及回馈评价个案进步等基本阶段。[3][4][5][6]

（2）认知行为团体干预（Cognitive - Behavioral Group Therapy，CBGT）。认知行为团体干预就是以认知行为治疗为基础，采取团体咨询与辅导的形式借助团体动力开展干预的方法。[7] 吴文捷发现朋辈互助认知

---

[1] Cuijpers, P., et al., "Internet - Administered Cognitive Behavior Therapy for Health Problems: A Systematic Review", *Journal of Behavioral Medicine*, Vol. 31, No. 2, 2008, pp. 169 - 177.

[2] Davis, R. A., "A Cognitive - Behavioral Model of Pathological Internet Use", *Computers in Human Behavior*, Vol. 17, No. 2, 2001, pp. 187 - 195.

[3] 戴艳等：《焦点解决短期治疗（SFBT）的理论述评》，《心理科学》2004年第6期。

[4] De Shazer, S., Berg, I. K., "Doing Therapy: A Post - Structural Re - Vision", *Journal of Marital and Family Therapy*, Vol. 18, No. 1, 1992, pp. 71 - 81.

[5] 刘宣文、何伟强：《焦点解决短期心理咨询原理与技术述评》，《心理与行为研究》2004年第2期。

[6] 魏源：《浸润后现代精神的心理治疗模式——焦点解决短期疗法述评》，《医学与哲学》2004年第4期。

[7] ［美］S. D. 罗斯：《青少年团体治疗——认知行为互动取向》，翟宗悌译，华东理工大学出版社2003年版。

行为疗法能够有效缓解手机成瘾。① Yeun 等发现父母参与的咨询（Parents – involved Counselling）的干预效应值最大。② 此外，还有大量研究表明认知行为团体干预方法对干预网络成瘾或手机依赖效果显著。③④

（3）沙盘疗法。沙盘疗法（Sand Play Therapy，SPT）是全世界广泛使用的非言语表达心理疗法，常用于创伤等问题的治疗。⑤ 它是由瑞士精神分析学家多拉·卡夫（Dora M. Kalff）根据心理学家荣格（C. G. Jung）的积极想象技术发展创设的一种心理治疗方法。⑥ 此外，近年来逐步受到关注的游戏疗法、音乐疗法、绘画疗法、积木疗法等方法也有类似原理。

4. 社会心理干预

社会心理干预（Psychosocial Intervention）就是基于社会心理学理论建立的心理干预综合措施，主要通过充分借助群体动力、社会学习等社会心理学理论最大化心理干预效果，进而解决个体手机依赖问题的干预策略。⑦⑧⑨ 常用的社会心理干预方法和技术包括家庭治疗、人际关系疗法、社会生活技能训练、动机性面谈、艺术治疗、阅读治疗、情绪管

---

① 吴文捷：《朋辈互助认知行为疗法对医学生智能手机成瘾的干预研究》，《中国高等医学教育》2018 年第 11 期。

② Yeun, Y. R., Han, S. J., "Effects of Psychosocial Interventions for School Aged Children's Internet Addiction, Self – control and Self – esteem: Meta – Analysis", *Healthcare Informatics Research*, Vol. 22, No. 3, 2016, pp. 217 – 230.

③ 夏翠翠等：《认知行为疗法在大学生网络成瘾团体干预中的应用》，《第八次全国心理卫生学术大会论文汇编》，中国心理卫生协会，2015 年，第 151 页。

④ 冀紫阳等：《认知行为取向团体心理治疗对网络成瘾中学生应对方式、时间管理与家庭功能的影响》，《中华行为医学与脑科学杂志》2020 年第 2 期。

⑤ Roesler, C., "Sandplay Therapy: An Overview of Theory, Applications and Evidence Base", *The Arts in Psychotherapy*, Vol. 68, 2019, pp. 84 – 94.

⑥ Kalff, D. M., "The Sandplay: A Contribution from C. G. Jung's Point of View on Child Therapy", *Journal of Sandplay Therapy*, Vol. 16, No. 2, 1989, pp. 49 – 72.

⑦ 王善澄：《心理社会干预进展》，《上海精神医学》2000 年 S1 期，第 41—43 页。

⑧ 项玉涛：《促进精神分裂症患者回归社会的心理社会干预》，《国外医学》（精神病学分册）2002 年第 1 期。

⑨ 亢明等：《社会心理干预的家庭治疗与精神分裂症的康复》，《中国神经精神疾病杂志》1992 年第 5 期。

理、现实疗法等。①②

5. 药物干预

药物干预是当依赖行为达到成瘾标准后，个体无法通过自身身心调节功能而控制行为的严重程度后，通过服用相关药物来缓解成瘾症状的干预方法。已有研究者对网络成瘾进行药物干预和心理相结合的治疗探索，取得较好效果。③④ 常用的药物是具有镇静和抑制作用的药物。⑤⑥ 值得说明的是，药物干预往往是成瘾行为治疗初期配合心理干预使用的，网络成瘾或手机依赖行为不能单独通过药物来治疗，非十分必要则要慎用。

6. 非侵入式神经调控干预

非侵入式神经调控干预就是借助脑电治疗仪器以非介入被干预对象身体的方式通过对个体的大脑功能区进行电或磁刺激从而调整神经系统功能及其行为的方法。⑦ 常见的非侵入式神经调控干预技术包括经颅电刺激、经颅磁刺激、神经影像导航 TMS 机器人技术、四联脉冲磁刺激技术（QPS）、闭环的 tACS 技术等。⑧ 经颅电刺激（Transcranial Electrical Stimulate，TES）是通过放置在颅骨的电极产生的微弱电流持续作用于头部进而改变大脑皮层激活状态的调控技术。经颅磁刺激（Transcranial Magnetic Stimulate，TMS）是利用外部电磁感应技术作用于大脑电

---

① Marsch, L. A., Dallery, J., "Advances in the Psychosocial Treatment of Addiction: The Role of Technology in the Delivery of Evidence – Based Psychosocial Treatment", *The Psychiatric Clinics of North America*, Vol. 35, No. 2, 2012, pp. 481 – 493.

② Yeun, Y. R., Han, S. J., "Effects of Psychosocial Interventions for School Aged Children's Internet Addiction, Self – control and Self – esteem: Meta – Analysis", *Healthcare Informatics Research*, Vol. 22, No. 3, 2016, pp. 217 – 230.

③ 叶小清等：《网络成瘾病人的药物治疗及心理干预》，《护理研究》2007 年第 35 期。

④ 刘悦等：《药物干预和心理疏导治疗网络成瘾综合征 40 例临床疗效观察》，《中国药物滥用防治杂志》2007 年第 2 期。

⑤ 林志雄等：《青少年网络成瘾心理药物联合治疗》，《神经疾病与精神卫生》2006 年第 2 期。

⑥ Lingford – Hughes, A., "Substitution Treatment in Addiction: There is More Than One Way", *Addiction*, Vol. 111, No. 5, 2016, pp. 776 – 777.

⑦ 李志明等：《非侵入式神经调控技术对成瘾行为的干预及其机制研究进展》，《中国药物依赖性杂志》2018 年第 6 期。

⑧ 赵鹏、王昱：《非侵入性神经调控新产品新技术介绍》，《第二十二届全国心理学学术会议摘要集》，中国心理学会，2019 年。

场引发神经去极化,进而影响大脑皮层神经元动作电位、流血量等而产生康复效应的无创物理性精神治疗技术。①②③

7. 数字技术辅助干预

数字技术辅助干预就是通过特定手机软件来控制个体手机使用行为,进而干预手机依赖的技术。数字技术辅助干预的本质还是一种用技术手段解决技术问题的非自愿控制行为疗法。④ Van Velthoven 等梳理了 App 等数字干预技术等效果及其研究方向。⑤ 目前常用的软件包括 Forest、24Pi 等。这些软件的主要做法是基于社会比较理论采用游戏化理念,通过离线时间比较、强制功能限制等做法达到控制手机使用时间和频率,进而逐步减少手机依赖。

(二) 数字媒介依赖的常见干预形式

根据干预过程中心理咨询专家和干预对象之间互动范围的不同将媒介依赖的干预形式分为个体干预、团体干预、家庭干预和社区干预等不同形式。

个体干预(Individual – Focused Interventions)就是干预行为直接面向个体的干预,包括个体心理咨询、焦点解决短期疗法等方法常用这种形式。

团体干预(Group – focused Interventions)就是班级集体同辈或同伴共同参与干预过程的干预形式。

家庭治疗(Family – focused Interventions)就是以干预对象家庭为单位参与干预过程的干预形式,不但注重解决个人认知和行为习惯问

---

① 吕浩、唐劲天:《经颅磁刺激技术的研究和进展》,《中国医疗器械信息》2006 年第 5 期。
② Salling, M. C., Martinez, D., "Brain Stimulation in Addiction", *Neuropsychopharmacology*, Vol. 41, No. 12, 2016, pp. 2798 – 2809.
③ Gorelick, D. A., et al., "Transcranial Magnetic Stimulation (TMS) in the treatment of Substance Addiction", *Annals of the New York Academy of Sciences*, Vol. 1327, No. 1, 2014, pp. 79 – 93.
④ Marsch, L. A., "Leveraging Technology to Enhance Addiction Treatment and Recovery", *Journal of Addictive Diseases*, Vol. 31, No. 3, 2012, pp. 313 – 318.
⑤ Van Velthoven, M. H., et al., "Problematic Smartphone Use: Digital Approaches to an Emerging Public Health Problem", *Digital Health*, 2018, https://doi.org/10.1177/2055207618759167.

题,还通过解决家庭关系等综合因素起到干预的作用。

社区干预(Community-focused Interventions)就是以社区或整个社会为单位展开的预防性干预,包括宣传教育、政策制定、文化培养等方式。

第二节 青少年手机媒体依赖干预策略的多案例研究

在前面有关手机媒体依赖干预策略的梳理部分发现,有些策略是针对未成瘾群体的预防性措施,有些策略是针对成瘾患者的矫治措施。手机媒体依赖是一个表征手机不当使用行为的连续统,其发展的两极为"正常使用"和"手机成瘾",中间状态存在依赖程度上的差异。因此,干预措施方面应将针对依赖群体和成瘾群体的措施区别对待。①

一 青少年手机媒体依赖预防性策略的多个案分析

(一)预防性策略个案研究对象筛选

为了解青少年在本书跟踪调查期间手机媒体依赖程度降低的原因,以便为手机媒体依赖预防策略制定提供参考,笔者对两次调查中 SMDI 量表得分差值较大的个体进行深度访谈,访谈对象筛选过程如下:①计算出前后两次调查中 SMDI 量表得分差值,SMDI 差值 = T2SMDI - T1SMDI。②筛选出 SMDI 差值为负且小于 SMDI 差值平均值 1 个标准差、前后两次调查综合问卷均有效的个案作为备选访谈对象。SMDI 差值平均分为 0.421 ± 11.591,差值筛选临界值定为 ≤ -12,共筛选出 36 名对象作为备选个案。③根据后测中选择同意接受笔者深度访谈的情况联系个案进行深度访谈。最终征得 24 名对象同意并完成访谈,参与访谈的个体基本信息如表 7-2 所示。

(二)预防性策略个案研究访谈提纲设计

对于前后测 SMDI 差值明显降低的个案,主要通过访谈了解他们手机媒体依赖发展变化的原因及其相关作用机制。因此访谈提纲分为两大

---

① 戴珅懿:《青少年网络游戏成瘾诊断标准的修订、成瘾模型的构建与防治研究》,博士学位论文,浙江大学,2012 年。

部分：①个案手机媒体使用情况确认，让被访对象确认他们的调查数据是否与实际情况符合；②原因剖析，让访谈对象自述造成手机依赖程度减轻的原因。前后 SMDI 差值明显提高的个案访谈提纲如表 7-3 所示。

表 7-2　SMDI 得分前后测明显降低访谈个案基本信息（N=24）

个案标识码	性别	年龄	学科	家庭在地	T1SMDI	T2SMDI	后前差值（T2-T1）
1087087824130	女	17	医药科学	城镇	90	59	-31
1099943736981	男	18	社会科学	乡村	55	25	-30
3010966519435	男	18	农业科学	乡村	58	29	-29
1057040121996	女	17	工程与技术	乡村	99	73	-26
2029791016589	女	20	自然科学	城镇	71	45	-26
2047054629131	女	19	人文科学	乡村	75	50	-25
1066645580739	男	18	工程与技术	城镇	61	39	-22
2044011624139	女	18	人文科学	乡村	55	33	-22
2047053423970	女	19	人文科学	城镇	86	64	-22
1097083983469	男	18	社会科学	乡村	85	65	-20
2015718230889	男	20	自然科学	乡村	91	71	-20
3026110210851	女	19	农业科学	城镇	55	35	-20
1039219813931	男	19	人文科学	城镇	63	45	-18
1089654814590	男	18	医药科学	乡村	63	45	-18
2029599082409	男	19	自然科学	乡村	71	53	-18
2049736016486	女	18	人文科学	城镇	64	46	-18
1026541815468	女	18	社会科学	城镇	68	51	-17
1067087511795	男	18	工程与技术	乡村	81	64	-17
1018420334986	女	17	医药科学	乡村	70	54	-16
1083090591146	女	19	医药科学	城镇	79	63	-16
2021799713608	男	21	自然科学	乡村	60	44	-16
2047951229329	女	17	人文科学	乡村	65	49	-16
3016014628326	女	19	农业科学	乡村	75	59	-16
3027929814408	女	19	农业科学	城镇	96	81	-15

表7–3 青少年手机媒体使用情况回溯访谈记录表（SMDI降低）

编号	3027041523629			访谈时间	
访谈形式	○网络 ○电话 ○面对面			访谈者	
手机媒体使用变化情况确认	亲爱的朋友： 您好，感谢您认真参与了我们的两次问卷调查。 通过两次调查数据的对比分析发现，您的手机依赖水平数据如下： 	第2次调查 （2020年5月）	第1次调查 （2019年11月）	后－前差值	前后变化
---	---	---	---
55	89	－34	明显降低 | 手机使用减少请问您个人感觉以上这种情况属实吗？ （√）属实（确实更加依赖手机） （　）基本属实（确实更加依赖手机，但差别没那么大） （　）不属实（个人感觉无明显变化）				
成因剖析	您认为导致您最近手机使用减少的主要原因是什么？（请尽可能地列出要点或较为详细地说明事件经过）				
备注（附件资料）					

（三）SMDI得分前后测明显降低个案成因调查数据分析

24名访谈对象中共有15名通过网络语音方式完成访谈，9名通过面对面方式完成访谈；24个接受访谈的个体均认为自己的手机依赖程度有所降低，实际情况与所调查数据反映的情况一致。

1. SMDI得分前后测明显降低个案访谈文本信息分析

针对SMDI得分前后测明显降低个案，主要围绕"造成手机依赖程度降低的原因"这个问题收集数据。将访谈回收的24份访谈记录转录成文字稿后导入NVivo11进行编码分析。分析过程如图7–1所示。

2. SMDI得分前后测明显降低个案访谈文本编码

本部分数据分析依然基于建构型扎根理论程序展开编码分析，编码过程分为两个基本阶段。其中第一阶段是初始阶段，第二阶段包括聚焦编码、选择编码和理论编码三个过程，共四个过程。首先经过对原始数

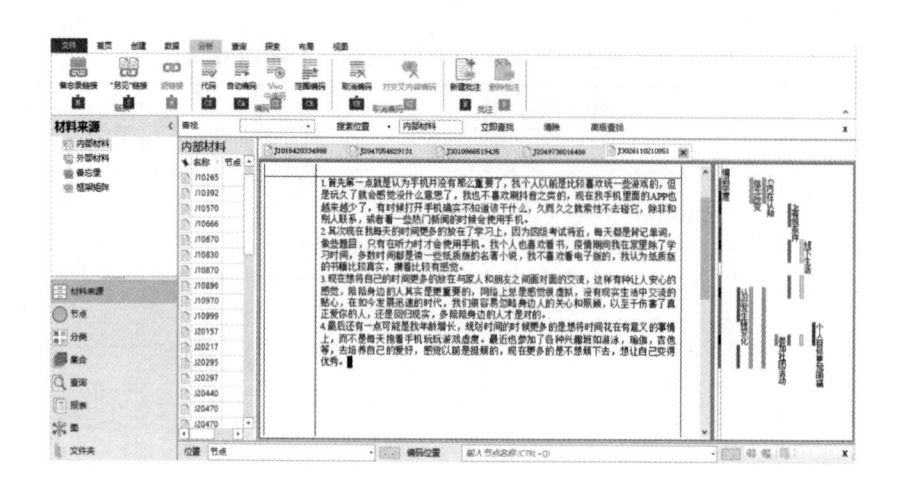

图 7−1　SMDI 得分前后测明显降低个案访谈文本信息分析过程

据的开放式编码，初步分析形成 44 个初始编码（A1—A44）。然后，通过对初始编码进一步抽象化和归类完成聚焦编码，形成 16 个聚焦编码（B1—B16）。接着，进一步发现范畴和范畴之间的关系，提取出出现频率较高并且能够串联起其他范畴的核心范畴，本书经过主轴编码提取出"C6 行为改变"这一核心范畴，也是本研究阶段的焦点变量；其他的"C1 客观条件""C2 内在认知""C3 个人变化"等因素为一般范畴。SMDI 得分前后测明显降低个案访谈结果的初始编码、聚焦编码和轴心编码三级编码结果如表 7−4 所示。

　　经过主轴编码后，SMDI 前后测明显降低群体手机依赖得分降低的影响因素及其解释框架基本清晰：在"B1 他人影响""B2 现实改变""B3 线下生活（更加丰富）"和"B4 学习任务增加"的"C1 客观条件"下，加之个体"C2 内在认知（改变）"（B5 认识到危害、B6 体验到危害）的影响，"C3 个人变化"（如 B7 个人新规划、B8 个人自制力增强、B9 信念改变），导致个人出现"B10 避免危害""B11 积极改变""B12 兴趣消失"等减少手机使用的"C4 行动意愿"，并及时"C5 采取行动"（如 B13 技术辅助管控、B14 替代使用行为、B16 自我行为管理），最终导致"C6 行为改变"（如减少接触手机的频次和时间），手机依赖水平相应降低。

表 7-4　SMDI 得分前后测明显降低个案访谈资料三级编码结果

初始编码			聚焦编码	轴心编码
自由节点	材料来源	参考点		
A1 家人提醒与期待	2	2	B1 他人影响（4）	C1 客观条件（61）
A2 周围朋友（同学）带动	2	2		
A3 必要接触减少	6	6	B2 现实改变（14）	
A4 手机变得卡顿	1	1		
A5 做家务等其他事情	4	7		
A6 参加社团活动	2	2	B3 线下生活（29）	
A7 室外运动增加	4	4		
A8 线下阅读增加	5	6		
A9 增加户外活动	6	7		
A10 注重线下人际交往	6	10		
A11 学习任务增加	10	14	B4 学习任务增加（14）	
A12 了解了手机辐射的危害	2	2	B5 认识到危害（14）	C2 内在认知（22）
A13 认识到浪费时间	4	4		
A14 认识到影响身心健康	4	6		
A15 意识到手机影响学习	2	2		
A16 导致身体改变	2	2	B6 体验到危害（8）	
A17 导致眼睛难受	5	5		
A18 看新闻产生负面情绪	1	1		
A19 制订新的学习计划	4	4	B7 个人新规划（24）	C3 个人变化（43）
A20 注意力转移到正事上	5	6		
A21 准备考试	11	14		
A22 个人自制力增强	2	2	B8 个人自制力增强（2）	
A23 个人目标更加明确	3	3	B9 信念改变（17）	
A24 觉得手机没那么有意思	6	6		
A25 认识发生转变	5	6		
A26 有更重要的事情做	2	2		

续表

初始编码			聚焦编码	轴心编码
自由节点	材料来源	参考点		
A27 不希望被手机分心	1	1	B10 避免危害（6）	C4 行动意愿（18）
A28 不想接触影响心情信息	1	1		
A29 为了健康	4	4		
A30 内心想脱离手机束缚	3	3	B11 积极改变（6）	
A31 想戒掉手机瘾	2	3		
A32 不想玩手机游戏	5	5	B12 兴趣消失（6）	
A33 不想用手机看小说	1	1		
A34 改变软件设置限制推送	2	3	B13 技术辅助管控（11）	C5 采取行动（40）
A35 利用 App 控制使用	2	2		
A36 卸载软件（App）	5	6		
A37 电脑使用时间增加	10	11	B14 替代使用行为（19）	
A38 替代性娱乐活动	6	8		
A39 放弃玩游戏	6	6		
A40 每日手机使用时长限制	1	1	B15 自我行为管理（10）	
A41 无手机使用时间计划	1	1		
A42 远离手机设备	2	2		
A43 减少接触手机频次	7	9	B16 行为改变（32）	C6 行为改变（32）
A44 减少接触手机时间	13	23		

（四）青少年手机媒体依赖预防策略的多个案分析结果讨论

通过前面的分析发现个体手机依赖水平降低的基本解释是：在"C1 客观条件""C2 内在认识（改变）"和"C3 个人变化"的交互影响下，出现"C4 行动意愿"和"C5 采取行动"，最终实现"C6 行为改变"，同时由于某些客观条件的出现也可能直接导致采取行动，解释框架如图 7-2 所示。在这个手机依赖降低的过程中，我们发现个体"C2 内在认知"的改变是"C3 个人变化"和"C4 行动意愿"产生的基础，切实有效的"C5 采取行动"是"C6 行为改变"的关键。可见，个体内在认知变化、行动意愿和行动措施是行为改变的关键，这就提醒我们在制定青少年手机媒体依赖干预措施的过程中，对青少年认知的必要改变、激发内在行动意愿和提供切实可行的行动措施是降低手机依赖的关键。

```
         C1客观条件        C2内在认知
              ↘         ↙
               C3个人变化
                  ↓
               C4行动意愿
                  ↓
               C5采取行动
                  ↓
               C6行为改变
```

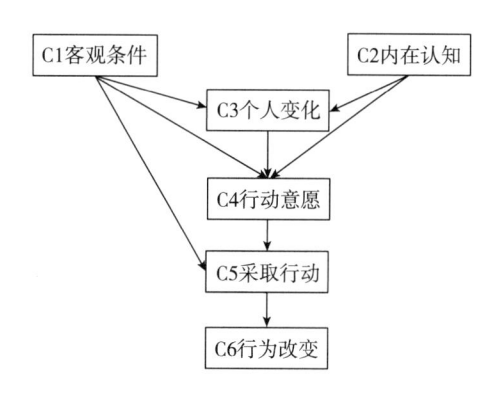

图 7 - 2　SMDI 得分前后测明显降低形成机制模型

上述分析结果和计划行为理论中态度、行动意愿和实际行动之间的关系类似，也和认知行为理论重视个人思想信念的改变具有内在一致性。因此，从本质上来说青少年手机媒体依赖的降低是一个理性和有计划的行为改变过程。

二　青少年手机媒体依赖矫治性干预策略的多案例分析

（一）手机媒体依赖矫治性干预策略研究案例选择

为了进一步从整体上了解实践中经常采用的手机媒体依赖干预策略，研究者通过手机媒体依赖干预的案例分析来了解具体应用情况。由于笔者占有的资源和干预实践经验有限，因此只对国内刊物公开发表的干预实践案例做分析。案例获取过程如下：①选择中国知网的"学术期刊"和"硕博论文"两个全文数据库为检索源，专业检索表达式为"TI = '手机' × '干预'"，共检索得到 245 篇文献；②阅读文献标题和摘要，删除与手机依赖干预无关的文献；③阅读全文，筛选有规范实验设计并且附有干预方案内容的文献进行分析；④同一文献中出现的不同干预方案按照多个方案分析，不同文献中使用相同案例的只选其中干预措施介绍相对比较详细的案例做分析。最后，共筛选出 2 篇博士论文（各 3 个案例）、12 篇硕士论文（1 篇 3 个案例、1 篇 2 个案例、其他 1

个案例）和3篇期刊论文（各1个案例）中的24个案例进行了结构化分析。

（二）手机媒体依赖干预策略研究案例分析

案例分析从干预方案的类型、干预形式、干预对象、实验设计、干预策略（含策略类别与核心要素）、干预内容、干预效果等方面展开分析。其中，干预方案类型主要以干预方案采取的主要策略为依据进行划分，分为认知干预、行为干预、认知行为干预、社会心理干预、药物干预、神经调控干预、数字技术辅助干预和综合干预等；干预形式分为个体干预、团体干预、家庭干预等；干预措施分为预防措施和矫治措施两大类，预防措施是针对非依赖对象的预防性措施，矫治措施是针对已经出现依赖问题对象实施的矫治或治疗措施。分析结果如表7-5所示。

通过上述分析发现，在方案干预类型方面：24个案例中认知行为干预12个、社会心理干预案例5个、行为干预3个、认知干预3个、综合干预1个；在干预形式方面：团体干预15个、个体干预9个；在干预措施方面，预防措施案例1个、治疗措施案例23个。在所有案例的干预措施核心要素方面，主要围绕认知重建（知识学习、信念改变、潜意识表露）、自控力提升（时间管理、专注力、抑制控制）、情绪管理（孤独、焦虑）、技能训练（时间管理、正念训练）、动机激发（生命意义、自信心）和人际关系改善等方面展开。可见，认知重建、自控力提升、情绪管理、技能训练、动机激发和人际关系改善是当前手机媒体依赖干预的核心要素，这是制定手机媒体依赖干预策略的重要目标。

三 青少年手机媒体依赖预防与干预建议综述

手机媒体依赖的干预方法与技术，除了相关理论专家经严格实证研究得到证实的策略外，还有一些从事相关工作的实践者基于实践经验提出的建议、方法或技巧也具有一定的参考价值。其中，常被国内心理咨询实践者和新闻媒体援引的美国中小学生网络安全组织执行长凯勒佛·加拉赫（Kerry Gallagher）提出的操作性建议内容如下：跟孩子一起讨论使用手机的规则；厘清自己的价值观，和孩子沟通取得共识；和孩子一起制订使用计划，让孩子学会为自己负责；找有意义的事情填满孩子

表7-5 青少年手机媒体依赖干预策略多案例分析研究

编号	类型	形式	干预对象	实验设计	干预策略	干预内容	干预效果	案例来源
1	认知行为	团体（课程教育、个体咨询、朋辈辅导）	无明显依赖行为的大一学生（19.5±1.3）	随机对照前后测实验设计	预防措施（认知、自控力）	基本情况：1次（90分钟）/周×8周。内容：①自我毁灭—成瘾行为及预防与应对措施；②E网情深—网络成瘾的危害；③无所不在的E网—智能手机的使用现状；④校园低头族—智能手机成瘾的危害；⑤空虚的灵魂—智能手机成瘾背后的潜在情绪；⑥冲动是魔鬼—智能手机成瘾如何是自我控制；⑦学会承受挫折—如何承受成败过程中的痛苦；⑧人际沟通—适度社交的重要性	每天使用智能手机的时长显著缩短，智能手机成瘾得分显著降低	李丽（2016）①
2	认知行为	团体（正念练习）	招募的20名智能手机成瘾者（19.2±1.1）	随机对照前后测实验设计	治疗措施（自控力、焦虑情绪）	基本情况：1次（150分钟）/周×8周。内容：①正念进食；②正念呼吸；③正念观声音；④探讨个体的焦虑心态和智能手机使用情况；⑤正念观想法；⑥正念观情绪；⑦正念纯然觉知：个体对外界智能手机信息觉察而不行动；⑧回顾复习，总结分享	实验组大学生的心智觉知、智能手机成瘾、冲动性和焦虑水平经过正念干预治疗获得显著改善	李丽（2016）
3	认知行为	个体（焦点解决短期心理治疗）	1名主动来访者（女，19岁）	个案治疗	治疗措施（动机激发）	基本情况：1次（60分钟）/周×3周。每次内容：①建构解决的对话，对话或问题描述，目标架构，例外架构，建设目标架构；②休息；③正向回馈，赞美，信息提供，家庭作业	成瘾分值降低，来访者自评和身边他人评价明显改善	李丽（2016）

① 李丽：《大学生智能手机成瘾的冲动性和其他相关因素及成瘾干预对策研究》，博士学位论文，吉林大学，2016年。

续表

编号	类型	形式	干预对象	实验设计	干预策略	干预内容	干预效果	案例来源
4	行为心理干预	个体（实验室抑制训练干预）	筛选出的手机依赖大学生30人	随机对照前后测实验设计	治疗措施（抑制控制）	基本情况：2次（40分钟）/周×8周。内容：①阶段1：Go/No Go训练，任务中包含手机相关图片和书籍图片，被试对所有的手机相关图片都要做出No Go反应，而对书籍做出Go反应，对家具图片一半做出Go反应，一半做出No Go反应；②阶段2：手机振动铃声干扰下Go/No Go任务，被试还需要抵抗手机振动铃声的干扰完成任务。手机振动铃声每段持续2s，持续出现10s，间隔5s再次出现，10s内振动5次，音量为60分贝	显著减少了手机使用时间和手机依赖水平，并提高了其抑制控制能力，远期效果保持较差	祖静（2017）①
5	社会心理干预	个体（实验室积极情绪训练干预）	筛选出的手机依赖大学生30人	随机对照前后测实验设计	治疗措施（情绪管理）	基本情况：2次（40分钟）/周×8周（4周）。内容：①积极情绪训练（4周）：通过"寻找微笑脸"任务提高被试对积极情绪表情的注意。②通过改编消极情绪，积极情绪，提高对积极情绪的注意；被试想象在压力面前如何使用积极情绪应对以及可以采取的积极反应方式	降低了手机使用水平和手机依赖时间，远期效果保持较好，但任降低消极情绪方面效果不明显	祖静（2017）
6	综合干预	个体（实验室抑制训练+积极情绪训练干预）	筛选出的手机依赖大学生30人	随机对照前后测实验设计	治疗措施（抑制控制+情绪管理）	基本情况：2次（40分钟）/周×8周。内容：①Go/No Go任务+"寻找笑脸"任务，任务各为原来一半；②手机振动铃声干扰下的手机Go/No Go任务+改编情绪觉察任务范式+积极情绪想象任务	显著降低手机依赖水平和手机使用时间，远期效果保持良好，积极情绪的提升显著	祖静（2017）

① 祖静：《手机依赖大学生抑制控制和情绪加工特点及其干预研究》，博士学位论文，东北师范大学，2017年。

第七章 青少年手机媒体依赖的干预策略研究

续表

编号	类型	形式	干预对象	实验设计	干预策略	干预内容	干预效果	案例来源
7	认知行为	团体（八段锦运动）+认知（健康教育）	筛选出的162名手机依赖者	随机对照前后测实验设计	治疗措施（认知+自控力+情绪管理）	基本情况：1次（90分钟）/周×8周。(3)手机寄生虫；①揭秘八段锦；②践行八段锦；④正念八段锦；⑤身体信号身心联结；⑥运动是天然的健脑丸；⑦中华"体育"之瘾力；⑧当下创造未来。实验组在课程教学中同时坚持做八段锦[2次（20—30分钟）/天×5天/周×8周]	短期训练干预效果不明显，长期训练有利于改善情绪，对手机成瘾改善起到协助作用	解飞(2019)①
8	认知行为	团体辅导（教育+自控力训练）	实验组手机成瘾者10名	随机对照前后测实验设计	治疗措施（认知+自控力）	基本情况：2次（120分钟）/周×7周。内容：①团队建立；②自控深度讲解；③重塑认知：手机依赖不良影响，自我效能感归因理论；④分析问题；⑤选择性聚焦（放松训练、自我监控技巧）；⑥自我控制训练；⑦处理离别、分享心得、相互祝愿	提升自我控制能力，降低孤独感水平，进而对大学生手机依赖起到干预效果	陈嘉豪(2019)②
9	行为干预	团体辅导（时间管理）	招募24名手机成瘾中学生（12—17岁）	随机对照前后测实验设计	治疗措施（认知+自控力）	基本情况：1次（60分钟）/周×8周。内容：①相识相知；②时间多少；③时不我予；④时间管理，如时间四象限、番茄工作法，如SAMRT原则，健康手机使用时间；⑤我的时间管理，监控手机使用时间；⑥持之以恒，使用再见；⑦珍重再见	对提高时间管理水平有一定的促进作用，能有效降低青少年手机成瘾倾向	王丹(2019)③

① 解飞：《护生手机成瘾现状及八段锦健康教育干预研究》，硕士学位论文，山西医科大学，2019年。
② 陈嘉豪：《大学生孤独感、自我控制与手机依赖的关系及干预研究》，硕士学位论文，广西师范大学，2019年。
③ 王丹：《未来时间洞察力与手机成瘾的关系》，硕士学位论文，华中师范大学，2019年。

续表

编号	类型	形式	干预对象	实验设计	干预策略	干预内容	干预效果	案例来源
10	认知行为干预	个人（认知疗法+行为疗法）	被动干预，大二手机成瘾者（男，21岁）	个案研究	治疗措施（认知+自控力+动机）	基本情况：1次（40分钟）/周×6周。内容：①建立联系；②手机行为及后果讨论；③厌恶疗法；④学习动力提升；⑤行为管理训练；学习提示：⑥个人生涯规划	心理状态有了明显的改善，手机依赖问题基本得到控制	盛忠光（2019）①
11	行为干预	个案（行为治疗）	被动干预，高中生（男，16岁）	个案研究	治疗措施（自控力）	基本情况：1次（60分钟）/周×7周。内容：①接案与建立专业关系；②问题诊断与方案制定；③认识上的改变：危害与身心健康；④认知改变：同题归因；⑤行为改变；手机使用暗示与手机使用管理；⑥行为改变：手机使用管理与信心建立；⑦巩固与结案	取得一定效果	朱云（2017）②
12	社会心理干预	个体（整合性沙盘游戏）	筛选的1名大三手机依赖者（男）	个案研究	治疗措施（焦虑等情绪管理）	基本情况：1次（60分钟）/周×10周。每次沙盘治疗过程按照引导、制作作品、体验作品、访谈、主题与自我像、自制沙盘主题报告等步骤进行，自制沙盘主题分别为：①未来生活；②想家；③归家；④战争；⑤文化冲突；⑥荒岛求生；⑦动物世界；⑧新生命；⑨度假；⑩眺望未来	焦虑情绪降低，睡眠质量改善，专注目前的学习，手机依赖降低	沈晓冉（2017）③

① 盛忠光：《手机依赖对大学生学习的负面影响与个案干预研究》，硕士学位论文，井冈山大学，2019年。
② 朱云：《行为治疗模式介入高中生手机依赖行为问题的研究》，硕士学位论文，华中科技大学，2017年。
③ 沈晓冉：《整合性沙盘游戏治疗对大学生手机依赖问题的干预研究》，硕士学位论文，辽宁师范大学，2017年。

续表

编号	类型	形式	干预对象	实验设计	干预策略	干预内容	干预效果	案例来源
13	社会心理	个体（整合性沙盘游戏）	筛选的1名大二手机依赖者（女）	个案研究	治疗措施（孤独等情绪管理）	基本情况：1次（60分钟）/周×10周。自制沙盘主题分别为：①陪伴；②荒山中的小屋；③安静的夜晚；④守望；⑤休闲午后；⑥幸福一家人；⑦宁静的海边；⑧幸福生活；⑨郊游；⑩愉快的假日	孤独感降低，内心冲突解决，手机依赖者显著降低	沈晓冉(2017)
14	社会心理	团体（整合性沙盘游戏）	筛选的6名手机依赖者	随机对照前后测实验设计	治疗措施（无意识与意识冲突整合）	基本情况：1次（60分钟）/周×8周。每次沙盘治疗过程按照引导、制作作品、体验作品、访谈、主题与沙盘自我像、汇报告等步骤进行。团队沙盘主题分别为：①成争与和平；②郊外；③博物馆；④度假；⑤悠闲；⑥寻宝；⑦美好一天；⑧郑游；⑨愉快的假日	干预后干预组手机依赖指数前后测得分存在显著差异，成为非手机依赖者；沙盘主题和自我像发生明显变化	沈晓冉(2017)
15	认知行为	个体（元认知干预）	筛选的6名手机依赖者	多个案研究	治疗措施（认知+情绪管理+自控）	基本情况：3名一次（90分钟）/天×8天；3名一次（90分钟）/天×10天。每个被试主要内容：①认知调整：成因分析、原理讲解、错误认知转变；②放松训练：风景想象、情感组织等；③防复发指导：知识回顾、情绪调整方法、情境模拟等	能够有效解决大学生手机依赖问题，不易复发	韩雪(2016)[①]

① 韩雪：《运用元认知干预技术解决大学生手机依赖效果的研究》，硕士学位论文，辽宁师范大学，2015年。

续表

编号	类型	形式	干预对象	实验设计	干预策略	干预内容	干预效果	案例来源
16	认知干预	团体（内观认知疗法）	筛选的33名手机依赖者	随机对照前后测实验设计	治疗措施（认知）	基本情况：2次（180—240分钟）/周×3周。内观主题：①母亲和我；②父母和我；③父亲和我（生活费计算）；④自定内观对象1；⑤自定对象2；⑥自定对象3	内观体验组的手机成瘾倾向量表得分显著下降，具有统计学意义	韩雪（2014）[1]
17	认知行为	团体（认知行为综合疗法）	筛选的20名手机依赖者	随机对照前后测实验设计	治疗措施（认知+自控力+动机）	基本情况：1次（180—240分钟）/周×8周。内容：①相逢是缘；②识别高危情境；③直面不合理信念，理性情绪疗法，认知疗法；④开启放松之旅；⑤学会自我管理；⑥离线社会化；⑦自我整合；⑧我的未来不是梦	验组成员的手机成瘾情况得到明显改善，团体辅导的效果有一定的持续性	冯清（2015）[2]
18	认知行为	团体（认知行为综合疗法）	筛选的50名手机依赖者中生	随机对照前后测实验设计	治疗措施（认知+社交技能）	基本情况：1次（120分钟）/周×6周。内容：①相识阶段；②正视"我们与手机"；③减压训练；④社交技能训练（2周）；⑤总结回顾	显著降低手机依赖高中生的手机依赖水平，并显著提高其自尊水平	张锐（2016）[3]
19	认知行为干预	团体（生命意义疗法）	筛选的3名高二手机依赖者（15—18岁）	单组前后测及追踪测量	治疗措施（认知信念）	基本情况：2次（120分钟）/周×4周。内容：①认识你我他及生命意义；②空虚与成瘾；③伤痛与成长；④创造与价值；⑤意义与成就1；⑥活动与成就2；⑦活动与成就；⑧展望未来	意义疗法团体辅导能显著改善青少年的手机依赖	王晶晶（2017）[4]

[1] 韩雪：《大学生手机成瘾倾向的影响因素和内观认知疗法的干预研究》，硕士学位论文，苏州大学，2014年。
[2] 冯清：《认知行为团体辅助对大学生智能手机依赖的干预研究》，硕士学位论文，华中师范大学，2015年。
[3] 张锐等：《团体心理训练对高中生的手机依赖及其自尊的影响》，《中国健康心理学杂志》2016年第9期。
[4] 王晶晶：《基于意义疗法的团体辅导对青少年手机依赖的干预研究》，硕士学位论文，湖南师范大学，2017年。

第七章 青少年手机媒体依赖的干预策略研究

续表

编号	类型	形式	干预对象	实验设计	干预策略	干预内容	干预效果	案例来源
20	认知行为	团体（现实疗法）	筛选的15名初中生MPAI初高等分者	随机对照前后测实验设计	治疗措施（内部控制）	基本情况：1次（90分钟）/周×10周。内容：①团队建立；②5个基本需求分析及手机成瘾分析；③介绍选择理论与时间管理理论；④介绍"综合行为"与替代行为探讨；⑤介绍并练习WDEP；⑥手机使用模式及手机依赖形成的触发点；⑦制定WDEP计划表；⑧团队成员制定书面契约；⑨团队目标评估与团队结束；⑩团队成员制作积极提醒卡片	现实疗法团体辅导的干预效果要好于一般团体辅导，并且其延时效果也较好	任招招(2017)[①]
21	认知行为	团体（综合认知训练）	筛选的15名初中生MPAI初高等分者	随机对照前后测实验设计	治疗措施（认知与技能训练）	基本情况：1次（90分钟）/周×10周。内容：①团队组建；②信任伙伴；③认自我，自信我能做主；⑤认识手机依赖；⑥我的情绪我做主；⑦当手机离开时；⑧孤独来了我不怕；⑨大家来了"心理剧"；⑩团团圆圆	手机依赖前后测得分存在显著差异	任招招(2017)
22	认知行为	团体（综合自控制）	筛选的8名初一学生手机依赖倾向青少年（12—13）	单组前后测及追踪测量	治疗措施（认知与重建与自控力提升）	基本情况：1次（90分钟）/周×8周。内容：①初相识；②了解手机依赖；③认知重建；④问题分析；⑤选择性聚焦；⑥自我控制训练；⑦多彩生活；⑧离别在即	对青少年手机依赖，自我控制能力具有显著效果，具有良好的持续性	李甜(2017)[②]

① 任招招：《现实疗法对初中生手机依赖的团体干预研究》，硕士学位论文，江西师范大学，2017年。
② 李甜：《基于自我控制制的团体辅导对青少年手机依赖的干预研究》，硕士学位论文，湖南师范大学，2017年。

续表

编号	类型	形式	干预对象	实验设计	干预策略	干预内容	干预效果	案例来源
23	社会心理	个案（乐高疗法）	1名被动干预手机依赖症患者（10岁，男）	个案研究	治疗措施（人际＋注意力）	基本情况：1次（40分钟）/周×8周。内容：①认识新朋友乐高；②乐高接力赛；③注意力快回来；④学习力快回来；⑤乐高大战；⑥乐高比手机有趣的地方是什么；⑦最酷的乐高作品是合作出来的；⑧再见手机	情绪管理能力得到了极大的改善，手机依赖明显改善	陈娟娟（2020）①
24	认知行为	团体（朋辈团体辅导）	8名手机依赖者	随机对照前后测实验设计	治疗措施（认知＋自控力＋孤独感）	基本情况：1次（90分钟）/周×8周。内容：①初次相识；②体验自我；③认识手机；④人际信任；⑤抵御诱惑；⑥相互关注；⑦目标规划；⑧面向未来	自我控制能力提升，孤独感水平降低，手机依赖问题缓解	安佳等（2020）②
25	认知干预	团体（正念认知疗法）	SAS筛选出的手机依赖患者阳性患者（22.4岁）	随机对照前后测实验设计	治疗措施（注意力和控制力）	基本情况：2次（90分钟）/周×4周。基于Sagal的正念认知训练计划增加：①对焦虑心态和手机使用的探讨；②个体对外界手机信息觉察而不行动的训练	手机依赖总分、失控性、戒断性和逃避性因子得分显著降低，正念水平显著提高	张晓旭等（2014）③

① 陈娟娟：《应用乐高疗法对"手机依赖症"儿童进行心理干预》，《中小学心理健康教育》2020年第17期。
② 安佳等：《朋辈团体心理辅导对大学生手机依赖问题的有效干预研究——以山西省某高校为例》，《心理月刊》2020年第1期。
③ 张晓旭、朱海雪：《正念认知疗法对手机依赖大学生的干预研究》，《心理与行为研究》2014年第3期。

的空闲时间，让他不至于因为无聊转向手机世界；关注孩子的媒体社交状态；父母以身作则不做低头族。①② 此外还有人从技术视角给出建议：只下载必要的 App；关闭 App 的消息推送；开启手机"小黑屋"使用管理 App；回归只能接打电话的功能机。③ 还有人提出：在家里设置"手机专区"；父母在孩子面前少玩手机；不要把手机作为哄孩子或者奖赏孩子的工具；帮孩子选择通过手机接触的内容；多陪孩子参加户外活动；睡前 1 小时不接触电子设备等。④ 有人提出的个体自控技巧包括：识别手机过度使用的触发器；了解面对面互动和在线互动之间的差异；识别可能支持强迫行为的潜在问题；加强自身社交支持网络建设；设定何时可以使用智能手机的计划；在每天某些特定时间关闭手机；不将手机或平板电脑带到床上；以更健康的活动代替玩手机；朋友聚会玩"手机堆栈"游戏；从手机中删除社交媒体应用程序；遏制自己害怕错过的情绪。家长或学校帮助儿童或青少年沉迷于智能手机的技巧包括：做个好榜样；使用应用程序监视和限制您孩子的智能手机使用量；创建"无电话"区域；鼓励其他有意义的社会活动；与您的孩子讨论潜在问题。⑤

通过对现有相关专家的建议分析发现，父母做好榜样示范、培育孩子良好手机使用习惯、梳理正确价值导向、采用技术管理手段、增加线下社交活动等是普遍推荐的干预策略。

第三节 青少年手机媒体依赖干预策略体系建构

在前面分析中发现数字媒体技术依赖干预策略可分为认知干预、行

---

① 张雯雯：《如何避免孩子沉迷手机？这几种反上瘾法则比一味禁止更有效》，2019 年 6 月 22 日，https：//www.sohu.com/a/323041013_100278928，2020 年 7 月 1 日。
② Gallagher, K., Magid, L., "The Parent's Guid to Educational Technology", Match 22, 2020, http：//www.connectsafely.org/wp-content/uploads/Edtech-8.5x11.pdf.
③ 钱玮珏：《小伙伴们八成是手机控》，《南方日报》2013 年 8 月 29 日第 B05 版。
④ 国务院新规：《严禁手机带入中小学课堂！孩子的手机要不要收回？》，2019 年 9 月 20 日，https：//www.sohu.com/a/342309614_120060242，2020 年 8 月 1 日。
⑤ The Wisdom Post & Sophia Team, "Cell Phone Addiction: Meaning, Symptoms, Causes, Effects, and Treatment", Match 22, 2020, https：//www.thewisdompost.com/essay/addiction/mobile-addiction/cell-phone-addiction-meaning-symptoms-causes-effects-and-treatment/1045.

为干预、认知行为干预、社会心理干预、药物干预、神经调节干预、技术辅助干预等类型；干预形式可分为个体干预、团体干预、家庭干预和社区干预等不同形式；认知重建、自控力提升、情绪管理、技能训练、动机激发和人际关系改善等是手机媒体依赖干预的核心要素。在干预策略建构时应将针对依赖群体和成瘾群体的措施区别对待。

一 青少年手机媒体依赖干预策略建构的理论基础

（一）人类心理与行为研究相关理论

1. 生物—心理—社会医学模式

1977年美国罗切斯特大学医学院精神病学与内科学教授恩格尔（G. L. Engel）在《科学》杂志上发表了题为《需要新的医学模式：生物医学面临的挑战》的论文，首次提出了生物—心理—社会医学模式（Biopsychosocial Model）。[1] 它是从生物、心理和社会等方面来观察、分析和思考，并处理疾病和健康问题的科学观和方法论。[2][3][4][5][6] 近年来，研究者普遍认为网络成瘾或手机依赖是一个复杂的社会和心理现象，受社会、心理和生理等方面因素的影响，提出了"社会—心理—生理"整合模型来解释网络成瘾。[7][8][9]

2. 个体发展生态系统层次模型

1979年美国著名人类学家和生态心理学家尤·布朗芬布伦纳（Urie Bronfenbrenner）在《人类发展生态学》一书中提出了著名的人类

---

[1] Engel, G. L., "The Need for a New Medical Model: A Challenge for Biomedicine", Science, Vol. 196, 1997, pp. 129 – 136.
[2] 卢祖洵主编：《社会医学》，科学出版社2003年版，第11页。
[3] 梁渊等：《如何正确认识生物—心理—社会医学模式的概念及其指导作用》，《医学与社会》2004年5月。
[4] 辞海编委会：《辞海》（第1卷），上海辞书出版社1999年版，第457页。
[5] 梁渊等：《生物—心理—社会医学模式的理论构成》，《中国社会医学杂志》2006年第1期。
[6] 蒲佳佳、Todd Jackson：《神经性厌食症的生物—心理—社会模型》，《心理科学进展》2016年第12期。
[7] 胡耿丹、张军：《人类本能视角下运动矫治青少年网络成瘾的作用及机制研究》，《中国体育科技》2016年第1期。
[8] 刘树娟、张智君：《网络成瘾的社会—心理—生理模型及研究展望》，《应用心理学》2004年第2期。
[9] 杨波、秦启文：《成瘾的生物心理社会模型》，《心理科学》2005年第1期。

发展生态学理论（Ecological Systems Theory）。① 该理论在梳理人类发展影响因素的基础上提出了个体发展生态层次系统模型，认为影响个体发展的外在环境可分为微观系统、中介系统、外在系统、宏观系统和历时系统。其中微观系统是由个体家庭、学校和同辈群体等构成的个体能够亲身直接接触的环境因素；中介系统是指两个和两个以上微观系统之间的相互联系情况，如家校互动、邻里互动等；外在系统是指由父母工作单位、学校机构、教育管理部门和其他社会部门等构成的个体并不经常直接接触但可以对个体产生间接影响的生态环境系统；宏观系统是由政治、经济、文化、社会形态和社会结构等构成的整个社会和意识形态背景环境；历时系统是由历史、代际变化和代内变化等构成的发展变化过程。②③ 2008 年约翰逊（Johnson, G. M.）和帕普兰谱（Puplampu, P.）在个体发展生态系统层次模型的基础上，在"个体"和"微观系统"之间增加了"技术子系统（Techno‑Subsystem）"，形成生态技术子系统（The Ecological Techno‑Subsystem）模型用于解释互联网对儿童发展的影响。④

3. 计划行为理论

计划行为理论（Theory of Planned Behavior，TPB）是美国学者阿耶兹（Icek Ajzen）1985 年在发展由他和菲什拜因（Fishbein）提出的理性行为理论（Theory of Reasoned Action，TRA）而来的，主要用于研究个人信念、态度、行为意图和实际行为之间的关系。⑤⑥ 计划行为理论模型如图 7‑3 所示。模型中的态度是指个人对行为所持的正面或负面

---

① Bronfenbrenner, U., *The Ecology of Human Development: Experiments by Nature and Design*, Cambridge MA: Harvard University Press, 1979.
② 谷禹等：《布朗芬布伦纳从襁褓走向成熟的人类发展观》，《心理学探新》2012 年第 2 期。
③ 车广吉等：《论构建学校、家庭、社会教育一体化的德育体系——尤·布朗芬布伦纳发展生态学理论的启示》，《东北师大学报》（哲学社会科学版）2007 年第 4 期。
④ Johnson, G. M., Puplampu, P., "A Conceptual Framework for Understanding the Effect of the Internet on Child Development: The Ecological Techno‑Subsystem", *Canadian Journal of Learning and Technology*, No. 34, 2008, pp. 19‑28.
⑤ Ajzen, I., "The Theory of Planned Behavior", *Organizational Behavior and Human Decision Processes*, Vol. 50, 1991, pp. 179‑211.
⑥ Ajzen, I., "The Theory of Planned Behavior", *Handbook of Theories of Social Psychology*, 2012, pp. 438‑459.

的评价;主观规范是个体对是否应该采取某项行动所感受到的社会压力,主要指个人认识到的重要他人对自身行为的期望信息;感知行为控制就是个体所预期到的完成行为的阻力或难易程度,包括个体知识技能等内部因素和资源拥有等外部因素;行为意向是个体对采取特定行动的主观概率的判断;行为就是个体实际采取的行动。[1] TPB 认为个人的行为意向是预测行为的直接决定因素,态度、主观规范和感知行为控制经由行为意图间接影响实际行为。[2] 目前,计划行为理论已经被广泛应用于吸烟、酗酒和网络成瘾等问题的干预研究[3],也有学者将其应用于手机媒体依赖干预相关研究[4][5]。

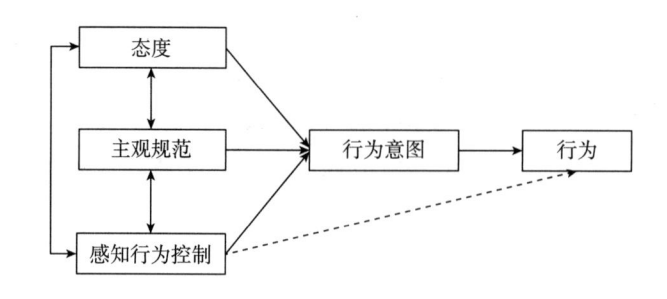

图 7-3 计划行为理论模型

资料来源:Ajzen(1991)。

此外,健康信念模型[6]、说服效应理论模型[7]、罗杰斯的人本主义

---

[1] [美] Gass, R. H.、Seiter, J. S.:《说服心理学:社会影响与社会依从》,中国轻工业出版社 2019 年版,第 58 页。

[2] 王小宁:《大学生移动互联网采纳研究》,国防工业出版社 2015 年版,第 60 页。

[3] 吴贤华:《青少年网络成瘾者人际关系特征及其综合干预研究》,博士学位论文,华中科技大学,2013 年。

[4] 柴晶鑫:《大学生手机依赖行为意向及影响因素研究》,博士学位论文,吉林大学,2017 年。

[5] 李丽:《大学生智能手机成瘾的冲动性和其他相关因素及成瘾干预对策研究》,博士学位论文,吉林大学,2016 年。

[6] Janz, N. K., Becker, M. H., "The Health Belief Model: A Decade Later", *Health Education Quarterly*, Vol. 11, No. 1, 1984, pp. 1–47.

[7] Chaiken, S., Maheswaran, D., "Heuristic Processing Can Bias Systematic Processing: Effects of Source Credibility, Argument Ambiguity, and Task Importance on Attitude Judgment", *Journal of Personality and Social Psychology*, Vol. 66, No. 3, 1994, pp. 460–473.

理论、班杜拉的自我效能理论、库尔特·勒温（Kurt Lewin）的心理场理论和鲍迈斯特的逃避自我理论都对了解手机媒体依赖行为的原理及制定干预策略具有重要参考价值，这里不再赘述。

（二）人类心理与行为转变相关理论

1. 认知行为理论模型

认知行为理论（Cognitive Behavioral Therapy，CBT）是对认知理论和行为理论的批判与发展，是通过改变信念或非适应性认知来改变行为的理论。CBT 的核心观点是认知、情绪和行为是相互整合的，人的信念决定其情绪和行为。[1][2][3] 代表性技术有艾利斯的合理情绪行为疗法[4]、贝克和梅肯鲍姆的认知行为矫正技术。查德·戴维斯从认知行为的角度提出了网瘾的病因学模型，认为网瘾的充分近因是对自我和对外部世界适应不良的认知。这一模型为制订干预和预防方案提供了有用的框架，在他看来认知重建应该是网瘾干预和预防的基本治疗成分。网瘾认知行为疗法中的行为成分包含对上网行为的记录、思维列表练习和暴露疗法。[5]

2. 行为转变阶段模型

美国心理学家普罗察斯卡等提出的行为转变阶段理论（The Transtheoretical Model and Stages of Change，TTM）也成为研究行为改变的理论模型，该模型认为行为改变是一个连续和渐进的过程，可以分为前意向阶段、意向阶段、准备阶段、行动阶段和维持阶段 5 个阶段。[6] 由前意向阶段转向意向阶段的关键是知识改变，意向阶段转向准备阶段的关

---

[1] Mcleod, S. A., "Cognitive Behavioral Therapy", Simply Psychology, January 11, 2019, https://www.simplypsychology.org/cognitive-therapy.html.

[2] Dobson, K. S., Block, L., "Historical and Philosophical Bases of Cognitive Behavioral Theories", *Handbook of Cognitive Behavioral Therapies*, London: Guilford Press, 1988.

[3] Diaz, K., Murguia, E., "The Philosophical Foundations of Cognitive Behavioral Therapy: Stoicism, Buddhism, Taoism and Existentialism", *Journal of Evidence-Based Psychotherapies*, Vol. 15, No. 1, 2015, pp. 37-50.

[4] Ellis, A., "Rational Psychotherapy and Individual Psychology", *Journal of Individual Psychology*, Vol. 13, 1957, pp. 38-44.

[5] Davis, R. A., "A Cognitive-Behavioral Model of Pathological Internet Use", *Computers in Human Behavior*, Vol. 17, No. 2, 2001, pp. 187-195.

[6] Prochaska, J. O., et al., "In Search of How People Change: Applications to Addictive Behaviour", *American Psychologist*, Vol. 47, No. 9, 1992, pp. 1102-1114.

键是态度改变，准备阶段转向行动阶段的关键是行为改变。①② Ferron 根据行为转变阶段理论研究了行为依赖的干预策略，认为在行为转变的前期主要通过教育等手段增加个体行为改变的意愿，后期阶段主要通过持续的反馈让干预对象及时了解行动转变的效果并鼓励坚持。③

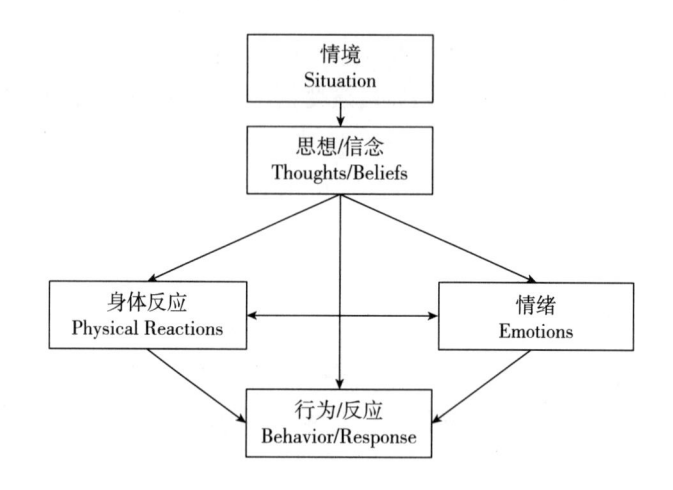

图 7-4　认知行为理论模型

资料来源：Davis, R. A. (2001)。

3. 行为改变轮理论

行为改变轮理论（The Behaviour Change Wheel，BCW）在 2011 年由 Michie 首先提出，该理论是在综合多个行为改变理论框架的基础上发展而来。④ BCW 理论旨在帮助干预方案设计者从行为问题原因分析

---

① 尹博：《健康行为改变的跨理论模型》，《中国心理卫生杂志》2007 年第 3 期。
② 孔德华等：《跨理论模型在健康行为改变中应用的研究进展》，《解放军护理杂志》2015 年第 13 期。
③ Ferron, M., Massa, P., "Transtheoretical Model for Designing Technologies Supporting an Active Lifestyle", *ACM International Conference Proceeding Series*, 2013.
④ Wilson, C., Marselle, M. R., "Insights from Psychology about the Design and Implementation of Energy Interventions Using the Behaviour Change Wheel", *Energy Research & Social Science*, Vol. 19, 2016, pp. 177-191.

入手，从能力、机会及动机 3 方面制定综合干预。①② BCW 模型从内到外由行为来源（Sources of Behavior）、干预功能（Intervention Functions）和政策类型（Policy Categories）三层构成。行为来源旨在描述行为的动力，认为只有个体具有能力、机会和动机三方面的基础后才会出现某种特定行为（Behavior）；干预功能层主要描述可采取的行为改变干预手段，通过培训、教育、赋能、说服、激励、限制、建模、环境重建八大策略改变个体能力和动机并提供行为改变机会；政策类型层主要描述支持行为改变的政策措施及制度文化，包括指南、法规、公共服务等。③ 行为改变轮理论让我们认识到，行为改变是受多种因素影响的，各种干预措施的选择要指向个体能力、动机和机会，手机媒体依赖行为的改变重在激发个体内在动机，同时要辅助以外部政策制度支持。

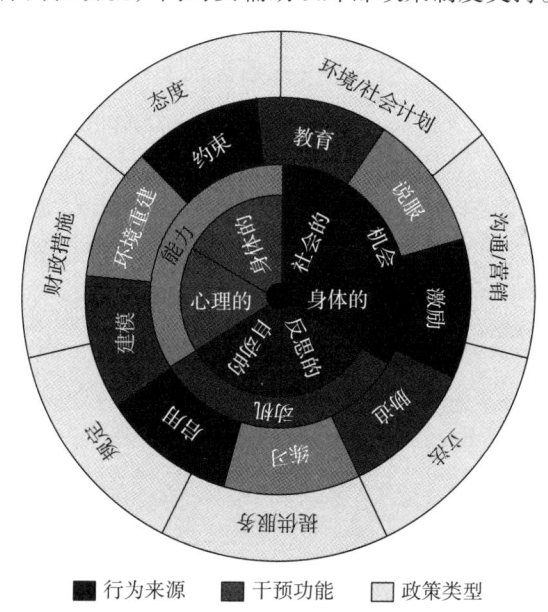

图 7-5　行为转变轮理论

资料来源：http://www.behaviourchangewheel.com。

---

① 蔡利等：《国外行为改变轮理论的概述与实践》，《解放军护理杂志》2019 年第 7 期。
② Ferron, M., Massa, P., "Transtheoretical Model for Designing Technologies Supporting an Active Lifestyle", *ACM International Conference Proceeding Series*, 2013.
③ Michie, S., et al., *The Behaviour Change Wheel: A Guide to Designing Interventions*, London: Silverback Publishing, 2014.

(三) 人类心理与行为障碍干预相关理论

1. 心理健康干预策略谱模型

1994年，美国心理疾病预防委员会的姆拉泽克（Mrazek, P. J.）与哈格蒂（Haggerty, R. J.）等提出了心理健康干预策略谱模型。该模型基于事前预防与事后矫治一体化的思想，将心理健康的干预策略分为提升促进（Promotion）、预防（Prevention）、治疗（Treatment）和康复（Recovery）四个层次。① 心理健康干预策略谱模型如图7-6所示。

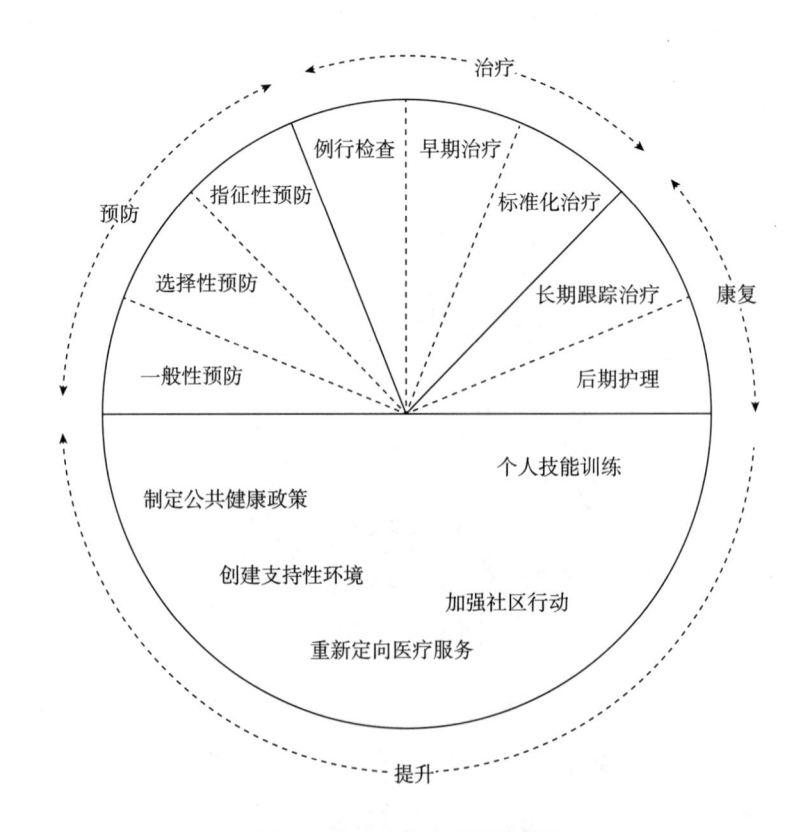

图7-6 心理健康干预策略谱

资料来源：Mrazek 和 Haggerty (1994)。

---

① Institute of Medicine (Us) Committee on Prevention of Mental Disorders, et al., *Reducing Risks for Mental Disorders: Frontiers for Preventive Intervention Research*, Washington (DC): National Academies Press (US), 1994.

其中促进策略主要包括开发个人技能、加强社区行动、重新定向医疗服务、创建支持型环境、制定公共健康政策等；预防策略包括面向整体人群的一般性预防、面向易感人群的选择性预防和面向具有亚健康早期表现特征人群的指征性预防策略；治疗策略包括病例例行检查、早期治疗、标准化治疗；康复策略包括长期跟踪治疗、后期护理等策略。

2. 心理健康干预的社会生态系统模型

2002年，世界卫生组织（WHO）发布的研究报告中提出了理解青少年暴力等行为障碍的社会—生态系统模型（Social-Ecological Model）[1]，该模型阐明了个体与环境之间的关系，认为不良行为是多层次因素综合影响的结果，由内到外包括个体层（Individual）、关系层（Relationship）、社区层（Community）和社会层（Societal）四个层次。个体层旨在探索个体生物、人格和人口等特征对个体行为的影响；关系层旨在探索同伴、伴侣和家庭成员等近端社会因素对个性行为的影响；社区层旨在探索学校、工作场所和邻居等社会关系嵌入其中的社区背景对个体行为的影响；社会层旨在探索整个文化、意识、价值、规范等社会大背景因素对个体的影响。2011年美国社区卫生干预合作组织据社会—生态系统模型开发了社区卫生干预与评估框架模型，从改变输入、改变策略、改变轨迹和改变评估四个层面描述了社区卫生干预与评估框架，如图7-7所示。[2]

3. 自我控制干预模型

Ronen等提出的自我控制干预模型（Self-Control Intervention Model，SCIM）对各种成瘾行为干预方案制定具有重要指导意义。SCIM理论认为各种行为障碍干预的核心在于自我控制能力的提升。面向自我控制能力提升的干预包括认知重建、问题分析、选择性聚焦、自我控制练

---

[1] Dahlberg, L. L., et al., "A Global Public Health Problem", in Krug, E. G., et al. eds., *World Report on Violence and Health*, World Health Organization, 2002, pp. 1–56.

[2] Wong, F., et al., "Community Interventions for Health (Cih) Collaboration. Community Health Environment Scan Survey (CHESS): A Novel Tool that Captures the Impact of the Built Environment on Lifestyle Factors", *Global Health Action*, Vol. 4, 2011, https://doi.org/10.3402/gha.v4i0.5276.

习等。①② 近年来，马提亚斯·布兰德和金伯利·杨格等在综合分析游戏成瘾和网络成瘾研究成果的基础上提出了特定网络应用成瘾的"个体—情感—认知—执行"交互模型（Interaction of Person – Affect – Cognition – Execution，I – PACE），并据此模型提出了将网络成瘾的认知行为干预策略与 I – PACE 整合的治疗方法。③④

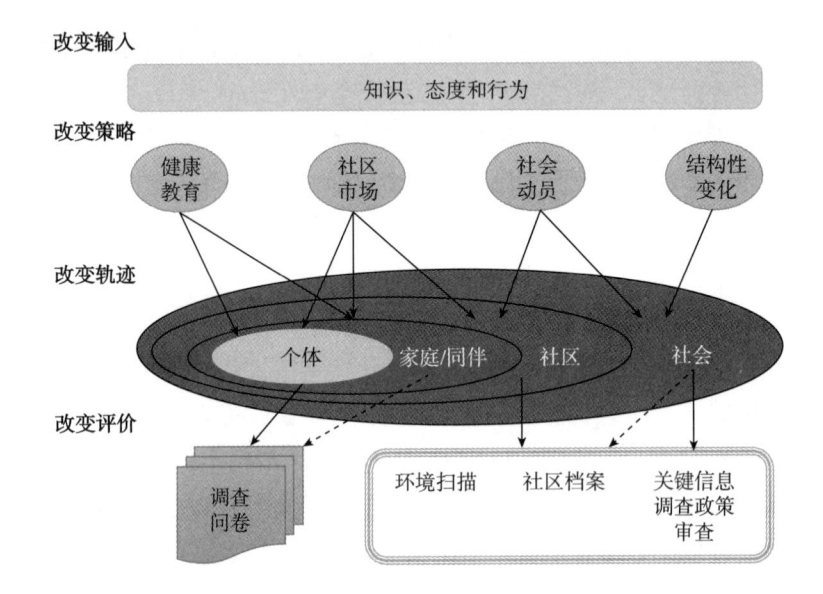

图 7 – 7 社区卫生干预（CIH）评估框架

资料来源：Interventions for Health（CIH）Collaboration（2011）。

---

① Ronen, T., Rosenbaum, M., "Helping Children to Help Themselves: A Case Study of Enuresis and Nail Biting", *Research in Social Work Practice*, Vol. 11, 2011, pp. 338 – 394.

② 何玲、史占彪：《基于自我控制资源模型的干预研究》，《中国心理卫生杂志》2015 年第 5 期。

③ Brand, M., et al., "Integrating Psychological and Neurobiological Considerations Regarding the Development and Maintenance of Specific Internet – Use Disorders: An Interaction of Person – Affect – Cognition – Execution（I – PACE）Model", *Neuroscience & Biobehavioral Reviews*, Vol. 71, No. 2, 2016, pp. 252 – 266.

④ Young, K. S., Brand, M., "Merging Theoretical Models and Therapy Approaches in the Context of Internet Gaming Disorder: A Personal Perspective", *Frontiers in Psychology*, 2017 – 10 – 20, https://doi.org/10.3389/fpsyg.2017.01853, 2019 – 11 – 13.

二 青少年手机媒体依赖的干预策略体系建构

（一）青少年手机媒体依赖的干预策略制定原则

通过前面理论回顾及关于手机媒体依赖干预策略的研究发现，目前关于青少年心理健康、网络成瘾和手机依赖的干预策略开发应坚持如下基本原则：

1. 坚持预防与矫治相结合的一体化干预

美国心理基本预防委员会提出的心理健康干预策略谱模型坚持事前预防与事后矫治一体化的干预理念，提出了促进、预防、治疗和康复的四层次模型；普罗察斯卡（Prochaska）等提出的行为转变阶段理论将行为转变视为渐进的连续性过程，分为前意向、意向、准备、行动和维持5个阶段。这些理论都试图坚持预防矫治一体化理念以尽量将心理健康问题解决在早期阶段，在各种心理健康疾病预防干预方面得到WHO等国际组织和世界各国的普遍采纳。[1][2] 因此，本书在手机依赖干预策略框架制定中也坚持预防矫治一体化的理念。但在前面关于手机依赖干预策略的分类中发现，不同个体或同一个体不同阶段的手机依赖程度是存在差异的，有些属于轻度或中度依赖，可通过适当干预激活其自身调节功能缓解或消除手机依赖；有些则到严重依赖的程度即成瘾状态或重度成瘾状态，对这类个体的干预策略又是有所不同的。这两类群体的干预策略应该有所差异，因此将四级模型中的"治疗"部分分为针对轻中度依赖群体的"矫治"和针对手机成瘾群体的"介入治疗"两部分。因此，基于预防治疗一体化的理念，可根据干预介入程度将手机媒体依赖干预策略分为促进、预防、矫治、介入和康复五个阶段。

2. 坚持多主体协同参与的生态化干预

尤·布朗芬布伦纳的个体发展生态心理学、帕普兰谱的生态技术子系统理论、恩格尔的生物—心理—社会医学模式和WHO提出的行为障碍社会—生态系统模型都强调心理健康问题形成的多层次因素影响，提出了心理健康问题的生态化解释模型；Michie提出的行为转变轮理论和

---

[1] Muijen, M., "Outcomes of Promotion, Prevention, Treatment and Care", *European Psychiatry*, Vol. 33, No. S1, 2016, p. S3.

[2] 李正兰：《预防医学基础与社区保健》，云南科学技术出版社2014年版，第362页。

美国社区卫生干预合作组织提出的社区卫生干预与评估框架模型则是基于生态学视角开发干预策略的尝试。可见，综合考虑多层次影响因素、坚持多主体参与的生态化干预是当前共识。从个体层面、家庭/同伴关系、社区/学校和社会层面综合思考干预策略是大势所趋。此外，目前有关网络成瘾与手机依赖的研究与干预都已经进入到遗传学和神经科学层面，因此有必要从亚个体层面讨论手机依赖的成瘾及其干预措施。亚个体（Subpersonal）概念是美国当代著名哲学家和认知科学家丹尼尔·丹尼特（Daiel C. Dennett）在1969年出版的《内容与意识》（*Content and Consciousness*）中首次提出的，他认为"个体状态是人的感觉和行动，而亚个体是仅限于神经系统内的脑和事件的过程"。[①] 后续研究者认为亚个体就是从大脑以及神经系统层次进行解释与研究的视角。[②③④⑤] 此后，亚个体概念被广泛应用到心灵哲学、心理分析等各个领域。因此，基于多因素多主体参与的生态化干预原则，可根据有干预对象范围将手机媒体依赖干预分为亚个体、个体、家庭/同伴、社区/学校、社会五个层次。

3. 坚持认知行为转变和心理社会支持相结合的综合化干预

在前面针对SMDI前后测明显降低群体手机依赖行为转变机制的分析中发现，个体内在认知变化、行动意愿和行动措施是行为改变的关键，这就提醒我们在制定青少年手机媒体依赖措施的过程中，对认知的必要改变、激发内在行动意愿和提供切实可行的行动措施是降低手机依赖的关键。同时，在手机媒体依赖形成机制的分析中也发现焦虑、孤独和自控力等因素在成瘾行为形成中的重要影响；计划行为理论、认知行为理论、健康认知理论、说服效应理论等均支持个人知识、思想、信念

---

① Dennett, D. C., *Content and Consciousness*, London: Routledge, 1966, p. 164.
② Hornsby, J., "Personal and Sub-Personal: A Defense of Dennett's Early Distinction", *Philosophical Explorations*, Vol. 3, No. 1, 2000, pp. 6–24.
③ 邬桑、丛杭青：《从亚个体视角看波兰尼的意会知识观》，《科学技术哲学研究》2016年第6期。
④ 王贝贝：《从亚个体状态看非概念内容的存在形式与认知机制》，硕士学位论文，中南大学，2011年。
⑤ Colombo, M., "Constitutive Relevance and the Personal/Subpersonal Distinction", *Philos Psychol*, Vol. 26, 2012, pp. 1–24.

等认知因素、具体行动措施等因素在行为改变中的重要性。此外，根据生物—心理—社会医学模式、个体发展生态系统模型、行为转变轮等理论，个体行为受生理、心理、社会等多层次因素的影响，因此，在制定干预策略时不能仅关注个体认知与行为层面，还要关注个体情绪控制、人际关系等社会心理因素方面，更要关注外在政策制度支持、价值信念引领等方面的作用。基于以上分析，在青少年手机媒体依赖的干预中还要坚持认知重建、行为训练、关系改善和支持保障相结合的综合化干预原则。

（二）青少年手机媒体依赖的生态化干预策略框架模型

基于多主体协同参与的生态化干预原则，可根据干预对象范围将手机媒体依赖干预层次分为亚个体、个体、家庭/同伴、社区/学校、社会五个层次；基于预防治疗一体化的理念，可根据介入程度将手机媒体依赖的干预策略分为促进、预防、矫治、介入和康复五个阶段；基于心理社会支持的综合化原则，可根据干预策略的主要内容将其分为认知重建、行为改变、关系改善和支持保障等部分。结合前面对青少年手机媒体依赖综合体制的分析，笔者提出青少年手机媒体依赖的生物—心理—社会生态化、预防矫治一体化、心理社会综合化干预策略体系模型，如图7-8所示。

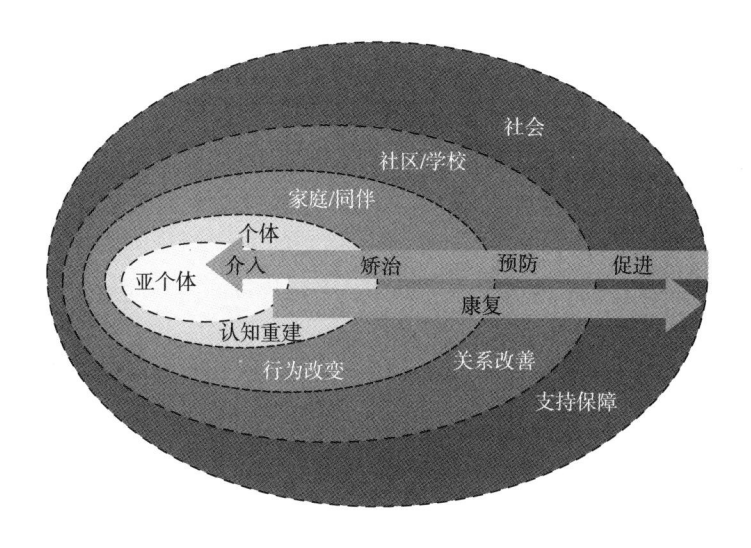

图7-8 青少年手机媒体依赖的生态化干预策略体系模型

青少年手机媒体依赖的生态化干预策略体系具有生物—心理—社会生态化、预防矫治一体化、认知行为综合化的特征。模型将干预策略分为促进、预防、矫治、介入和康复五个层次，是基于手机媒体依赖形成的一般过程而提出的应对之策。促进策略是面向所有群体的旨在开发个体身心潜能的前瞻性策略，预防策略是面向所有群体的旨在消除基础诱因的防范性策略，矫治策略是面向轻中度手机依赖群体的旨在认知行为恢复的重塑性策略，介入治疗策略是面向手机成瘾群体的旨在恢复调节功能的救助性策略，康复策略是面向接受过专业干预群体的旨在防止问题复发的延续性综合干预策略。模型将干预策略分为亚个体、个体、家庭/同伴、社区/学校和社会五个层次，是基于干预过程中涉及对象范围而提出的应对之策。社会干预就是以各级政府和社会组织为主体动员整个社会系统参与建立形成的干预体系，旨在形成问题解决的宏观背景；社区/学校干预就是以个体常住地主管部门或学校为主体根据社会干预策略建立形成的具体干预体系，旨在形成问题解决的现实中观背景；家庭/同伴关系就是以家庭和同伴为对象创建形成的干预策略，家庭成员和同伴既是干预者也是被干预者；个体干预策略面向个体实施的或由个体自己采取的干预策略；亚个体干预就是面向个体深层认知或身体机能系统实施的干预策略，既包括脑神经和遗传因素等方面，也包括个体潜意识、内隐态度、理想信念和元认知等深层认知方面。

三 青少年手机媒体依赖的生态化干预策略体系内涵

（一）青少年手机媒体依赖生态化干预策略框架概要

根据介入的程度将干预策略分为促进、预防、矫治、介入治疗和康复五个阶段，根据涉及的对象范围将干预策略分为亚个体、个体、家庭/同伴、社区和社会五个层次，干预策略的内容涉及认知重建、行为改变、关系改善和支持保障四个方面。不同阶段面向不同对象的干预策略框架体系如图7-9所示。横轴表示基于介入程度的干预阶段，纵轴表示基于涉及范围的干预层次，每个阶段和每个层次交叉的地方表示该阶段该层次干预策略的核心目标，例如促进阶段个体层面干预策略的核心目标是数字智能培养，矫治阶段亚个体层面干预策略的核心目标是内隐态度改变，其他依次类推。对角线表示从"正常使用"到"手机成瘾"不同发展阶段所采取干预策略的变化趋势，手机依赖程度越严重，干预层次越微观，其中最严重的程度是手机依赖发展为手机成瘾病症，需要通过面向亚个体层面的介入治疗（如药物治疗、神经调控等）才能发挥作用。

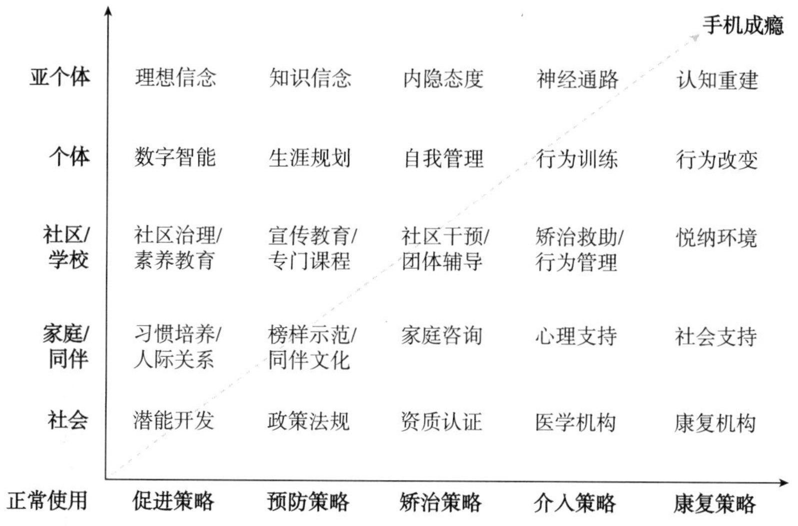

					手机成瘾
亚个体	理想信念	知识信念	内隐态度	神经通路	认知重建
个体	数字智能	生涯规划	自我管理	行为训练	行为改变
社区/学校	社区治理/素养教育	宣传教育/专门课程	社区干预/团体辅导	矫治救助/行为管理	悦纳环境
家庭/同伴	习惯培养/人际关系	榜样示范/同伴文化	家庭咨询	心理支持	社会支持
社会	潜能开发	政策法规	资质认证	医学机构	康复机构
正常使用	促进策略	预防策略	矫治策略	介入策略	康复策略

图 7-9 青少年手机媒体依赖干预策略体系框架概要

（二）青少年手机媒体依赖促进策略体系内容

青少年手机媒体依赖的促进（Promotion）策略就是通过参与各方对青少年能力培养和心理潜能开发以增强其综合素养与身心和谐健康发展为目标而采取的前瞻性措施。促进策略面向的群体是所有青少年，包括手机等数字媒体用户和非数字媒体用户。促进策略社会层面工作的核心目标是潜能开发政策、家庭/同伴层面是习惯培养、社区/学校层面是素养教育、个体层面是核心素养发展、亚个体层面是确立正确的价值信念。

1. 社会层面的促进策略

社会层面促进策略的核心目标是青少年身心潜能的开发，包括开展网络素养、媒介素养、信息素养、数字智能和心理潜能开发等方面的教育。身心潜能的开发能够让学生正确认识人与技术的关系、了解技术的优缺点、掌握网络空间的伦理文化以及具备良好的心理素质，从而在面对手机媒体诱惑时具有更强的免疫力。社会层面促进策略的实施主体是各级政府组织和行业协会，主要手段是法律法规和各类政策性文件的制定颁布。在这方面，2009 年美国 21 世纪学习合作组织（Partnership for

21st Century Learning）发布的 21 世纪学习框架指明 21 世纪人才能力包括学习与创新技能、数字化技能、生活与职业技能三个维度；其中，数字化技能包括信息素养、媒体素养和 ICT 素养三部分，涉及信息意识、信息技能、信息能力和信息伦理道德规范等多方面的要求。① 我国 2016 年公布的《中国学生发展核心素养框架》将"信息意识"和"技术应用"列入 18 个核心素养中。"信息意识"核心素养要求学生"能自觉、有效地获取、评估、鉴别、使用信息；具有数字化生存能力，主动适应'互联网＋'等社会信息化发展趋势；具有网络伦理道德与信息安全意识等"；"技术运用"核心素养要求学生"理解技术与人类文明的有机联系，具有学习掌握技术的兴趣和意愿"。② 据此研制并于 2017 年发布的《普通高中信息技术课程标准（2017 年版）》将"信息意识""计算思维""数字化学习与创新""信息社会责任"列为信息技术课程的四大学科核心素养。③ 教育部 2012 年修订发布的《中小学心理健康教育指导纲要（2012 年修订）》提出了"提高全体学生的心理素质，培养他们积极乐观、健康向上的心理品质，充分开发他们的心理潜能，促进学生身心和谐可持续发展，为他们健康成长和幸福生活奠定基础"的总目标。④ 这些都为信息化时代人才培养提供了指南，也让学生在科学认识人与技术关系的基础上参与符合伦理规范的数字生活。2018 年，世界经济论坛发布了《忘掉智商吧，未来数字智能更重要》的报告，首次提出"数字智能"（Digital Intelligence）的概念，号召以数字智能作为抵御网络成瘾和依赖大疫情的疫苗，让青少年成为未来世界合格的数字公民。⑤ 目前其提出的"数字智能全体通用框架"已被世界各国广

---

① Partnership for 21st Century Learning（P21），"P21 Common Core Toolkit: A Guide to Aligning the Common Core State Standards with the Framework for 21st Century Skills", https: // files. eric. ed. gov/fulltext/ED543030. pdf，2020 - 11 - 14.
② 林崇德：《中国学生核心素养研究》，《心理与行为研究》2017 年第 2 期。
③ 《普通高中信息技术课程标准（2017 年版）概览》，《中国信息技术教育》2018 年第 5 期。
④ 何元庆、李璐：《社会支持：学校心理健康教育的新途径——中小学心理健康教育指导纲要（2012 年修订）解读》，《中国卫生事业管理》2013 年第 6 期。
⑤ DQ Institute. "Digital Intelligence（Dq）: A Conceptual Framework & Methodology for Teaching and Measuring Digital Citizenship", https: //www. dqinstitute. org/ wp - content/uploads/2017/08/DQ - Framework - White - Paper - Ver1 - 31Aug17. pdf，2020 - 5 - 4.

泛采用。① 数字智能的提出是国际组织对网络依赖大疫情的主动回应，代表了社会层面促进策略的未来走向。

2. 家庭/同伴层面的促进策略

家庭/同伴层面促进策略的核心目标是青少年良好人际关系的建立和良好行为习惯的养成。社会心理学认为儿童主要通过观察和模仿来获得社会认知和个性发展。家庭和同伴是青少年发展过程中最重要的社会关系，家庭成员和同伴是青少年模仿学习的重要他人，对青少年身心发展产生直接影响。家庭氛围、家庭关系、父母教养方式、父母行为习惯等直接影响青少年价值取向和行为习惯。②③④ 在手机依赖的家庭促进性预防措施中最主要的是父母要为孩子做好榜样，具体措施包括增加线下亲子互动活动、培养孩子良好生活习惯和行为方式，特别是加强规则意识和少年儿童自控力培养。2012年发布的《中华人民共和国未成年人保护法（2012修正）》规定，"父母或者其他监护人应当关注未成年人的生理、心理状况和行为习惯，以健康的思想、良好的品行和适当的方法教育和影响未成年人，引导未成年人进行有益身心健康的活动，预防和制止未成年人吸烟、酗酒、流浪、沉迷网络以及赌博、吸毒、卖淫等行为"。同伴关系及其形成的同伴亚文化对青少年的发展也具有重要作用。⑤⑥⑦⑧⑨⑩ 在基于同伴关系的促进策略中家长首先要培养孩子正确的

---

① 祝智庭等：《数字智能：面向未来的核心能力新要素——基于〈2020儿童在线安全指数〉的数据分析与建议》，《电化教育研究》2020年第7期。

② 刘文婧等：《父母教养方式对青少年社会适应的影响：人格类型的调节作用》，《心理发展与教育》2012年第6期。

③ 王丽、傅金芝：《国内父母教养方式与儿童发展研究》，《心理科学进展》2005年第3期。

④ 钱铭怡、夏国华：《青少年人格与父母教养方式的相关研究》，《中国心理卫生杂志》1996年第2期。

⑤ 任玉萍：《同伴关系对儿童亲社会行为发展的影响和启示》，《中小学心理健康教育》2020年第15期。

⑥ 邹泓：《同伴关系的发展功能及影响因素》，《心理发展与教育》1998年第2期。

⑦ 张文新、林崇德：《儿童社会观点采择的发展及其与同伴互动关系的研究》，《心理学报》1999年第4期。

⑧ 孙晓军等：《农村留守儿童的同伴关系和孤独感研究》，《心理科学》2010年第2期。

⑨ 陈欣银等：《同伴关系与社会行为：社会测量学分类方法在中国儿童中的适用性研究》，《心理科学》1994年第4期。

⑩ 周宗奎等：《同伴关系的发展研究》，《心理发展与教育》2015年第1期。

择友和交友方式，让青少年加入具有健康群体亚文化的朋友圈；与此同时家长也要随时关注孩子所处朋友圈的活动动向，和父母群体协同引导孩子朋友圈健康发展。

3. 社区/学校层面的促进策略

社区/学校层面促进策略的核心目标是通过加强社区治理创设良好生活环境或通过潜能开发课程助力学生发展。根据布朗芬布伦纳的发展生态学理论，邻居、社区、学校等系统是可以对个体产生直接或间接影响的生态环境系统，在培养青少年良好行为习惯方面发挥着重要作用。孟母三迁的故事正表明邻里关系和社区环境在影响青少年健康成长过程中的重要性；治而不止的"择校热"也从侧面反映了人们对学校在青少年成长中重要性的认识。社区层面的促进策略包括创建健康文明的社区环境和加强社区数字化治理。具体措施包括加强网吧、手机资源获取等经营性场所的治理，为青少年成长创建健康绿色文明的数字化环境。学校应该积极落实国家相关促进政策措施，例如开足开齐信息素养教育课程、加强学校手机媒体使用规范管理。同时，学校应积极开设心理健康教育，重视开发学生心理潜能，积极干预学生出现的心理健康问题。

4. 个体层面的促进策略

个人层面促进策略的核心目标是加强青少年自身良好行为习惯的养成和数字智能等21世纪核心素养的培养，让学生成为未来社会合格的数字公民。社会、家庭/同伴、社区/学校各层面促进策略的指向是为青少年的健康成长创设良好成长环境。青少在外部环境的影响下成长为什么样的人还跟个人气质、个性等因素密切相关。此外，我国传统文化中的"内圣""慎独""心学"等传统文化对个体成长途径探索也具有重要指导作用。

5. 亚个体层面的促进策略

亚个体层面促进策略的核心目标是根据学生的生物遗传先天因素实施个性化教育，以尽可能地发挥先天优势因素、弥补先天弱势因素让每个孩子成长为健康的个体。儿童的先天气质是指其在情绪反应、活动水平、注意和情绪控制等方面所表现出来的稳定的个体差异，在很大程度上取决于儿童的先天遗传，先天气质是其人格发展的基础。托马斯和切斯（Thomas & Chess）提出的拟合度模型（Goodness – of Fit Model）用来解释婴儿先天气质与其面对的抚养环境的匹配程度。① 因此，从干预方式维度看父母教养方式应尽可能与婴儿先天气质相匹配。此外，儿童包括世界观、价值观和政治信仰在内的理想理念对青少年各方面发展具有基础作用，因此近年来尤其重视"立德树人"教育。②③ 因此，从干预内容来看，应通过正确的理想信念和价值引领引导儿童健康发展，这也是亚个体层面促进策略的应有之义。

（三）青少年手机媒体依赖预防策略体系内容

青少年手机媒体依赖的预防（Prevention）策略就是参与各方在手机依赖行为未出现之前为避免发展过程中可能出现相关问题所采取的防范性措施。预防性措施又包括一般性预防、选择性预防和指征性预防。预防策略面向的是所有青少年，包括手机等数字媒体用户和非数字媒体用户。核心工作是解决手机依赖的基础诱因和触发条件的问题。预防策略社会层面工作的核心目标是规范各方行为的管制性政策、家庭/同伴层面是规则制定、社区/学校层面是宣传教育、个体层面是生涯规划、亚个体层面是知识学习。

1. 社会层面的预防策略

社会层面预防措略的核心目标是规范各方行为主体的相关行为以营造有利于防止手机依赖行为产生的数字化生活环境，包括制定相关法律、法规、标准、条例、办法、意见、实施细则等规范性文件。例如，2018年底教育部办公厅印发了《关于严禁有害App进入中小学校园的通知》，要求建立学习类App进校园备案审查制度，坚决防止有害App进入中小学校园。④ 2018年教育部等八部门印发的《综合防控儿童青少

---

① Thomas, A., Chess, S., "An Approach to the Study of Sources of Individual Difference in Child Behavior", *Journal of Clinical and Experimental Psychopathology*, Vol. 18, No. 4, 1957, pp. 347–357.

② 俞国良、李森：《我国"立德树人"教育政策历史进程的文本分析与启示》，《西南民族大学学报》（人文社科版）2019年第6期。

③ 教育部办公厅：《教育部关于全面深化课程改革落实立德树人根本任务的意见》，2014年3月30日，http://old.moe.gov.cn/publicfiles/business/htmlfiles/moe/s7054/201404/167226.html，2020年8月1日。

④ 教育部办公厅：《教育部办公厅关于严禁有害App进入中小学校园的通知》，2018年12月28日，http://www.moe.gov.cn/srcsite/A06/s3321/201901/t20190102_365728.html，2020年8月1日。

年近视实施方案》从家庭、学校等层面对电子产品使用提出了明确要求。① 教育部办公厅发布《关于做好预防中小学生沉迷网络教育引导工作的紧急通知》，要求开展全面排查、开展形式多样的专题教育、严格规范学校日常管理、推动家长履行监护职责，并发布预防沉迷网络的《致全国中小学生家长的一封信》。②③

此外，国家颁布的有关互联网管理相关规定也可以作为社会层面预防措施的参考。例如，2002年国务院颁布的《互联网上网服务营业场所管理条例》要求"中学、小学校园周围200米范围内和居民住宅楼（院）内不得设立互联网上网服务营业场所""互联网上网服务营业场所经营单位不得接纳未成年人进入营业场所"。2012年颁布的《中华人民共和国未成年人保护法（2012修正）》要求"社区中的公益性互联网上网服务设施，应当对未成年人免费或者优惠开放，为未成年人提供安全、健康的上网服务"；2016年发布的《中华人民共和国网络安全法》规定"国家支持研究开发有利于未成年人健康成长的网络产品和服务，依法惩治利用网络从事危害未成年人身心健康的活动，为未成年人提供安全、健康的网络环境"；2020年7月《中华人民共和国未成年人保护法》修订草案已提请人大常委会进入二审阶段，其中专门增设的"网络保护"部分，规定"家庭和学校应当培养和提高未成年人网络素养，开展网络安全和网络文明教育，提高未成年人安全、合理使用网络的意识和能力，增强未成年人自我保护意识""教育、卫生健康等部门应当组织开展预防未成年人沉迷网络的宣传教育，对未成年人沉迷网络依法实施干预""家庭、学校以及有关社会组织应当相互配合，预防和干预未成年人沉迷网络""对未成年人使用网络游戏实行时间管理，具体办法由国务院规定。网络游戏服务提供者应当按照国家有关规

---

① 教育部等八部门：《综合防控儿童青少年近视实施方案》，2018年3月30日，http://www.moe.gov.cn/srcsite/A17/moe_943/s3285/201808/t20180830_346672.html，2020年8月1日。

② 教育部办公厅：《教育部办公厅关于做好预防中小学生沉迷网络教育引导工作的紧急通知》，2018年4月20日，http://www.moe.gov.cn/srcsite/A06/s3325/201804/t20180424_334106.html，2020年8月1日。

③ 新京报：《杭州一医院收治网瘾少年，网络成瘾到底算不算一种病》，2018年5月5日，https://tech.sina.com.cn/i/2018-05-05/doc-ifyuwqfa6665667.shtml，2020年8月1日。

定和标准，对游戏产品进行分类，作出提示，并采取技术措施，不得让未成年人接触不适宜其接触的游戏或者游戏功能"。①② 2021 年 1 月教育部办公厅发布《教育部办公厅关于加强中小学生手机管理工作的通知》，要求"学校应当告知学生和家长，原则上不得将个人手机带入校园""加强课堂教学和作业管理，不得用手机布置作业或要求学生利用手机完成作业"。③ 2021 年 5 月 11 日教育部公布《学前、小学、中学等不同学段近视防控指引》，建议 0—3 岁幼儿禁用手机、电脑等视屏类电子产品；3—6 岁幼儿也应尽量避免接触和使用。④

2. 家庭/同伴层面预防策略

家庭/同伴层面预防策略的核心目标是通过父母的榜样示范和同伴群体的亚文化浸润促进青少年良好行为方式的养成。在家庭预防具体措施方面，相关政策文件中已经给出了较为明确的建议。例如，《综合防控儿童青少年近视实施方案》给家庭提出的控制电子产品使用建议包括：家长陪伴孩子时应尽量减少使用电子产品；有意识地控制孩子特别是学龄前儿童使用电子产品，非学习目的的电子产品使用单次不宜超过 15 分钟，每天累计不宜超过 1 小时，使用电子产品学习 30—40 分钟后，应休息远眺放松 10 分钟，年龄越小，连续使用电子产品的时间应越短。2021 年 6 月 1 日正式实施的新修订版《中华人民共和国未成年人保护法》规定父母职责包括："教育、引导未成年人养成良好的思想品德和行为习惯，预防和制止未成年人不良行为，并进行合理管教"；不得实施的行为包括："放任未成年人过度使用电子产品或者沉迷网络，放任未成年人接触违法或者可能影响其身心健康的网络信息、音像制品、电子出版物和读物等。"教育部发布的预防沉迷网络的《致全国

---

① 法制日报：《未成年人保护法或设网络保护专章》，2019 年 7 月 9 日，http://legal.people.com.cn/n1/2019/0709/c42510-31222015.html，2020 年 8 月 1 日。

② 法制日报法治经纬：《为未成年人网络保护织密法网》，2020 年 3 月 12 日，http://epaper.legaldaily.com.cn/fzrb/content/20200312/Articel04002GN.htm，2020 年 7 月 1 日。

③ 教育部办公厅：《教育部办公厅关于加强中小学生手机管理工作的通知》，2021 年 1 月 15 日，http://www.moe.gov.cn/srcsite/A06/s7053/202101/t20210126_511120.html。

④ 教育部办公厅：《教育部办公厅关于印发〈学前、小学、中学等不同学段近视防控指引〉的通知》，2021 年 5 月 26 日，http://www.moe.gov.cn/srcsite/A17/moe_943/s3285/202106/t20210602_535117.html，2021 年 7 月 26 日。

中小学生家长的一封信》中"防迷网"三字文中指出"要指引，履职责，教有方，辨不良；要身教，行文明，做表率，涵素养；要陪伴，融亲情，广爱好，重日常；要疏导，察心理，舒情绪，育心康；要协同，联家校，勤沟通，强预防"。以上这些政策文件为家庭预防提出了重要指南。手机依赖的家庭预防性措施包括：父母做好合理使用手机榜样示范，在陪伴孩子时尽量减少手机使用，自己不沉迷网络；和孩子讨论制定手机使用规则、形成家庭手机使用规范（设置非手机使用时间、设定网络开放时间、手机等电子设备管理规范等）。此外，大量研究发现同伴关系是影响青少年手机依赖行为的重要因素。①②③ 同伴关系包括二元（dyadic）关系和群组（Group）关系。二元关系中的同伴作为重要他人发挥着重要的榜样示范作用；群组关系中的群体行为习惯和亚文化是青少年手机依赖行为产生的重要触发条件，有些青少年可能只是为了和同伴有共同话语、共同兴趣以便融入同辈群体而开始玩游戏、在线聊天等，进而导致手机依赖。有研究表明同伴圈子对个体社交性和自主性发展的影响因圈子所注重的社会文化准则的差异而有所不同。④ 因此，教育者和家长们可以让孩子避免与过度使用手机的同伴长时间相处以及提高学生自身的抵制效能感来干预手机成瘾。⑤

3. 社区/学校层面预防策略

社区/学校层面预防策略的核心目标是通过加大宣传教育和能力培养提升青少年对相关问题的认识和增强成瘾抵制能力。《综合防控儿童青少年近视实施方案》给学校提出的控制电子产品使用建议包括：指导学生科学规范使用电子产品，养成信息化环境下良好的学习和用眼卫生习惯；严禁学生将个人手机、平板电脑等电子产品带入课堂，带入学

---

① 庄鸿娟等：《青少年同伴依恋与问题性手机使用的关系：自我建构对孤独感中介作用的调节》，《心理科学》2017年第1期。
② 卿再花等：《大学生亲子依恋和同伴依恋对手机成瘾的影响》，《中国学校卫生》2018年第8期。
③ 张铭等：《芜湖市大学生智能手机成瘾现状及影响因素分析》，《长治医学院学报》2017年第4期。
④ 陈斌斌：《作为社会和文化情境的同伴圈子对儿童社会能力发展的影响》，《心理学报》2011年第1期。
⑤ 黄亚梅等：《同伴低头族、抵制效能感和高中生智能手机成瘾的关系》，《第二十二届全国心理学学术会议摘要集》，中国心理学会，2019年，第1660—1661页。

校的要进行统一保管；学校教育本着按需的原则合理使用电子产品，教学和布置作业不依赖电子产品，使用电子产品开展教学时长原则上不超过教学总时长的30%，原则上采用纸质作业。① 教育部《关于做好预防中小学生沉迷网络教育引导工作的紧急通知》中要求：各校要通过课堂教学、主题班会、板报广播、校园网站、案例教学、专家讲座、演讲比赛等多种形式开展专题教育；教育部将研制预防中小学生沉迷网络的教师、家长和学生手册，制作专题警示片，上传教育部门户网站供各地下载使用；各地教育行政部门要研究制定预防学生沉迷网络工作制度，重点加强农村学校、寄宿制学校等管理工作，并指导学校加强对校园网内容管理，建设校园绿色网络。各地各校要通过开展家访、召开家长会、家长学校等多种方式，一个不漏地提醒每位家长承担起对孩子的监管职责，帮助家长提高自身网络素养，掌握沉迷网络早期识别和干预的知识。②③ 综上所述，学校层面的预防策略包括：开足开齐信息素养教育相关课程，加强学生信息素养和数字智能培养；通过课堂教学、主题班会、板报广播、校园网站、案例教学、专家讲座、演讲比赛等多种形式开展专题教育，提升学生对网络依赖危害及其成因相关方面的认知；加强校园网络内容规范管理；开展针对家长的宣传教育，形成防沉迷的家校协同机制等。例如，前面研究中李丽等的课程教育就是有益的学校预防措施探索。④ 社区的预防策略主要是利用本地和社区宣传教育阵地加强学生和家长对相关问题的认识；严格落实国家网络信息管理和青少年保护相关规定，加强社区内行业监管和治理；通过社区融媒体平台发布公益广告或提供视频干预。

4. 个体层面预防策略

现有关于青少年手机依赖形成机制的研究发现：自控能力差、理想

---

① 教育部等八部门：《综合防控儿童青少年近视实施方案》，2018年8月30日，http://www.moe.gov.cn/srcsite/A17/moe_943/s3285/201808/t20180830_346672.html，2020年9月1日。

② 教育部办公厅：《教育部办公厅关于做好预防中小学生沉迷网络教育引导工作的紧急通知》，2018年4月30日，http://www.moe.gov.cn/srcsite/A06/s3325/201804/t20180424_334106.html，2020年9月1日。

③ 柯进：《六大举措遏制未成年人沉迷网游》，《中国教育报》2019年11月9日第2版。

④ 李丽：《大学生智能手机成瘾的冲动性和其他相关因素及成瘾干预对策研究》，博士学位论文，吉林大学，2016年。

目标不明确引发的无聊、现实人际交互不良引发的孤独和各种压力引发的焦虑和逃避思想等是个体层面影响手机依赖的关键因素。因此，青少年个体层面的预防措施包括：加强个人生涯规划，明确短期和中长期人生目标并脚踏实地为理想目标实现奋斗，尽量减轻无聊感；加强家人之间、同学之间、师生之间面对面的交流互动，建立良好的人际关系并融入形式多样的线下人际互动、户外活动和体育锻炼；有意识地培养自己的自控力和压力应对方式，形成健康的应对方式。

5. 亚个体层面预防策略

健康信念模型（Health Belief Model）认为健康信念是人们采纳有利于健康的行为的基础，对疾病或不良行为威胁的感知、对采取应对措施后产生结果的期望都会影响个体的健康信念从而引发相应的行为。[1][2][3][4] 说服效应模型则专门探讨说服性信息对个体态度转变及决策行为影响，适切的信息框架可以增强说服效果。[5][6] 这些理论提示我们，让个体充分认识手机媒体依赖的成因、危害及各类干预措施的效果以形成有关手机使用的健康信念，对于预防手机依赖具有重要作用。前面关于SMDI前后测得分明显降低发展机制的研究可以发现：认知到手机依赖的危害等"内在认知"因素会影响个体其他方面的变化，进而影响个体减少手机使用的"行动意愿"和最终的实际行动。

（四）青少年手机媒体依赖矫治策略体系内容

青少年手机媒体依赖的矫治（Corrective）策略就是参与各方将手机依赖正视为一种问题性行为并采取以激发个人内在潜能为主要手段让

---

[1] Janz, N. K., Becker, M. H., "The Health Belief Model: A Decade Later", *Health Education Quarterly*, Vol. 11, No. 1, 1984, pp. 1 – 47.

[2] 孙昕霙等：《健康信念模式与计划行为理论整合模型的验证》，《北京大学学报》（医学版）2009年第2期。

[3] 刘彩等：《健康信念模型演进与应用的可视化文献分析》，《中国健康教育》2020年第2期。

[4] 顾亚明：《自愿婚前医学检查的影响因素研究：健康信念理论与合理行为理论整合模型的验证》，博士学位论文，浙江大学，2012年。

[5] 马向阳等：《说服效应的理论模型、影响因素与应对策略》，《心理科学进展》2012年第5期。

[6] Chaiken, S., Maheswaran, D., "Heuristic Processing Can Bias Systematic Processing: Effects of Source Credibility, Argument Ambiguity, and Task Importance on Attitude Judgment", *Journal of Personality and Social Psychology*, Vol. 66, No. 3, 1994, pp. 460 – 473.

个体解决自身问题的重塑性策略。其特点是正视手机依赖是问题性行为，但相信个体自己可以在外部帮助下重回正常行为方式。矫治策略面向的群体是出现手机媒体依赖的群体。矫治策略社会层面工作的核心是建立矫治体系、家庭/同伴层面是参与矫治、社区/学校层面是提供校内外咨询干预服务、个体层面是积极接受参与、亚个体层面是正念水平和元认知能力的发展。

1. 社会层面的矫治策略

社会层面的矫治措施包括加强手机媒体依赖理论研究、加强手机媒体依赖相关领域心理健康教育人员培养、启动网络成瘾心理健康咨询师资格认证和相应咨询机构的资质认证与管理。我国已经在手机依赖研究方面展开了布局，例如教育部 2010 年 12 月依托华中师范大学批准建立的"青少年网络心理与行为教育部重点实验室"已经在青少年网络（含手机）成瘾机制与干预方面取得了丰硕成果；中国科学院心理健康重点实验室、北京师范大学认知神经科学与学习国家重点实验室以及众多高校心理学院等相关机构对手机成瘾的机制进行了深入研究，这些都为该领域研究奠定了坚实的基础。此外，由共青团中央主管的"中国青少年网络协会"的成立也为我国青少年网络成瘾和手机依赖的研究与干预搭建了全国性平台。但是，在建立完善的网络成瘾或手机依赖干预系统方面还亟待加强，包括加快推进网络成瘾或手机依赖咨询师执业资格认证和相关咨询机构营运资质认证等。

2. 家庭/同伴层面矫治策略

家庭/同伴层面的矫治策略的核心目标是积极参与系统性干预方案、改善手机依赖青少年的微观生活环境、提供社会支持以帮助手机依赖青少年恢复正常生活方式。中国科学院心理研究所等开展的研究均表明以家庭为单位的网络成瘾干预措施取得良好的效果。[1][2] 家庭促进措施包括积极参与家庭治疗方案、改善亲子关系、家庭氛围等因素为手机依赖青少年提供支持；此外，家庭也要在依赖行为矫治过程中发挥督促作

---

[1] 高文斌、陈祉妍：《网络成瘾病理心理机制及综合心理干预研究》，《心理科学进展》2006 年第 4 期。

[2] 杨放如、郝伟：《52 例网络成瘾青少年心理社会综合干预的疗效观察》，《中国临床心理学杂志》2005 年第 3 期。

用，及时提醒成瘾青少年完成行为训练、监督青少年按照治疗方案中的行为契约参与日常生活。同时，大量要求也表明同伴团体辅导对手机依赖问题的干预效果显著。[1][2][3][4] 因此，应重视发挥同伴互助作用，帮助学生养成正确的手机使用习惯。[5][6] 同伴互助形式包括高危情境分析、榜样示范、成长共勉、离线社会化分析等内容。[7]

3. 社区/学校层面矫治策略

社区/学校层面矫治策略的核心目标是通过及时专业的心理咨询和心理干预矫正手机依赖青少年问题行为。学校的矫治措施包括提供手机使用情况监测与依赖筛查、为有依赖倾向的青少年提供校内心理咨询和干预辅导，包括由学校心理健康教师提供的个别心理咨询、基于各种技术的团体辅导（正念团）、个体化常模反馈干预、生命意义教育、动机干预、运动处方干预等。社区层面的矫治包括营造良好社会环境和心理支持环境支持青少年摆脱手机依赖、设立专业咨询机构提供专业咨询与干预，包括焦点解决短期治疗、野外拓展训练、营地综合干预、艺术疗法、音乐疗法等。

值得指出的是，学校层面的矫治措施应该是手机媒体依赖这个当前常见问题的主要干预措施，但由于我国长期以来校园心理健康教育与咨询体系不完善（特别是基础教育阶段），因而很难实现心理问题的"早发现、早诊断、早治疗"，往往因缺少必要的及时干预而导致问题严重或出现极端问题后才寻找专业咨询。此外，学校所有教师全员参与以实

---

[1] 刘红、曾蓉：《同伴教育在大学生手机依赖干预中的应用》，《课程教育研究》2018年第23期。

[2] 安佳等：《朋辈团体心理辅导对大学生手机依赖问题的有效干预研究——以山西省某高校为例》，《心理月刊》2020年第1期。

[3] 黄艳、胥鉴霖：《"数字原生代"大学生手机成瘾及朋辈互动干预研究——以N市C高校为例》，《教育现代化》2019年第61期。

[4] Chun, J. S., "Conceptualizing Effective Interventions for Smartphone Addiction among Korean Female Adolescents", *Children and Youth Services Review*, Vol. 84, 2017, pp. 35–39.

[5] 吴文捷：《朋辈互助认知行为疗法对医学生智能手机成瘾的干预研究》，《中国高等医学教育》2018年第11期。

[6] Soh, P., et al., "The Influence of Parental and Peer Attachment on Internet Usage Motives and Addiction", *First Monday*, Vol. 19, No. 7, 2014.

[7] 吴文捷：《朋辈互助认知行为疗法对医学生智能手机成瘾的干预研究》，《中国高等医学教育》2018年第11期。

现"早发现"手机依赖这个普遍存在问题的干预策略体系建立是大势所趋，但由于普通教师缺乏必要的心理学知识、心理健康教育专业师资不足、学校对相关问题缺乏系统应对机制，往往导致不当干预造成的恶性事件，近年来因老师没收青少年手机而出现跳楼等极端行为的恶性事件时有发生。因此，学校层面的心理健康教育普及性及专业性亟待提升。

4. 个体层面矫治策略

个体层面的矫治策略就是个体在积极接受校内专业心理咨询人员提供干预措施的同时，主动加强自我管理，减少手机媒体依赖水平。具体包括及时主动寻求专业心理咨询、积极配合专业心理干预、加强专业干预日常行为管理等。此外，个人还可以主动采取技术辅助的干预措施实现手机依赖行为的自我矫治，具体措施包括调整手机设置以减少提示性信息干扰、非必要不随身携带手机、在学习期间将手机放在离自己较远的地方、主动卸载非必要手机 App、安装防沉迷应用锁、Forest、远离手机、番茄土豆等手机使用强制管理软件管理自己手机使用。

5. 亚个体层面矫治策略

个体通过各方面获得的专业干预及个人干预的效果，在根本上还是取决于亚个体层面的改变，包括个人认知重建、自控力提升、情绪管理和内在动机激发等方面。Ronen 等（2001）提出的自我控制干预模型正是聚焦自我控制能力提升来改变依赖行为，Rogers 的人本主义理论、班杜拉的自我效能理论等强调个体内在动机的重要性。因此，亚个体层面矫治策略的核心目标旨在个体内在动机激发和元认知能力的提升。在这方面，内隐干预、正念干预、内观认知疗法、沙盘疗法、动机激发等积极心理干预方法均旨在激发个体内在动机、促进个体元认知能力发展，这是各种行为疗法真正产生作用的关键。此外，无意识、潜意识等理论也是亚个体层面矫治策略建立的理论基础。人类心理结构包括无意识、内隐意识和外显意识三个层次，无意识是以遗传记忆为模板的全自动反应，内隐意识是以内隐记忆为模板的半自动反应。[①] Greenwald 和 Banaji 认为内隐态度是内省不能识别（或未精确识别）的过去经验痕迹，这

---

① 唐良树：《潜意识研究可利用脑图谱技术》，《中国社会科学报》2016 年 7 月 11 日。

些痕迹会调节个体对社会对象的喜好感、思维或行为。① 它具有无意识性、自动加工性等特征。② 研究证明阈下评价性条件反射技术可改变个体内有态度。③④⑤⑥

（五）青少年手机媒体依赖介入治疗策略体系内容

青少年手机媒体依赖的介入治疗（Treatment）策略就是参与各方将严重手机依赖（手机成瘾）视为一种难以通过自身调节功能恢复的行为障碍而建立的各种强干预救治性策略。其特点是将严重手机依赖视为一种病症，认为难以通过个体现有自身调节功能恢复正常。介入治疗策略面向的群体是手机成瘾患者，核心工作是恢复个体原有的机体调节功能。介入治疗策略社会层面工作的核心是建立治理体系、家庭/同伴和学校层面是全面支持、社区层面是提供专业介入治疗、个体层面是积极认知重建与行为训练、亚个体层面是认知神经功能重塑。

1. 社会层面的介入治疗策略

社会层面的介入治疗措施包括制定科学的成瘾界定标准、开发手机成瘾筛查工具、发布手机成瘾诊疗方案、设立网络和手机成瘾治疗科室等。在这方面，国家卫生健康委员会发布的《中国青少年健康教育核心信息及释义（2018版）》有关网络成瘾及诊断标准的界定具有参考价值。⑦ 中国人民解放军总医院第七医学中心（北京军区总医院）开设成瘾医学科，杭州市第七人民医院等医院已逐步开设网络成瘾治疗科室或

---

① Greenwald, A. G., Banaji, M. R., "Implicit Social Cognition: Attitudes, Self - Esteem, and Stereotypes", *Psychological Review*, Vol. 102, No. 1, 1995, pp. 4 - 27.
② 佐斌等：《内隐态度之"内隐"的涵义》，《心理学探新》2009年第2期。
③ 王露艳：《网络游戏成瘾倾向者的内隐态度及其干预研究》，硕士学位论文，苏州大学，2009年。
④ 梁宁建等：《互联网成瘾者内隐网络态度及其干预研究》，《心理科学》2004年第4期。
⑤ 王露艳：《网络游戏成瘾倾向者的内隐态度及其干预研究》，硕士学位论文，苏州大学，2009年。
⑥ Dijksterhuis, A., "I Like Myself but I Don't Know Why: Enhancing Implicit Self - Esteem by Subliminal Evaluative Conditioning", *Journal of Personality and Social Psychology*, Vol. 86, No. 2, 2004, pp. 345 - 355.
⑦ 中华人民共和国国家卫生健康委员会：《中国青少年健康教育核心信息及释义（2018版）》，2018年9月25日，http://www.nhc.gov.cn/wjw/zccl/201809/820dd3db393c43c1a230817e2e4b9fd5.shtml，2020年9月1日。

项目；由共青团中央与北京军区总医院共同创建"中国青少年心理成长基地"旨在对青少年网络成瘾等心理或行为障碍进行综合干预。① 美国加利福尼亚州纽波特海滩的晨畔康复中心（Morningside Recovery）专门推出了针对手机依赖症患者的康复治疗。② 国家卫健委 2018 年 11 月 16 日发布的《全国社会心理服务体系建设试点工作方案》，对社会心理服务网络做了系统部署，但对网络和手机成瘾等具体问题的治疗机构设置未见相关政策措施。③

2. 家庭/同伴层面介入治疗策略

家庭/同伴层面的介入治疗策略的核心目标是积极配合专业治疗机构提供的系统治疗方案，为手机成瘾青少年提供心理支持、人际支持等全方位的支持，以帮助手机成瘾青少年缓解或消除手机依赖。比如，给予手机成瘾患者更多线下陪伴、引导患者参加户外活动或体育锻炼等。

3. 社区/学校层面介入治疗策略

社区/学校层面介入治疗策略的核心目标是通过建立专业网络成瘾或手机成瘾诊疗机构、提供专业介入治疗，并通过宣传教育营造有利于手机成瘾青少年恢复的社区氛围。学校在介入治疗阶段所能够做的工作有限，基本功能和家庭/同伴层面相似，主要在于提供社会支持和创设悦纳校园环境。此阶段干预的主体是医疗机构或专业心理治疗机构。具体策略包括医疗机构开设网络和手机成瘾诊疗科室、社区支持建立网络和手机成瘾专门机构等。专业机构在这个阶段除了提供必要的矫治方案让学校、家庭等配合治疗外，更多的是采用抑制控制训练、脑电生物反馈等专业治疗服务。

4. 个体层面介入治疗策略

个体层面的介入治疗策略就是个体在积极接受专业治疗机构和专业人员提供的治疗措施，主动加强认知重建和行为训练，缓解或消除手机

---

① 《北京荣格心理咨询有限公司介绍》，2020 年 9 月 1 日，http：//www.chinayoung.net/info.php?class=1。
② 佳辉：《这是病，得治：首家手机依赖症治疗中心开张》，2015 年 11 月 28 日，https：//tech.qq.com/a/20151128/028100.htm，2020 年 9 月 1 日。
③ 中华人民共和国国家卫生健康委员会：《全国社会心理服务体系建设试点工作方案》，2018 年 11 月 16 日，http：//www.nhc.gov.cn/jkj/s5888/201812/f305fa5ec9794621882b8bebf1090ad9.shtml，2020 年 9 月 1 日。

媒体依赖。个体层面介入治疗的主要方法或技术包括内隐干预、正念疗法、抑制控制训练、脑电生物反馈治疗、焦点解决短期治疗、非自愿行为管理和强制性技术辅助干预等。

5. 亚个体层面介入治疗策略

亚个体层面的介入治疗策略是利用药物或电磁治疗设备等直接干预手机成瘾患者内分泌系统或神经系统身体机能而帮助患者重新建立自控能力，进而逐步缓解或消除手机成瘾病症的措施。具体措施包括药物治疗、电针治疗、经颅电刺激、经颅磁刺激等非介入神经功能干预措施。

（六）青少年手机媒体依赖康复策略体系内容

青少年手机媒体依赖的康复（Rehabilitation）策略就是参与各方在专业治疗结束后以防止手机成瘾或依赖问题复发为核心目标所采取的延续性综合干预措施，面向的是接受过专业矫治或治疗的手机依赖患者。康复策略社会层面的工作核心目标是通过制定相关政策支持依赖患者恢复正常生活，家庭/同伴层面是提供全方位的社会支持，学校层面是创建悦纳的校园环境，个体层面是完成行为改善，亚个体层面是彻底实现认知重建。由于各层面的康复策略大部分和预防策略、干预策略、矫治策略、治疗策略等密切相关，其他方面可采取的方法措施形式多样，在此不再分别详细赘述。

第八章

研究结论与反思

第一节 主要研究结论

本书围绕青少年手机媒体依赖的形成机制及其干预策略问题展开了系统的文献回顾、实证调查和理论分析,形成的研究成果及结论可分为测量工具开发、影响因素分析、形成机制探索和干预策略建构等方面。

一 青少年手机媒体依赖的测量工具

随着手机功能的不断丰富,智能手机已经由个人通信工具发展为继报纸、杂志、广播、电视和互联网之后的"第五媒体"。手机媒体(Smartphone Media)是指以智能手机为媒介、各种手机应用程序(App)为平台的个性化信息传播终端。笔者认为手机媒体依赖(Smartphone Media Dependence)是一个表征手机不当使用行为的连续统,其发展的两极为"正常使用"和"手机成瘾"病症,中间状态存在依赖程度上的差异。手机成瘾(Smartphone Media Addiction)是手机媒体依赖发展为严重病理状态的后果。根据"媒介使用与满足"理论,对手机媒体依赖行为的测量有必要从反映其依赖程度的手机媒体依赖水平和反映其依赖动机的手机媒体使用偏好两个方面展开。为此,笔者开发了《青少年手机媒体依赖水平量表》(*Smartphone Media Dependence Inventory*, SMDI)和《青少年手机媒体使用偏好量表》(*Smartphone Media Proneness Inventory*, SMPI)两个测量工具。

(一)青少年手机媒体依赖水平量表(SMDI)

《青少年手机媒体依赖水平量表(SMDI)》由16个题目构成(不

含 2 道测谎题），经探索性因素分析和验证性因素分析得到拖延性、戒断性、冒险性、突显性四个因子。SMDI 各因子及总量表的内部一致性系数（Cronbach's Alpha 系数）分别为 0.828、0.707、0.832、0.788 和 0.856。量表二阶结构模型拟合良好（CMIN/DF = 2.40，综合 GFI = 0.918、AGFI = 0.888、CFI = 0.931、RMSEA = 0.066），量表具有良好的结构效度。

（二）青少年手机媒体使用偏好量表（SMPI）

《青少年手机媒体使用偏好量表（SMPI）》由 18 个题目构成（不含 2 道测谎题），经探索性因素分析和验证性因素分析得到仪式惯习、休闲娱乐、手机游戏、网络色情、手机阅读、生活方式六个子量表。SMPI 各子量表及总量表的内部一致性系数（Cronbach's Alpha 系数）分别为 0.909、0.606、0.510、0.786、0.716、0.555 和 0.694（备注：因表示偏好的不同题目本身代表不同的具体行为，因而内部一致性不高）。量表一阶结构模型各拟合指数均达到标准 χ^2 = 263.717；CMIN/DF = 2.198；RMSEA = 0.064；GFI = 0.901；AGFI = 0.872；CFI = 0.921，量表具有可接受的结构效度。

二 青少年手机媒体依赖水平影响因素及其影响机制

（一）青少年手机媒体依赖水平影响因素多元回归分析

为检验纳入笔者视野的五个心理状态变量和手机媒体使用偏好对青少年手机依赖水平的影响，本书分别以心理状态变量、手机媒体使用偏好及两者结合为自变量对手机媒体依赖水平进行了多元回归分析。

1. 心理状态变量对手机媒体依赖水平的影响

为了分析焦虑、抑郁、孤独、无聊和自尊水平对手机媒体依赖水平的预测作用，笔者分别采用强迫进入法和逐步进入法进行了多元回归分析，得到的标准化回归方程分别为"手机依赖水平 = 0.201 × 抑郁 − 0.042 × 孤独 + 0.191 × 无聊 + 0.209 × 焦虑 + 0.062 × 自尊"和"手机依赖水平 = 0.176 × 抑郁 + 0.171 × 无聊 + 0.176 × 焦虑"；可见，抑郁、焦虑和无聊三个心理状态变量可以作为手机媒体依赖水平的预测因子。5 因素回归模型和 3 因素回归模型的决定系数分别为 R^2 = 0.209 和 R^2 = 0.206，即纳入回归模型的变量分别可有效解释"手机依赖水平"变异量的 20.9%、20.6%。可见，纳入模型的心理状态变量对手机媒体依赖水平的解释力有限。

2. 手机媒体使用偏好对手机媒体依赖水平的影响

为了分析六种手机媒体使用偏好对手机媒体依赖水平的预测作用，笔者分别采用强迫进入法和逐步进入法进行了多元回归分析，得到的标准化回归方程分别为"手机依赖水平 = －0.026×生活方式 + 0.074×手机阅读 + 0.023×网络色情 + 0.045×手机游戏 + 0.043×娱乐休闲 + 0.606×仪式惯习"和"手机依赖水平 = 0.185×休闲娱乐 + 0.180×手机游戏"，可见，休闲娱乐和手机游戏两种手机使用偏好可以作为手机媒体依赖水平的预测因子。6因素回归模型和2因素回归模型的决定系数分别为 $R^2 = 0.399$ 和 $R^2 = 0.274$，即纳入回归模型的变量分别可有效解释"手机依赖水平"变异量的39.9%、27.4%。可见，手机媒体使用偏好对手机媒体依赖水平具有一定的解释力。

3. 心理状态变量和使用偏好对手机媒体依赖水平的影响

为综合分析心理状态和手机使用偏好两个层面各维度对手机媒体依赖的共同预测力，笔者通过阶层回归（三个心理状态变量作为阶层1变量）分析发现"仪式惯习""娱乐休闲""手机游戏"三个变量对手机媒体有较强的预测力，且该层面的预测力大于心理状态层面的预测力；两组变量能够有效解释"手机媒体依赖水平"变量的48.9%。

综上所述，五个心理状态变量和手机媒体使用偏好对青少年手机依赖水平有一定的解释力，两者结合的有效解释力为48.9%；但五个心理状态变量对手机媒体依赖的解释力有限，因此在后续研究中需要以更加开放的心态讨论手机媒体依赖的形成机制。

（二）青少年手机媒体依赖水平影响因素关联机制的MIMIC分析

为进一步探索影响不同手机媒体使用偏好青少年的心理状态因素，笔者将五个心理状态变量作为外生显变量，将手机媒体依赖四个因子作为指标变量建立MIMIC模型，按照全体群组、生活方式、手机阅读、网络色情、手机游戏、休闲娱乐、仪式惯习进行区组模型拟合分析。分析结果显示各群组模型拟合度均不佳（全体群组模型拟合指数：$CFI = 0.341$，$RMSEA = 0.335$，$SRMR = 0.298$），但通过模型拟合的标准化路径系数对比分析影响不同手机媒体使用偏好青少年手机依赖水平的心理因素。区组分析结论如下：

（1）"生活方式"型影响因素 MIMIC 分析结果：对于"生活方式"型偏好的群体来说，五个心理状态因素可解释 SMDI 变异的 25.0%（$R^2=0.250$），其中抑郁是手机媒体依赖的显著影响因素（$\beta=0.408$），具有该类型的青少年手机媒体依赖的主要特征表现为拖延性、戒断性和冒险性。

（2）"手机阅读"型影响因素 MIMIC 分析结果：对于"手机阅读"型偏好的群体来说，五个心理状态因素可解释 SMDI 变异的 17.4%（$R^2=0.174$），其中抑郁是手机媒体依赖的主要影响因素（$\beta=0.356$），具有该类型的青少年手机媒体依赖的主要特征表现为拖延性、冒险性。

（3）"网络色情"型影响因素 MIMIC 分析结果：对于"网络色情"型偏好的群体来说，五个心理状态因素可解释 SMDI 变异的 42.3%（$R^2=0.423$），其中抑郁、孤独是手机媒体依赖的主要影响因素（$\beta=0.554$，$\beta=-0.271$），具有该类型的青少年手机媒体依赖的主要特征表现为冒险性、拖延性、戒断性。

（4）"手机游戏"型影响因素 MIMIC 分析结果：对于"手机游戏"型偏好的群体来说，五个心理状态因素可解释 SMDI 变异的 18.7%（$R^2=0.187$），其中自尊水平是手机媒体依赖的主要影响因素（$\beta=-0.276$），具有该类型的青少年手机媒体依赖的主要特征表现为拖延性、戒断性、冒险性。

（5）"休闲娱乐"型影响因素 MIMIC 分析结果：对于"休闲娱乐"型偏好的群体来说，五个心理状态因素可解释 SMDI 变异的 51.6%（$R^2=0.516$），其中无聊、焦虑是手机媒体依赖的主要影响因素（$\beta=0.477$，$\beta=0.487$），具有该类型的青少年手机媒体依赖的主要特征表现为拖延性、戒断性、冒险性、突显性。

（6）"仪式惯习"型影响因素 MIMIC 分析结果：对于"仪式惯习"型偏好的群体来说，五个心理状态因素可解释 SMDI 变异的 30.6%（$R^2=0.306$），其中焦虑是手机媒体依赖的显著影响因素（$\beta=0.500$，$p<0.001$），具有该类型的青少年手机媒体依赖的主要特征表现为拖延性、冒险性。

三 青少年手机媒体依赖的形成机制研究

（一）手机媒体依赖的综合形成机制解释模型

在前面分析中发现，纳入笔者视野的五个心理状态变量对手机媒体依赖的解释力有限，需要以更加开放的心态讨论手机媒体依赖的形成机制。课题通过两轮调查中手机媒体依赖水平（SMDI）明显增加和双高的被调查对象进行了结构化访谈。通过对访谈质性资料的分析发现：手机媒体依赖作为一种社会现象，是现代信息技术，特别是智能手机等电子设备广泛应用后必然会出现的现象，生活在信息时代的个体要在以智能手机等数字媒体构成的数字化生存空间中生活，就不可避免地依赖于数字媒体构成的背景条件，手机媒体在生活、学习和工作的各个方面得到普遍应用。但是，手机的普遍和经常应用不会必然地导致个体的手机媒体依赖，是否会形成手机依赖甚至发展为手机成瘾，关键还要看个体方面是否存在基础诱因。青少年的学习压力小、无聊感高、自尊感低、自控力差等成为形成手机依赖的基础诱因，如果遇到课余时间无事可做、缺乏有效监督、受到同伴影响等触发性因素就会产生手机娱乐等过度性手机使用行为，当个体自控力差而过度性手机使用行为没有得到及时控制，久而久之就形成习惯性手机使用而导致依赖，手机依赖不但会影响个体生活质量、学习质量、身体健康，还会导致个体认知功能受损和出现无聊、抑郁、焦虑、低自尊等心理问题。青少年手机媒体依赖形成机制可按照如下框架综合解释：在 C1 背景下，存在 C2 原因，当遇到 C3 条件时，C4 事件发生，遇到 C5 强化条件后，C6 结果产生。青少年手机媒体依赖的综合形成机制解释模型如图 8-1 所示。

基于青少年手机媒体依赖的综合形成机制解释模型可将青少年手机媒体依赖的形成机制细分为两条基本路径。

（1）基本路径 1：心理健康视角的个体依赖路径。基本路径 1 是在手机媒体普遍应用的情况下重点考虑个体心理状态方面的因素，其基本解释逻辑为：在 C1 背景下，存在 C2 原因，当遇到 C3 条件时，C4 事件发生，遇到 C5 强化条件后，C6 结果产生。基本路径 1 主要考察的是 C2 对 C3 及 C6 的影响，即个体基础心理因素对手机依赖行为及其后果的影响，也是目前大部分心理学研究的主要视角。

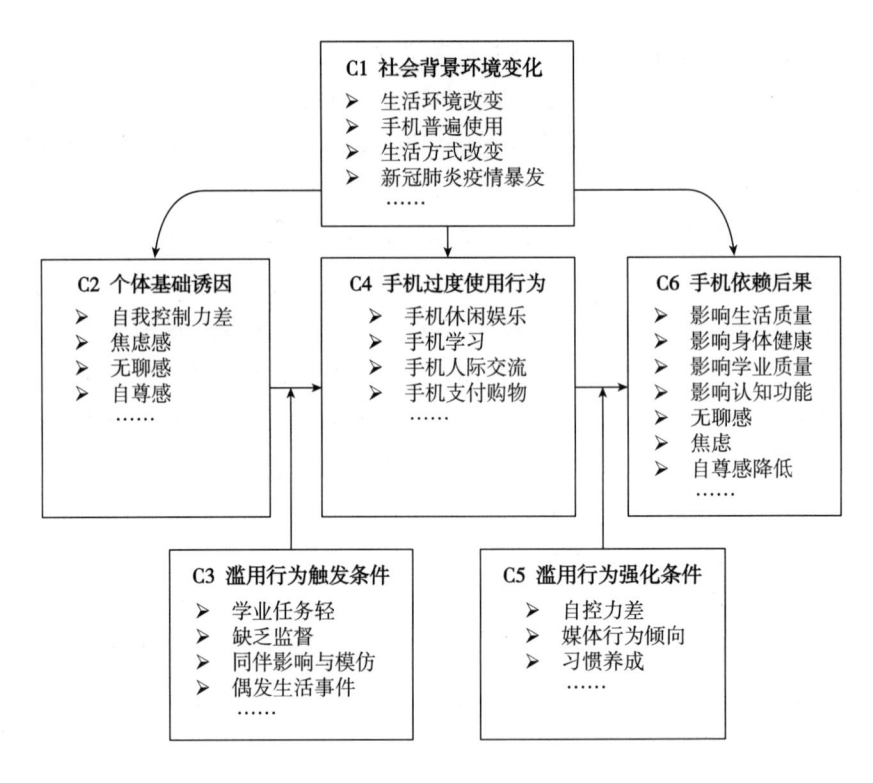

```
┌─────────────────────────┐
│ C1 社会背景环境变化      │
│ ➢ 生活环境改变          │
│ ➢ 手机普遍使用          │
│ ➢ 生活方式改变          │
│ ➢ 新冠肺炎疫情暴发      │
│   ……                    │
└─────────────────────────┘

┌──────────────┐   ┌──────────────┐   ┌──────────────┐
│ C2 个体基础诱因│   │ C4 手机过度使用行为│   │ C6 手机依赖后果│
│ ➢ 自我控制力差│   │ ➢ 手机休闲娱乐│   │ ➢ 影响生活质量│
│ ➢ 焦虑感     │   │ ➢ 手机学习    │   │ ➢ 影响身体健康│
│ ➢ 无聊感     │   │ ➢ 手机人际交流│   │ ➢ 影响学业质量│
│ ➢ 自尊感     │   │ ➢ 手机支付购物│   │ ➢ 影响认知功能│
│   ……         │   │   ……          │   │ ➢ 无聊感      │
│              │   │               │   │ ➢ 焦虑        │
│              │   │               │   │ ➢ 自尊感降低  │
│              │   │               │   │   ……          │
└──────────────┘   └──────────────┘   └──────────────┘

        ┌──────────────────┐   ┌──────────────────┐
        │ C3 滥用行为触发条件│   │ C5 滥用行为强化条件│
        │ ➢ 学业任务轻      │   │ ➢ 自控力差        │
        │ ➢ 缺乏监督        │   │ ➢ 媒体行为倾向    │
        │ ➢ 同伴影响与模仿  │   │ ➢ 习惯养成        │
        │ ➢ 偶发生活事件    │   │                   │
        │   ……              │   │                   │
        └──────────────────┘   └──────────────────┘
```

图 8-1 青少年手机媒体依赖的综合形成机制解释模型

(2) 基本路径2：技术社会学视角的群体依赖路径。基本路径2是因手机媒体等现代信息技术广泛应用引起的，其基本解释为：在C1背景，C4事件频繁发生，遇到C5强化条件后，C6结果产生。基本路径2可以视为现代信息社会发展的必然趋势和结果，其结果并不主要由个体因素决定，从本质上讲是整个人类群体和技术的关系问题，这需要从技术社会学或技术哲学的视角进行更加宏观的思考。

(二) 手机媒体依赖形成机制的个体心理层面解释模型（基本路径1）

手机媒体依赖作为一种个体心理现象，从本质上来说是一个习惯养成的过程，在这个过程中个人自控力自始至终扮演了重要的角色，偶发事件等触发性条件也不可忽视；在手机媒体依赖形成的早期阶段，个体自控力、学业压力、无聊感、焦虑情绪等扮演了重要的基础诱发因素。为深入分析手机媒体依赖的"基本路径1：心理健康视角的个体依赖路径"，笔者在第五章最后部分分别对手机媒体依赖起步阶段和发展阶段的形成机制进行了分析。

1. 手机媒体依赖起步阶段的个体心理层面解释模型

笔者根据手机依赖与各心理状态变量关系、各心理状态变量两两之间的关系的交叉滞后分析及讨论,提出了青少年手机媒体依赖起步阶段形成机制理论模型框架,在删除其中的"自控力"变量后建立如图 8-2 所示的模型,以首次调查的相关心理变量来预测第二次调查的手机媒体依赖,路径分析结果显示假设模型可以得到实证数据支持(χ^2 = 7.281,p = 0.201,CMIN/DF = 1.456,RMSEA = 0.029,Fmin = 0.013)。以手机媒体使用偏好为分组变量进行的多群组分析发现,模型在生活方式型、手机阅读型、网络色情型、手机游戏型、休闲娱乐型、仪式惯习型使用偏好青少年群体中均适配良好。

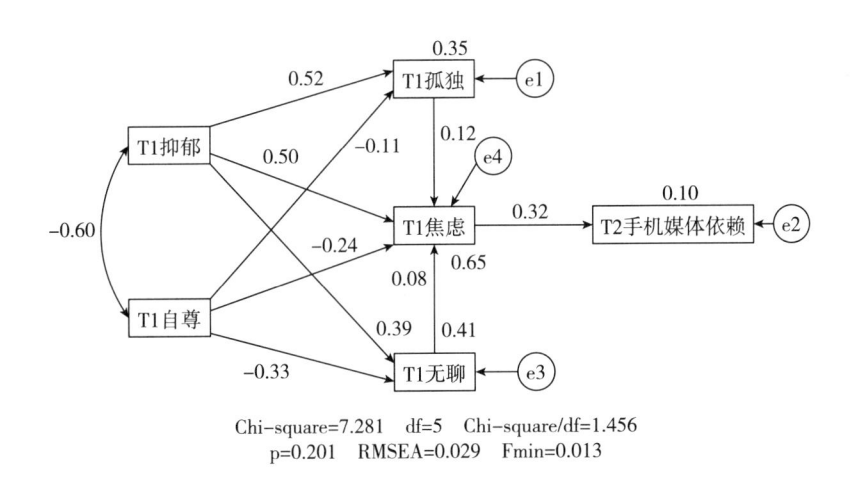

图 8-2 青少年手机媒体依赖起步阶段的形成机制模型

基于个体心理层面的手机媒体依赖起步阶段形成机制可解释为:抑郁和自尊作为远端心理状态变量,直接或通过孤独、无聊间接影响焦虑状态,进而通过焦虑直接影响手机媒体依赖水平,可以说焦虑是手机媒体依赖发生的直接影响因素。但是通过分析结果发现,现有变量对手机媒体依赖变异的整体解释度较低(R^2 = 0.10),这说明手机依赖现象不是单纯地由个体心理因素决定,这也和前面的综合解释模型结论一致。

2. 手机媒体依赖发展阶段的个体心理层面解释模型

笔者根据手机媒体依赖与各心理状态变量关系、各心理状态变量两两之间的关系的交叉滞后分析及讨论，提出了青少年手机媒体依赖发展阶段形成机制理论模型框架，在删除其中的"自控力"变量后建立模型，以第一次调查的焦虑和手机媒体依赖来预测第二次调查的各心理状态变量，路径分析结果显示假设模型没有得到实证数据支持。以手机媒体使用偏好为分组变量进行的多群组分析发现，模型在生活方式型、手机阅读型、网络色情型、手机游戏型、休闲娱乐型、仪式惯习型使用偏好青少年群体中均无法适配。通过模型界定与搜索发现的青少年手机媒体依赖发展阶段形成机制最优参考模型如图 8-3 所示（$\chi^2 = 328.876$，$p < 0.001$，CMIN/DF $= 29.898$，RMSEA $= 0.230$，Fmin $= 0.605$）。

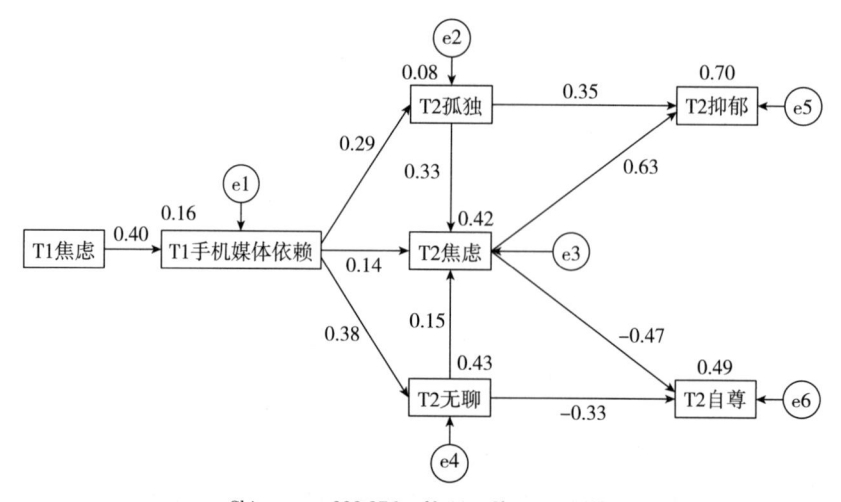

图 8-3 青少年手机媒体依赖发展阶段形成机制最优参考模型

基于个体心理层面的手机媒体依赖发展阶段形成机制可解释为：手机媒体依赖行为直接正向预测孤独、焦虑和无聊三种负面情绪，通过孤独和焦虑间接正向预测抑郁水平，通过焦虑和无聊间接负面预测自尊。这个结果也与质性访谈数据分析得出结论较为相似。

（三）手机媒体依赖形成机制的技术社会学整体性解释框架（基本路径2）

为了深入分析手机依赖的"基本路径2——技术社会学视角的群体依赖路径"，笔者在第六章从包括手机媒体在内的数字媒体技术依赖的宏观视角对"基本路径2"进行了深入探讨。笔者在系统梳理各学科研究成果的基础上，提出了技术演化生态圈模型，分别从历时、宏观、中观和微观四个视角对数字媒体技术依赖成因进行了整合性解释。如图8-4所示。研究认为：从历时视角看，媒介技术依赖是现代化进程中人类需求阻断和再满足的过程；从宏观视角看，数字媒介技术已经构成现代人生存的技术生态圈，现代人就是存在于其中的"赛博格"；从中观视角看，每个人因多样化的需求而存在不同程度和形式的数字媒体技术依赖；从微观视角看，数字媒介依赖是基于人脑神经适应性改变形成的成瘾记忆神经通道的恶性循环。最后得出如下结论：作为一种社会历史现象，人类社会对数字媒介技术的依赖是必然结果；作为一种个体心理现象，每个人对数字媒体技术依赖的方向和结果是可塑的。对数字媒体技术依赖现象要辩证地分析，既要看到它出现的必然性也要看到它结果的偶然性，关键的应对之道是要从人类人性和个体人格可塑的眼光发展性地坚持人文主义价值取向。

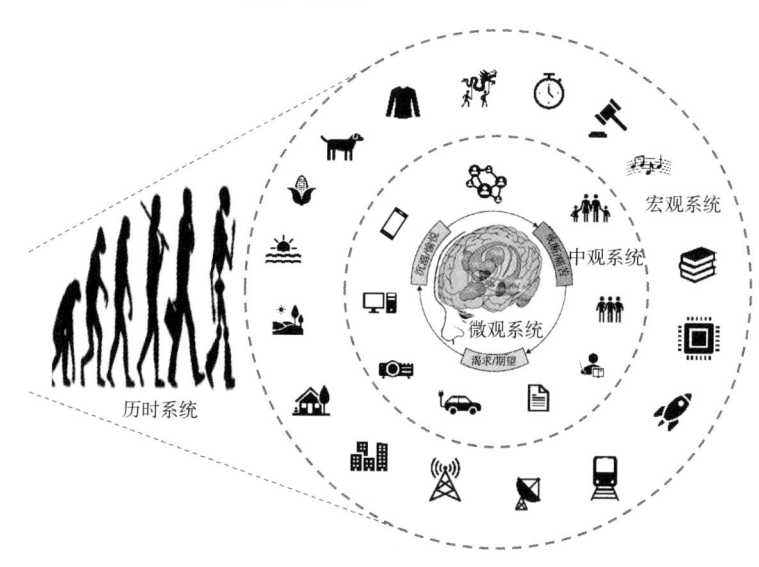

图8-4 数字媒介技术依赖的"技术演化生态模型"

四 青少年手机媒体依赖的干预策略研究

（一）青少年手机媒体依赖干预的核心要素、方法技术与机制

笔者通过文献回顾发现数字媒体技术依赖干预的核心要素包括：认知重建、自控力提升、情绪管理、技能训练、动机激发和人际关系改善。常见的数字媒体技术依赖策略包括认知干预（内隐干预疗法、正念认知疗法、内观认知疗法、个体化超模反馈疗法、生命意义疗法、希望疗法、视频干预、课程教学等）、行为干预（运动处方干预、抑制控制训练、脑电生物反馈疗法、行为强化法、行为契约法、厌恶刺激法、行为消退法等）、认知行为干预（焦点解决短期疗法、团体辅导、沙盘疗法等）、社会心理干预（家庭治疗、人际关系疗法、社会生活技能训练、动机性面谈、艺术治疗、阅读治疗、情绪管理）、药物干预、神经调节干预（经颅电刺激、经颅磁刺激等）、技术辅助干预等类型；干预形式有个体干预、团体干预、家庭干预和社区干预等不同形式。

通过对两次调查中手机媒体依赖水平（SMDI）明显降低个案访谈的质性资料分析发现，从本质上来说青少年手机媒体依赖的降低是一个理性和有计划的行为改变过程。个体手机依赖水平降低的基本解释是：在"C1 客观条件""C2 内在认知（改变）"和"C3 个人变化"的交互影响下，出现"C4 行动意愿"和"C5 采取行动"，最终实现"C6 行为改变"，同时由于某些客观条件的出现也可能直接导致采取行动，解释框架如图 8-5 所示。

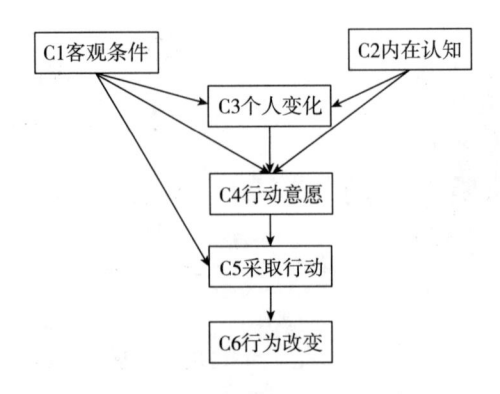

图 8-5 青少年手机媒体依赖的降低形成机制

(二)青少年手机媒体依赖的生态化干预策略框架模型

基于前面的分析,笔者又对生物—心理—社会医学模式、个体发展生态系统层次模型、计划行为理论、认知行为理论、行为转变阶段理论、行为改变轮理论、心理健康干预策略谱模型和心理健康干预的社会生态系统模型等进行了理论分析。确定了坚持预防与矫治相结合的一体化干预、坚持多主体协同参与的生态化干预、坚持认知行为转变和心理社会支持相结合的综合化干预三项基本原则。基于多主体协同参与的生态化干预原则,可根据干预对象范围将手机媒体依赖干预层次分为亚个体、个体、家庭/同伴、社区/学校、社会五个层次;基于预防治疗一体化的理念,可根据介入程度将手机媒体依赖的干预策略分为促进、预防、矫治、介入和康复五个阶段;基于心理社会支持的综合化原则,可根据干预策略的主要内容将其分为认知重建、行为改变、关系改善和支持保障等部分。据此,笔者提出青少年手机媒体依赖的生物—心理—社会生态化、预防矫治一体化、心理社会综合化干预策略体系模型,如图 8-6 所示。

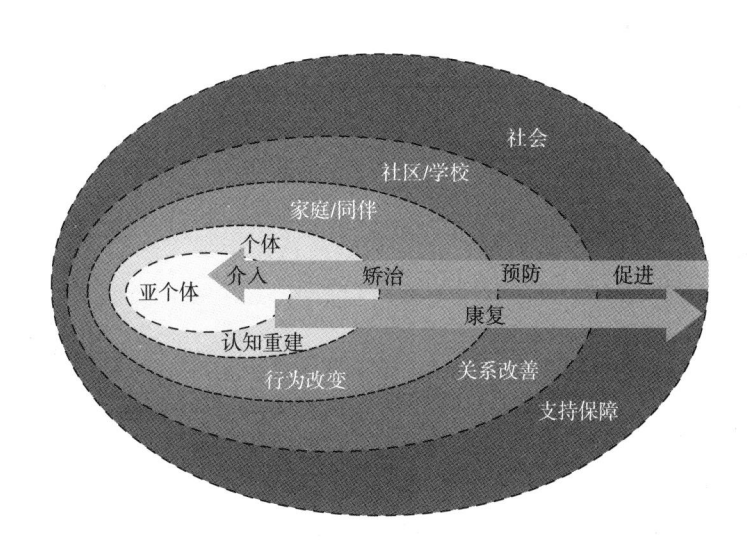

图 8-6 青少年手机媒体依赖的生态化干预策略体系模型

促进策略是面向所有群体的旨在开发个体身心潜能的前瞻性策略;预防策略是面向所有群体的旨在消除基础诱因的防范性策略;矫治策略

是面向轻中度手机依赖群体的旨在认知行为恢复的重塑性策略；介入治疗策略是面向手机成瘾群体的旨在恢复调节功能的救助性策略；康复策略是面向接受过专业干预群体的旨在防止问题复发的延续性综合干预策略。社会干预就是以各级政府和社会组织为主体动员整个社会系统参与建立形成的干预体系，旨在形成问题解决的宏观背景；社区/学校干预就是以个体常住地主管部门或学校为主体根据社会干预策略建立形成的具体干预体系，旨在形成问题解决的现实中观背景；家庭/同伴关系就是以家庭和同伴为对象创建形成的干预策略，家庭成员和同伴既是干预者也是被干预者；个体干预策略就是面向个体实施的或个体自己采取的干预策略；亚个体干预就是面向个体深层认知或身体机能系统实施的干预策略，既包括脑神经和遗传因素等方面，也包括个体潜意识、内隐态度、理想信念和元认知等深层认知方面。

（三）青少年手机媒体依赖干预策略体系框架概要

在提出青少年手机媒体依赖的生态化干预策略体系模型后，笔者又根据国内外实践现状对干预策略体系的内涵进行了详细阐述。不同阶段面向不同层面的干预策略框架体系如图8-7所示。横轴表示基于介入程度的干预阶段，纵轴表示基于涉及范围的干预层次，每个阶段和每个层次交叉的地方表示该阶段该层次干预策略的核心目标，例如促进阶段个体层面干预策略的核心目标是数字智能培养，矫治阶段亚个体层面干预策略的核心目标是内隐态度改变，其他依次类推。对角线表示从"正常使用"到"手机成瘾"不同发展阶段所采取干预策略的变化趋势，手机依赖程度越严重，干预层次越微观，其中最严重的程度是手机依赖发展为手机成瘾病症，需要通过面向亚个体层面的介入治疗（如药物治疗、神经调控等）才能发挥作用。

青少年手机媒体依赖的促进（Promotion）策略就是参与各方通过对青少年能力培养和心理潜能开发以增强其综合素养与身心和谐健康发展而采取的前瞻性措施。促进策略面向的群体是所有青少年，包括手机等数字媒体用户和非数字媒体用户。促进策略社会层面工作的核心目标是潜能开发政策、家庭/同伴层面是习惯培养、社区/学校层面是素养教育、个体层面是核心素养发展、亚个体层面是正确的价值信念。

					手机成瘾
亚个体	理想信念	知识信念	内隐态度	神经通路	认知重建
个体	数字智能	生涯规划	自我管理	行为训练	行为改变
社区/学校	社区治理/素养教育	宣传教育/专门课程	社区干预/团体辅导	矫治救助/行为管理	悦纳环境
家庭/同伴	习惯培养/人际关系	榜样示范/同伴文化	家庭咨询	心理支持	社会支持
社会	潜能开发	政策法规	资质认证	医学机构	康复机构
正常使用	促进策略	预防策略	矫治策略	介入策略	康复策略

图 8-7 青少年手机媒体依赖干预策略体系框架概要

青少年手机媒体依赖的预防（Prevention）策略就是参与各方在手机依赖行为未出现之前为避免发展过程中可能出现相关问题所采取的防范性措施。预防性措施又包括一般性预防、选择性预防和指征性预防。预防策略面向的是所有青少年，包括手机等数字媒体用户和非数字媒体用户。核心工作是解决手机依赖的基础诱因和触发条件的问题。预防策略社会层面工作的核心目标是规范各方行为的管制性政策、家庭/同伴层面是规则制定、社区/学校层面是宣传教育、个体层面是核心生涯规划、亚个体层面是知识学习。

青少年手机媒体依赖的矫治（Corrective）策略就是参与各方将手机依赖问题正视为一种问题性行为并采取以激发个人内在潜能为主要手段让个体解决自身问题的重塑性策略。其特点是正视手机依赖是问题性行为，但相信个体自己可以在外部帮助下重回正常行为方式。矫正策略面向的群体是出现手机媒体依赖的群体。矫治策略社会层面工作的核心是建立矫治体系、家庭/同伴层面是参与矫治、社区/学校层面是提供校内外咨询干预服务、个体层面是积极接受参与、亚个体层面是正念水平和元认知能力的发展。

青少年手机媒体依赖的介入治疗（Treatment）策略就是参与各方

将严重手机依赖（手机成瘾）视为一种难以通过自身调节功能恢复的行为障碍而建立的各种强干预救治性策略。其特点是将严重手机依赖视为一种病症，认为难以通过个体现有自身调节功能恢复正常。介入治理策略面向的群体是手机成瘾患者，核心工作是恢复个体原有的机体调节功能。介入治理策略社会层面工作的核心是建立治理体系、家庭/同伴和学校层面是全面支持、社区层面是提供专业介入治疗、个体层面是积极认知重建与行为训练、亚个体层面是认知神经功能重塑。

青少年手机媒体依赖的康复（Rehabilitation）策略就是参与各方在专业治疗结束后以防止手机成瘾或依赖问题复发为核心目标所采取的延续性综合干预措施，面向的是接受过专业矫治或治疗的手机依赖患者。康复策略社会层面的工作核心目标是通过制定相关政策支持依赖患者恢复正常生活，家庭/同伴层面是提供全方位的社会支持，学校层面是创建悦纳的校园环境，个体层面是完成行为改善，亚个体层面是彻底实现认知重建。

第二节　研究反思与建议

因为自己偶然的一次发问"为什么会有这么多人依赖手机？"笔者逐渐界定提出了"青少年手机媒体依赖的形成机制及干预策略研究"这个课题，试图对这个当前普遍存在的与信息技术密切相关的社会心理现象展开探秘。然而，当笔者逐渐展开并深入后发现，自己无意间进入了一个陌生、专业性很强而非常有趣的领域，相关的问题已经有无数国内外心理学前辈展开了非常深入细致的探讨，突然意识到自己的浅薄与无知。心理学的每个问题都博大精深，要尝试揭秘任何一个细小心理学问题，都必将触及人类本性及更加深奥的哲学问题。对于笔者这个年轻的心理学门外汉来说要完成这项研究任务更是难上加难，每个基本的概念、数据分析方法都需要从头开始研究，也因此导致研究进度一拖再拖。幸好有多位专业前辈给予宝贵的鼓励、指导和支持，才使研究进展到今天。自知本书研究还存在诸多不足，但也只能尽自己最大努力将研究任务完成。在此过程中也有些许后续研究的思路与建议，在此一并列出。

第八章 研究结论与反思

一 本书研究不足之处

本书研究的不足之处主要包括如下方面：

第一，在调研设计阶段由于笔者视野所限，只将手机媒体依赖作为一种个体心理问题展开思考，在选择的自变量方面也只局限于焦虑、抑郁等五个心理状态变量，而对个体自控力、现实人际关系以及更广泛的社会性因素等方面未做深入考虑。

第二，由于本书计划开展纵向调查研究，加之研究者自身占有研究资源有限，课题研究名称虽然冠以"青少年"字样，但实际研究中主要调查对象是研究者所在省区部分高校的大学生。虽然这种抽样方案在课题申报书中已经有说明并得到评审专家认可，但要对该问题深入研究确实需要针对初中、高中等不同学段青少年中获得更加全面的样本数据支持。

第三，笔者虽然遴选了17个自然班、595名大学生作为调查对象展开跟踪调查，但因前后调查中对象流失、有效问卷鉴别条件设置过于严格等问题，导致后续对比分析阶段的样本量较少。

第四，笔者虽然对手机媒体依赖的干预策略体系进行了系统分析，但大部分干预策略的效果需要更加严格的实验研究检验。

第五，限于本书篇幅和笔者精力所限，对数据分析不够深入，还有待深入挖掘；此外，由于笔者能力所限，本书中难免存在方法选用或数据解读方面的欠缺。

二 本书研究创新之处

本书将手机媒体依赖看作表征手机不当使用行为的连续统，对手机媒体依赖情况分手机依赖倾向和手机依赖水平两方面加以综合评价，摆脱了手机依赖是否是成瘾病症的争论，并区别对待不同依赖倾向群体的依赖特征，对分别探索手机媒体依赖形成机制及其有效对策奠定了基础。在手机媒体依赖影响因素及形成机制的分析中，采用社会心理学视角，借助媒体使用与满足理论，综合考虑抑郁、焦虑、孤独、自卑、无聊等负面情绪对手机依赖倾向和依赖水平的影响，采用纵向研究设计，综合利用相关分析、交叉滞后分析、结构方程模型等方法分析手机媒体依赖的形成机制，并据此提出有效的干预策略。本书主要创新之处具体表现在：①采用纵向跟踪研究设计，当前类似的大规模相关研究较少；

②数据分析采取将量化分析与质性分子相结合的混合研究方法；③自主开发了《青少年手机媒体依赖水平量表》（*Smartphone Media Dependence Inventory*，SMDI）和《青少年手机媒体使用偏好量表》（*Smartphone Media Proneness Inventory*，SMPI）两个测量工具；④运用基于MIMIC模型分析方法青少年手机媒体依赖水平影响因素关联机制；⑤通过质性资料扎根分析建构了青少年手机媒体依赖的综合形成机制解释模型，提出了青少年手机媒体依赖的"心理健康视角的个体依赖路径（基本路径1）"和"技术社会学视角的群体依赖路径（基本路径2）"；⑥提出并验证了手机媒体依赖起步阶段和发展阶段的个体心理层面形成机制；⑦提出数字媒体技术依赖的"技术演化生态模型"解释了基本路径2；⑧青少年手机媒体依赖的生态化干预策略体系模型并详细讨论了其内涵。

三　后续相关研究建议

青少年手机媒体依赖现象作为当前普遍存在的一种社会心理现象，是传统媒介技术依赖现象的延伸，是网络依赖（或网络成瘾）问题在移动互联网环境下的新表现形态。对该问题的深入研究具有重要的理论意义和实践应用价值。笔者对此根据自身当前研究条件进行了初步探索，在研究过程中意识到后续研究可更加深入细致。

关于本书的后续研究建议：①目前只完成了两次跟踪调查，部分变量之间的关系依然不够明确，因而有必要对目前调查对象进行更加长期的跟踪调查，以便更加全面讨论变量之间的关系及手机媒体依赖的形成机制。②在数据分析方面探索更加科学有效的技术，对现有数据做充分挖掘。③探索开展面向手机媒体依赖群体的干预实验研究，检验手机媒体依赖干预策略效果。

关于个体心理层面对手机媒体依赖形成机制的后续研究建议：①作为一种个体心理现象，手机媒体依赖的形成确实受到个体人格特质、负面情绪等基础心理因素的影响，但需要关注个体自控力、学业压力、休闲无聊、社交焦虑等更加全面的因素；②个体心理现象不仅是由于个人自身原因造成的，还与其原生家庭环境、同伴关系等密切相关，因此后续研究可以系统考虑家庭教养方式、同伴支持、主流价值观、社会支持等社会心理因素；③在手机媒体使用偏好策略工具的开发方面，可以从人类基本需要及基本行为动机出发展开设计。

关于手机媒体依赖现象更宏观或微观视角的研究建议：①手机媒体依赖是在特定历史背景下产生的社会心理问题，因此有必要从社会学、技术哲学、技术人类学等视角展开更加宏观立体的研究和解释；②作为一种个体心理现象，向微观方向可以从神经科学视角更加深入地研究手机媒体依赖的脑神经机制等。

附　录

致调查对象的知情书

亲爱的朋友：

您好！本套问卷是为完成一项国家社会科学基金项目（批准号 **
******）研究任务而编制的，旨在系统了解我国青少年的手机媒体使用现状及其影响因素。完成本套问卷大概需要20—25分钟时间。

我们郑重承诺：问卷调查结果仅用于学术研究之用；您个人的回答情况将完全保密，绝不向他人公开（包括协助我们实施问卷调查的老师）。感谢您的支持！

关于本项调查需要说明的事项如下：

1. 调查问卷实施方面。本书是一项纵向跟踪调查，因此需要利用本套问卷对您做两次系统调查（时间间隔6—12个月），真诚邀请您能参与两次调查！

2. 问卷填写酬金方面。为感谢您的认真填写，我们为参与本项系统追踪调查的每个人提供了一定数量的酬金，酬金发放规则如下：

（1）完成第1次调查并审核为有效问卷的，每人提供红包人民币10元。

（2）完成第2次调查并审核为有效问卷的，每人追加红包人民币10元。

（3）酬金将在2次系统调查完成后一次性发放。

3. 关于问卷酬金发放方式。根据课题经费管理规定、学校财务制度及保护您隐私的需要，问卷调查酬金将采取代理发放的方式，即将1个班有效填写问卷人员的酬金通过学校银行转账方式发放给团体代理人（如班长或协助我们发放问卷的老师），由其转发给大家。

再次感谢您的认真参与和辛勤付出，您对每个问题的回答都决定着本项调查的可信度及研究结论的有效性，再次恳请您认真填答每道题目并完成两次系统调查。祝您学业有成！

＊如果您已理解上述告知事项并且无异议，请您在后面空格处签写"同意"确认：_____

＊＊＊＊＊＊＊＊＊课题组

中国青少年手机媒体使用现状及影响因素调查问卷

（一）问卷编码信息（说明：本部分信息仅用于前后两次系统调查结果配对和问卷填写酬金的核发，为保护您的隐私我们隐去部分信息，请放心填写剩余部分）

1. 您的手机号码（只填中间5位数字）：	＊＊＊ □□□□□ ＊＊＊
2. 您的QQ号码（只填前5位数字）：	□□□□□ ＊＊＊＊＊
（二）个人基本信息	
3. 您的性别：	○1 男　○2 女
4. 您的年龄（岁）：	□□ 周岁（备注：每个方框填写一个阿拉伯数字）
5. 您所学学科（或专业）：	○1 自然科学（含心理学）　○2 人文社科　○3 工程与技术 ○4 农业科学　○5 医药科学　○6 职业技术　○7 其他
6. 您所处的学段（或最终毕业文化程度）：	○1 小学　○2 初中　○3 高中（中职或中专）　○4 大专（或专科高职）　○5 本科（或本科高职）　○6 研究生（硕博）
7. 您所在的年级（或在读情况）：	○1 年级　○2 年级　○3 年级　○4 年级　○5 年级　○6 年级　○7 已经毕业
8. 您家庭住址所在地：	○1 城镇　○2 乡村
9. 您目前拥有如下哪些电子设备（可多选）：	□1 智能手机　□2 平板电脑（Pad）　□3 笔记本电脑　□4 台式电脑　□5 电子阅读器（Kindle、电纸书等）

续表

10. 您当前这部手机使用多久了？	○1个月　○2个月　○3个月　○4个月　○5个月　○6—12个月　○13—18个月　○19个月及以上　○没有手机

特别提示：

（1）以下各道题的回答均根据您最近1个月的实际情况填写；

（2）填答的过程中不要与同伴商量或交流，请根据自己的判断如实填写；

（3）请认真阅读每道题目，但作选择时不要考虑太多，答案没有好坏或对错之分。

第一部分　手机媒体使用频率部分（最近1个月）

指导语：下面是一些描述人们手机使用习惯的陈述，请根据每条描述与您最近1个月实际情况相符程度在后面相应的数字上打"√"。例如："你晚上睡觉前总会看会儿手机"非常恰当地描述了您的实际情况，那么请您在"非常符合"对应的数字"5"上打"√"，其他以此类推。

题项	1—完全不符合	2—比较不符合	3—有点符合	4—比较符合	5—非常符合
例子：你晚上睡觉前总会看会儿手机。	1	2	3	4	5√
1. 手机不在身边时你会感到不自在。	1	2	3	4	5
2. 你曾被告知使用手机过度。	1	2	3	4	5
3. 因为使用手机而导致你开始干正事的时间推迟。	1	2	3	4	5
4. 你发现在看演出、聚会、上课期间不看手机太难。	1	2	3	4	5
5. 当手机不在身边时，你总是担心会错过电话或其他信息。	1	2	3	4	5
6. 你使用手机的实际时间总比你预计的时间长。	1	2	3	4	5
7. 一天不用手机对你来说很容易。	1	2	3	4	5

续表

题项	1—完全不符合	2—比较不符合	3—有点符合	4—比较符合	5—非常符合
8. 在驾驶、过马路、骑车、下楼梯等可能存在危险的情况下你也会使用手机。	1	2	3	4	5
9. 你早上一起床就看手机。	1	2	3	4	5
10. 别人因你玩手机而提示你注意安全或身体健康。	1	2	3	4	5
11. 你没有认真填写这份问卷。	1	2	3	4	5
12. 由于过多使用手机，你的工作、学习效率下降。	1	2	3	4	5
13. 你试图减少手机使用时间但未获成功。	1	2	3	4	5
14. 由于使用手机，你无法集中精力干正事。	1	2	3	4	5
15. 你过一会儿总会不自觉地拿起手机查看。	1	2	3	4	5
16. 如果无法使用手机（如欠费停机或没电），你会感到焦虑。	1	2	3	4	5
17. 在明令禁止的场合你会偷偷使用手机。	1	2	3	4	5
18. 你曾被告知使用手机过度。	1	2	3	4	5

温馨提示：请仔细检查您是否填答了所有的18道题目！

第二部分 手机媒体使用偏好部分（最近1个月）

指导语：下面是一些描述人们手机使用行为方面的具体描述，请根据每个项目描述的行为最近1个月在您身上发生的频率，在后面相应的数字上打"√"。例如："使用手机看新闻"这件事最近在您身上频繁发生，那么请您在"频繁"对应的数字"5"上打"√"，其他以此类推。

题项	从不	偶尔	有时	经常	频繁
例子：使用手机看新闻。	1	2	3	4	5√
1. 阅读网络小说（网络文学）。	1	2	3	4	5
2. 观看电影或电视。	1	2	3	4	5
3. 查看朋友圈动态（朋友圈、微博、QQ空间等）。	1	2	3	4	5
4. 浏览网络色情图片。	1	2	3	4	5
5. 玩网络角色扮演游戏（如"王者荣耀""吃鸡"等）。	1	2	3	4	5
6. 使用App辅助日常学习（背单词、网络学习）。	1	2	3	4	5
7. 我没有认真阅读这份问卷。	1	2	3	4	5
8. 阅读电子书（经典名著）。	1	2	3	4	5
9. 使用手机发布朋友圈动态。	1	2	3	4	5
10. 观看网络色情视频。	1	2	3	4	5
11. 没什么事时也会摸一摸手机。	1	2	3	4	5
12. 自己玩人机对抗游戏（如"消消乐""贪吃蛇"等）。	1	2	3	4	5
13. 搜索解答日常疑问（知乎、百度、百科）。	1	2	3	4	5
14. 不自觉地拿出手机来看一看。	1	2	3	4	5
15. 观看网络色情直播。	1	2	3	4	5
16. 玩积分排行榜小游戏（棋类、2048、猜成语）。	1	2	3	4	5
17. 使用App辅助生活管理（记账、日程、备忘录、定闹钟）。	1	2	3	4	5
18. 频繁地拿出手机查看。	1	2	3	4	5
19. 观看电影或电视。	1	2	3	4	5
20. 阅读资料（文章、文件等）。	1	2	3	4	5

温馨提示：请仔细检查您是否填答了所有的20道题目！

第三部分 情绪状态部分（最近1个月）

指导语：下面是一些人们用来描述自己情绪状态方面的陈述，请根据每条描述与您最近1个月实际情况相符程度在相应的数字上打

"√"。例如:"我感到心烦意乱"这种感觉在您身上"几乎总是如此",则在其对应的数字"4"上打"√",选择没有对错之分,不要对任何一个陈述花太多的时间去考虑,但所给的回答应该是你平常所感觉到的。

项目	1—几乎没有	2—有时有	3—经常有	4—几乎总是如此
1. 我感到愉快。	1	2	3	4
2. 我感到神经过敏和不安。	1	2	3	4
3. 我感到自我满足。	1	2	3	4
4. 我希望能像别人那样高兴。	1	2	3	4
5. 我感到我像衰竭了一样。	1	2	3	4
6. 我感到很宁静。	1	2	3	4
7. 我是平静的、冷静的和泰然自若的。	1	2	3	4
8. 我感到困难——堆积起来,因此无法克服。	1	2	3	4
9. 我过分忧虑一些事,实际这些事无关紧要。	1	2	3	4
10. 我是高兴的。	1	2	3	4
11. 我的思想处于混乱状态。	1	2	3	4
12. 我缺乏自信心。	1	2	3	4
13. 我感到安全。	1	2	3	4
14. 我容易做出决断。	1	2	3	4
15. 我感到不合适。	1	2	3	4
16. 我认真阅读了上述题目。	1	2	3	4
17. 我是满足的。	1	2	3	4
18. 一些不重要的思想总缠绕着我并打扰我。	1	2	3	4
19. 我产生的沮丧是如此强烈以致我不能从思想中排除它们。	1	2	3	4
20. 我是一个镇定的人。	1	2	3	4
21. 当我考虑我目前的事情和利益时,我就陷入紧张状态。	1	2	3	4

温馨提示：请仔细检查您是否填答了所有的 21 道题目！

第四部分　个人感受部分（最近 1 个月）

指导语：下面列出的是一些人们用来描述自己感受方面的陈述，请根据每条陈述与您最近 1 个月实际情况相符程度在相应的数字上打"√"。例如："我感到高兴"这条描述符合您最近 1 个月"绝大多数或全部时间"的整体感受，则在"绝大多数或全部时间"对应的数字"4"上打"√"，选择没有对错之分。

题项	1—没有或很少有	2—有时或小部分时间	3—时常或一半的时间	4—绝大多数或全部时间
1. 我被一些之前并不困扰我的事困扰。	1	2	3	4
2. 我很难集中精力做事情。	1	2	3	4
3. 我感到忧郁。	1	2	3	4
4. 我感到做什么事情都很吃力。	1	2	3	4
5. 我觉得前途是有希望的。	1	2	3	4
6. 我感到害怕。	1	2	3	4
7. 我的睡眠情况不好。	1	2	3	4
8. 我感到高兴。	1	2	3	4
9. 我感到孤单。	1	2	3	4
10. 我没有工作的动力。	1	2	3	4
11. 我没有认真阅读以上题目。	1	2	3	4
12. 我缺少伙伴。	1	2	3	4
13. 在我需要时，没有人帮助我。	1	2	3	4
14. 我是个外向的人。	1	2	3	4
15. 我感到被人冷落。	1	2	3	4
16. 我感到自己与别人隔离了起来。	1	2	3	4
17. 当我需要伙伴时，我可以找到伙伴。	1	2	3	4
18. 我对自己如此的不善交际感到不快。	1	2	3	4
19. 周围有很多人但他们并不关心我。	1	2	3	4
20. 我感到害怕。	1	2	3	4

温馨提示：请仔细检查您是否填答了所有的 20 道题目！

第五部分 自我评价部分（最近1个月）

指导语：下面是一些用来描述人们对自己评价方面的陈述，请根据每条陈述与您最近1个月实际情况相符程度在后面相应的数字上打"√"。例如："我觉得自己是幸福的"这条陈述完全符合您的实际状况，则在"非常同意"对应的数字"4"上打"√"。选择没有对错之分。

题项	1—不同意	2—有点同意	3—基本同意	4—非常同意
1. 对我来说，全神贯注是件易如反掌的事情。	1	2	3	4
2. 许多人会说我是一个有创造力、想象力丰富的人。	1	2	3	4
3. 被迫观看别人的家庭电影或者旅行照片，这让我备感无聊。	1	2	3	4
4. 我能从自己做的大多数事情中寻找到刺激。	1	2	3	4
5. 我很难找到一个让我十分兴奋的学业课程或工作任务。	1	2	3	4
6. 除非是做一些令人激动甚至危险的事情，我总觉得自己无聊得像行尸走肉。	1	2	3	4
7. 对我而言，自娱自乐是件很容易的事儿。	1	2	3	4
8. 在朋友中，我是最有恒心的一个。	1	2	3	4
9. 电视和电影都千篇一律，太过时了。	1	2	3	4
10. 我需要做的都是些重复单调的事情。	1	2	3	4
11. 我总是感觉到周围的环境既单调又无聊。	1	2	3	4
12. 任何情况下我总能找到事情做，而且能找到并保持自己的兴趣。	1	2	3	4
13. 我没有认真阅读这份问卷。	1	2	3	4
14. 我认为自己是个有价值的人，至少与别人不相上下。	1	2	3	4
15. 我觉得我有许多优点。	1	2	3	4
16. 总的来说，我倾向于认为自己是一个失败者。	1	2	3	4

续表

题项	1—不同意	2—有点同意	3—基本同意	4—非常同意
17. 我做事可以做得和大多数人一样好。	1	2	3	4
18. 我觉得自己没有什么值得自豪的地方。	1	2	3	4
19. 我对自己持有一种肯定的态度。	1	2	3	4
20. 总体而言，我对自己感到很满意。	1	2	3	4
21. 我希望为自己赢得更多的尊重。	1	2	3	4
22. 有时我的确感到自己很没用。	1	2	3	4
23. 有时我觉得自己一无是处。	1	2	3	4

温馨提示：请仔细检查您是否填答了所有的23道题目！

再次感谢您的参与，所有题项均已回答完毕！

*如果笔者在后续研究中需要邀请您参与本书其他相关研究（如参与另外的问卷调查或个别访谈），您是否同意本书组联系您？

○不同意

○同意（如果同意，请在下方留下您的联系方式，2选1即可）

手机号码										
QQ号码										

参考文献

白羽、樊富珉:《大学生网络依赖测量工具的修订与应用》,《心理发展与教育》2005 年第 4 期。

蔡飞:《精神分析焦虑论批判》,《南京师大学报》(社会科学版) 1995 年第 3 期。

曹枫林:《青少年网络成瘾的心理机制、脑功能影像学及团体心理干预研究》,博士学位论文,中南大学,2007 年。

曹桐等:《内观认知疗法对 40 名大学生心身症状的影响》,《中国心理卫生杂志》2009 年第 4 期。

柴唤友等:《错失恐惧:我又错过了什么?》,《心理科学进展》2018 年第 3 期。

柴晶鑫:《大学生手机依赖行为意向及影响因素研究》,博士学位论文,吉林大学,2017 年。

陈斌斌等:《作为社会和文化情境的同伴圈子对儿童社会能力发展的影响》,《心理学报》2011 年第 1 期。

陈浩等:《社交网络(SNS)中的自我呈现及其影响因素》,《心理学探新》2013 年第 6 期。

陈欢等:《成年人智能手机成瘾量表的初步编制》,《中国临床心理学杂志》2017 年第 4 期。

陈明宽:《外在化的技术物体与技术物体的个性化——论斯蒂格勒技术哲学的内在张力》,《科学技术哲学研究》2018 年第 3 期。

陈伟伟等:《中文网络成瘾量表在浙江省 933 名大学生中的信效度研究》,《中国学校卫生》2009 年第 7 期。

陈向明：《扎根理论在中国教育研究中的运用探索》，《北京大学教育评论》2015年第1期。

程志良：《成瘾：如何设计让人上瘾的产品、品牌和观念》，机械工业出版社2017年版。

崔莉莉等：《DSM-5物质相关及成瘾障碍诊断标准的变化及影响》，《中国药物依赖性杂志》2015年第3期。

戴坤懿：《青少年网络游戏成瘾诊断标准的修订、成瘾模型的构建与防治研究》，博士学位论文，浙江大学，2012年。

戴维·考特莱特：《上瘾五百年：瘾品与现代世界的形成》，薛绚译，上海人民出版社2005年版。

戴艳等：《焦点解决短期治疗（SFBT）的理论述评》，《心理科学》2004年第6期。

邓鹏、王欢：《网络游戏成瘾：概念、过程、机制与成因》，《远程教育杂志》2010年第6期。

邓鹏：《心流：体验生命的潜能和乐趣》，《远程教育杂志》2006年第3期。

迪尔凯姆：《社会学与哲学》，梁栋译，上海人民出版社2002年版。

丁相玲等：《抑制控制训练对手机依赖大学生的干预效果》，《心理与行为研究》2018年第3期。

范方等：《青少年网络成瘾预测问卷初步编制及信效度检验》，《中国临床心理学杂志》2008年第1期。

高文斌、陈祉妍：《网络成瘾病理心理机制及综合心理干预研究》，《心理科学进展》2006年第4期。

高文斌等：《网络成瘾的心理机制——"发展性失补偿假说"》，《中国心理学会·第十届全国心理学学术大会论文摘要集》，中国心理学会2005年版。

龚新琼：《关系·冲突·整合——理解媒介依赖理论的三个维度》，《当代传播》2011年第6期。

谷禹等：《布朗芬布伦纳从襁褓走向成熟的人类发展观》，《心理学探新》2012年第2期。

郭庆光：《传播学教学程（第二版）》，中国人民大学出版社 2011 年版。

何灿等：《自尊与网络游戏成瘾——自我控制的中介作用》，《中国临床心理学杂志》2012 年第 1 期。

贺金波等：《网络游戏成瘾的心理治疗方法及其原理综述》，《中国临床心理学杂志》2019 年第 4 期。

胡耿丹、张军：《人类本能视角下运动矫治青少年网络成瘾的作用及机制研究》，《中国体育科技》2016 年第 1 期。

胡余波：《手机媒体的大学生思想政治教育模式探索》，《中国青年研究》2010 年第 8 期。

黄海等：《手机依赖指数中文版在大学生中的信效度检验》，《中国临床心理学杂志》2014 年第 5 期。

黄嘉鑫、卢潇灵：《大学生社交沟通型手机依赖的社会心理学思考》，《社会心理科学》2016 年第 10 期。

黄敏：《应用 fMRI 探索网络游戏成瘾青少年脑内相关奖赏系统的研究》，硕士学位论文，安徽医科大学，2011 年。

黄时华等：《"无聊"的心理学研究述评》，《华南师范大学学报》（社会科学版）2011 年第 4 期。

黄思旅、甘怡群：《青少年网络游戏成瘾量表的修订和应用》，《中国临床心理学杂志》2006 年第 1 期。

黄志坚：《谁是青年？——关于青年年龄界定的研究报告》，《中国青年研究》2003 年第 11 期。

季为民：《青少年蓝皮书：中国未成年人互联网运用报告》，北京社会科学文献出版社 2019 年版。

贾丽娟：《高中生手机依赖与孤独感的关系：自尊和安全感的中介效应》，硕士学位论文，河北师范大学，2018 年。

贾旭东、衡量：《基于"扎根精神"的中国本土管理理论构建范式初探》，《管理学报》2016 年第 3 期。

贾旭东、衡量：《扎根理论的"丛林"、过往与进路》，《科研管理》2020 年第 5 期。

贾旭东、谭新辉：《经典扎根理论及其精神对中国管理研究的现实价值》,《管理学报》2010年第5期。

孔德华等:《跨理论模型在健康行为改变中应用的研究进展》,《解放军护理杂志》2015年第13期。

匡文波:《论手机媒体》,《国际新闻界》2003年第3期。

匡文波:《手机媒体的传播学思考》,《国际新闻界》2006年第7期。

雷智慧等:《状态特质抑郁问卷中文版在大学生中的信效度》,《中国心理卫生杂志》2011年第2期。

黎芝:《UCLA孤独感量表中文简化版(ULS-8)的考评及应用研究》,硕士学位论文,中南大学,2012年。

李超民:《大学生网瘾成因及防治方法体系研究》,博士学位论文,中南大学,2012年。

李春生:《大学生手机依赖与孤独感及感觉寻求的关系研究》,硕士学位论文,苏州大学,2015年。

李欢欢等:《一般性病理性网络使用量表的初步修订及信效度检验》,《中国临床心理学杂志》2008年第3期。

李丽:《大学生智能手机成瘾的冲动性和其他相关因素及成瘾干预对策研究》,博士学位论文,吉林大学,2016年。

李苓:《传播学理论与实务》,四川人民出版社2002年版。

李楠楠:《青少年网络成瘾的危害及教育策略》,《社会心理科学》2014年第8期。

李琦等:《网络成瘾者奖赏系统和认知控制系统的神经机制》,《生物化学与生物物理进展》2015年第1期。

李晓敏等:《简版无聊倾向量表在大学生群体中的试用》,《中国临床心理学杂志》2016年第6期。

李艳等:《大学生网络成瘾与自尊孤独感的相关研究》,《中国学校卫生》2013年第8期。

李志明等:《非侵入式神经调控技术对成瘾行为的干预及其机制研究进展》,《中国药物依赖性杂志》2018年第6期。

梁宁建等:《互联网成瘾者内隐网络态度及其干预研究》,《心理科学》2004年第4期。

梁渊等：《生物—心理—社会医学模式的理论构成》，《中国社会医学杂志》2006年第1期。

廖慧云等：《大学生手机成瘾倾向、自尊及羞怯与人际关系困扰的关系》，《中国临床心理学杂志》2016年第5期。

林振辉：《手机媒体化对媒体影响力格局的影响》，《中国记者》2007年第6期。

刘红、王洪礼：《大学生的手机依赖倾向与孤独感》，《中国心理卫生杂志》2012年第1期。

刘红、王洪礼：《大学生手机成瘾与孤独感、手机使用动机的关系》，《心理科学》2011年第6期。

刘慧婷等：《网络成瘾的生物学机制研究与展望》，《现代生物医学进展》2016年第5期。

刘沛汝等：《手机互联网依赖与心理和谐的关系：网络社会支持的作用》，《中国临床心理学杂志》2014年第2期。

刘勤学等：《智能手机成瘾：概念、测量及影响因素》，《中国临床心理学杂志》2017年第1期。

刘树娟、张智君：《网络成瘾的社会—心理—生理模型及研究展望》，《应用心理学》2004年第2期。

刘宣文、何伟强：《焦点解决短期心理咨询原理与技术述评》，《心理与行为研究》2004年第2期。

刘艳、周少斌：《高职大学新生自尊、社会性问题解决、孤独感与手机依赖的关系》，《中国健康心理学杂志》2019年第5期。

罗涛、郝伟：《反奖赏系统与成瘾行为》，《中国药物依赖性杂志》2010年第4期。

马林、李巾英：《强迫性网络使用量表在我国大学生群体中的信效度检验》，《心理技术与应用》2019年第6期。

马向阳等：《说服效应的理论模型、影响因素与应对策略》，《心理科学进展》2012年第5期。

毛富强、李振涛：《内观疗法在中国的研究进展和方向》，《国际中华神经精神医学杂志》2004年第5期。

梅松丽等：《冲动性、自我调节与手机依赖的关系研究：手机使用的中介作用》,《心理与行为研究》2017年第1期。

倪晓莉等:《网络依赖行为研究及其干预模型的理论构建》,《兰州大学学报》(社会科学版)2007年第2期。

彭彦琴、居敏珠:《正念机制的核心:注意还是态度?》,《心理科学》2013年第4期。

钱铭怡:《心理咨询与心理治疗》,北京大学出版社1994年版。

邵培仁、廖卫民:《思想·理论·趋势:对北美媒介生态学研究的一种历史考察》,《浙江大学学报》(人文社会科学版)2008年第3期。

申曦、冉光明:《社交焦虑对智能手机过度使用的影响:孤独感和动机的中介作用》,《心理研究》2018年第6期。

申曦:《孤独感与智能手机过度使用的关系:动机的中介作用》,《心理技术与应用》2018年第6期。

沈晓冉:《整合性沙盘游戏治疗对大学生手机依赖问题的干预研究》,硕士学位论文,辽宁师范大学,2017年。

史静琤等:《量表编制中内容效度指数的应用》,《中南大学学报》(医学版)2012年第2期。

苏双等:《大学生智能手机成瘾量表的初步编制》,《中国心理卫生杂志》2014年第5期。

孙珉:《论手机媒体的大众传播特征》,《新闻界》2007年第6期。

孙晓军等:《农村留守儿童的同伴关系和孤独感研究》,《心理科学》2010年第2期。

孙昕霙等:《健康信念模式与计划行为理论整合模型的验证》,《北京大学学报》(医学版)2009年第2期。

汤毓华、张明园:《汉密顿抑郁量表(HAMD)》,《上海精神医学》1984年第2期。

唐海波、邝春霞:《焦虑理论研究综述》,《中国临床心理学杂志》2009年第2期。

陶然等:《网络成瘾临床诊断标准的制定》,《解放军医学杂志》2008年第10期。

田林楠:《视觉快感与狂欢体验:社交网络成瘾的社会学探索》,《天府新论》2016年第4期。

王滨等：《大学生网络游戏成瘾与学习倦怠的关系》，《中国心理卫生杂志》2007年第12期。

王春容、曾宇平：《ICD-11中文版特点及医疗机构应对措施》，《医学信息学杂志》2019年第10期。

王欢等：《大学生人格特征与手机依赖的关系：社交焦虑的中介作用》，《中国临床心理学杂志》2014年第3期。

王洁群、蒋佳孜：《尼尔·波兹曼媒介依赖忧思及其当代境遇》，《传媒观察》2019年第11期。

王磊等：《认知行为疗法在抑郁患者中的应用疗效对比研究》，《国际精神病学杂志》2019年第1期。

王柳生：《集体自尊：概念、测量和应用研究》，《南通大学学报》（教育科学版）2009年第4期。

王露艳：《网络游戏成瘾倾向者的内隐态度及其干预研究》，硕士学位论文，苏州大学，2009年。

王星、陈壮飞：《网络游戏成瘾的认知功能和神经影像学研究进展》，《中国医学影像技术》2019年第7期。

王泽应：《祛魅的意义与危机——马克斯·韦伯祛魅观及其影响探论》，《湖南社会科学》2009年第4期。

魏少华：《伊尼斯媒介论与传播学三大流派的学术渊源》，《社会科学家》2013年第3期。

魏义梅：《大学生抑郁的心理社会机制及认知应对干预》，博士学位论文，吉林大学，2007年。

邬桑、丛杭青：《从亚个体视角看波兰尼的意会知识观》，《科学技术哲学研究》2016年第6期。

吴辉：《迪尔凯姆社会事实论研究——基于唯物史观及其思想史视野的考察》，博士学位论文，复旦大学，2011年。

吴瑾等：《运动处方的相对有效性：4种措施干预青少年网络成瘾的网状Meta分析》，《体育与科学》2019年第5期。

吴瑾等：《运动处方干预青少年网络成瘾效果的Meta分析》，《体育与科学》2018年第3期。

吴明隆：《SPSS统计应用实务：问卷分析与应用统计》，科学出版社 2003 年版。

吴明隆：《结构方程模型——AMOS 的操作与应用》，重庆大学出版社 2010 年版。

吴文捷：《朋辈互助认知行为疗法对医学生智能手机成瘾的干预研究》，《中国高等医学教育》2018 年第 11 期。

吴贤华：《青少年网络成瘾者人际关系特征及其综合干预研究》，博士学位论文，华中科技大学，2013 年。

吴烨宇：《青年年龄界定研究》，《中国青年研究》2002 年第 3 期。

项明强等：《智能手机依赖量表中文版在青少年中的信效度检验》，《中国临床心理学杂志》2019 年第 5 期。

谢笑春等：《网络自我表露的类型、功能及其影响因素》，《心理科学进展》2013 年第 2 期。

熊戈：《简版流调中心用抑郁量表在我国青少年中的效度》，硕士学位论文，湖南师范大学，2015 年。

熊婕等：《大学生手机成瘾倾向量表的编制》，《中国心理卫生杂志》2012 年第 3 期。

徐华等：《大学生手机依赖量表的编制》，《中国临床心理学杂志》2008 年第 1 期。

雪莉·特克尔：《群体性孤独》，周逵等译，浙江人民出版社 2014 年版。

闫宏微：《大学生网络游戏成瘾问题研究》，博士学位论文，南京理工大学，2013 年。

阳义南：《民生公共服务的国民"获得感"：测量与解析——基于 MIMIC 模型的经验证据》，《公共行政评论》2018 年第 5 期。

杨波、秦启文：《成瘾的生物心理社会模型》，《心理科学》2005 年第 1 期。

杨驰原等：《我国手机媒体发展现状与趋势第一部分：手机媒体的定义、特点和研究现状》，《传媒》2016 年第 23 期。

杨放如、郝伟：《52 例网络成瘾青少年心理社会综合干预的疗效观察》，《中国临床心理学杂志》2005 年第 3 期。

杨亮：《医学高职生手机成瘾影响因素的配比病例对照》，《中国健康心理学杂志》2016年第12期。

杨玲等：《物质成瘾人群金钱奖赏加工的异常机制及可恢复性》，《心理科学进展》2015年第9期。

杨彦军等：《基于"人性结构"理论的AI助教系统模型研究》，《电化教育研究》2019年第11期。

杨彦军等：《数字媒介技术依赖的多学科析因及整合性阐释》，《电化教育研究》2020年第8期。

姚梦萍：《大学生生命意义感在无聊感与手机依赖行为间中介作用》，《中国学校卫生》2016年第3期。

姚梦萍等：《大学生无聊倾向与手机依赖行为关系》，《中国公共卫生》2015年第2期。

叶娜等：《自尊对手机社交成瘾的作用：有调节的中介模型分析》，《中国临床心理学杂志》2019年第3期。

尹博：《健康行为改变的跨理论模型》，《中国心理卫生杂志》2007年第3期。

尤瓦尔·赫拉利：《未来简史》，林俊宏译，中信出版社2017年版。

于增艳、刘文：《智能手机使用与焦虑、抑郁和睡眠质量关系的meta分析》，《中国心理卫生杂志》2019年第12期。

喻大华等：《网络成瘾影像学研究进展》，《中国临床心理学杂志》2016年第3期。

昝玲玲等：《中学生网络成瘾诊断量表的初步编制》，《中国临床心理学杂志》2008年第2期。

昝玉林：《青少年网络成瘾研究综述》，《中国青年研究》2005年第7期。

詹启生、许俊：《自我隐瞒与大学生手机成瘾的关系：反向自尊和心理压力的中介作用》，《中国特殊教育》2020年第2期。

张斌等：《手机使用与焦虑、抑郁的关系：一项元分析》，《中国临床心理学杂志》2019年第6期。

张锐等：《团体心理训练对高中生的手机依赖及其自尊的影响》，《中国健康心理学杂志》2016年第9期。

张文新、林崇德：《儿童社会观点采择的发展及其与同伴互动关系的研究》，《心理学报》1999年第4期。

张晓旭、朱海雪：《正念认知疗法对手机依赖大学生的干预效果》，《心理与行为研究》2014年第3期。

张亚利等：《大学生错失焦虑与认知失败的关系：手机社交媒体依赖的中介作用》，《中国临床心理学杂志》2020年第1期。

张亚利等：《大学生自我控制与人际适应性在自尊与手机成瘾倾向间的中介作用》，《中国心理卫生杂志》2018年第5期。

赵必华、顾海根：《心理量表编制中的若干问题及题解》，《心理科学》2010年第6期。

郑庆杰：《解释的断桥：从编码到理论》，《社会发展研究》2015年第1期。

郑延平：《生物反馈的临床实践》，高等教育出版社2003年版。

郑燕：《人是媒介的尺度——保罗·莱文森媒介思想研究》，博士学位论文，山东大学，2014年。

周芳蕊：《大学生抑郁、孤独与手机依赖：手机使用类型的中介作用》，硕士学位论文，吉林大学，2018年。

周浩等：《无聊：一个久远而又新兴的研究主题》，《心理科学进展》2012年第1期。

周利敏、钟海欣：《社会5.0、超智能社会及未来图景》，《社会科学研究》2019年第6期。

周宗奎等：《同伴关系的发展研究》，《心理发展与教育》2015年第1期。

朱贺、刘爱书：《能力权变自尊量表和关系权变自尊量表测评大学生人群的效度和信度》，《中国心理卫生杂志》2018年第9期。

祖静：《手机依赖大学生抑制控制和情绪加工特点及其干预研究》，博士学位论文，东北师范大学，2017年。

［奥］弗洛伊德：《精神分析引论》，高觉敷译，商务印书馆1984年版。

［法］卢西亚·罗莫：《青少年电子游戏与网络成瘾》，上海社会科学院出版社2016年版。

［加］马歇尔·麦克卢汉：《理解媒介——论人的延伸》，何道宽译，商务印书馆2000年版。

［美］Gass, R. H.、Seiter, J. S.：《说服心理学：社会影响与社会依从》，中国轻工业出版社2019年版。

［美］S. D. 罗斯：《青少年团体治疗——认知行为互动取向》，翟宗悌译，华东理工大学出版社2003年版。

［美］马丁·普契纳：《文字的力量》，中信出版社2019年版。

［美］尼尔·埃亚尔、瑞安·胡佛：《上瘾：让用户养成使用习惯的四大产品逻辑》，钟莉婷译，中信出版社2017年版。

［美］尼尔·波兹曼：《娱乐至死》，章艳译，中信出版社2015年版。

［美］唐·伊德：《技术与生活世界——从伊甸园到尘世》，韩连庆译，北京大学出版社2012年版。

［美］威廉·维尔斯马、斯蒂芬·G.：《教育研究方法导论》，袁振国译，教育科学出版社2010年版。

［美］亚当·奥尔特：《欲罢不能：刷屏时代如何摆脱行为上瘾》，闾佳译，机械工业出版社2018年版。

［美］扬、［巴西］阿布雷乌：《网瘾评估治疗手册》，上海教育出版社2014年版。

［英］凯西·卡麦兹：《建构扎根理论：质性研究实践指南》，边英国译，重庆大学出版社2009年版。

Andreassen, S., et al., "The Relationship between Addictive Use of Social Media and Video Games and Symptoms of Psychiatric Disorder: A Large-Scale Cross-Sectional Study", *Psychology of Addictive Behaviors*, Vol. 30, No. 2, 2016, pp. 252–262.

Andresen, E. M., "Screening for Depression in Well Older Adults: Evaluation of a Short Form of the CES-D", *American Journal of Preventive Medicine*, Vol. 10, No. 2, 1994, pp. 77–84.

Ball-Rokeach, S. J., "A Theory of Media Power and a Theory of Media Use: Different Stories, Questions, and Ways of Thinking", *Mass Communication & Society*, Vol. 1, No. 1–2, 1998, pp. 5–40.

Ball‐Rokeach, S. J., "The Origins of Individual Media System Dependency: A Sociological Framework", *Communication Research*, Vol. 12, No. 4, 1985, pp. 485–510.

Beck, A. T, et al., "An Inventory for Measuring Depression", *Archives of General Psychiatry*, Vol. 4, No. 6, 1961, pp. 561–571.

Beck, A. T., Bredemeier, K., "A Unified Model of Depression: Integrating Clinical, Cognitive, Biological, and Evolutionary Perspectives", *Clinical Psychological Science*, Vol. 4, No. 3, 2016, pp. 596–619.

Beck, A. T., et al., "An Inventory for Measuring Clinical Anxiety: Psychometric Properties", *Journal of Consulting and Clinical Psychology*, Vol. 56, No. 6, 1988, pp. 893–897.

Beck, A. T., et al., *Cognitive Therapy of Depression*, New York: Guilford Press, 1979.

Bianchi, A., Phillips, J. G., "Psychological Predictors of Problem Mobile Phone Use", *Cyber Psychology and Behavior*, Vol. 8, No. 1, 2005, pp. 39–51.

Billieux, J., "Problematic Use of the Mobile Phone: A Literature Review and a Pathways Model", *Current Psychiatry Reviews*, Vol. 8, No. 4, 2012, pp. 299–307.

Billieux, J., et al., "Can Disordered Mobile Phone Use be Considered a Behavioral Addiction? An Update on Current Evidence and a Comprehensive Model for Future Research", *Current Addiction Reports*, Vol. 2, 2015, pp. 154–162.

Billieux, J., et al., "The Role of Impulsivity in Actual and Problematic Use of the Mobile Phone", *Applied Cognitive Psychology*, Vol. 22, No. 9, 2008, pp. 1195–1210.

Blumler, J. G., "The Role of Theory in Uses and Gratifications Studies", *Communication Research*, Vol. 6, No. 1, 1979, pp. 9–36.

Bradley, K. L., et al., "Factorial Validity of the Center for Epidemiological Studies Depression 10 in Adolescents", *Issues in Mental Health Nursing*, Vol. 31, No. 6, 2010, pp. 408–412.

Brand, M., et al., "Integrating Psychological and Neurobiological Considerations Regarding the Development and Maintenance of Specific Internet – Use Disorders: An Interaction of Person – Affect – Cognition – Execution (I – PACE) Model", *Neuroscience & Biobehavioral Reviews*, Vol. 71, No. 2, 2016, pp. 252 – 266.

Bronfenbrenner, U., *The Ecology of Human Development: Experiments by Nature and design*, Cambridge MA: Harvard University Press, 1979.

Cacioppo, S., et al., "Loneliness: Clinical Import and Interventions", *Perspectives on Psychological Science*, Vol. 10, No. 2, 2015, pp. 238 – 249.

Caplan, S., "Problematic Internet Use and Psychosocial Wellbeing: Development of a Theory – Based Cognitive Behavioural Measurement Instrument", *Computers in Human Behavior*, Vol. 18, No. 5, 2002, pp. 553 – 575.

Chen, S – H., et al., "Development of Chinese Internet Addiction Scale and Its Psychometric Study", *Chinese Journal of Psychology*, Vol. 45, No. 3, 2003, pp. 279 – 294.

Chóliz, M., "Mobile Phone Addiction in Adolescence: The Test of Mobile Phone Dependence (TMD)", *Progress in Health Sciences*, Vol. 2, No. 1, 2012, pp. 33 – 44.

Clark, D. M., Wells, A., "A Cognitive Model of Social Phobia", in Heimberg, R. G., et al., eds., *Social Phobia: Diagnosis, Assessment, and Treatment*, New York: Guilford, 1995, pp. 69 – 93.

Csibi, S., et al., "The Psychometric Properties of the Smartphone Application – Based Addiction Scale (SABAS)", *International Journal of Mental Health and Addiction*, Vol. 16, No. 2, 2018, pp. 393 – 403.

Davis, R. A., "A Cognitive – Behavior Modal of Pathological Internet Use", *Computers in Human Behavior*, Vol. 17, No. 2, 2001, pp. 187 – 195.

Davis, R. A., et al., "Validation of a New Scale for Measuring Problematic Internet Use: Implications for Pre – Employment Screening", *Cyber Psychology and Behavior*, Vol. 5, No. 4, 2002, pp. 331 – 345.

De Jong Gierveld, J., Van Tilburg, T., "The De Jong Gierveld Short

Scales for Emotional and Social Loneliness: Tested on Data from 7 Countries in the UN Generations and Gender Surveys", *European Journal of Ageing*, Vol. 7, No. 2, 2010, pp. 121 – 130.

De Jong Gierveld, J., et al., "Loneliness and Social Isolation", in Vangelisti, A., Perlman, D., eds., *The Cambridge Handbook of Personal Relationships* (2nd), Cambridge, UK: Cambridge University Press, 2016, pp. 485 – 500.

Ehrenberg, A., et al., "Personality and Self – Esteem as Predictors of Young People's Technology Use", *Cyberpsychology and Behavior*, Vol. 11, No. 6, 2008, pp. 739 – 741.

Fahlman, S. A., et al., "Development and Validation of the Multidimensional State Boredom Scale", *Assessment*, Vol. 20, No. 1, 2013, pp. 68 – 85.

Fisher, S., "Identifying Video Game Addiction in Children and Adolescents", *Addictive Behaviors*, Vol. 19, No. 5, 1994, pp. 545 – 553.

Fornell, C., Larcker, D. F., "Evaluating Structural Equation Models with Unobservable Variables and Measurement Error", *Journal of Marketing Research*, Vol. 18, No. 1, 1981, pp. 39 – 50.

Glaser, B. G., *Basics of Grounded Theory Analysis: Emergence vs. Forcing*, Mill Valley, CA: Sociology Press, 1992.

Glaser, B. G., Strauss, A. L., "Discovery of Substantive Theory: A Basic Strategy Underlying Qualitative Research", *American Behavioral Scientist*, Vol. 8, No. 6, 1965, pp. 5 – 12.

Glaser, G. B., Holton, J., "Remodeling Grounded Theory", *Historical Social Research*, No. 19, 2007, pp. 47 – 68.

Goldberg, I., "Internet Addiction Disorder (IAD) – Diagnostic Criteria", 1996 – 7 – 1, http://users.rider.edu/~suler/psycyber/supportgp.html, 2019 – 8 – 10.

Gorelick, D. A., et al., "Transcranial Magnetic Stimulation (TMS) in the Treatment of Substance Addiction", *Annals of the New York Academy of Sciences*, Vol. 1327, No. 1, 2014, pp. 79 – 93.

Griffiths, M. D., "Does Internet and Computer 'Addiction' Exist? Some Case Study Evidence", *Cyber Psychology and Behavior*, Vol. 3, No. 2, 2000, pp. 211–218.

Griffiths, M. D., Dancaster, I., "The Effect of Type a Personality on Physiological Arousal While Playing Computer Games", *Addictive Behaviours*, Vol. 20, No. 4, 1995, pp. 543–548.

Griffiths, M. D., et al., "Video Game Addiction: Past, Present and Future", *Current Psychiatry Reviews*, Vol. 8, No. 4, 2012, pp. 308–318.

Haraway, D. J., *Cyborgs and Women: The Reinvention of Nature*, New York: Routledge, 1991.

Hornsby, J., "Personal and Sub-Personal: A Defense of Dennett's Early Distinction", *Philosophical Explorations*, Vol. 3, No. 1, 2000, pp. 6–24.

Horvath, C. W., "Measuring Television Addiction", *Journal of Broadcasting & Electronic Media*, Vol. 48, 2004, pp. 378–398.

Hu, L., Bentler, P. M., "Cutoff Criteria for Fit Indexes in Covariance Structure Analysis: Conventional Criteria Versus New Alternatives", *Structural Equation Modeling: A Multidisciplinary Journal*, Vol. 6, No. 1, 1999, pp. 1–55.

Johnson, G. M., "Internet Use and Child Development: The Techno-Microsystem", *Australian Journal of Educational and Developmental Psychology*, Vol. 10, 2010, pp. 32–43.

Johnson, G. M., Puplampu, P., "A Conceptual Framework for Understanding the Effect of The Internet on Child Development: The Ecological Techno-Subsystem", *Canadian Journal of Learning and Technology*, No. 34, 2008, pp. 19–28.

Johnson, M., Blom, V., "Development and Validation of Two Measures of Contingent Self-Esteem", *Individual Differences Research*, Vol. 5, No. 4, 2007, pp. 300–328.

Kang, K., et al., "An Integrative Review of Interventions for Internet/Smartphone Addiction among Adolescents", *Perspectives in Nursing Science*, Vol. 15, No. 2, 2018, pp. 70–80.

Kaplan, A. M, "Social Media, the Digital Revolution, and the Business of Media", *International Journal on Media Management*, Vol. 17, No. 4, 2015, pp. 197 – 199.

Katz, E., "Mass Communications Research and the Study of Popular Culture: An Editorial Note on a Possible Future for This Journal", *Studies in Public Communication*, Vol. 2, No. 1, 1959, pp. 1 – 6.

Katz, E., et al., "Utilization of Mass Communication by the Individual", in Blumler, J. G., Katz, E., eds., *The Uses of Mass Communications: Current Perspectives on Gratifications Research*, Beverly Hills: Sage Publications, 1974, pp. 19 – 31.

Katz, E., et al., "Uses and Gratifications Research", *The Public Opinion Quarterly*, Vol. 37, No. 4, 1973, pp. 509 – 523.

Kim, D. I., et al., "Development of Korean Smartphone Addiction Proneness Scale for Youth", *PLoS ONE*, Vol. 9, No. 5, 2014, pp. e97920, https://doi.org/10.1371/journal.pone.0097920.

Kim, D. I., et al., "New Patterns in Media Addiction: Is Smartphone a Substitute or a Complement to the Internet?", *The Korean Journal of Youth Counseling*, Vol. 20, No. 1, 2012, pp. 71 – 88.

Kim, Y., et al., "Personality Factors Predicting Smartphone Addiction Predisposition: Behavioral Inhibition and Activation Systems, Impulsivity, and Self – Control", *PLOS ONE*, Vol. 11, No. 8, 2016, pp. e0159788.

Koob, G. F., Lemoal, M., "Addiction and the Brain Antireward System", *Annual Review of Psychology*, Vol. 59, 2008, pp. 29 – 53.

Kuss, D. J., Griffiths, M. D., "Online Social Networking and Addiction—A Review of the Psychological Literature", *International Journal of Environmental Research and Public Health*, Vol. 8, No. 9, 2011, pp. 3528 – 3552.

Kwon, M., et al., "Development and Validation of a Smartphone Addiction Scale (SAS)", *PLoS ONE*, Vol. 8, No. 2, 2013, pp. e56936, https://doi.org/10.1371/journal.pone.0056936.

Larossa, R., "Grounded Theory Methods and Qualitative Family Research", *Journal of Marriage and Family*, Vol. 67, No. 4, 2005, pp. 837 – 857.

Le Foll, B., et al., "Genetics of Dopamine Receptors and Drug Addiction: A Comprehensive Review", *Behavioural Pharmacology*, Vol. 20, No. 1, 2019, pp. 1 – 17.

Lee, K., et al., "Reliability and Validity of the Korean Version of the Internet Addiction Test among College Students", *Journal of Korean Medical Science*, Vol. 28, No. 5, 2013, pp. 763 – 768.

Leung, L., "Linking Psychological Attributes to Addiction and Improper Use of the Mobile Phone among Adolescents in Hong Kong", *Journal of Children and Media*, Vol. 2, No. 2, 2008, pp. 93 – 113.

Lin, Y. H., et al., "Development and Validation of the Smartphone Addiction Inventory (SPAI)", *PLoS One*, Vol. 9, No. 6, 2014, pp. e98312, https://doi.org/10.1371/journal.pone.0098312.

Lingford – Hughes, A., "Substitution Treatment in Addiction: There is More Than One Way", *Addiction*, Vol. 111, No. 5, 2016, pp. 776 – 777.

Marsch, L. A., "Leveraging Technology to Enhance Addiction Treatment and Recovery", *Journal of Addictive Diseases*, Vol. 31, No. 3, 2012, pp. 313 – 318.

Marsch, L. A., Dallery, J., "Advances in the Psychosocial Treatment of Addiction: the Role of Technology in the Delivery of Evidence – Based Psychosocial Treatment", *The Psychiatric Clinics of North America*, Vol. 35, No. 2, 2012, pp. 481 – 493.

Michie, S., et al., *The Behaviour Change Wheel: A Guide to Designing Interventions*, London: Silverback Publishing, 2014.

Mok, J. Y., et al., "Latent Class Analysis on Internet and Smartphone Addiction in College Students", *Neuropsychiatric Disease and Treatment*, Vol. 10, 2014, pp. 817 – 828.

Morrison, C., Gore, H., "The Relationship between Excessive Internet Use and Depression: A Questionnaire – Based Study of 1319 Young People and Adults", *Psychopathology*, Vol. 43, No. 2, 2010, pp. 121 – 126.

Muijen, M., "Outcomes of Promotion, Prevention, Treatment and Care", *European Psychiatry*, Vol. 33, No. S1, 2016, p. S3.

Mumford, L., "Technics and the Nature of Man", in Mitcham, C., et al., eds., *Philosophy and Technology*, The Free Press, 1983.

Musharbash, Y., "Boredom, Time, and Modernity: An Example from Aboriginal Australia", *American Anthropologist*, Vol. 109, No. 2, 2007, pp. 307 – 317.

Nakamura, J., Csikszentmihalyi, M., "The Concept of Flow", in Snyder, C., Lopez, S., eds., *Handbook of Positive Psychology*, New York: University Press, 2002, pp. 89 – 105.

Park, N., Lee, H., "Social Implications of Smartphone Use: Korean College Students' Smartphone Use and Psychological Well – Being", *Cyberpsychology, Behavior, and Social Networking*, Vol. 15, No. 9, 2012, pp. 491 – 497.

Park, W. K., "Mobile Phone Addiction, Computer Science, Mobile Communications", *Computer Supported Cooperative Work*, Vol. 31, No. 3, 2005, pp. 253 – 272.

Park, W. K., "The Mobile Phone Addiction among Korean College Students", *Korean Society for Journalism & Communication Studies*, Vol. 47, 2003, pp. 250 – 281.

Polit, D. F., et al., "Is the CVI an Acceptable Indicator of Content Validity? Appraisal And Recommendations", *Research in Nursing & Health*, Vol. 30, No. 4, 2007, pp. 459 – 467.

Qualter, P., et al., "Loneliness Across the Life Span", *Perspectives on Psychological Science*, Vol. 10, No. 2, 2015, pp. 250 – 264.

Radloff, L. S., "The CES – D Scale: A Self Report Depression Scale for Research in the General", *Applied Psychological Measurement*, Vol. 1, No. 3, 1977, pp. 385 – 401.

Rapee, R. M., Heimberg, R. G., "A Cognitive – Behavioral Model of Anxiety in Social Phobia", *Behaviour Research and Therapy*, Vol. 35, 1997, pp. 741 – 756.

Robins, C., Block, P., "Cognitive Theories of Depression Viewed from a Diathesis – Stress Perspective: Evaluations of the Models of Beck and of Abramson, Seligman, and Teasdale", *Cognitive Therapy and Research*, Vol. 13, No. 4, 1989, pp. 297 – 313.

Rosenberg, M., *Society and the Adolescent Self – Image*, Princeton, NJ: Princeton University Press, 1965.

Rosenberg, M., "Rosenberg Self – Esteem Scale (RSE), Acceptance and Commitment Therapy", *Measures Package*, Vol. 61, No. 1, 1965, p. 52.

Ruggiero, T. E., "Uses and Gratifications Theory in the 21st Century", *Mass Communication and Society*, Vol. 3, No. 1, 2000, pp. 3 – 37.

Russell, D. W., et al., "Developing a Measure of Loneliness", *Journal of Personality Assessment*, Vol. 42, No. 2, 1978, pp. 290 – 294.

Rutland, J. B., et al., "Development of a Scale to Measure Problem Use of Short Message Service: The SMS Problem Use Diagnostic Questionnaire", *Cyber Psychology and Behavior*, Vol. 10, No. 6, 2007, pp. 841 – 844.

Salehan, M., Negahban, A., "Social Networking on Smartphones: When Mobile Phones Become Addictive", *Computers in Human Behavior*, Vol. 29, No. 6, 2013, pp. 2632 – 2639.

Salling, M. C., Martinez, D., "Brain Stimulation in Addiction", *Neuropsychopharmacology*, Vol. 41, No. 12, 2016, pp. 2798 – 2809.

Schumacker, R. E., Lomax, R. G., *A Beginner's Guide to Structural Equation Modeling*, New York: Taylor & Francis, 2016.

Song, I., et al., "Internet Gratifications and Internet Addiction: On the Uses and Abuses of New Media", *Cyber Psychology and Behavior*, Vol. 7, No. 4, 2004, pp. 384 – 394.

Spielberger, C. D., *Manual for the State – Trait Anxiety Inventory (STAI)*, Palo Alto, CA: Consulting Psychologists Press, 1983.

Sussman, S., Moran, M. B., "Hidden Addiction: Television", *Journal of Behavioral Addictions*, Vol. 2, No. 3, 2013, pp. 125 – 132.

Takao, M., et al., "Addictive Personality and Problematic Mobile

Phone Use", *Cyber Psychology and Behavior*, Vol. 12, No. 5, 2009, pp. 501 – 507.

Toda, M., et al., "Predictive Factors for Smartphone Dependence: Relationship to Demographic Characteristics, Chronotype, and Depressive State of University Students", *Open Journal of Preventive Medicine*, Vol. 5, No. 12, 2015, pp. 456 – 462.

Todd, L., et al., "Neuroscience of Internet Pornography Addiction: A Review and Update", *Behavioral Sciences*, Vol. 5, No. 3, 2015, pp. 388 – 433.

Vodanovich, S. J., "Psychometric Measures of Boredom: A Review of the Literature", *The Journal of Psychology*, Vol. 137, No. 6, 2003, pp. 569 – 595.

Wegner, L., Flisher, A. J., "Leisure Boredom and Adolescent Risk Behaviour: A Systematic Literature Review", *Journal of Child and Adolescent Mental Health*, Vol. 21, No. 1, 2009, pp. 1 – 28.

Wei, R., "Motivations for Using the Mobile Phone for Mass Communications and Entertainment", *Telematics and Informatics*, Vol. 25, No. 1, 2008, pp. 36 – 46.

Weiss, R. S., Loneliness: *The Experience of Emotional and Social Isolation*, Cambridge, MA: MIT Press, 1973.

Wells, A., "A Cognitive Model of Generalized Anxiety Disorde", *Behavior Modification*, Vol. 23, No. 4, 1999, pp. 526 – 555.

Wilson, C., Marselle, M. R., "Insights from Psychology about the Design and Implementation of Energy Interventions Using the Behaviour Change Wheel", *Energy Research & Social Science*, Vol. 19, 2016, pp. 177 – 191.

Wise, R. A., Koob, G. F., "The Development and Maintenance of Drug Addiction", *Neuropsychopharmacol*, Vol. 39, 2014, pp. 254 – 262.

Wong, F., et al., "Community Interventions for Health (Cih) Collaboration. Community Health Environment Scan Survey (CHESS): A Novel Tool That Captures the Impact of the Built Environment on Lifestyle Factors", *Global Health Action*, Vol. 4, 2011, https://doi.org/10.3402/gha.v4i0.5276.

Young, K. S., "Cognitive Behavior Therapy with Internet Addicts: Treatment Outcomes and Implications", *Cyber Psychology and Behavior*, Vol. 10, No. 5, 2007, pp. 671 – 679.

Young, K. S., "Internet Addiction: Symptoms, Evaluation, and Treatment", *Innovations in Clinical Practice*, Vol. 17, 1999, pp. 19 – 31.

Young, K. S., "Internet Addiction: The Emergence of a New Clinical Disorder", *Cyber Psychology and Behavior*, Vol. 1, No. 3, 1998, pp. 237 – 244.

Young, K. S., "Psychology of Computer Use: XL. Addictive Use of the Internet: A Case That Breaks the Stereotype", *Psychological Reports*, Vol. 79, No. 3 Pt 1, 1996, pp. 899 – 902.

Young, K. S., Brand, M., "Merging Theoretical Models and Therapy Approaches in the Context of Internet Gaming Disorder: A Personal Perspective", *Frontiers in Psychology*, 2017 – 10 – 20, https://doi.org/10.3389/fpsyg.2017.01853, 2019 – 11 – 13.

Young, K. S., et al., "Online Infidelity: A New Dimension in Couple Relationships with Implications for Evaluation and Treatment", *Sexual Addiction & Compulsivity*, Vol. 7, No. 1 – 2, 2000, pp. 59 – 74.

Young, K. S., "Treatment Outcomes Using CBT – IA with Internet – Addicted Patients", *Journal of Behavioral Addictions*, Vol. 2, No. 4, 2013, pp. 209 – 215.

Zhang, S. J., et al., "Relationships Between Social Support, Loneliness, and Internet Addiction in Chinese Postsecondary Students: A Longitudinal Cross – Lagged Analysis", *Frontiers in Psychology*, No. 9, 2018, p. 1707.

Zung, W. W., "A Rating Instrument for Anxiety Disorders", *Psychosomatics*, Vol. 12, No. 6, 1971, pp. 371 – 379.

Zung, W. W., "The Depression Status Inventory: An Adjunct to the Self – Rating Depression Scale", *Journal of Clinical Psychology*, Vol. 28, No. 4, 1972, pp. 539 – 543.